국제법으로 본 영토와 일본

야나기하라 마사하루
가네하라 아쓰코 [편]
김연빈 옮김

国際法からみた
領土と日本

柳原正治 | 兼原敦子 [編]

來歸社去

KOKUSAIHO KARA MITA RYODO TO NIHON
ⓒ Masaharu Yanagihara, Atsuko Kanehara 2022
Korean translation rights arranged with UNIVERSITY OF TOKYO PRESS
through Japan UNI Agency, Inc., Tokyo and Imprima Korea Agency, Seoul

이 책은 ㈜임프리마 코리아를 통한 저작권자와의 독점계약으로
도서출판 귀거래사歸去來社에서 출간되었습니다.
저작권법에 의해 한국 내에서 보호를 받는 저작물이므로
무단전재와 복제를 금합니다.

국제법으로 본 영토와 일본

야나기하라 마사하루 / 가네하라 아쓰코 [편]
김연빈 옮김

발행처	도서출판 귀거래사
발행인	김연빈
기 획	김연빈
편 집	이설빈
디자인	이수빈·김영은
인 쇄	공병한

등 록	2019년 7월 5일 (등록번호 186-96-00743))
1판1쇄	발행 2024년 8월 29일

주 소	경기도 성남시 분당구 장미로 139, 207-704
대표전화	010-9294-2022
팩시밀리	0504-158-9370
블로그	http://blog.naver.com/palma59
카 페	https://cafe.naver.com/gigoresa
E-mail	palma59@naver.com
ISBN	979-11-970856-5-9(93360)

원 편저자 및 도쿄대학출판회는 번역을 허락하지만 번역자 및 한국 출판사의 정치적 주장과 출판 의도에 찬동할 의도는 없다. 본 한국어판에 기인하는 문제는 모두 귀거래사가 책임을 지는 것으로 한다.

The authors and editors of the original Japanese edition and University of Tokyo Press do not approve, and have no relationship with, the political assertion of the translator and the Korean publisher. Gigoresa is sorely responsible for any problems caused by this Korean edition.

Japan's Territory under International Law

국제법으로 본 영토와 일본

야나기하라 마사하루 / 가네하라 아쓰코 [편]
김연빈 옮김

Masaharu YANAGIHARA and
Atsuko KANEHARA, Editors
Yeonbin KIM, Translator

도서
출판 **귀거래사**

일러두기

1. 원서의 용어를 그대로 사용하는 것이 기본이나 현실적 문제를 고려하여 본문에서 '竹島'는 '독도'로 번역하고, '竹島/獨島'(병기)는 '독도/다케시마'로 번역(순서 변경)했다. 책이나 논문 이름, 국회 질의·답변, 정부 견해 등에서는 그대로 '竹島' 또는 '다케시마'로 표기했다.
2. 지명, 인명, 기관·단체명, 조약명칭 등은 기본적으로 한자를 함께 표기하였다. 두 번째 이후에는 가능한 한 한자 병기를 생략했다.
3. 일본의 인명과 지명은 일본어로 표기하고, 중국의 인명과 지명은 한글 표기음으로 했다.
4. 조약명칭 등은 원본 표기대로 일본 중심의 표기를 하였다. 예를 들어 '일청日淸·일중日中'과 '일로日露'는 '청일·중일'과 '러일'을 말하며, '일청전쟁·일청조약'과 '일로전쟁·일로조약'은 각각 '청일전쟁·청일조약'과 '러일전쟁·러일조약'을 말한다.
5. 각주와는 별도로 본문의 이해를 돕기 위해 필요한 항목에 대해 본문 속에서 역자 주석(역주)을 달았다.
6. 역주에 인용된 내용은 특별히 표시한 것을 제외하고는 일본 위키피디아를 주로 참고했다.
7. 각주의 참고 자료 부분은 독자나 연구자의 검색 편의를 위해 원문대로 놓아두었다. 설명부분은 번역했다.
8. 흔히 사용하지 않는 한자는 쉬운 용어로 대체하는 대신에 원래 용어를 괄호 안에 표기했다.
   (예) 탁월卓絶한 이익, 방해阻㝵하거나, 이의疑意, 확정同定, 동의協贊 …
9. 본문에서 일본식 연도(明治 7년, 大正 10년 등)는 서기 연도(1874년, 1921년 등)로 바꾸었다.
10. 앞부분의 「역자 서문」, 「추천사」와 뒷부분의 「역자 소개」, 「도움을 주신 분들」 등은 한글판 출간 과정에서 추가된 것이다.

역자 서문

'독도, 영토의 시작' 국민운동을 주창하며

그동안 역자 혼자 종이 위에서 펼쳐왔던 '독도, 국토의 시작'이란 주장을 '독도, 영토의 시작' 국민운동으로 확대해서 추진할 것을 정식으로 주창한다.

2022년 4월 『国際法から見た領土と日本』(柳原正治／兼原敦子 編, 東京大学出版会)이란 책이 출판되었다는 소식을 듣고 즉시 구입해서 살펴보았다. 수록된 9편의 논문이 모두 관심을 불러일으키기에 충분한 무게 있는 글이었지만 역자 입장에서는 특히 제9장「국제재판에서의 영토주권분쟁의 존재인정―유엔해양법협약 제7부속서 중재재판소에서의 연안국소송의 이용」(다마다 다이)이 우선 눈에 들어왔다. 집필자 다마다玉田는 이 글에서 '연안국소송'―차고스 제도 MPA(해양보호구역) 사건과 연안국권리 사건―을 상세히 분석하고, 여기에서 제시된 차고스방식 A와 크리미아방식을 활용하면, 가령 독도에 대해서도 영토주권분쟁의 존재를 인정받는 것이 가능하다고 한다. 이 책이 현실적으로 우리에게 주는 가장 민감한 시사점이 아닌가 생각한다. 다른 글에서는 독도와 달리 일본이 실효지배 하고 있는 센카쿠 제도에 대해 일본은 우선 '무주지無主地 선점'을 주장하고, 예비적으로 '75년의 침묵'으로 상징되는 '시효취득'을 주장할 가능성이 있다고 한다. '조용한 외교'의 함정이라고 하면서 조용한 대응이 능사가 아님을 학술적

으로 보여준다. 독도에 대한 우리 정부의 태도를 되돌아보아야 한다는 것을 암시한다.

이 책을 번역하고 출간하는 데 있어서는 크게 두 가지 어려움이 있었다. 하나는 바로 이 다마다의 연구를 포함한 일본의 주장을 여과 없이 공개적으로 소개해야 하는가이다. 혹시 번역서 출판이 일본의 주장을 일방적으로 한국에 알리는 역할을 하게 되지는 않을까? 민감한 영토문제에 대한 일본 학계의 최신 동향을 우리 사회에 알려야 하는가 말아야 하는가? 걱정이 되었다. 임진왜란을 앞두고 일본이 침략할 것이라고 한 황윤길과 침략하지 않을 것이라고 한 김성일의 상반된 입장이 떠올랐다. 고민은 "적을 알고 나를 알면 백 번 싸워도 위태롭지 않다(知彼知己 百戰不殆)"고 한 『손자孫子』의 글로써 말끔히 정리했다. 일본의 전략을 알아야 한다. 일본이 회심의 카드로 꺼내 든 '연안국소송'은 유엔해양법협약의 모든 가맹국이 이용 가능하다. 센카쿠 제도에 관해 중국이 영토주권분쟁의 존재를 인정받기 위해 이용할 수도 있다. 집필자는 이 점도 간과하지 않고 있다. '연안국소송'에 대해 한국과 중국의 공조가 필요하다는 점을 느끼게 된다.

두 번째 어려움은 책 전반부에 130여년 전 메이지 시대의 문서가 많이 인용되어 번역하기가 매우 힘들었다는 것이다. 이것은 순전히 역자 개인의 역량이다. 여기저기 찾아보고 물어보고 일본 지인의 자문을 받으면서 겨우겨우 번역을 마쳤다. 혹 오류가 있지는 않은지 염려가 되는 부분이다.

대한민국 국민이라면 다 그렇겠지만 역자도 독도에 대한 관심이 높다. 특별한 인연과 사연도 많다. 1982년 군 복무 시에는 당시 막 발표되어 폭발적 인기를 얻고 있던 「독도는 우리 땅」을 패러디한 소대가小隊歌를 만들어 날마다 전우들과 함께 불렀다. 2007년에는 독도 관리

행정선 이름 공모에 3등으로 입선되어 울릉군수 표창을 받았다. 아쉬웠던 것은 입상자를 직접 울릉도에 초청해서 군수가 상을 주고 독도 견학까지 시켜주었으면 좋았을 텐데, 상장만 달랑 보내준 것이었다. 울릉군의 어려운 재정 여건을 피부로 느낄 수 있었다. 역시 2007년에는 『검증 국가전략 없는 일본』(요미우리신문 정치부 저, 2006) 「역자 후기」에서 독도가 국토의 막내가 아니고 맏형이며, 대한민국의 끝이 아니고 시작이라는 '독도, 국토의 시작론'을 전개했고, 2023년 『국가전략이 없다』(위 『검증 국가전략 없는 일본』의 개정 증보판) 「역자 후기」에서는 이를 발전시켜 '독도, 국토의 시작' 국민운동을 주창하고, '대한민국 동쪽 땅 끝' 표지석 옆에 '대한민국의 시작, 독도' 표지석을 설치하자고 제안했다. 2011년에는 독도를 처음 방문했고, 독도 일주 수영을 추진했으나 실행 직전에 타의로 현지에서 중단되었다. 역자의 필생 염원인 독도 일주 수영은 언젠가는 꼭 실현될 것이다. 독도를 대한민국 해양교육의 성지로 육성해야 한다. 이렇게 독도에 대한 열정이 나이가 들어도 식지 않는 가운데 이번에 독도문제에 대한 일본의 날카로운 시각을 보여주는 책을 소개하게 되었다. 우리 사회에 감정이 아닌 냉철한 이성으로 독도문제를 바라볼 수 있는 담론의 장을 마련했다는 데 대해 기쁨과 함께 두려움을 느낀다. 독도를 국제재판의 무대로 끌어내고자 하는 '연안국소송'이라는 방법론에 대해 전문가들의 체계적이고 신중한 검토와 대응을 바란다.

 2012년 8월 10일 이명박 대통령이 독도를 방문하면서 한일 관계가 급속히 냉각되었다. 양국 간 장관급 이상 회의가 모두 중단되고, 외교부를 제외하고는 장관급 인사의 일본 방문도 없었다. 이것이 풀린 것은 2014년 8월 이주영 해양수산부장관이 요코하마에서 열린 한·중·일 교통물류장관회의에 참석하면서였다. 이주영 장관은 세월호 참사로 몇 달째 진도에서 생활하고 있어 3국 장관회의 참석이 사실상 어려운 상황이었다. 그러나 3국 간 막힘없는 물류협력체계 정착을 위해 이주영 장관이 결단을 내렸고 이에 오타 아키히로太田昭宏 국토교통대신이 크게 고마워했다. 이후 한국 장관들의 도쿄 방문이 재개되었다.

   2013년 여름 국립수산과학원 회의실에서 열릴 예정이던 한·일 어업 협상 과장급 회의가 개최 며칠 전 일본의 요청으로 갑자기 연기되었다. 회의실에 '동해'라고 표기된 지도가 걸려있다는 것이 이유였다. 대한민국 관공서에 동해 표기 지도가 걸려있는 것은 너무나도 당연한데 어처구니 없는 일본의 주장은 이 책에 자주 등장하는 '근거 없는 주장'(mere assertion), 즉 '트집'과 '생떼'에 해당되는 것이 아니었는가 싶다.

   이 두 사례는 외교 관계나 일상의 교류에서 영토문제가 얼마나 민감하게 영향을 미치는지를 잘 보여주는 것이라고 할 수 있다.

   일본은 주기적으로 독도가 일본 땅이란 주장을 하고 있다. 매년 3월 역사 교과서 검정, 4월 외교청서와 7월 방위백서가 새로 나올 때마다 이런 주장을 연례행사처럼 되풀이한다. 그럴 때마다 역자는 오키노토리시마를 떠올린다. 일본이 독도를 일본 땅이라고 주장하면 좀 엉뚱하지만 우리는 오키노토리시마는 섬이 아니라 암석이라고 주장하면 어떨까? 일본의 억지 주장에는 의연히 대처하면서 우리가 느끼는 불편함을 일본도 느끼게 하면 어떨까?

   오키노토리시마(沖ノ鳥島)는 도쿄에서 남서쪽으로 약 1,700km 떨어진 태평양에 떠있는 암초다. 일본의 최남단 영토. 만조 시에는 더블침대 크기에 볼펜 길이보다 짧은 높이 10cm 전후의 바위 2개가 해면 위에 머리를 내민다. 바위 아래에는 남북 1.7km, 동서 4.5km 정도의 넓은 암반이 펼쳐져 있다. 주변 해저에는 구리 등을 함유한 망간단괴와 '불타는 얼음'이라고 하는 메탄하이드레이트 등이 존재할 가능성이 있다고 한다. 일본 정부는 1980년대 후반부터 해면 아래로 침몰할 위기에 처한 오키노토리시마를 보전하기 위해 호안공사를 실시했다.

2007년에는 여기에 등대를 건설하고, 1,600억 엔(한화 약 1조 4천억 원)을 투입하여 2011년도부터 2027년도까지 수송과 보급 등이 가능하도록 '오키노토리시마 활동거점 정비사업'을 추진하고 있다. 선박이 접안하는 안벽의 연장은 160m이고 박지를 포함하여 수심은 -8m이다. 임항도로와 부대시설도 함께 건설한다. 일본 정부가 이렇게 막대한 예산을 투입하여 이 암초를 개발하고 보전하려는 이유는 무엇일까? 바로 이 오키노토리시마가 엄청난 규모의 해양영토와 자원을 갖고 있다고 판단하기 때문이다.

일본 정부는 오키노토리시마가 일본 국토 면적(약 38만㎢)보다도 광대한 약 40만 6천㎢의 배타적경제수역(EEZ)을 갖고 있다고 주장한다. 그러면서 국토 면적은 세계 60위이지만, EEZ 면적은 447만㎢로 세계 6위라고 한다. EEZ 내의 개발 권리는 연안국에 있다. 유엔해양법협약은 "인간의 거주 또는 독자적인 경제적 생활을 유지할 수 없는 암석"(제121조제3항)에는 EEZ를 인정하지 않고 있다. 오키노토리시마가 섬이라면 주변 해역은 자원의 보고일 가능성을 내포한 EEZ이고, 암석이라면 일본의 주권적 권리가 미치지 않는 공해가 된다. "독자적인 경제적 생활'을 유지할 수 있으면, 해양법협약의 암석이 되지 않는다"는 지극히 당연한 듯하지만 당연하지 않은 논리를 펼치면서 오키노토리시마가 200해리의 EEZ를 가진다고 주장한다.

중국은 2004년 4월 "오키노토리시마는 EEZ의 기점이 되는 섬이 아니라 암석이다"고 지적했다. 한국도 같은 입장이다. 다른 나라의 EEZ에서 해양조사를 실시하는 경우에는 사전에 통보해야 한다. 오키노토리시마가 섬이 아니라 암석이라면 이 해역은 공해가 되므로 사전 통보는 불필요하다. 일본 방위성(당시는 방위청-역주)에 의하면 중국 해양조사선이 2004년 1년에만 15회에 걸쳐 사전 통보 없이 오키노토리시마 주변해역에서 해양조사를 실시했다. (참고: 『検証国家戦略なき日本』(요미우리신문 정치부 저, 2006), 한글 번역판 『국가전략이 없다』(김연빈 역, 2023)) 최근에도

중국 해양조사선이 2024년 6월 중순, 오키노토리시마 북방 시코쿠해분(四国海盆) 공해상(일본은 자국 대륙붕 상부수역이라고 주장)에 쓰나미 관측용 부이를 설치했다. 일본 정부 관방장관은 목적이나 계획 등을 통보하지 않은 채 부이를 설치한 것에 대해 유감을 표시했다. 이에 대해 중국 외교부 대변인은 "각국은 공해에서 과학연구에 종사할 권리가 있으며, 일본측이 간섭할 권리가 없다"며 "유감이다"고 한 일본측을 견제했다(2024.7.5. NHK, 요미우리신문 등).

유엔대륙붕한계위원회는 2012년 4월, 일본 국토 면적의 80퍼센트에 상당하는 약 31만㎢의 대륙붕을 일본에 추가로 인정했다. 일본은 이것이 오키노토리시마가 유엔으로부터 섬으로 인정된 것이라고 주장한다. 일본의 주장을 한국과 중국은 부인하는 입장이다.

해양문제에 있어 일본은 기회가 있을 때마다 '법에 의한 지배'를 주장하며 주변국에 법의 준수를 외치고 있다. 그러면서 정작 유엔해양법협약은 자기 입맛에 맞게 해석하며 오키노토리시마가 EEZ를 갖는 섬이라고 주장한다. 독도를 일본 땅이라고 하는 주장도 마찬가지다. 일본이 독도를 일본 땅이라고 주장할 때마다 우리는 오키노토리시마는 EEZ를 갖는 섬이 아니라 그냥 영해만을 갖는 암석일 뿐이라고 일러주자. '법에 의한 지배'를 숭상하는 일본의 양면성을 점잖게 비판하면서 우리가 느끼는 거북함을 그들도 느끼도록 해주자.

가끔 일본의 국민작가 시바 료타로(司馬遼太郎, 1923-1996)는 독도를 어떻게 생각했을까 하는 생각이 든다. 시바 료타로의 소설 속에 『언덕 위의 구름(坂の上の雲)』(1968년)이란 작품이 있다. 러일전쟁(1904)을 배경으로 한 소설로 우리 바다 동해 울릉도 부근에서 벌어진 일본과 러시아의 해전을 생생히 묘사하고 있다. 잘 알다시피 일본은 러일전쟁에서 독도의 전략적 중요성을 인식하고 1905년 2월 독도를 시마네현에 편입시키게 된다. 이 시바 료타로의 대표작『료마가 간다(竜馬がゆく)』(1962년-1966년) 마지막 부분에 한 무사가 동해의 무인도를 점령하러 가는 장면이 등장한다. 본문 제1장에 나오는 미나미토리시마에서 수목을 깎아 방문기록을 남겨 '선점'의 증거로 삼은 미즈타니 신로쿠水谷新六와도 비슷한 행동이다. 의미심장한 부분이 있기 때문에 약간 길지만 인용해보자.

이와사키는 날마다 장부만 주무르며 세월을 보내고 있는 현 직무에 싫증난 모양인지 이해 (1867년) 봄 (도사) 번국 기선에 명령하여 미친 듯이 항해에 나섰던 일이 있다.
"무인도를 점령하겠다."
하는 것이다. 이 소문을 교토에서 듣고 료마는 피식 웃어버렸다. 목표는 조선과 일본 사이에 떠 있는 고도 울릉도(*원문은 竹島. 이하 같음)였다. 이와사키가 대단히 진지한 태도였다는 증거로
"일본 도사 번국의 명령을 받아 이와사키가 이 섬을 발견함."
이라는 말뚝도 싣고 갔다. 부하 관리 야마자키를 수행시켰다.
이와사키는 울릉도가 어느 나라에도 속하지 않는 무인도라고 나가사키에 사는 백락白樂이라는 조선 사람으로부터 들은 적이 있다. 그리고 수목이 풍부하다 해서 벌채 인부까지 데리고 갔다. 놀랄 만한 행동력이라고 할 수 있다.
그런데 울릉도에 상륙하고 보니 어쩐지 분위기가 이상했다. 이와사키는 울릉도 해변가에 서서 사방을 살펴보았다. 사람이 사는 것 같다.
(무인도가 아니었는가?)
이런 경우 이와사키는 실망보다는 울화가 치미는 성미이다. 이 섬에 살고 있는 자야말로 돼먹지 않은 자라고 생각했다.
해변에 자리를 깔고 그 위에서 식사를 시작하자 곧 십여 명의 남자

들이 나타나 이와사키를 둘러싸고 진기하다는 듯이 구경했다.

"이 섬은 뭐라는 이름인가?"

이와사키가 종이에 적어 그들에게 건네자 그들 중 연장자인 듯한 흰 옷 입은 노인이

"대한 울릉도야大韓鬱陵島也"

라고 글로 답변했다. 모두 조선 사람인 것 같다. 다시 이와사키는 필담을 했으나 더욱 실망했다. 그들은 상주하지는 않고 이따금 해수(海獸)를 잡으러 온다고 말했다.

이와사키는 화가 치밀어

"나는 일본 도사국의 무사 이와사키라는 사람이다. 오늘부터 당신들도 도사 번국의 백성이 되었으니 기뻐하라."

라는 내용의 문장을 만들어 노인에게 건넸다. 노인은 무슨 수작을 하느냐는 표정만 지을 뿐 대답이 없었다.

이와사키는 과자를 내놓았다. 그러자 모두 달려들어 먹었다.

산쪽으로 들어가 보니 재목감이 될 만한 나무는 없고 대수롭지 않은 잡목만이 조금 있을 뿐이다. 이와사키는 누구에게 분통을 터뜨려야 좋을지 몰랐다.

어쩌다 산간에 오두막 한 채가 눈에 띄었다. 들어가 보니 사람은 없고 큰 솥 밑에 불이 지펴져 있다. 솥 속에 물개가 들어 있는 것으로 보아 통째로 삶아 가죽을 벗길 모양이다.

"불을 질러라!"

별안간 이와사키가 소리쳤다. 수행원인 야마자키가 놀라 반대했다. 그렇게 하면 조선 사람들이 가엾지 않느냐는 것이다. 그러나 이와사키는 고개를 가로 저었다.

"통쾌할 거야."

하는 것이 이유였다. 야마자키가 다시 말렸으나 다른 자가 이미 지붕에 불을 질렀다. 오두막은 흰 연기를 뿜으며 타기 시작했다.

역자 서문

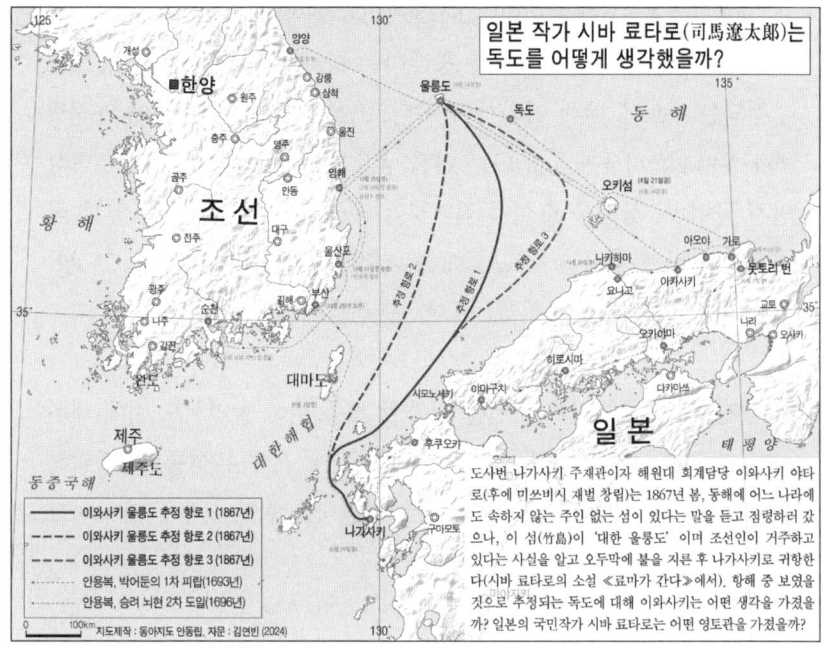

"도망치자!"

이와사키가 맨먼저 앞장 서서 산에서 뛰어내려와 배를 출범시키고 말았다.

[출처] 장편소설 『제국의 아침』(시바 료타로 씀, 박문수 옮김, 하늘, 1992) 136-140쪽. 원전 司馬遼太郎 『竜馬がゆく』(文芸春秋, 1966) 문고판 제8권 218-225쪽

소설 속에서 이와사키가 울릉도를 점령하러 간 때 즉 1867년은, 이미 1787년에 프랑스인 탐험가 라 페루즈가 울릉도에 '다줄레섬'이라는 이름을 붙이고 나서 한참 후였다. 1847년에는 프랑스 포경선 리앙쿠르호가 서양 선박으로는 처음으로 독도를 발견하여 리앙쿠르 락스(Liancourt Rocks)라는 이름을 붙였다. (호사카 유지·세종대 독도종합연구

소『대한민국 독도』, 책문, 2019. 3. 84-86쪽, 96-98쪽)

　픽션이기는 하지만 울릉도를 왕래하는 항해 중 눈에 보였을 것으로 추정되는 독도에 대해 이와사키 야타로(岩崎弥太郎, 1835~1885, 도사번 번사, 후에 미쓰비시 재벌 창립)는 어떤 생각을 가졌을까? 가공인지 허상인지 굳이 이 장면을 소설에 집어넣어 궁금증을 증폭시키는 일본 국민작가 시바 료타로는 독도에 대해 어떤 영토관을 가졌을까? 그것이 항상 궁금했다. 독자 여러분들도 한 번 생각해보면 어떨까?

　도요토미 히데요시가 조선을 침략할 것을 뻔히 알면서도 이에 대비하지 않은 조선 왕조는 무능하고 무책임했다. 서애 유성룡의『징비록懲毖錄』을 다시 꺼내 읽는 마음으로 '연안국소송'의 실체를 파악하고 이해하고 준비해야 한다.

　어려운 국제법과 민감한 영토문제를 다루는 내용임에도 불구하고 기꺼이 자문을 해주시고 교정에 동참하신 여러분들에게 감사드린다. 특히 서현섭 전 주교황청 대사, 신각수 전 주일 대사, 주일 한국대사관에서 함께 근무했던 이동기 외교부 심의관을 비롯한 옛 동료들께 감사드린다. 윤명철 동국대학교 명예교수는 전체적 틀에서 교정의 방향을 잡아주었으며 많은 분들이 세부적인 교정 작업에 함께 참여해주었다. 보이지 않는 곳에서 마음속으로 함께 응원해주신 모든 분들에게 감사드린다.

2024년 8월
역자 겸 발행인
도서출판 귀거래사 대표
김연빈

추천사

양희철
한국해양과학기술원 해양법·정책연구소 소장

　동북아시아에서 영토문제는 상시적 외교 갈등의 원인이 되어 왔다. 오랜 역사적 갈등과 부침으로 엮여 있다는 점에서 쉽게 해결될 수 있는 것도 아니다. 일본은 그동안 중국과의 센카쿠(중국명, 조어대) 문제, 러시아와 북방 4도를 둘러싼 영토문제를 비롯해 우리나라에는 독도에 대한 주기적 공세를 진행하여 왔다. 그러나 일본 영유권 주장의 시작이 상당 부분 침략전쟁에서 기인하고 있다는 점에서, 여전히 자국의 침략전쟁에 대한 역사인식의 미청산으로 해석할 수밖에 없는 것은 유감스럽다. 일본의 영토 확장에 대한 집요함은 그동안 다양한 서적과 논문을 통해 발간되었으며, 그 법리적 해석 또한 상당히 구축되고 있다.

　이번에 발간되는 책은 일본 국제법학회의 전임 회장을 역임하고 현재까지 일본 국제법과 외교정책에 영향을 끼치고 있는 야나기하라 마사하루柳原正治와 가네하라 아쓰코兼原敦子가 편저하였다. 이 책은 총 4부 9장으로 구성되었고, 분야별 9명의 국제법 전문가들이 각 장의 집필에 참여하였다. 주목할 것은 이 책은 근대 일본의 영유권 취득부터 동북아 질서의 변화, 식민지 법제와 조차租借, 시효, 결정적 기일, 원시적 및 역사적 권원의 개념, 국재재판에서 분쟁의 존부 판단 등을 전반적으로 다루고 있다는 점이며, 저자들은 때로는 일본 정부의 영토정책에 대한 비판적 시각과 교정을 요구하는 언급도 마다하지 않고 있다. 저자들은 일본 정부가 영유권을 주장하는 법적 근거를 형성하는 과정에서 영토 선점과 영유의사 재확인에 대한 충분한 검토가 이루어졌는지, 독도에 대하여 선점이 아니라 영역의 재확인이라고 하는 입장이 법적으로 가능한지, 혹은 정책적으로 바람직한지 등에 대한 우려도 토로하고 있다.

영토문제 해결 혹은 일본의 공세 강화를 위한 새로운 이론적 분석 시도도 엿보인다. 특히 독도문제와 관련하여 저자들은 국제재판을 통한 분쟁해결을 진행하기 위해서는 반드시 '영토주권분쟁'의 존부가 해결되어야 하며, 이를 위해 일본은 국제판례를 통해 시도되었던 소위 '연안국소송(Coastal State litigation)'을 제기하는 방안을 제시하고 있다. 구체적으로는 일본이 다수의 유엔해양법협약(UNCLOS) 분쟁 요소를 재판 청구서에 포함시킴으로써 설령 중재재판소에 의한 관할권이 부정될 경우에도 '영토주권분쟁의 존재'는 이루어진다는 점을 강조하고 있다. 이는 왜 독도를 분쟁지역화 하는 것이 일본에게 필요한지, 그리고 영토분쟁 존부 여부가 다음 국제소송을 진행시키기 위한 일본의 전략 과정에서 중요한지를 알 수 있다. 그러나 일본 입장에서는 이러한 전략은 중국이 센카쿠에 대하여 동일한 접근이 가능하다는 점도 고려할 필요가 있다. 우리 입장에서는 일본의 이러한 공세를 근거 없는 주장(mere assertion), 혹은 국제소송의 남용이라고 비난할 수 있을 것이다. 그러나 단순히 무시하기 보다는 주변국의 이론과 정책적 지향점을 다시 이해하고 대응하는 것은 국가 전략상 꼭 필요한 과제다.

이번 발행되는 번역서는 비교적 이해가 어려운 국제법 연구서이지만 국제법 학자 외에 해양정책 실무를 담당하는 모든 관계자들이 필독할 만하다. 특히 일본의 영유권에 대한 거의 전반적 내용과 입장, 정책 방향을 담고 있다는 점에서 우리나라의 대응방안을 수립하는 데도 유익할 것이다. 일본의 영유권 편입부터 분쟁 단계에서 논의될 수 있는 전반적 내용을 포괄하고 있고, 관련 사례도 꼼꼼하게 분석하여 제시하고 있다는 점도 이 책을 권하는 이유다. 지피지기면 백전불태(知彼知己 百戰不殆)라고 하지 않는가.

  이 책의 번역자인 김연빈 대표는 항상 열정적이다. 해양영토에 대한 그의 노력과 집요함은 과거 국토해양부 시절부터 한 번도 변하지 않고 지속되고 있다. 김 대표는 주일 한국대사관에 해양수산관으로 파견되었던 시절부터 우리나라 해양과 수산분야 정책의 아쉬움을 토로하여 왔고, 주변국의 동향과 정책방향을 끊임없이 분석해서 국가정책으로 제언하는 것을 주저하지 않았다. 이 번역서 또한 이러한 김 대표의 의지가 반영된 것이다. 그동안 김 대표가 편찬하고 번역하여 소개한 책은 대부분 해양수산에 대한 그의 사명감이 얼마나 진실되고 한결같은지를 보여준다.

  개인적으로 김연빈 대표와는 국토해양부 해양정책국 시절부터 인연이 있다. 해양분야에 대한 궁금증을 참을 수 없는 김 대표는 의문이 해소되지 않은 주제는 하나도 빠트리지 않고 나에게 확인하는 수고를 마다하지 않았다. 김 대표가 2010년 번역한 일본의 『해양문제입문』에 나오는 용어와 내용을 확인해 주는 과정에서는 해양법을 연구하는 나 자신도 많은 자성自省을 하는 계기가 되었다.

  김 대표의 해양수산 분야에 대한 노력은 국가 해양영토에 대한 사랑이다. 지금껏 보여준 열정만큼이나 여전히 김 대표가 할 일은 많이 남아있고, 그의 노력은 국가 해양수산 정책의 중요한 토대가 될 것임을 의심치 않는다. 이번에 김연빈 대표가 번역해서 내놓은 『국제법으로 본 영토와 일본』 또한 해양영토에 대한 주변국의 노력이 얼마나 많이 진행되고 있는지를 보라는 우리에게 주는 교훈의 일갈一喝이다. 이 책은 영유권 문제에 대한 일본의 시각과 영토분쟁의 다양한 해결 법리를 분석하고 있다. 이 책의 발간을 축하하며, 해양수산 분야 실무자와 연구자들이 반드시 일독할 것을 권한다.

국제법으로 본 영토와 일본

国際法からみた領土と日本

머리말

　일본 영토를 둘러싼 정세는 매우 어려운 상태가 이어지고 있다. 최근 수년 그 어려움은 더욱 증가하고 있는 것처럼 보인다. 북방영토에 대해서는 1990년대부터 해결책을 모색하는 다양한 시도가 있었다(예를 들어 1998년 4월의 '가와나 합의川奈合意' 등). 일본 정부는 1855년에 체결된 일로통호조약日露通好条約 제2조에서 에토로후섬과 우루프섬 사이의 국경이 획정되었기 때문에 북방 4도(에토로후섬, 구나시리섬, 시코탄섬, 하보마이 군도)는 아직까지 이전에 한 번도 외국 영토가 된 적이 없는 '일본 고유의 영토'이며, 1951년 샌프란시스코 평화조약 제2조 (c)에서 포기한 '지시마 열도' 속에 이 섬들은 포함되지 않는다는 주장을 하고 있다.

　그러나 1956년 체결된 일소공동선언 제9조에서 규정된 하보마이 군도와 시코탄섬 '인도'의 전제가 되는 평화조약은 아직 체결되지 않았다. 그렇기는커녕 최근에는 "북방영토를 둘러싼 영토(영역)분쟁은 원래 존재하지 않는다"는, 전에 구소련이 고집한 입장으로 회귀했다고 의심될 만한 러시아 수뇌의 발언도 자주 보인다. 또 2020년 7월 개정된 러시아 헌법 제67조에서는 러시아 영토의 할양금지가 명기되었다. 다만 푸틴 대통령은 일본과의 평화조약 교섭을 멈춰야 하는 것은 아니라는 생각도 표명하고 있다.

　독도에 대해 한국 측은 원래 영역분쟁은 존재하지 않는다는 입장을 일관되게 취하고 있다. 일본 정부는 1905년 1월의 각의 결정으로 독도가 자국령이라는 것을 재확인하였으며, 샌프란시스코 평화조약 제2조 (a)에서 포기한 '제주도, 거문도 및 울릉도를 포함한 조선'에 독도는 포함되지 않는다고 주장하고 있다. 그리고 지금까지 1954년, 1962년, 그리고 2012년 등 모두 3회에 걸쳐 한국 정부에 대해 국제사법재판소에서의 해결을 정식으로 제안했다. 그러나 이러한 제안에 응하지 않는 것은 물론, 분쟁이 존재하지 않는 이상 외교 교섭에도 응하지 않는다는 것이 한국의 기본적 입장이다. 그런 한편으로 한국은, 1954년 이후 실효지배를 계속하고 있다고 간주되는 이상(일본 측에서 보면 '불법점거'이지만) '조용한 외교' 정책을 취하는 것이 현명한 것처럼도 생각되지만, 일이 있을 때마다 독도(원문은 竹島) 영유의 정당성을 소리 높여 주장하고 있다(예를 들어, 2021년 도쿄올림픽 성화 봉송 코스 일본 지도에 대한 항의).

　나아가, 센카쿠 제도에 대해 중화인민공화국은 1971년에 정식으로 영유를 주장하기 시작하고, 특히 2008년 이후 공선公船을 파견해서 센카쿠 제도의 접속수역과 영해에 가끔 입역·침입하며 힘에 의한 현상변경을 꾀하고 있는 것처럼 보인다. 일본 해상보안청 홈페이지에는 날짜별로 「중국 해경국 소속 선박 등에 의한 센카쿠 제도 주변 접속수역 내 입역 및 영해침범 척수」 데이터가 게재되어 있는데, 특히 2012년 9월 이후 그 수가 급증하고 있다. 이에 대해 일본 정부는, 1895년에 센카쿠 제도는 무주지無主地라고 간주하고 국제법상의 선점을 하여 일본 영역에 편입한 이래 한 번도 외국영토가 된 적이 없고, 이 제도를 둘러싼 영역분쟁은 존재하지 않는다는 입장을 일관되게 취하고 있다. 2014년 11월 7일의 「일중 관계 개선을 위한 대화」라는 일중 양국의 합의를 나타내는 문서 속에서는, 센카쿠 제도 등 동중국해 해역에서 최근 들어 긴장상태가 발생하고 있는 것에 대해 다른 견해를 갖고 있는 것이 확인되었을 뿐, 센카쿠 제도에 대해 영역분쟁은 존재하지 않는다는 일본 정부의 주장은 유지되었다.

　한국과 중화인민공화국은 자국뿐 아니라 타국 연구자들을 동원해서 국제사회를 향해 자국의 정당성을 발신하는 움직임을 강화하고 있으며, 홈페이지를 통한 정보발신에다 국제 심포지엄, 학회지 논문 발표, 전문서 간행 등 다양한 수법이 이용되고 있다.

이런 상황 속에서 이 책은 북방영토·독도(원문은 竹島)·센카쿠 제도에 대해, 각각의 역사적 경위와 법적 제반 문제를 면밀하게 분석해서, 국제법 관점에서 각각에 대한 구체적이고 실현가능한 해결책을 제시하는 것, 혹은 일본에 유리하게 될 것 같은 새로 발견된 1차 자료를 제시해서 일본 정부의 입장을 강화하는 것을 직접적인 목적으로 하고 있는 것은 아니다. 이 책이 기본에 두는 것은 '영역領域' 개념의 역사적 변천과 영역분쟁 해결방식이라는 두 가지 관점이다.

근대 유럽 국제법상의 국가에는 그 국가의 국적을 가진 국민이 있고, 이러한 국민으로 이루어지는 국가의 영역은 국경에 의해 획정된다. '명확한 영역'이 국가 자격요건의 하나로 여겨진다. 근대 유럽 국제법상의 국가는 모두 영역국가인 것이다.

그런데 이러한 영역의 법적 근거는 '영역권원領域權原'이라는 개념—구체적으로는 선점先占, 첨부添付, 할양割讓, 시효時效, 정복征服이라는 5개의 권원—을 사용해서 제시되었다고 받아들여질지 모른다. 그러나 영역권원이란 확실히 어느 일정한 지역을 영역이라고 주장하는, 국제법상의 근거가 되는 사실을 의미하지만, 유럽 국가들諸國 간에 영역의 변동이 있는 경우, 혹은 비유럽 지역을 유럽 국가의 영역으로 편입시키려고 할 경우에 한해 사용되어 온 개념이다. 유럽 국가들의 기존 영역, 혹은 신국가新國家의 영역 그 자체의 법적 근거는 이러한 영역권원 이외의 것에 의해 설명할 필요가 있게 된다.

또, 영역권원 개념에는 또 하나의 제약이 있다. 국가 간에 영역을 둘러싸고 분쟁이 되는 것은 사실관계가 매우 복잡하고 다양한 경우가 많다. 영역권원의 어딘가에 명료하게 들어맞고 그 요건을 만족하고 있으면 원래 분쟁은 생기지 않는 것이다. 그런데 실제로는, 선점이라고 해도 정말로 무주지인가, 실은 타국의 영역이었던 것은 아닌가, 또 선점에 필요한 실효적 점유를 어떤 국가가 해왔다고 말할 수 있는가 하는 사실관계의 인정이 매우 곤란한 경우가 많다. 영역권원의 어느 것인지를 단순히 적용해서 영역분쟁이 해결될 것이라고 꼭 말할 수 있는 것은 아니다.

첫 번째로 '영역' 개념의 역사적 변천이라는 관점은, 이상과 같은 근대 유럽 국제법상의 영역개념이 어떻게 해서 성립하고 변천해왔는가 하는 점을 감안한 후에, 근대 유럽 국제법 관계 성립 이전의 동아시아의 공간 질서관과 그 실태를 검토하고, 현대 일본의 영토문제와 관련해서 논점을 정리한다고 하는 것이다. 바꾸어 말하면, '사치仕置' '부용附庸' '번국藩國' '번방藩邦' '속국屬國' '양속兩屬' '강역疆域' '판도版圖' '방토邦土' '이국경異國境'이라고 하는 고유의 개념이 존재했던 동아시아 세계에 있어서, 근대 유럽 국제법상의 영역개념을 사용해서 그 영역을 확정시켜 가는 과정이 어떻게 이루어져 왔는지, 나아가서는 영역으로 간주되는 것의 외연外延―'외지外地'나 '조차지租借地' 등―으로서 어떠한 것을 생각해 왔는지, 하는 것을 분석하는 것이다. 이러한 분석 속에는 에조치蝦夷地의 직할령화, 러시아와의 국경획정(지시마 열도와 카라후토), 류큐 왕국의 지위, 오가사와라섬(무인도)을 위시한 센카쿠 제도나 독도 등 이도離島*의 귀속이라는 제 문제가 포함된다.

제I부 「근대 일본의 영역 확정」과 제II부 「근대 일본의 영역적 외연」에 수록된 4건의 논문은 이러한 관점에서 집필된 것이다.

제I부 제1장 「이도의 일본 영역 편입―이오토硫黃島와 미나미토리시마南鳥島를 중심으로 하여」(야나기하라 마사하루)는, 센카쿠 제도와 독도를 포함하여 10개의 주요 사례가 열거된 근대일본에서의 이도의 편입에 대해, 그 방식으로서 무주지의 선점과 영역이라는 사실의 재확인(영유의사의 재확인) 두 가지가 존재하는 것을 명확히 제시한 것이 이오토 사례이며, 선점의 방식을 명확히 취한 것이 미나미토리시마 사례라고 결론짓는다. 제I부 제2장 「류큐琉球 귀속 문제와 어니스트 사토우―일청日淸 신문 논전에 대한 평가 및 그 배경」(모리 다다시)은, 류큐 귀

---

* 이도(離島)는 본토(本土)나 본도(本島)에서 떨어져 있는 섬이다. 이 책에서는 영해나 배타적경제수역(EEZ) 등 해양영토의 거점과 기준이 되는 주요 섬을 말한다. 우리나라에서는 보통 낙도(落島)라고 하나 약간 성격이 다르기 때문에 그냥 이도라고 한다.

속 문제에 관해 1880년 2월 13일 작성된 어니스트 사토우의 각서를 분석하고, 사토우가 사실史實 논쟁에도 조공朝貢의 의의나 양속론兩屬論에도 깊이 들어가지 않으면서, 근대 국제법적 질서관에 입각한 평가를 하여 류큐에 대한 일본의 주장을 지지했다는 것을 밝히고 있다.

제Ⅱ부 제3장 「일본의 '식민지' 획득과 법칙」(야마다 데쓰야)은, 일본이 이른바 '외지外地'를 획득했을 때, 영역이라는 개념을 어떻게 파악하고 있었는지, 또 그것이 법제면에 어떻게 영향을 미쳤는지를 검토하고, 그것은 이론적인 문제이기도 했지만, 헌법 적용 문제는 의회 대책 등 정부 내 파벌싸움이라는 정치적 측면을 갖는 문제이기도 했다는 점에 주목한다. 제Ⅱ부 제4장 「근대 일본에서 본 조차 개념」(사사키 유이치)은, 조차를 가장적假裝的·변태적變態的 할양割讓이라고 간주하는 관점에서 할양과 같은 것이 아닐까 하는 이해로 제1차 세계대전 이후 변화해간 서양과 대조적으로, 근대 일본에서는 당초부터 가장할양설보다는 비할양설 쪽이 우세였다고 하면서, 그 배경에는 일본이 갖고 있는 조차지를 둘러싼 사실관계와 상황 때문이라고 분석한다.

이어서, 두 번째인 영역분쟁 해결방식이라는 관점은, 국제판례나 그 밖의 영역분쟁 해결 사례의 최신 동향, 나아가서는 영토와 관련된 국제법 개념의 구사 방법과 의의의 변화 등에 대해 기존 논문과 판례평석 등을 들면서, 특히 일본의 영토문제를 염두에 두고 논점을 정리한다는 것이다.

1980년대 이후 국제사법재판소뿐만 아니라 국제해양법재판소나 중재재판소 등에서 영역분쟁—해양획정의 문제를 포함해서—이 취급되는 사례가 압도적으로 증가하고 있다. 이들 국제재판에서는, 영역권원의 어딘가에 해당한다는 형태로 결론이 나는 것이 아니라, 관계 제국의 묵인·승인·항의, '영역주권의 계속적이고 평온한 표시', '에펙티비테(effectivités, 실효지배-역주)', 결정적 기일과 시제법 이론 등 다양한 법리를 적용해서 현실의 영역분쟁 해결이 꾀해져 왔다. 또 전근대 유럽 지역과 비유럽 지역에서의 전통적 '영역' 개념과 근대 유럽 국제법상의

'영역' 개념과의 접속 혹은 단절을 어떻게 평가할 것인가 하는 문제에도, 국제재판소는 궁리를 거듭하고 있다.

일본의 영토문제를 염두에 두면서, 국제재판소에서의 이러한 다양한 시도에 대해 분석하는 것이 제Ⅲ부 「영역분쟁에서의 의사·시간」과 제Ⅳ부 「국제재판에서의 영역분쟁」에 수록된 5건의 논문이다.

제Ⅲ부 제5장 「영역문제에서의 '법'에 입각한 주장」(가네하라 아쓰코)은 법과의 관계의 주장이나 청구에 대해, 법이 그것을 어떻게 법의 세계로 끌어들이는지에 초점을 맞추고, 법과의 관계의 청구로서 '역사적 권리', 법과의 관계 결정에 관계되는 주된 요소로서 의사·시간, 그리고 영역분쟁에서의 '의사의 작용' 순으로 검토하고, 마지막으로 센카쿠 제도 문제에 대한 일본의 주권국가로서의 통합적 입장의 구축을 제안한다. 제Ⅲ부 제6장 「영역분쟁에서의 침묵의 의의―센카쿠 제도에 관한 '75년의 침묵'의 법적 구성을 향하여」(기타무라 도모후미)는 센카쿠 문제에 대한 시사점을 찾는 것을 목표로 하고 묵인, 금반언禁反言, 시효 등에 관한 제2차 세계대전 전戰前의 판례裁判例와 학설 및 국제사법재판소 초기의 판례와 이에 관련된 학설을 검토함으로써, 이들 개념의 맥락을 해독하고 그 존부와 내용을 파악하는 시도를 한다. 제Ⅲ부 제7장 「영역분쟁에서의 시간적 요소와 그 규율―일본 영토문제에 대한 구체적 적용에 대해」(사카이 히로노부)는, 영역분쟁에서의 결정적 기일과 시제법원칙의 각각의 역할을 정리한 후, 이들 두 가지 규칙이 재판실례에서 어떻게 기능하는지를 고찰하고, 여기에서 얻은 두 가지 규칙의 실천적 역할을 기초로 일본 영토문제에 대한 구체적 적용을 검토한다.

제Ⅳ부 제8장 「국제재판에서의 '전근대/비유럽 영역지배'의 원용과 평가」(후카마치 도모코)는, 전근대의 유럽과 비유럽 영역지배에 관련된 10건의 판례에 대해, 재판소는 당사국의 의도 내지 목적과 적용된 권원개념을 어떻게 취급해왔는가, 즉, 전근대/비유럽 영역지배의 검토와 법적 평가는 어떻게 행해졌는지를 확인하고, 이러한 취급을 이끌어낸

요인을 고찰한다. 제Ⅳ부 제9장 「국제재판에서의 영토주권분쟁의 존재인정—유엔해양법협약 제7부속서 중재재판소에서의 연안국소송의 이용」(다마다 다이)는, 유엔해양법협약 제7부속서 중재재판소에서의 '연안국소송'—차고스 제도 MPA(해양보호구역) 사건과 연안국권리 사건—을 상세히 분석하고, 여기에서 제시된 차고스방식 A와 크리미아 방식을 활용하면, 가령 독도(원문은 竹島)에 대해서도, 영토주권분쟁의 존재를 인정받는 것이 가능하다는 것을 제시한다.

참고로, 여기에서 '영역'과 '영토'란 두 개 용어에 대해 간단히 설명해두겠다. '영역'이란 육지부분의 '영토', 해양부분의 '영수'(항港 등 '내수內水'와 그 밖의 '영해'로 이루어진다), 그리고 공역空域부분의 '영공' 세 가지로 구성된다. 이들 중에서 영역으로서는 영토가 최초로 확정되고, 그 후 그 주변의 해역에 대한 영수, 그리고 영토와 영수의 상공인 영공이 확정된다. 영역의 중심에 위치하는 것은 영토이며, 영수와 영공은 영토의 종물이라는 것이다. 이 때문에 영토라는 용어는 영역 전체를 지칭한다는 사용방법도 있다. 이 책에서도 영역과 영토라는 두 개의 용어는 이와 같은 의미로 사용하고 있다.

이 책의 주된 목적은 '영역' 개념의 역사적 변천과 영역분쟁 해결의 다양한 법리를 분석함으로써, 지금까지와는 다른 독자적 관점에서, 일본의 영토를 둘러싼 정세에 대해 조명하고자 하는 것이다. 북방영토, 독도(원문은 竹島), 그리고 센카쿠 제도의 사실관계와 법적 여러 문제를 정면에서 상세하게 취급한 논문은 없지만, 이 책에 수록된 각 논문에는 이들 문제의 해결에 큰 시사를 주는 논점이 아주 많이 제시되어 있으므로 실무담당자, 연구자, 나아가서는 영토문제에 관심을 갖고 있는 일반인들에게도 참고가 될 점이 많다고 확신한다.

야나기하라 마사하루

목 차

역자 서문　v
　'독도, 영토의 시작' 국민운동을 주창하며

추천사　xv

머리말　xx

제 I 부　근대 일본의 영역 확정

제1장　이도離島의 일본 영역 편입　야나기하라 마사하루 柳原正治
　　　―이오토와 미나미토리시마를 중심으로 해서―

　1. 시작하며　3
　2. 이오토 硫黃島　5
　3. 미나미토리시마 南鳥島　17
　4. 마치며　35

제2장　류큐琉球 귀속 문제와 어니스트 사토우　모리 다다시 森 肇志
　　　―일청日淸 신문 논전에 대한 평가 및 그 배경―

　1. 시작하며　39
　2. 사토우 각서의 대상 및 일청 신문 논전　46
　3. 일청 신문 논전에 대한 평가　53
　4. 사토우 각서에 의한 평가의 배경　62
　5. 마치며　72

제II부 근대 일본의 영역적 외연

제3장 일본의 '식민지' 획득과 법칙   야마다 데쓰야 山田哲也
1. 시작하며   77
2. 헌법·국제법과 주권   80
3. '외지外地'의 형성과 그 개념   87
4. 외지법의 체계화와 문제점   104
5. 마치며   107

제4장 근대 일본에서 본 조차租借 개념   사사키 유이치 佐々木雄一
1. 시작하며   111
2. 중국에서 생긴 조차   117
3. 조차의 성질을 둘러싼 세계의 학설   118
4. 근대 일본의 조차 개념 이해   121
5. 마치며   146

제III부 영역분쟁에서의 의사·시간

제5장 영역문제에서의 '법'에 입각한 주장   가네하라 아쓰코 兼原敦子
1. 이 장의 주제   151
2. 법과의 관계의 청구   154
3. 법과의 관계 결정에 관계되는 주요소─의사·시간   173
4. 영역분쟁에서의 '의사의 작용'이라는 요소의 재검토   180
5. 마치며   183

제6장 영역분쟁에서의 침묵의 의의　기타무라 도모후미 北村朋史
　　　―센카쿠 제도尖閣諸島에 관한 '75년의 침묵'의 법적 구성을 위해―

　1. 시작하며　187
　2. 제2차 세계대전 전의 판례와 학설　190
　3. 국제사법재판소 초기의 판례　208
　4. 마치며　226

제7장 영역분쟁에서의 시간적 요소와 그 규율　사카이 히로노부 酒井啓亘
　　　―일본 영토문제에 대한 구체적 적용에 대해―

　1. 시작하며　229
　2. 재판실례에서의 결정적 기일과 시제법 원칙의 작용　230
　3. 영역분쟁 판례에서 보는 결정적 기일과 시제법 원칙의
　　 적용과 그 특징　234
　4. 일본 영토문제에 대한 결정적 기일과 시제법 원칙의 적용　246
　5. 맺으며　259

제IV부　국제재판에서의 영역분쟁

제8장 국제재판에서의 '전근대/비유럽 영역지배'의 원용과 평가
　　　　　　　　　　　　　　　　　　　후카마치 도모코 深町朋子

　1. 시작하며　265
　2. 전근대/비유럽 영역지배를 다룬 국제 판례　269
　3. 영역귀속 판단과 전근대/비유럽 영역지배　288
　4. 맺으며　296

제9장　국제재판에서의 영토주권분쟁의 존재인정　다마다 다이 玉田 大
　　　　－유엔해양법협약 제7부속서 중재재판소에서의 연안국소송 이용－

　1. 시작하며　299

　2. 국제법상의 분쟁 발생기준　301

　3. UNCLOS 연안국소송　308

　4. 독도에 관한 영토주권분쟁의 존재인정　320

　5. 마치며　326

　후 기　327

　판례 색인　333

　집필자 일람 (집필순)　335

　역자 소개　338

　도움을 주신 분들　340

제 I 부

근대 일본의 영역 확정

제1장

이도離島의 일본 영역 편입

―이오토와 미나미토리시마를 중심으로 해서―

야나기하라 마사하루 柳原正治

1. 시작하며

　에도 시대江戸時代, 1603-1868에는 막부 말기幕末期, 1853-1868가 되어도, 근대 국제법에는 전혀 고려가 미치지 않았으며, 메이지 시대明治時代, 1868-1912가 되어서 비로소 근대 국제법에 입각한 대외 관계가 구축되고 일본의 영역 확정이 이루어졌다고 간주하는 것은, 사실관계를 정확히 파악하고 있다고 말하기 어렵다. 막부는, 막부 말기에는 에조치(蝦夷地. 현 홋카이도의 대부분-역주)의 직할령화, 러시아와의 국경 획정(지시마 열도千島列島와 카라후토樺太), 류큐琉球 소속문제에 대한 대처, 오가사와라섬(小笠原島. 無人島[무닌시마, 부닌시마]) 귀속 등의 예에서 볼 수 있는 것처럼, 근대 국제법적 의미에서의 '(근대) 국가'라든가 '국경'이라든가 '영역'이라는 것을 의식하지 않을 수 없는 상황에 놓여 있었다.

　다만, 그러한 시도는 아직 매우 불충분한 것이었다. 당시 근대 국제법의 지식이 충분히 있었다고는 도저히 말할 수 없다. 메이지 정부도 당초에는 국제법 지식이 충분하지 않았고, 혼란스런 상황도 있었다. 그러나 얼마 되지 않아, 막부가 체결한 불평등조약의 개정을 대외정책의 기본으로 삼으면서, 일본 영역의 확정에도 적극적으로 나서게 되었다. 에조치를 홋카이도北海道로 개칭한 것, 류큐 처분, 이도離島의 편입 등이 전형적인 사례이다. 또, 1870년의 보〔독〕불전쟁, 1892년의 지시마·라벤나호 충돌사건(1892년 11월 30일 에히메현 앞바다 세토내해에서 일본 해군 수뢰포함 지시마함과 영국 상선 라벤나호가 충돌, 침몰한 사건. 지시마함 승선원 74명이 순직하고 1만 파운드로 화해했다-역주) 등이 발생한 때에는 '영해'의 획정·범위도 문제가 되었다[1].

근대 일본에 있어서의 이도의 편입으로서는, 막부 말기부터 중대한 경계문제로 인식되었던 오가사와라 군도 외에, 1885년의 남·북 다이토지마大東島, 1891년의 이오토硫黄島, 1895년의 우오쓰리시마魚釣島·구바시마久場島〔구메아카시마久米赤島(다이쇼토大正島)〕, 1897년의 도리시마鳥島, 1898년의 미나미토리시마南鳥島, 1900년의 오키다이토지마沖大東島, 1905년의 독도, 1908년의 오키노토리시마沖ノ鳥島, 거기에다 쇼와 시대昭和時代, 1926-1989의 사례이지만, 1931년의 오키노토리시마 등 모두 10건의 사례가 주요한 것으로서 열거된다. 이들 사례 중, 이 장에서는 일본 영역 편입조치의 법적 인식이라는 관점에서 획기적이었다고 간주되는 이오토硫黄島와 미나미토리시마南鳥島 두 사례를 중심으로 다루겠다.

근대 국제법 이론에 의하면, 이도를 영역에 편입하는 방식으로는, '무주지(terra nullius)'의 선점과 영역이라는 것의 재확인(영유의사의 재확인)의 두 가지가 있었다. '선점先占'은 17세기 이후 '발견'에 대신해서 주장된 권원이며, 고대 로마법상의 소유권 획득의 하나의 방식인 '무주

---

1) 柳原正治「日本における領海の範囲に関する先例—外務省条約局編『国際法先例彙輯 (7)「領海ノ範囲」を素材として」柳原正治 外(編)『国際法秩序とグローバル経済—間宮勇先生追悼』(信山社, 2021년) 5-32쪽 참조.

물 선점(occupatio)'을 따른 이론이다[2]. 19세기 후반에는, 무주지란, 인간이 거주하고 있지 않는 지역뿐만 아니라, 어느 정도의 사회적·정치적 조직을 갖춘 선주민이 거주하고 있어도, 아직 서양문명에 비견할 단계에 달하지 않은 지역도 지칭한다고 간주되었다. 그러한 무주지를 국가가 영유의 의사를 갖고 실효적으로 점유하면, 자국 영역 속에 편입할 수 있다고 하는 방식이다.

영역이라는 것의 재확인이란, 원래 어느 국가의 영역이었다고 간주되는 이도를 그의 영역이라고 재확인하고, 관할관청이나 명칭 등을 획정한다고 하는 편입조치이다. 원래 영역이었다고 간주하는 근거로서는, 편입조치 이전 어느 땐가의 시점에서 선점이 이루어졌다고 하는 것, 또는 선점 이외의 어떤 형태인가의 방식으로 이전부터—언제부터인지는 명시되지 않는 것이 많다—영역이었다고 하는 것이 있을 수 있다.

이들 두 가지의 방식이 존재하는 것을 명확히 나타낸 것이 이오토의 사례이며, 선점의 방식을 명확히 취한 것이 미나미토리시마의 사례이다. 이하 이 두 사례에 대해 각각의 편입과정과 법적 논점을 검토하기로 하겠다.

2. 이오토 硫黃島

2.1. 편입과정

이오토는 화산열도의 한 섬으로 (그 외에 北이오토와 南이오토), 현재

---

[2] 다만, 고대 로마법상의 '무주물 선점'은 동산의 소유권에 관한 것이며, 토지에 관한 것이 아니다. 예를 들어, R. Lesaffer, "Argument from Roman Law in Current International Law: Occupation and Acquisitive Prescription", *European Journal of International Law*, Vol. 16, No.1 (2005). pp. 40-41 참조.

는 오가사와라 제도 속에 편입되어 있다. 이 섬의 편입은 실로 흥미로운 경위를 거쳤다.

이오토는 16세기에 이미 유럽인에게 그 존재가 알려졌지만, 절해의 고도로 오랫동안 무인도였다. 일본인에 의한 이오토의 개척에 대해서는 도쿄도東京都 공문서관 소장 도쿄부東京府 문서에 의하면 아래와 같은 상황이었다. 1887년 11월, 다카사키 고로쿠高崎五六 도쿄부지사府知事가 메이지마루明治丸로 이오토와 도리시마의 조사·개척에 나섰다. 이오토의 조사를 담당한 것은 요코오 도사쿠橫尾東作였지만, 당시는 식민植民의 전망이 없다고 판단되었다[3]. 그 후 1889년 6월 난요마루南洋丸로 다나카 에이지로田中栄次郎, 요리오카 쇼조依岡省三 등이 도항해서 유황갱硫黃坑을 발견해 8명의 인부를 거주하게 하고留置, 어로를 겸해 유황 채굴을 개시했다. 11월 30일에는 기업인 총대 다나카 에이지로와 노동자 총대 아라이 요시쿠니荒井義邦 사이에 약정서가 교환되고, 그 후 1890년 7월까지 모두 6회에 걸쳐 도항하여 유황 3,300여 포대를 채굴했다. 이 사이의 1890년 3월 24일에 다나카는 다카사키 지사에게 유황 채굴과 어업을 위해 50년간의 무상 임차(無地料 拜借)를 출원했다. 이 출원을 받고 도쿄부 총무과에서 작성된 것이, 하치스카 모치아키蜂須賀茂韶 지사가 사이고 쥬도西鄕從道 내무대신 앞으로 보낸 「島嶼貸渡之儀伺(도서 임대 및 도항의 건에 대한 청원)」이다(4월 5일 작성. 7월 21일 발송. 제4941호). 이 청원서에는 "이 섬은 무인도로서 그 위치는 완전히 황국의 판도 내로 인정되므로"라고 기록되어 있다[4].

---

[3] 東京都(編)『東京市史稿 市街編 第72』(東京都, 1981년) 643-648쪽 참조. 이하 이 문헌을 인용할 때에는 『東京市史稿 市街編』으로 하고 권수와 발행연도를 붙이도록 한다.

[4] 東京府文書(東京都公文書館所藏) 619.C2.19 Nr. 7: 45(1)-48, 63쪽: 619.C2.19. Nr. 10: 168쪽: 619.C6.02: Nr. 6:160(1)-162, 215(1)쪽. 총무과에서 작성한 후 내무대신에게 송달되기까지 3개월여를 요한 것은 農商課의 의견도 있어(부전), 동경부청 내에서 조정에 시간을 요했기 때문이라고 추측된다. 참고로, 東京府 문서 인용 시에는 분류번호·편철번호·통(通) 페이지 수만을 기재한다. 종별·표제·주무과에 대해서는, 東京都公文書館 (編)『東京都公文書館所藏目錄1 (東京府文書—明治)』(東京都公文書館, 2000년) 참조. 도쿄도공문서관의 정보검색시스템 (https://www.archives.metro.tokyo.lg.jp/)도 참조.

그런데 1890년 7월 25일 다나카가 사망했기 때문에 8월에는 채굴이 중지되었다. 그 후, 채굴권을 둘러싸고 다나카의 유족과 오미다 도시노리小美田利義, 아라이 요시쿠니 등이 다투게 되고, 몇 사람으로부터(다나카 에이지로의 상속인 田中春策를 포함해서) 몇 개의 신청이 있었다. 10월 31일에는 하치스카 지사로부터 사이고 내무대신 앞으로 「도서 소속의 건에 대한 품신(嶋嶼所属之儀ニ付稟申)」(제6940호)이 제출되었다. 그 문서에는 "종래 소속이 명확하지 않다. ……원래 이 섬은 무인도로서 그 위치로부터 고찰해도 황국의 판도 내로 인정될 뿐만 아니라 게다가 외국인에게 점령된 형적形跡도 없다. 그래서 금반今般 당부 관할 하 오가사와라섬 소속으로 정했다"고 기록되어 있다.[5]

그 후, "금반 이 도서의 명칭 소속에 관해 별안 각의 제출 계획이 있다. 그런데 우右는 국제상의 관계도 있을 수 있으므로 이에 대해 일단 협의한다"고 하면서 1891년 7월 4일 시나가와 야지로品川弥二郎 내무대신이 에노모토 다케아키榎本武揚 외무대신 앞으로 보낸 문서(秘別甲257호)에 대해, 에노모토는 같은 달 8일자 문서(親展送 제534호)로 이의가 없다는 뜻을 전했다[6]. 그래서 8월 6일 내무대신은 마쓰가타 마사요시松方正義 총리대신에게 「도서 소속 명칭에 관한 건(島嶼所属名称ニ関スル件)」(秘別甲257호)을 제출하고, 칙령안을 붙여서 각의 결정을 요구했다[7]. 그런데, "청의請議 대로 가하다고 인정한다"고 하는 8월 13일자 법제국 의견에는, 8월 14일자 무쓰 무네미쓰陸奥宗光 농상무대신의 부전이 붙어 있다. 그 부전에는 "이 3도서는, 실제소속 미정인 무인도인 것이 명확하다고 하지만 그대로 타국으로부터 다툼이 없는 금일에 있어서 특히 오가사와라섬 소속으로 할 것을 공시할 필요 없을 뿐만

---

5) JACAR (아시아역사자료센터) Ref. A15112383800 (4화상 째에서), 公文類聚·第十五編·明治 二十四年 第三十八巻 (国立公文書館) : Ref. B03041152400 (7화상 째), 帝国版図関係雑件 (1.4.1.7) (外務省外交史料館) 東京府文書 619.A8.02: Nr. 9: 245-246쪽.

6) JACAR: B03041152400 (3화상 째에서).

7) JACAR: A15112383800 (2화상 째에서); B03041152400 (5화상 째).

아니라 여사한 것을 칙령에 의해 공시하는 것은 불온당한 감 없지 않다. 차라리 처음부터 오가사와라섬 소속으로 간주해서, 1885년 중 소속 미정인 다이토지마大東島 및 우오쓰리시마魚釣島를 오키나와섬 소속으로 간주해서 처분한 예에 따라 도쿄부지사로부터 내무대신을 거쳐 청원해서 그 도서에 명칭을 붙이게 하는 것이 바람직하다고 믿는다"고 기록되어 있다[8].

이러한 무쓰 대신의 의견에도 불구하고, 8월 19일의 각의 결정에서는 "1885년 다이토지마大東島 외 1도[9]를 오키나와섬 소속으로 간주해서 처분했다고 하는 것은 당시 이미 다이토지마 등 명칭 있는 도서를 실지 조사하고 내무대신으로부터 이를 태정대신太政大臣에게 구신具申한 것에 불과하다. 그런데 별지 내무대신 청의의 요지는 당해 도서는 종래 무인도로서 그 소속 명칭을 정하는 데 행정상 조금도 지장이 없고 근래 내지 인민이 이 섬에 도항하고 어업과 갱업 등에 종사할 자속속 증가함에 따라 행정상 그 소속 명칭을 정할 필요가 생겼다고 하는 것으로 다이토지마의 답사보고 사례로써 선례를 삼을 수 없다. 따라서 청의대로 칙령으로써 그 소속 및 명칭을 정하는 것이 가하다고 인정한다"고 하였다.

이 각의 결정에 붙은 부전은 3개가 있는데, 그 하나는 에노모토 다케아키 외무대신의 것으로 내무대신의 원안에 찬성한다는 뜻을 표하고 있다. 이에 반해 고토 쇼지로後藤象次郎 체신대신의 부전은, "앞서 농상무대신의 의견에 동의를 표했으며 지금도 당해 의견이 타당함을 믿는다. 그러나 당해 안에 관해서는 대장大藏 해군 사법 제 대신이 아직 가부의 의견을 개진하지 않는데 법제국장관이 성급하게도 농상무대신의 의견을 반박하는 것 같은 태도를 보인 것은 집무의 순서에 있어서 적절하지 않다고 생각한다"는 것이었다. 그리고 3번째 부전은 어

---

8) JACAR: A15112383800 (9화상 째에서). 이 부전(付箋)에는 後藤象次郎의 화압(花押, 수결)이 있기 때문에, 後藤는 陸奥의 의견에 찬성이었다고 간주된다(후술하는 後藤의 부전도 참조).
9) '大東島外一島'는 南大東島와 北大東島 두 섬을 가리킨다고 해석된다.

느 대신의 것인지 판독할 수 없지만, "체신대신의 부전 집무 순서 운운은 본관도 역시 동의한다. 그렇지만 본안은 내무대신의 원안을 상당하다고 인정하는 바로 외무대신의 의견과 동同"이라는 것이었다[10].

이 각의 결정이 있고 나서, 9월 9일 칙령 제190호가 발포되어, "도쿄부 관하 오가사와라섬 남남서 먼바다 북위 24도 0분에서 동 25도 30분 동경 141도 0분에서 동 141도 30분 사이에 산재하는 3도서를 오가사와라섬 소속으로 하고 그 중앙에 있는 것을 이오토硫黄島라 칭하고 그 남南에 있는 것을 미나미이오토南硫黄島 북北에 있는 것을 기타이오토北硫黄島라 칭한다"고 하였다[11].

그런데 무쓰는 이것으로 포기하지 않았다. 11월 5일에 「이오토의 소속 및 명칭을 공포한 데 대한 이의疑義의 건」이라는 문서(官房甲 제81호)를 마쓰가타 마사요시 총리대신에게 제출하였다. 그 문서에는 "금년本年 9월 칙령 제190호로써 이오토의 소속 및 명칭을 공포한 데 대해 좌左의 이의疑義가 있다.

갑 우右 도서는 종래 본방의 속도屬島이다. 칙령은 단지 그 관할청을 정하고 명칭을 명확히 하는 것에 지나지 않는다.
을 우右 도서는 종래 본방의 속도屬島가 아니다. 칙령의 발포로 비로소 본방에 속하는 것이 된다.

칙령 발포 당시 각의 결정의 주지主旨는 갑설이라고 믿는다고 하더라

---

10) JACAR: A15112383800 (11화상 째에서). 後藤의 부전에는 陸奧宗光의 서명이 들어 있다.
11) JACAR: A15112383800 (3화상 째부터): B03041152400 (8화상 째): 『官報』 제2461호, 1891년 9월 10일, 97쪽. 칙령발표 5일 후인 9월 14일에는, 富田鐵之助 東京府知事가 桑原戒平 小笠原島司 앞으로 「이 섬(該島)의 상황을 취조(取調)해서 그 의견을 구진(具陳)할 것」이라는 훈령(제4634호)을 보내고, 그 취조 결과가 같은 해 11월 21일자의 「硫黄嶋巡檢之儀二付具申」(送第697호)이다. 東京府文書 619.A2.08: Nr. 35: 285-295쪽. 『東京市史稿 市街編 第82』(1991년) 259-267쪽도 참조. 나아가, 9월 15일의 東京府内務部長[銀林鋼男第一部長]으로부터 桑原島司 앞 「硫黄嶋外二嶋之義二付照会」도 참조. 東京府文書 619.C6.02: Nr. 6:157(1)-158쪽.

도 이 섬 광산개발鑛山稼行 출원이 있다. 갑을 양설의 견해 여하에 따라 당성에서 갱법(坑法. 광업법-역주) 상의 처분을 달리하는 것에 대하여 이때에 그 견해를 명료히 할 것을 요한다. 따라서 지금 각의를 요청한다"고 기록되어 있다[12].

이 무쓰의 이의에 대해 대신 간에 어떠한 논의가 있었는지에 대한 기록을 찾을 수는 없지만, 이의 제출로부터 약 10일 후인 11월 16일에는 새로운 각의 결정「이오토의 소속 및 명칭을 공포한 것에 대한 농상무성農商務省의 이의疑義에 답한다」件名表題가 시행되어, "당해 도서의 연혁을 심의하고 이를 만국공법의 법리에 비추어보니 당해 도서는 종래 제국帝国의 소속으로, 본년 칙령 제190호로써 처음으로 제국에 속하게 된 것이 아니다. 단지 그 관할청 및 명칭이 약간 불명료하여 칙령을 발포함으로써 이를 정하는 것에 지나지 않는다는 것이 명확하다"고 했다. 즉, 칙령 제190호는, 선점이 아니라, 이전부터 일본의 '부속도서属島'였던 것을 재확인하고 관할관청을 정하고 명칭을 확정한 조치였다고 하는 해석이다. 그리고 그 결정은 12월 3일에 농상무성에 통첩되었다[13].

그 후, 지금까지 일시 반려되었던 신청 등을 포함해서[14] 평의를 통한 심의詮議가 이루어져, 최종적으로는 다음 해 5월 19일에, 다나카田中春策의 대리인 이노우에井上恒 등의 유황시굴청원에 대해 농상무대신의 지령이 하달되었다[15].

---

12) JACAR Ref. A15112383900 (1화상 째에서), 公文類聚·第十五編·1891년 第三十八卷 (国立公文書館).
13) JACAR: A15112383900 (3화상 째에서).
14) 1892년 1월 23일의 桑原 島司가 富田知事 앞으로 보낸 문서「借区願之儀二付届書進達之件」(送第83号) 참조. 東京府文書 619.C2.19 Nr. 10: 118쪽. 1891년 12월 21일자로 内務書記官으로부터 富田知事 앞으로 보낸 文書 (辛第486号/内) 도 참조. 東京府文書 619.C6.02: Nr. 6: 228쪽.
15) 東京府文書 619.C2.19 Nr. 8: 74쪽.

2.2. 법적 논점

2.2.1. 선점의 사례라고 하는 인식

이상과 같은 경과를 거친 이오토硫黄島의 편입조치에 대해, 여기에서는 두 가지 점을 논하기로 한다. 첫째 논점은, 외무성 조약국 (편) 『島嶼先占(国際法先例彙輯, 2)』(1933년 10월조)에서는, "제국이 행한 도서선점 사례"라고 해서 오가사와라 제도小笠原諸島, 이오토硫黄島, 구메아카시마久米赤島・구바시마久場島・우오쓰리시마魚釣島, 미나미토리시마南鳥島, 오키다이토지마沖大東島, 나카노토리시마中ノ鳥島의 6개 사례가 열거되어 있는데, 이오토도 선점의 사례로 되어 있는 것은 무슨 이유 때문인가 하는 것이다. 이 『도서선점島嶼先占』에서는, 1891년 8월 19일의 각의 결정, 9월 9일의 칙령 제190호는 거론되고 있지만, 11월 16일의 각의 결정에는 전혀 언급하고 있지 않다[16].

이것에 대한 유력한 증거가 될 것으로 간주되는 것이 1차 사료의 소장상황이다. 11월 5일 제출한 무쓰의 이의도, 11월 16일의 각의 결정(에노모토 외무대신의 서명인이 찍혀 있다)도, 더욱 이야기하면 8월 13일의 법제국 의견과 그에 대한 무쓰의 부전도, 어떠한 사료도 국립공문서관에만 소장되어 있고, 외무성 외교사료관에서는 눈에 띄지 않는다. 『도서선점』은 외무성에 소장되어 있던 1차 사료에 입각해서 기술되었기 때문에, 선점의 사례로 간주된 것이 아닐까 하고 추측되는 것이다. 확실히, 1891년 8월 19일의 각의 결정과 9월 9일의 칙령 제190호에만 의거한다고 하면, 선점의 사례로 간주되는 것도 어쩔 수 없을 것이다[17].

---

16) 外務省条約局 (編) 「島嶼先占 (国際法先例彙輯, 2)」 (昭和8年10月調) 35쪽. 다만, 8월 19일의 각의 결정에 대해서도 날짜는 기재되어 있지 않다. 外務省編纂의 『日本外交文書 第24巻』(1952년) 515-518쪽도 참조.

17) 7월 4일의 閣議提出按은 외교사료관에 소장되어 있지만, 8월 19일의 각의 결정 자체는 소장되

그런데, 도쿄도 공문서관 소장 자료 속에서도 외무성 외교사료관과 같이 1891년 9월 9일의 칙령 제190호는 볼 수 있지만, 기타 문서는 보이지 않는다. 1892년 1월 23일 구와하라 가이헤이桑原戒平 오가사와라 도사島司가 도미타 데쓰노스케富田鐵之助 지사에게 보낸 문서(送 제83호)에서도, 3월 16일 도미타 지사가 고노 도가마河野敏鎌 농상무대신에게 보낸 상신에서도, 칙령 제190호만이 언급되어 있다[18].

2.2.2. 선점과 영역이라는 것의 재확인을 나누는 기준

두 번째 논점은, 선점과 영역이라는 것의 재확인이라는 두 개의 방식이 있는 것은 명시되었지만, 이 두 가지를 나누는 기준이 당시 명확하게 제시되었는가 하는 점이다. 1890년부터 1891년에 걸친 1차 사료를 보면, 이오토의 소속에 대해서는, 이전부터 일본의 판도 내라고 하는 문서와, 판도 내라고는 하기 어렵다고 하는 문서가 모두 존재한다.

"이 섬은 무인도로서 그 위치 완전히 황국의 판도 내로 인정된다"고 하는 문서로는, 1890년 3월 24일의 다나카 에이지로田中榮次郎의 청원을 받고 도쿄부 내에서 작성되어, 7월 21일에 하치스카蜂須賀 지사가 사이고西郷 내무대신에게 발송한 문서「島嶼貸渡之儀伺」(제 4941호)[19], 10월 31일 하치스카 지사가 사이고 내무대신에게 보낸 문서「嶋嶼所

어 있지 않다. 외무관료였던 秋山雅之介와 倉知鉄吉의 저작에서도, 硫黄島는 선점의 사례로서 언급되어 있고, 11월의 각의 결정에는 전혀 언급하고 있지 않다. 秋山雅之介『國際公法』(東京専門学校, 1893년) 43쪽. 倉知鉄吉『國際公法』(日本法律學校, [1899년]) 88쪽 (이 두 사람의 저작에 대해서는, 「領域」개념의 역사적 검토회에서 佐々木雄一 선생이 지적하였다). 더욱이, 실질적으로는, 외무성의 국제법 고문이었다고 하는 立作太郎도, 1933년에 발표한 논문에서 일본의 근시(近時)에 있어서의 도서의 병합(선점) 사례로서, 小笠原島, 南鳥島, 硫黄島, 거기에 中ノ鳥島를 들고 있는데, 硫黄島에 대해서는 8월 6일의 閣議 要請과 勅令 第190号밖에 언급하고 있지 않다. 立作太郎『無主の島嶼の先古の法理と先例』『國際法外交雑誌』第32巻8号 (1933년) 47쪽. 그런데, 百瀬孝『史料検証 日本の領土』(河出書房新社, 2010년) 63쪽에는 11월의 閣議 결정이 정확히 기재되어 있다.

18) 東京府文書 619.C2.19 Nr. 10: 118쪽 : 619.C6.02 Nr. 6: 242쪽.
19) 東京府文書 619.C6.02: Nr. 6: 161(1), 215(1)쪽.

属之儀ニ付稟申」(제6940호)[20], 나아가서는 11월 25일 하치스카 지사가 무쓰 농상무대신에게 보낸 문서 「硫黄試掘願届出付上申」(제7454호)[21]가 있다.

이에 대해 판도 내라고 하기는 어렵다는 것이, 1890년 1월 14일 가와니 도시쥬로川仁利十郎가 제출한 차구출원借区出願에 대해, "관할 불분명해서는 전의詮議에 부치기 어렵다"고 하는 농상무성 광산국 관계관의 2월 1일자 회답이다[22]. 또 같은 해 7월 29일 긴바야시 쓰나오銀林鋼男 도쿄부 제1부장이 아카가와 고스케赤川慧助 오가사와라 도사에게 보낸 조회안(폐안)에서도 "아직 황국 판도 내에 확정된 지地도 아니다. 그럼에도 목하 일부분의 개척에 종사시키기만 해 아직 충분히 선점의 실적 없는 것에 대해"라고 되어 있다[23].

나아가, 1891년 5월 5일 이오토에 도항하고 싶다는 뜻을 상신한 다나카 에이지로의 조합組合에 대한 구와하라 가이헤이 오가사와라 도사의 회답[24], 같은 해 10월 8일 구와하라 도사가 도미타 데쓰노스케 도쿄부지사에게 보낸 「十一月定期船硫黄島回航之儀ニ付稟請」(송 제574호)[25], 다음 해 3월 16일 도미타 지사가 고노河野 농상무대신에게 보낸 상신[26], 나아가서는, 같은 해 5월 2일 다나카 등이 제출한 「小笠原島硫黄島硫黄採掘着手年月等御下問ニ付上陳」[27]에서도, 이 섬은 무인도로 판도 미정의 지地, 소속 미정이라고 되어 있다.

이상과 같이, 일본의 판도 내로 하는 문서는 1890년 11월까지로 한

---

20) JACAR: A15112383800(4화상 째에서):B03041152400(7화상 째) ; 東京府文書 619.A8.02: Nr. 9: 245-246쪽.
21) 東京府文書 618.B5.13: Nr. 1: 4쪽.
22) 東京府文書 619.C2.19. Nr. 10: 214쪽 참조.
23) 東京府文書 619.C6.02: Nr. 6: 216쪽. 같은 해인 1890년 2월 4일 문서도 같은 취지이다. 東京府文書 619. C6.02. Nr. 6: 222쪽.
24) 東京府文書 619.C2.19. Nr. 7: 41쪽 참조.
25) 東京府文書 619.A2.08: Nr. 35: 296쪽.
26) 東京府文書 619.C6.02:Nr. 6: 242쪽.
27) 東京府文書 619.C2.19. Nr. 7: 39(2)쪽.

정되어 있다. 다만, 앞서 인용한 같은 해 7월 29일의 도쿄부 제1부장의 견해에서는 판도 내는 아니라고 되어 있어(폐안이기는 하지만), 당시에도 도쿄부 내에서 의견의 통일이 있었다고는 보이지 않는다[28].

1891년 11월 16일의 각의 결정에서는 "당해 도서의 연혁을 심의하고 이를 만국공법의 법리에 비추어보니"라고만 기록되어 있다[29]. 4년 전의 탐검探檢·조사, 2년 전부터의 유황채굴 사실을 '만국공법의 법리'에 맞추어보니, 이오토는 무주지가 아니라고 하는 입론이 구성되었다고 추정된다. 또 각의 결정 다음 해 3월 23일, 에노모토 다케아키榎本武揚 외무대신이 노무라 야스시野村靖 재불 공사에게 보낸 문서 (친전)에서는 "수년 전에 메이지마루明治丸를 파견해서 탐검시키고 이후 계속해서 아국 인민이 주거해옴으로써"[30]라고 되어 있다. 주민의 존재라고 하는 사실이다.

그런데, 11월 5일의 무쓰의 이의疑義 속에서 이른바 '갱법상의 처분'이라고 하는 것은, 유황채굴권의 귀속으로 해석된다[31]. 즉, 선점이라고 하면, 선점 조치 이전에 이루어진 채굴 사실은 모두 법적으로 의미가 없어지고 마는 것이 아닐까 하는 염려이다.

이 점에서 주목되는 것이 1892년 1월 23일 구와하라 오가사와라 도사가 도미타 지사에게 보낸 문서(送 제83호)이다. "당시 이오토의 관할所轄이 불분명한 것을 이유로 해서 서면 일시 반려되었으나, 작년(1891) 9월 중 당 오가사와라섬 소속으로 정해졌으므로 당초 제출한 일시로 평의를 통해 결정詮議될 계획이라는 취지로 금회 진달進達하

---

28) 明治23年11月6日의 東京府의 문서 「硫黄試掘願出二付届 小美田利義」 (124号)도 참조. 東京府文書 618.B5.13: Nr. 1: 6쪽; 619.C2.19: Nr. 12: 248쪽.
29) JACAR: A15112383900 (4화상 째).
30) JACAR: B03041152400 (19화상 째).
31) 1891년 11월 21일 桑原 島司가 富田知事에게 보낸 「硫黄島巡検之儀二付具申」 (送第697号)에서는, "硫黄채집을 영위하는 사업 외 별도로 殖産興業을 기도해야 할 島嶼가 아니라고 인정해서"라고 기재되어 있다. 東京府文書 619.A2.08: Nr. 35: 289쪽. 「東京市史稿 市街編 第82 (1991년) 261쪽도 참조.

게 된 것입니다"라고 기록되어 있다[32]. 또, 같은 해(1892) 2월 4일 가와니 도시쥬로가 무쓰 무네미쓰 농상무대신에게 보낸 「硫黃島硫黃借区願之儀ニ付追申」에서도, "동인同人에 있어서는 일본 광업법坑法은 일본 판도 내에서의 광업坑業을 지배하는 것이지 일본인을 지배하는 것이 아니다. 때문에 이 섬이 아국 판도로 확정되지 않으면 광업법의 제재를 받을 수 없게 된다"라고 기록되어 있다[33].

이상의 사료에서 살펴보면, 무쓰가 선점이 아니라, 영역이라는 것의 재확인이라고 한 것에 고집한 이유는 농상무대신의 소관사항인 유황 채굴권을 둘러싼 문제가 존재하는 것 때문이었다고 간주된다.

그런데, 선점과 영역이라는 것의 재확인을 나누는 기준에 대해서는, 당시의 사료를 보는 한 명확히 나타나 있다고는 말하기 어렵다. 영역이라는 것의 재확인이라고 하는 것이라면, 어느 시점에서 영역이 되었는가, 어떠한 사실—'실효지배'—에 입각하고 있는가를 명확히 할 것이 요구되지만, 그것을 제시하는 사료는 눈에 띄지 않는다. 1890년 7월 21일자 하치스카 지사의 문서(제4941호)도, 이오토의 위치가 "완전히 황국의 판도 내"라고 하고 있는 데 지나지 않는다[34]. "지리상 당연히 일본의 판도라고 할 수 있다"고 하는 주장이다. 이오토 외에는, 도리시마鳥島[35] 나 오키노토리시마沖ノ鳥島[36]의 사례에서도 같은 논리가 사용되었다. 다만, 이 기준이 구체적으로 어떠한 것인지는 명확하지 않다. 일본 본토와의 가까움이라는 것만이 아닌 것은 오키노토리시마의 예를 보더라도 명확하다. '근도近島'라고 하는, 거리적 가까움만으로는 국

---

32) 東京府文書 619.C2.19 Nr. 10: 118쪽.
33) 東京府文書 619.C2.19 Nr. 10:213쪽. 1891년 12월 15일자로 依岡 등이 陸奧에게 보낸 「小笠原島硫黃島硫黃試掘願ノ儀ニ付上申」도 참조. 東京府文書 619.C2.19: Nr. 10: 165쪽.
34) 東京府文書 619.C6.02: Nr. 6: 161(1), 215(1)쪽.
35) JACAR Ref. A15113117100(9화상 째부터), 公文類聚·第二十一編·明治三十年 第二卷 (国立公文書館);東京府文書 622.D2.06: Nr. 6: 62-64(1)쪽.
36) JACAR Ref. A14100246500(3화상 째에서), 公文類聚·第五十五編·昭和六年 第一卷(国立公文書館):Ref. B02031163800(2화상 째), 本邦島嶼領有関係雑件(A.4.1.0.3)(外務省外交史料館).

제법상의 근거가 되지 않는다는 점은, 이미 오가사와라 군도 귀속 결정 시에 파크스 영국 공사로부터 전해 받은 것이기도 했다[37].

1891년 11월 16일의 각의 결정에 기록되어 있는 "당해 도서의 연혁"이란, 그 4년 전의 탐검·조사, 그리고 2년 전부터의 유황채굴의 사실, 나아가서는 주민의 존재라고 하는 것은 이미 말했다. '근도近島'라고 하는 것이 근거가 되지 않는다고 하면, 그러한 탐검·조사·유황채굴과 주민의 존재라는 사실밖에는 남지 않게 된다. 그렇다고 하면, 4년 전인 1887년부터 일본의 영역이었다고 하는 주장이 되는 것일까. 이 점은 당시의 사료를 보아도 철저한 논의가 이루어진 흔적은 눈에 띄지 않는다.

무쓰에게 선점의 이론에 대한 지식이 어느 정도 있었는지도 의문스럽다. 무쓰가 1891년 11월 5일의 제언을 하는 데 있어서 국제법의 문헌을 참조했다든지, 국제법 전문가—데니슨(Henry Willard Denison)이나 파테르노스트로(Alessandro Paternostro) 등 고용 외국인, 또는 외무관료—에게 상담했다든가 하는 것을 보여주는 사료는 눈에 띄지 않는다. 또, 1891년 8월 14일자 부전에서는, 이오토는 "소속 미정의 무인도"인데, "타국으로부터 다툼이 없는 금일에 있어서 …… 칙령에 의해 공시하는 것은 온당하지 않은 감 없지 않다. 차라리 처음부터 오가사와라섬 소속으로 간주해서"라고 되어 있지만, 왜 오가사와라섬 소속으로 간주할 수 있는가에 대한 이론적 근거는 일절 보이지 않는다[38]. 나아가서는, 소속 미정의 다이토지마大東島와 우오쓰리시마魚釣島를 오키나와현 소속으로 간주한 1885년의 예를 따라야 한다고 하는 제언[39]은, 사실적 측면에서도 법적 측면에서도, 부정확 혹은 불명료하다

---

37) 1885년 11월5일의 寺島宗則外務卿과의 대화. 『大日本外交文書 第8卷』 362-363쪽.
38) 8월 19일자 閣議 決定에 첨부된 부전에서 榎本武揚 外務大臣은 "農商務大臣의 소위 不穩當한 감 운운하는 것은 염려스럽게도 외국에 대한 감정이 없다는 것과 같다. 그렇다면 본관은 과려(過慮)로 간주할 수밖에 없다"고 설명하고 있는데 (JACAR: A15112383800 [12화상 째]), 그것이 구체적으로 어떠한 의미인지는 확실하지 않다.
39) JACAR: A15112383800 (10화상 째).

고 말하지 않을 수 없다[40].

3. 미나미토리시마 南鳥島

3.1. 편입과정

 메이지 시대가 되어 선점의 이론이 최초로 구체적 사례로 논의된 것은, 1874년의 이른바 '타이완 출병台湾出兵' 때이다. 그 이론을 메이지 정부에 이른바 '전수伝授'한 것은, 데 롱(Charles E. de Long) 미국 공사와 프랑스 태생의 미국인 르 잔드르(Charles William Le Gendre)였다. 데 롱은 1872년 9월 23일 소지마 다네오미副島種臣 외무대신과의 대화에서, "지나에서 관할이라고 하지만 그 명령이 실행되지 않으면 즉시 표류물로서 취하는 사람의 소유물이 되는 것입니다"라고 전했다[41]. 또, 그 데 롱의 소개로 고용 외국인으로서 고용되게 된 르 잔드르는, 1872년에 일본 정부에 제출한 제1각서에서, 「만국통법」에 의하면, 오스트레일리아나 뉴질랜드, 미국의 캘리포니아 등의 예와 같이 '야번野蕃'의 지地에 대해 "법을 제정하고 제도를 만들어서 이를 관할하고 그 속지로 할 권리 있다"고 기술하고 있다[42].
 그러한 의견을 참고로 하면서, 나아가서는 보와소나드(Gustave Emile Boissonade de Fontarabie)를 직접 고문으로 해서, 일본 정부(柳原前光와 大久保利通)는, 1874년 8월부터 10월에 걸친 청국과의 교섭에서, 타이완을 '무주 야만의 지'로 간주해서 거기에는 청국의 주권은 미치지 않

---

40) 1895년 시점에서는 魚鉤島(魚釣島로 간주된다), 나아가서는 久場島·久米赤島의 관할 결정과 国標建設은 보류되었다.
41) 『大日本外交文書 第7巻』 5쪽.
42) 早稲田大学社会科学研究所 (編) 『大隈文書 第1巻』(早稲田大学社会科学研究所, 1958년) 20쪽. 立嘉度 (訳), 本多政辰 (編) 『『蕃地所属論 下』(三友舎, 1874년) 6쪽도 참조.

고, 판도라고 할 수 없다고 하는 논의를 전개했다[43].

이러한 '선점'의 이론은 그러나, 그 후 일본 정부 안에서 어느 정도 공유되고, 이도 편입 시에 활용되었다고 말할 수 있는지는 큰 의문이 남는다. 앞 절에서 검토한 이오토의 사례에서도, 나아가서는, 남·북 다이토지마南·北大東島, 센카쿠 제도, 도리시마鳥島 사례의 어느 사례에서도, 근대 국제법상의 선점의 방식을 충분히 이해한 다음에 편입조치가 취해졌다고는 말하기 어렵다. 이 점에 정면으로부터 궁리한 최초의 사례가 1898년의 미나미토리시마南鳥島 편입이었다.

미나미토리시마(南鳥島. 마카스섬 [Marcus Island] 또는 위크스섬 [Wikks Island])는 1543년 스페인 사람 B. 데 라 토레에 의해 발견되었다고 하는데, 그 후 섬을 방문한 기록은 1864년 미국 선박이 찾을 때까지 존재하지 않는다. 1889년 6월에는 미국 범선 선장 로즈힐(Andrew Rosehill)이 상륙해, 무인도인 이 섬이 야자유와 조분(鳥糞. 새똥, 구아노) 자원으로서 가치가 있는 것을 인정, 야자수에 미국 국기를 게양하고, 호놀룰루(당시 하와이 왕국)에 귀항 후 동지 주재 미국 공사를 거쳐 미국 국무성에 조분채취권을 요청했다. 그러나 공식 절차로는 취급되지 않고, 미국 국무성 내의 기록에 남아 있는 것에 지나지 않았다[44].

이 섬에 본격적으로 입식하려고 한 일본인은 미즈타니 신로쿠(水谷新六, 1850-1921)가 최초로 간주된다. 그는 1896년 12월 3일에 상륙해, 다음 해 3월 22일에 가바야마 스케노리樺山資紀 내무대신 앞, 4월 5일에는 고가 미치쓰네久我通久 도쿄부지사 앞으로 도서발견신고를 제출

---

43) 9월 27일 大久保가 清国総理衙門에 보낸「清国総理衙門ヨリノ答覆書反駁ノ件」의 付属書「公法彙抄」참조.『大日本外交文書 第7巻』245쪽. 보와소나드가 北京 체재 중에 大久保에 제출한 각서 19점의 프랑스어 원문을 수록했다.『勃氏趣旨書』(国立公文書館所蔵)를 상세히 분석하고 있는 것이, 大久保泰甫『보와소나드와 국제법— 台湾出兵事件의 透視図』(岩波書店, 2016년) 129-259쪽.

44) B. Welsch, "Was Marcus Island Discovered by Bernardo de la Torre in 1543?." *Journal of Pacific History*, Vol. 39, No.1 (2004), pp. 109-122 참조. 南鳥島에 대한 조사나 연구의 일람에 대해서는, 약간 오래된 정보이기는 하지만, 平岡昭利「南鳥島의 領有와 経営―アホウドリから鳥糞, リン鉱採取へ」「歴史地理学」第45巻4号 (2003년) 1쪽 참조.

했다. 그 속에서 미즈타니는 "수목을 깎고 1896년 12월 3일 일본인 미즈타니水谷란 문자를 기재해 두었습니다. 우右는 타국의 소속이 아니고 완전히 오가사와라 군도의 하나로서 일본제국의 판도 내에 속하는 한 섬이라고 생각합니다"라고 기록되어 있다[45]. 이 신고서를 접수하고 도쿄부와 내무성에서는 이 섬의 소속에 대한 검토를 진행해 나갔다.

내무성 내에서 우선 검토한 것은 미즈타니가 발견했다고 주장하는 섬이 해군 수로부 소장 해도 중의 마카스섬과 동일한가 하는 점이었다. 1897년 6월 5일에 오가타 고레아키尾形惟昭 내무성 부현과장府県課長이 작성한 문서(東甲 제70호)에서는, 실지조사를 해서 소속을 결정해야 한다는 뜻이 기술되어 있다[46]. 그래서 미즈타니는 6월 25일에 다시 이 섬을 방문하고 자세히 천측하고 약도를 작성해서, 9월 13일 가바야마 내무대신에게 마카스섬과 동일하다고 하는 「도서 임차 건에 대한 청원(嶋嶼拜借之儀ニ付御願)」을 제출했다[47].

이것을 접수한 내무대신은 10월 8일에 「마카스섬 소관의 건에 대한 각의 제출안(マーカス島所管ノ義ニ付閣議提出案)」을 작성했다[48]. 그 후의 편입 과정은 복잡했으며, 선점의 이론에 입각해서 일본 영역으로 편입이 결정되었다 (이 3단계의 상세는 다음 항에서 논한다).

또, 1898년 12월 10일에 센가 다카토미千家尊福 도쿄부지사로부터 미즈타니에 대해 미나미토리시마에서 시행할 사업계획서의 인가(2內 2313호)가 났는데, 그에 이르기까지의 과정도 실로 복잡했다[49].

각의 결정이 나고 4년 후인 1902년 7월부터 8월에 걸쳐, 이른바 「南

---

[45] JACAR Ref B03041152600 (7화상 째에서), 帝国版図関係雑件 (1.4.1.7) (外務省外交史料館): Ref. C06091185100 (24화 상째에서), 明治31년(1898년)·公文備考·土木下巻 22 (防衛省防衛研究所): 東京府文書 625. D4.19 Nr. 22: 452쪽. 이 책 23쪽 손으로 그린 도면 참조.

[46] JACAR: C06091185100 (42화상 째).

[47] JACAR: C06091185100 (18화상 째에서) 東京府文書 625. D4.19. Nr. 22: 398(1)-399(1)쪽.

[48] JACAR: B03041152600 (1화상 째에서) C06091185100 (3화상 째에서): 東京府文書 625. D4.19 Nr. 22: 432-433쪽.

[49] 東京府文書 625.D4.19 수록 문서 참조.

鳥島事件(미나미토리시마사건)」이 일어났다. 전술한 로즈힐이 1889년부터 13년이 지난 1902년에 이 섬에 도착했다. 1856년 8월 18일의 미국「미국인 조분 채취에 관한 법률(구아노島法. Guano Islands Act-역주)」에 입각한 조분채취권의 윤허를 받고서 한 행동이었다. 일본 측은 순양함을 파견해서 로즈힐의 퇴거를 요구하고 약간의 실랑이 끝에 로즈힐은 퇴거했다[50].

이 사건이 한창일 때인 1902년 7월 19일 다카히라 고고로高平小五郎 주미 공사가 고무라 쥬타로小村寿太郎 외무대신에게 보낸 전신(제54호)에서는, 미국 정부가 이 섬에 대해 "미국 선장의 발견의 권리(right of discovery)를 주장하는 것도 예측하기 어렵다"는 우려가 표명되었다. 그러나 미국 정부가 그와 같은 주장을 해오는 일은 없었다[51].

이 사건 직후에 다카하시 사쿠에高橋作衛 도쿄제국대학 교수는 도쿄제국대학에서 한 국제법 연습 수업에서 이 사건을 다루고, 학생들의 토론 결과는 『국가학회잡지国家学会雑誌』에 게재되었다[52]. 그 중의

---

50) 石井建次 (外務省南洋局)「南鳥島ニ就イテ一隠レタル帝国外交史ノ一頁」『外交評論』4月号 (1942년) [JACAR Ref. B02031163700 (9화상 째에서), 本邦島嶼領有関係雑件 (A.4.1.0.3) (外務省外交史料館)] 참조. 로즈힐은 조류 채포(捕鳥) 계획 실패에 의한 손해배상을 미국 정부를 통해 제소하겠다는 것이었는데, 그 후의 전말기록이 없다고 기록하고 있는 것이 「南鳥島ヲ東京府管下ニ編入ノ件」이라는 調書(1931년 6월 20일자)이다. JACAR: B02031163700 (2화상 째에서). 그런데, 로즈힐의 배에 편승해서 섬에 건너가, 1주간에 걸쳐 이 섬에 체재하고, 일본병의 방해를 받아가면서도 실시한 세그로아지사시 등의 동물과 식물과 어류 조사를 정리한 저작이 W. A. Bryan, *A Monograph of Marcus Island: An Account of Its Physical Features and Geology, with Descriptions of the Fauna and Flora* (Honolulu: Bishop Museum Press, 1903)이다. 이 책에는 1898년에 일본 정부에 의해 섬 남측 해변에 설치되었다고 하는 목표(木標)의 사진이 게재되어 있다(p. 81). 1896년에 水谷가 깎아서 자신의 이름을 기재했다고 하는 수목은 이 섬의 서측에 있으며, 이 목표와는 명확히 다르다. 어떤 경위로 설치된 목표인지는 불명이다.

51) JACAR Ref. B03041152800 (12-13화상 째), 帝国版図関係雑件 (1.4.1.7) (外務省外交史料館). 그런데, 이 문제에 대해 미국 정부가 일본의 조치에 대해 호의적 태도를 보인 것은, 1899년에서 1901년에 걸친 미드웨이제도 및 1902년의 웨이크섬을 둘러싼 일미 교섭에서 일본 측의 주장이 온화하였던 것에 기인한 것이 아닌가 하고 간주하는 것이, 外務省条約局『앞의 책』(주16) 63쪽. 후주73도 참조.

52) 「南鳥嶋事件」『国家学会雑誌』第16巻188号 (1902년) 96-107쪽 ; 清水賢一郎「南鳥島事件」同, 107-117쪽 ; 雉本朗蔵 [造의 誤り]「南鳥島事件 (国際公法演習報告)」『国家学会雑誌』第16巻189号 (1902년) 88-118쪽. 이 연습보고와 高橋의 의견에 대해서는 手塚豊「南鳥島先占前後の一考察」『法学研究』第36巻1号 (1963년) 34-35쪽을 참조.

한 학생이었던 기시모토 도키조(雉本朗造, 1908년부터 교토제국대학 교수)는, 선점의 방식을 상세히 검토하고, 로즈힐이 국기를 게양한 사실에 의해 가령 미국이 점령했다고 해도, 그 후 점령이 계속되지 않았던 데 비해, 일본의 점령은 공시 사실이 없기 때문에 하자 있는 점령이라고 말하지 않을 수 없지만, 열국의 암묵의 승인으로 유효하게 되었다고 결론짓고 있다.[53]

또 다카하시 자신도 『요미우리신문読売新聞』에 담화를 게재하고, 토지획득은 '발견'이 아닌 '점령'에 의해야 한다고 하고, 미국은 일본의 영역주권에 대해 항의할 법리상의 근거를 결하고 있다고 보았다[54].

3.2. 법적 논점

3.2.1. 편입의 법적 근거—3단계

미나미토리시마의 편입에 대해서는 여러 가지 법적 논점이 있지만, 아래 두 가지 관점으로 압축해서 논하기로 하겠다. 제1의 법적논점은, 이 섬이 일본에 귀속하는 것의 근거이다. 1897년 9월 13일 미즈타니가 내무대신 앞으로 보낸 「嶋嶼拜借之儀ニ付御願(도서 임차의 건에 대한 청원)」에 있는 것처럼, 미즈타니 자신은 이 섬의 위치로 보아 당연히 일본의 영역이라고 간주하고 있었다.[55]

이러한 지리상의 위치를 뒷받침하는 근거로 당초 제시된 것이 1895년 8월 7일의 「国境確定ニ関スル日西両国宣言(국경 확정에 관한 일본과 스페인 양국 선언)」이다. 이것은 같은 해 4월 17일에 서명된 일청강화조

---

53) 雉本「앞 논문」(주52) 113-116쪽.
54) 「南鳥島の占領権(高橋法学博士の意見)」『読売新聞』1902년 10월 4일. 高橋는 나아가, 1903년에 발표한 저작 속에서 영토주권 '권원'으로서의 선점론을 상술하고 있다. 高橋作衛『平時国際公法』(日本法律学校, 1903년) 367-378쪽.
55) JACAR: C06091185100 (19화상 째): 東京府文書 625.D4.19. Nr. 22: 398(1)쪽.

약으로 타이완이 일본에 할양된 것을 계기로, 이 섬과 필리핀 주변 사이에서의 장래의 분쟁紛議을 예방하기 위해[56], 일본과 스페인 사이에 작성된 선언서이다. 그 제2는 "스페인국 정부는 당해 경계선의 북방 및 북동방에 있는 도서를 그 경계로 하지 않는다는 뜻을 선언한다", 제3은 "일본국 정부는 당해 경계선의 남방 및 남동방에 있는 도서를 그 경계로 하지 않는다는 뜻을 선언한다"고 규정하고 있다. 즉, 북위 21도 25분에 있는 바시해협(Bashi Channel)을 경계선으로 해서 일본령과 스페인령을 나눈다고 하는 공동선언이었다. 이 경계선을 그대로 동으로 늘리면, 마카스섬(미나미토리시마)은 북위 24도 17분 12초이기 때문에 경계선보다는 북측으로 170리 남짓한 위치에 있고, 따라서 일본령이라고 하는 것이다(다음 쪽의 손으로 그린 도면[57]을 참조).

이러한 근거자료는, 1897년 6월 5일자 내무성 부현과장의 문서(東甲 제70호) 속에서는 해군성 수로부 도지과장図誌課[科]長 아리카와 사다시로有川貞白 소좌의 의견으로서 소개되어 있다[58]. 그리고 같은 해 10월 8일 가바야마 내무대신의 「マーカス嶋所管ノ義ニ付閣議提出案(마카스섬 소관의 건에 대한 각의 제출안)」에서도 "그 위치 흡사 일본 스페인 양국 판도의 경계에 관한 선언 제2에 규정하고 있는 방위 이내에 있으므로 본방 소속의 도서인 것은 논할 것도 없고 종래 이 섬은 무인도이므로 행정기관을 두고 있지 않지만 금반 이 섬의 차용을 출원하는 자 있다. 이를 계기로 소속을 확정할 필요가 있으므로 이래 도쿄부 소속

---

56) 枢密院의 「審査報告」(1895년 7월 26일) 참조. JACAR Ref. A03033941100 (5화상 째), 枢密院 決議一, 西太平洋中ニ在ル日西両国版図ノ境界ニ関スル宣言書·明治二十八年(1895년)七月三十日決議 (国立公文書館).

57) JACAR: B03041152600 (4화상 째). JACAR: C06091185100 (10화상 째)도 참조.

58) JACAR: C06091185100 (43화상 째). 有川은 또, "가령 마카스섬과는 다른 별개(殊別)의 것이라고 하더라도 그 대체의 위치에서 이를 보면 이 역시 본방의 속유(属有)에 귀속되는 것은 당연하다"는 의견이었다. 有川은 1893년 무렵부터 해군 수로부에 근무하기 시작, 1897년 10월 26일에는 天龍艦長이 되어 있었다. 그 경력으로 보아, 국제법에 특별하게 정통했던 것은 아닌 것으로 보인다. 彦根正三 (編) 『改正官員録 甲明治26年1月』 (博公書院, 1893년) 87쪽: 海軍歴史保存会 (編) 『将官履歴 上 (日本海軍史 第9巻)』 (海軍歴史保存会, 1995년) 618쪽 등 참조.

오가사와라 도사島司의 소관으로 하기로 한다"고 되어 있어, 같은 근거 자료가 되어 있다[59].

일스페인 공동선언에 의한 양국 경계선과 마카스섬의 위치

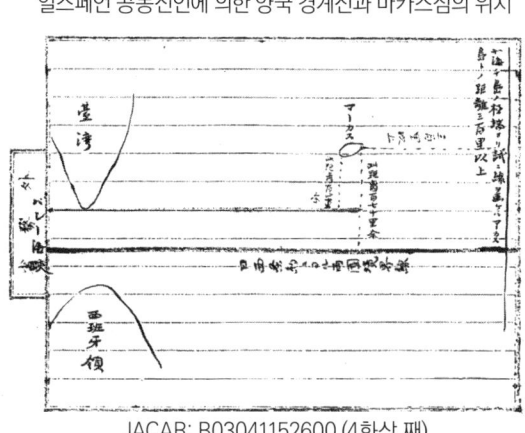

JACAR: B03041152600 (4화상 째)

나아가, 10월 14일의 다나카 다다스田中端 도쿄부 내무부 제1과장의 의견서도, 도쿄부의 의견으로서 일스페인日西 공동선언으로 해서 미나미토리시마가 일본 소속의 섬이라는 것에는 의문이 없다고 한다. 다만, 미나미토리시마의 소속이라고 하는 국제공법상의 문제는 도쿄부가 아닌 내무성의 판단에 따라야 할 것이라고 기록되어 있다[60].

그러나 일스페인 공동선언은 원래 일본령이 된 타이완과 스페인령인 필리핀 사이의 경계선을 획정하기 위한 공동선언으로, 그것을 아득히 3,000킬로미터 이상이나 떨어져 있는 미나미토리시마에까지 적용하는 데 무리가 있는 것은 일목요연하다고도 생각된다.

다음 해 1898년 3월 14일자 요시카와 아키마사芳川顕正 내무대신이

---

59) JACAR: B03041152600 (3화상 째) ; C06091185100 (5화상 째) : 東京府文書 625.D4.19: Nr. 22: 432-433쪽.
60) 東京府文書 625.D4.19; Nr. 22: 431쪽.

이토 히로부미 총리대신에게 보낸 각의 제출안(東甲 제140호)에서는 다른 의견이 제시되어 있다. 미나미토리시마는 "지리상 본방 소속인 것은 논할 것도 없다"고 하면서, 일스페인 공동선언에는 전혀 언급하지 않고, 미즈타니에 의한 회항·도내 탐검, 그리고 이 섬 차용원의 제출이 있어, 소속을 판명시킬 필요가 있기 때문에, 섬 이름을 '마카스섬島'에서 '미즈타니섬水谷島'으로 변경해[61], 금후에는 도쿄부 소속으로 한다고 하는 의견이다[62].

여기에는 지리적 요인이 아직 남겨져 있지만, 7월 1일의 각의 결정에서는 그 요인은 완전히 부정되고 있다. 서두에서, 이 섬은 "지리상 본방 소속인 것을 논할 필요가 없는바"라는 내무대신의 청의에 언급한 다음, "따라서 심사해 보니 이 섬은 ……고도로서 그 오가사와라섬에서 거리가 몹시 멀기 때문에 이것을 오가사와라 군도의 하나로 인정하기 어려울 뿐만 아니라 오가사와라섬과의 사이에는 '그람퍼스'[63]라고 칭하는 무소속 섬이 있다. 그렇기 때문에 '마르카스'섬을 바로 지리상 당연히 본방의 소속이라고 말하는 것은 근거 없는 것과 비슷하지만 타국이 이것을 점령했다고 인정할 형적이 없을 뿐만 아니라 내무성 관리로부터 제출된 참고서에 의하면 우리나라 사람 미즈타니 신로쿠라는 자가 1896년 12월 이래 이 섬에 이주민을 옮기고 가옥을 건축하고 물고기島魚 포획 및 개간에 종사해 현저한 성공의 전망이 있다는 취지가 있는바 국제법상 소위 점령의 사실이 있는 것으로 인정해서 이것을 본방 소속으로 하고 도쿄부 소속 오가사와라 도사 소관으

---

61) 1898년 5월 20일 岡部長職 東京府知事가 荒川 內務省 県治局長에게 보낸 通牒(1発541号)에서, 鳥島의 南方에 위치하는 점에서 南鳥島의 명칭이 타당하다고 하는 제언을 받고, 그 후 南鳥島라는 명칭이 되었다. 東京府文書 625.D4.19. Nr. 22: 428-429쪽.

62) JACAR Ref. A15113186700 (4화상 째에서), 公文類聚·第二十二編·明治三十一年(1898년) 第二卷 (国立公文書館).

63) 그람퍼스섬(Grampus Isles)은 1788년에 영국선 페리스호(선장 존 미어즈)가 발견했다고 하는 섬으로, 1888년부터 일본인과 미국인 등이 탐색을 계속했지만, 1900년 일본 해군 함정 金剛이 조사한 결과 부존재가 확인되어 해도에서 삭제되었다. 長谷川亮一『地図から消えた島々―幻の日本領と南洋探検家たち』(吉川弘文館, 2011년) 72-75, 142-145, 158-159쪽 참조.

제1장 이도離島의 일본 영역 편입   25

로 하는 것 지장이 없다고 생각한다. 따라서 결국 의안請議대로 각의 결정하는 것이 가하다고 인정한다"고 되어 있다[64]. 즉, 미나미토리시마의 지리적 위치는 도서 소속의 근거로서는 성립하지 않는다는 것을 명확히 확인한 다음, 타국에 의한 점령이 없는 것과, 미즈타니가 이 섬에 거주민을 이주시키고 가옥을 건축하고 물고기 포획과 개간에 종사하고 있다고 하는 사실을 '국제법상 소위 점령의 사실'로 인정, 일본에 소속하는 섬으로 하고 있다. 이것은 선점의 방식에 입각해서 본방 소속으로 결정한 것으로 간주된다.

 1897년 10월 8일에 가바야마 내무대신이 일스페인 공동선언을 소속의 근거로 하는 각의 제출안을 작성하고부터, 다음 해 3월 14일 요시카와 내무대신의 각의 제출안까지 5개월간, 나아가서는 그 후인 7월 1일 각의 결정까지 4개월간에 어떠한 논의가 내무성이나 법제국에서 벌어졌는지를 보여주는 기록은 지금까지의 조사로는 눈에 띄지 않는다. 3단계의 각각의 시점에서 내각이 다른 것은 확실하지만(제2차 마쓰가타松方 내각, 제3차 이토伊藤 내각, 제1차 오쿠마大隈 내각), 총리대신과 내무대신(樺山資紀, 芳川顕正, 板垣退助)의 의향이 반영되었다는 기록도 눈에 띄지 않는다.

 5월 19일에 미즈타니가 이 섬에서 한 식민의 모습을 상세히 도쿄부에 보고하고, 그것이 법제국에 전해졌다고 하는 사실은 확인된다[65]. 미즈타니에 의한 식민은 3월 14일 문서에서도 언급되어 있지만, 5월 19일 보고에서는 더욱 상세한 식민의 모습이 기록되어 있다. 또, 5월 24일 아라카와 구니조荒川邦蔵 내무성 현치국장県治局長이 우메 겐지로梅謙次郎 법제국장관에게 보낸 문서(県東 제4호 내)에서는, 미나미토리

---

64) 7월 14일에 결재되어 내무성에 통첩되었다. JACAR: A15113186700 (1화상 째에서): Ref A 15113320500(3화상 째에서), 公文類聚·第二十四編·明治三十三年(1900년) 第三巻 (国立公文書館). JACAR Ref. A15113659900 (6화상째에서), 公文類聚·第三十二編· 明治四十一年(1908년) 第一巻 (国立公文書館)에는 「法制局意見 明治三十一年(1898년) 七月」로 해서 동일한 문서가 게재되어 있다.

65) JACAR: A15113186700 (7-12화상 째).

시마의 지리적 위치가 상세히 기록되고, 도리시마鳥島의 남방에 위치하기 때문에 '南鳥島'라고 하는 명칭이 타당하다고 되어 있다[66].

법제국(시바타 가몬柴田家門, 가노고키 고고로鹿子木小五郞 등 법제국 참사관)에서는 이들 정보를 참고하면서, 아마 내무성(현치국장은 1898년 1월 21일부터 荒川[67]. 현치국 부현과장은 1897년 9월부터 井上友一)과 긴밀히 연락을 취하면서, "지리상 본방 소속이다"고 하는 근거자료를 포기하고, 미즈타니의 식민의 사실 쪽을 중시한 근거자료, 즉 '선점'에 의한 근거자료로 변경해갔다고 추측된다.

이러한 선점을 근거로 하는 사고는, 7월 19일의 내무대신 훈령(訓 제653호)에서도 7월 24일의 도쿄부 고시(東京府告示 제58호)에서도 "지금부터 그 부府 소속으로 한다", "지금부터 본 부 소속으로 한다"고 되어 있어[68], 답습한 것으로 간주된다.

그런데, 최후의 제3단계에 있어서 외무성 관계자는 완전히 배제되었다. 1897년 10월 8일의 각의 제출안은 같은 달 29일 외무성에 접수되었다[69]. 또, 다음 해 3월 14일에 요시카와 내무대신으로부터 니시토쿠 지로西德二郞 외무대신 앞으로 '水谷島'의 편입에 대한 각의제출을 한다고 하는 사전통고(東甲 제140호 내)도 있었다[70]. 그런데, 7월 1일의 각의 결정 후인 같은 해 10월 5일, 하토야마 가즈오鳩山和夫 외무차관으로부터 스즈키 미쓰요시鈴木充美 내무차관 앞으로, 7월 24일 도쿄부가 고시한 '南鳥島'는 이 水谷島란 것이 틀림이 없는가에 대해, "이와

---

66) JACAR: A15113186700 (3-4화상 째).
67) 荒川邦藏는 내무성 근무 후 1892년부터 1897년까지 福井縣知事를 역임, 1898년 1월 21일에 縣治局長에 취임했다(같은 해 7월 16일까지). 荒川는 젊었을 때에 헤프터(August Wilhelm Heffter)의 국제법 교과서를 공동 번역해, 국제법이나 국법 등의 지식을 충분히 가진 것이 아닌가 하고 추측된다(海弗得 [ヘフトル] 著, 荒川邦藏·木下周一 [訳] 『海氏万国公法』 [司法省, 1877년).
68) 東京府文書 302.D3.17 Nr. 35:68쪽 : 302.D3.17: Nr. 34: 67쪽. 7월 24일자 東京府 고시는 동일자 『読売新聞』과 『都新聞』에 게재되었다.
69) 同案 부전(付箋) 참조. JACAR: B03041152600 (2화상 째).
70) JACAR Ref. B03041152700 (1화상 째), 帝國版図関係雑件 (1.4.1.7) (外務省外交史料館).

같이 명칭 상이한 것에 대해" 염려 삼아 확인하고 싶다는 뜻의 문서(送 제288호)가 송부되었다[71]. 이 도쿄부 고시는 외무성으로부터 전화 요청을 받고, 도쿄부가 10월 1일에 외무성에 송부한 것이었다[72]. 외무성은 7월 1일의 각의 결정에 대해 사전에도 사후에도 내무성으로부터 통고를 받지 않았던 셈이다. 외무성 외교사료관에는 1897년 10월 8일의 각의 제출안은 소장되어 있지만, 1898년 3월 14일의 각의 제출안도 7월 1일의 각의 결정문도 소장되어 있지 않다.

이도 편입문제의 주무 부처가 내무성이고, 무주지라고 하는 인식에서 타국과 쟁점이 되고 있는 도서도 아니라고 간주해서, 외무성에 어떠한 타진도 없었던 것이 아닐까 하는 추측은 가능할 것이다. 그런데, 4년 후에 '미나미토리시마 사건南鳥島事件'이 발생, 일본 외교당국이 곤혹스런 상황에 처하게 된 것은 상술한 대로다[73].

3.2.2. '국제법상 소위 점령의 사실'이라는 개념

(1) 국가행위로서의 선점

제2의 논점은 '국제법상 소위 점령의 사실'이라는 개념이다. 이 개념에 대해서는 두 가지 점을 논할 필요가 있다. 첫째는, 국가의 위임을 받지 않은 사인의 행위가, 선점은 국가의 행위가 아니면 안 된다고 하

---

71) JACAR: B03041152700 (11화상 째에서).
72) JACAR: B03041152700 (10화상 째).
73) 7월 21일에 海軍省 軍務局 제1과 과원 眞田鶴丸 소좌가 작성한 문서에서는 "순연(純然)한 제국의 영토가 되었다"고 기록되어 있지만, 그 법적 근거는 명확하게는 제시되어 있지 않다. 다만, 미국이 주장할 가능이 있는 발견의 권리는 부정하고, 1898년 이후 오늘에 이르기까지 일본인이 거주해오고 있어 "일본 영토인 것은 단언할 수 있는 것으로 세계 누구도 이것을 다툴 수가 없다고 믿는다"고 기록되어 있다. 다만, "그 당시 공공연하게 이 섬을 일본 영토에 편입할 뜻을 세계에 공포하는 것이야말로 지당하다고 하지 않겠는가(小笠原附屬硫黄島의 예가 바로 이것이다). 東京府의 고시만으로는 세계에 대한 공고라고 말할 수 없다"고도 기록되어 있다. JACAR: B03041152800 (16화상 째). 여기에는 1898년 당시의 조치에 대한 불만이 명료하게 드러나 있다.

는 선점의 요건을 만족하는 것이 될 것인가 하는 점이다.

19세기 말에 있어서 선점의 주체가 국가가 아니면 안 된다고 하는 점에는 이론異論이 없었다. 바텔에 전형적으로 나타나는 것처럼, '대항해시대'에 항해자들이 주권자의 위임을 받아, 혹은 받지 않고, 탐검에 나서, 섬이나 기타 무인의 토지를 조우하고 점유했다고 해도, 국가에 의한 '현실의 점유(possession réelle)' ('실효적 점유')가 행해지지 않으면 그 섬·토지에 대한 주권은 인정되지 않는다[74]고 하는 기본적인 개념이다.

그런데, 미나미토리시마 사건이 발생한 1902년에 발표된 논문 속에서 시미즈 겐이치로清水賢一郎는, '점령'은 국가행위라는 요건이 필요하다고 하면서, 이 섬을 점유할 목적으로 임명된 관리의 행위의 경우와, 식민지민의 행위의 경우를 구별해서, 후자의 경우에는 그 행위를 '국가가 추인할' 필요가 있고, 그러한 개념은 Walker에 입각한다고 하고 있다[75]. 여기서 언급하고 있는 것은 워커의 1895년 저작이라고 간주된다[76]. 다카하시 사쿠에는 워커 외에 마르텐스(Friedrich von Martens)도 같은 개념을 말하고 있다고 기술하고 있다[77]. 또 기시모토 도키조는 홀첸도르프를 들고 있다[78].

---

74) E. de Vattel, *Le droit des gens, ou principes de la loi naturelle, appliques a la conduite & aux affaires des nations & des souverains* (Londres: Apud Liberos Tutior, 1758), Liv. 1. Chap. 18. § 207.

75) 清水「앞 논문」(주52) 109-110쪽.

76) Th. A. Walker, *A Manual of Public International Law* (Cambridge: University Press, 1895). p.27. 웨스트레이크도 타국이 개입하기 전의 적적한 시기의 추인(ratification)이 필요하다고 기술하고 있다. J. Westlake, *International Law: Part 1: Peace* (Cambridge: University Press, 1904). p. 99.

77) 高橋「앞의 책」(주54) 371쪽. 프리드리히 폰 마르텐스 (저), 中村進午 (역)『国際法 上巻』(東京専門学校出版部, 1900년) 567쪽; F. v. Martens, *Volkerrecht. Das internationale Recht der civilisirten Nationen, systematisch dargestellt. Deutsche Ausgabe von Carl Bergbohm* (Berlin: Weidman, 1883), Bd. 1, S.352 (러시아어 원본의 초판은 1882년 출판).

78) 雉本「앞 논문」(주52) 96쪽. 홀첸도르프는, 신민이 무주지에 획득한 사법상의 권원을 국가가 계승하는 경우에는, 그 국가에 의한 "그때까지의 사법상의 관계가 공법상의 지배권으로 이체된다고 하는 의미에서의 공법상의 인가 혹은 사후 승인, 또는 추인(offentlich rechtliche Genehmigung oder nachtragliche Anerkennung, oder eine Ratification)"을 찾아낼 수 있다고 한다. F.v. Holzendorff, "Neuntes Stuck, Das Landgebiet der Staaten." Id. (Hrsg.) *Handbuch des Volkerrechts. Auf Grundlage europaischer Staatspraxis. Zweites Band: Die volkerrechtliche Verfassung und Grundordnung der auswartigen Staatsbeziehungen* (Hamburg: J. F. Richter. 1887), S. 258.

유사한 개념은 홀에게서도 볼 수 있다. 홀은, "총괄적 또는 특정적인 권한을 부여" 받은 자가 행하는 '점령'과, 그와 같은 권한을 부여받지 않은 자가 행하는 '점령'을 구별해서, 국가행위인 '선점'이 성립하는 데는, 후자에 대해서는, 선점자의 점령의 행위 및 그 이외의 행위(예를 들어 식민)에 대해 국가에 의한 '추인(ratification)'이 필요하다고 한다[79].

이상과 같이, '추인'의 개념이 당시 어디까지 일반적이었는가 하는 점은 단정할 수 없다고 해도, 몇 명인가의 유력한 학자들에 의해 주창되었다는 것은 틀림이 없다.

(2) '실효적 점유'는 무엇을 가리키는가, 대상지역에 따라 다른가?

'국제법상 소위 점령의 사실' 개념에 대해 또 하나 논해야 할 문제는 '선점'이 성립하기 위한 요건으로서의 '실효적 점유' 그 자체에 관한 것이다. 권한을 부여받은 관리의 행위이든, 그러한 권한을 부여받지 않은 사인의 행위이든, 실제로 어느 정도의 것이 행해지고 있으면 '실효적인' 점유가 존재하는가, 그리고 그것은 시대에 의해 대상지역(절해의 고도인가 등)에 따라 다르다고 간주되고 있는가 하는 점이다.

1888년 9월 7일에 채택된 만국국제법학회의 「선점에 관한 국제선언」에 의하면, "선점은 선점의 대상이 되는 토지의 경계 내에 있어서, 질서를 유지하고, 그 권력의 규칙 바른 행사를 보장하는 데 필요한 수단을 갖춘 책임 있는 지방권력(pouvoir local responsable)의 수립에 의해 완성된다. 이들 수단은 선점의 대상이 되는 지역에 있어서의 기존의 제諸 기관(institutions)을 갖고 적용할 수 있다."[80]

---

79) 윌리엄 에드워드 홀 (저), 立作太郞 (역술) 『ホール氏國際公法』(東京法学院, 1899년) 150-151쪽. 이것은 홀(1835-1894)의 原書 제4판의 번역이다. (W.E. Hall, *A Treatise on International Law* [4th ed. Oxford: Clarendon Press, 1895), pp. 109-110). 이 책의 초판은 서명이 약간 다른데, 1880년에 출판되었으며, 해당 부분의 기술은 동일하다. W.E. Hall, *International Law* (Oxford: Clarendon Press, 1880), pp. 87-88, 90. 그런데 '점령'의 원어는 "to take possession" (占有取得)이다.

80) *Annuaire de l'Institut de droit international*, tome 9 (1889), pp. 201-204. M. Hebie. "*The*

이와 같이, '책임 있는 지방권력의 수립'이 실효적 점유라는 요건의 내실이라고 하면, 앞에서 서술한 '추인'의 개념을 취한다고 해도, 그 추인의 행위를, 사인이 행한 행위를 단순히 사후적으로 승인하고 영역권원領域權原으로서의 '선점'을 완성시킨다고 하는 의미가 아니라, 식민이나 이주 등 사인의 행위를 바탕으로 해서, 국가가 '책임 있는 지방권력의 수립'을 행한다고 하는 의미로 해석하지 않는 한, 사인의 행위에 의해 선점이 성립하는 것은 원래 있을 수 없는 것이 된다. 그런데, '추인'의 논리를 전개하는 논자들에게는, 추인을 그와 같은 의미로 파악하고 있다고 하는 명확한 기술은 볼 수 없다.

그렇다면, 이 국제선언 전에 학설은 '실효적 점유'가 어떠한 사실을 가리킨다고 간주하고 있었던 것일까. 보와소나드『勃氏趣旨書』의 각서 제5에서 인용되고 있는 5명의 학자[81], 즉, 바텔[82], 마르텐스(Georg Friedrich von Martens)[83], 휘튼[84], 헤프터[85], 블룬츌리[86]를 보면, 섬의

Acquisition of Original Titles of Territorial Sovereignty in the Law and Practice of European Colonial Expansion," M. G. Kohen & M. Hebie (eds.), *Research Handbook on Territorial Disputes in International Law* (Cheltenham: Edward Elgar, 2018), pp. 81-85: 太寿堂鼎『領土帰属の国際法』(東信堂, 1998년) 62-65쪽도 참조. 그런데, "기득권, 나아가서 경우에 따라서는 약정된 조건 하에서의 통상 및 통과의 자유를 보호하는 데 필요한 권력의 존재 (l'existence d'une autorite [독일어판: Vorhandensein einer Obrigkeit])"를 필요로 하는 1885년의 베를린회의 일반협정서 제35조는, "아프리카 대륙의 해안상"이라는 지역적 한정을 붙이고 있다. A. Fitzmaurice, *Sovereignty, Property and Empire, 1500-2000* (Cambridge: Cambridge University Press. 2014). pp. 276-290도 참조.

81) 휘튼 이외의 4인이「公法彙抄」(1874년 9월 27일)에서 다루고 있다.『大日本外交文書 第七卷』245쪽. 전주 43도 참조.
82) Vattel, *supra* note 74, Liv. 1. Chap. 18. §§ 207-208.
83) G. F. de Martens, *Precis du droit des gens moderne de l'Europe fonde sur les traites et l'usa-ge* (2e ed. Gottingue : Librairie de Dieterich, 1801), Liv. 2. Chap. 1. § 37. 그런데 1789년 발간된 제1판에는 해당하는 부분이 보이지 않는다.
84) H. Wheaton, *Elements of International Law: With a Sketch of the History of the Science* (Philadelphia: Carey, Lea & Blanchard, 1836), Part 2. Chap. 4. § 5, p. 138.
85) A. W. Heffter. *Das europaische Volkerrecht der Gegenwart* (Berlin: E. H. Schroeder, 1844). S. 125-126.
86) J. C. Bluntschli, *Das moderne Volkerrecht der civilisirten Staten als Rechtsbuch dargestellt* (3. Aufl., Nordlingen: Beck, 1878), S. 170-171.

발견·방문이라는 사실만으로는 불충분하며, '현재 또 사실상' 자기의 권한 하에 놓아둔다는 사실이 필요하다고 하는 점에서는 거의 일치하고 있다. 그러나 '책임 있는 지방권력의 수립'이라고 하는 것을 명기하는 학자는 보이지 않는다[87].

1885년 이후에 대해서 보면, "권원(title)에 대해 종래 충분하다고 받아들여지고 있던 이상의 확고한 제 근거가 제시되어야 한다"고 하는 신경향이 나타나고 있는[88], 혹은, 베를린 회의에서 책정된 '권력(authority)'의 수립이 필요하게끔 되었다[89]고 기술하는 저작물은 있지만, '통상 및 통과의 자유를 보호하는 데 필요한 권력의 존재'라든가 '책임 있는 지방 권력의 수립'이 무조건으로 실효적 점유라고 하는 개념이 바로 일반화되었다고 볼 수만은 없었다[90].

---

87) E. Ortolan, *Des moyens d'aquerir le domaine international ou propriete d'Etat entre les nations, d'apres le droit des gens public, compares aux moyens d'acquerir le propriete entre particuliers, d'apres le droit prive; et suivis de l'examen des principes de l'equilibre politique* (Paris: Amyot, 1851), pp. 45-46도 참조.

88) W. E. Hall, *A Treatise on International Law* (3rd ed., Oxford: Clarendon Press, 1890), pp. 116-117.

89) J. Westlake, *Chapters on the Principles of International Law* (Cambridge: University Press. 1894) p. 139. 다만, 그 후의 서술에서는 "권력의 행위가 필요하게 될 때에 권력이 항상 존재하지 않으면 안 된다고 한다면, 그것은 확실히 도를 넘은 것임에 틀림없다"고 해, '권력'의 필요성은 그 지(地)에 대한 이주동향이나 사업의 형태나 속도에 의해 다르다고 한다(pp. 165-166). 高橋作衛는 "선점은 실력적으로 하는 것을 요한다"고 한 후에, 어떤 행위가 이루어지면 선점이 사실적으로 이루어졌다고 말할 수 있을까에 대해서는 학설이 나뉘지만, "일반적으로 질서를 유지할 실력이 잠재하면 족하다"고 하는 웨스트레이크의 설에 찬성하고 있다. 高橋『앞의 책』(주54) 374-378쪽. 高橋가 인용하고 있는 것은, 웨스트레이크 (원저), 深井英五郎 (補訳)『国際法要論』(民友社, 1901년) 280쪽이지만, 원저의 상기 저작의 해당부분(p. 165)은 深井의 번역과는 매우 표현이 다르다.

90) 웨스트레이크는 1904년 저작에서, 베를린회의 일반의정서 34조와 35조를 상세히 검토한 다음, 결론으로서는, 1894년 저작의, 한정을 붙인 부분을 거의 그대로 게재하고 있다. Westlake, *supra* note 76, pp. 108-109 (다만 현상의 의견집약으로서는 1888년의 국제선언을 들고 있다. pp. 110-111). 1910년의 제2판에서도 동일한 기술이 있다. J. Westlake. *International Law: Part I: Peace* (2nd ed, Cambridge: University Press, 1910). pp. 110-113. 그밖에도, Holzendorff, *supra* note 78, S. 258; Walker, *supra* note 76, p. 27 등 참조. 다만, 1905년의 오펜하임의 저작에서는, 실효적 선점(effective occupation) 의 요건으로서, 점유(possession)와 통치(administration) (책임당국 responsible authority의 설치)를 들고 있다. L. Oppenheim, *International Law: A Treatise: Vol. 1: Peace* (London: Longmans, Green, 1905), pp. 276-277.

'실효적 점유'의 내실은 대상지역에 따라 다르다고 간주되었던 것은 아닐까 하는 점은 어떤 것인가? 프랑스의 공법학 교수 제즈는 1896년의 저작(학위논문)에서, 18세기말부터 19세기의 국제법학자들은 전원일치로, 실효적 점유란 '현재 점유하고 있을 것(posseder reellement)'을 의미한다는 의견이었다고 기술하고 있다[91]. 제즈는 더구나, 이 '실효적 점유'는 대상지역의 성질에 따른다고 간주하고, 불모의 소도小島의 경우, 예를 들어 페림섬(Perim Island. 홍해 입구의 화산섬)에 대해서는, 수비대의 배치로 실효적으로 지배된 것이 되고, 영국의 아덴이나 프랑스의 오보크의 경우에는 석탄저장소의 설치로 충분하다고 하고, 구아노 지층의 채굴도 현실의 점유에 해당한다고 한다. 이에 대해, 세네감비아나 콩고분지의 경우에는, '책임 있는 지방권력'의 확립이 필요하고, 선교사들의 상주로는 불충분하다고 간주했다[92].

제즈가 학위논문을 발표하기 7년 전에 출판된 살로몬의 저작에서도 같은 개념이 제시되었다. 살로몬은 실효성(effectivité)은 사례에 따라 크게 다를 수 있다고 하고, 대양 가운데 고립한 암초에 등대를 건설하는 것, 선박 왕래가 많은 루트에 있는 섬에 석탄저장소를 설치하는 것, 구아노 지층을 채굴하는 것(1856년 8월 18일의 미국 연방의회 가결 〔구아노섬법島法〕 참조)이 가장의 점유가 아닌 현실의 점유에 해당한다고 했다[93].

살로몬이나 제즈가 들고 있는 예―석탄저장소의 설치, 구아노 지층의 채굴, 등대의 건설, 선교사들의 상주 등―을 보면, 고도孤島와 같은 경우에는, '책임 있는 지방권력의 수립'이 항상 필요하게 되는 것은 아니고, 경우에 따라서는 사인에 의한 행위라 하더라도 실효적 점유에

---

91) G. Jeze, *Etude theorique et pratique sur l'occupation comme mode d'acquerir les territoires en droit international* (Paris: V. Giard & E. Briere, 1896), pp. 229-230.
92) *Ibid.*, pp. 237-238.
93) Ch. Salomon, *L'occupation des territoires sans maitre : Etude de droit international* (Paris: A. Giard, 1889), pp. 307-310, 317-319.

해당할 가능성이 있는 것을 시사한다고 파악할 수 있을 것이다[94].

(3) '국제법상의 소위 점령의 사실'은 어떠한 개념인가

당시의 이론에 대한 이상의 점을 모두 고려하면, '실효적 점유'와 국가·사인의 관계에 대해서는 다음 5개의 가능성이 상정된다(이들 가능성을 학자나 국가가 실제로 주장했다는 것을 꼭 의미하는 것은 아니다).

a) 실효적 점유에 해당하는 사실은 국가 자신이 행하지 않으면 안 된다. 사인의 행위가 선점의 요건을 만족하는 것은 어떠한 경우에도 있을 수 없다.

b) 실효적 점유에 해당하는 사실도 국가 자신이 행하지 않으면 안 되지만, 식민이나 이주 등의 사인의 행위를 바탕으로 해서, 국가가 스스로 '책임 있는 지방 권력의 수립' 혹은 '권력(국권)의 수립'을 행한다고 하는 의미에서 국가가 사후적으로 '추인'한다.

c) 사인의 행위는 단순한 점유취득행위만으로는 불충분하며, 사인에 의한 '단순한 점유취득행위 이상의 무엇(something more than the mere act of taking possession)', 구체적으로는 식민, 나아가서는 식민한 토지가 사인의 모국에 귀속한다고 하는 사인의 선언이 필요하며, 그리고, 그러한 사인의 행위를 국가가 '단순히 수용하는 것(a simple adoption)'에 의해, '점령[점유]의 사실'과

---

[94] Jeze. *supra* note 91, pp. 237-238, 382-384; Salomon, *supra* note 93, pp. 318-319. 참고로 千賀鶴太郎는, 南鳥島의 조치 후 5년이 지난 1903년의 저작 속이기는 하지만, "무인도 혹은 수개의 촌락을 가진 작은 섬(小嶋)과 같은 것에는 오직 1개소의 등명대(燈明台)를 설치하는 것만으로 이미 이를 선점한 것으로 인정받을 수 있다"고 명확하게 서술하고 있다. 千賀鶴太郎 (講述) 『国際公法 (京都法政大學第1期2学年講義録)』 (京都法政大學, 1903년) 291-292쪽. 조금 시대가 지나지만, 1933년에 발표된 立作太郎의 논문에서는, 1931년 1월 28일의 클립퍼튼섬 사건 (Clipperton Island Case) 판결과 같이, 무인도에 대해 "실질상 실효적 점유의 조건을 구비하는 것을 요하지 않는다고 하는 것은, 재래의 학설 및 관례에 반하는 것이라고 말하지 않을 수 없"지만, 무인도의 선점에 대해서는 "행정을 시행하고, 질서를 유지하기 위한 지방적 권력"을 꼭 둘 필요는 없다는 것, 결국 "각 경우에 있어서 선점되는 토지 위에 선점국의 실력이 널리 시행되는 것으로써 족하다"고 되어 있다. 立「앞 논문」 (주17) 13. 16, 28쪽.

점유의 의사표시라고 하는 선점에 필요한 두 가지 요건이 충족된다[95].

d) 실효적 점유에 해당하는 행위—'책임 있는 지방 권력의 수립'이 아닌, 완화된 사실. 예를 들어, 이주·가옥 건축·물고기島魚 채포·개간 등—는 사인이 행해도 좋고, 국가는 그러한 사인의 행위를 단순히 사후적으로 '승인'('추인')해서 영역권원으로서의 '선점'을 완성시킨다.

e) 실효적 점유에 해당하는 행위—상기의 완화된 행위—를 사인이 행함으로써, 실효적 점유라고 하는 선점의 요건은 충족된다. 이 사인의 행위라고 하는 사실에 입각해서 각의 결정을 하고, 훈령 등을 발포함으로써 국가로서의 영유의사가 표명된다. 즉, '무주지'인 도서에 대해, 사인의 활동으로서의 '실효적 점유'와 국가에 의한 '영유의사의 표명'이라는 요건을 충족한 '선점'을 국가가 행함으로써, 그들 도서가 국가영역에 편입된다.

미나미토리시마를 편입하는 데 있어서, 법제국이나 내무성의 담당관들이 이들 가능성을 자세히 검토하고 '국제법상 소위 점령의 사실'이라는 법적 근거자료를 생각해 냈다는 것을 뒷받침하는 자료는 존재하지 않는다. 다만, 미나미토리시마의 편입을 당시의 국제법 이론에 비추어 보고 위법은 아니라고 평가할 수 있다면, **d)**나 **e)**의 어느 하나의 선택지일 것이라고 할 수 있을 것이다(이 개념에 대해서는 「4. 마치며」를 참조).

---

[95] Hall, *supra* note 79 [1880], p. 90. 홀은 이 "간단히 수용하는 것"을 '추인'으로 간주하고 있었다고 해석된다. 그런데 홀이 사인의 선언을 선점의 요건으로 간주했는지에 대해서는 다른 해석의 여지가 있다.

4. 마치며

1930년대가 되어서도 아직 배타적경제수역이나 대륙붕의 개념이 존재하지 않아, 일본 본토에서 아득히 먼 이도를 편입시킬 실체적 이익은, 사람이 살 수 있는 환경을 갖춘 곳(토지의 넓이, 작물 경작의 가능성, 음용수의 존재, 선박을 이용한 접근의 용이함 등)에서는 이주라고 하는 것이 있었지만(오가사와라 군도나 남·북 다이토지마 등), 그렇지 않은 곳은 신천옹의 우모羽毛, 조분鳥糞, 어업자원, 유황이나 인광 등 광물 등의 경제적 가치가 주를 이루었다. 1885년의 야마가타 아리토모山県有朋 내무대신이 시행한 내명內命[96]에서 엿볼 수 있는 것처럼, 국가 간의 긴장이 높아지고 있는 가운데 자국 '영역'의 취체(取締. 단속)가 필요하다고 하는 국방상의 요인이 존재한 가능성이 있는 사례(오키나와현 근해의 무인도)는 있지만, 군사적 이익이라는 것이 명확하게 전면에 내세워지게 된 것은 1931년의 오키노토리시마의 사례뿐이었다[97]. 이 장에서 검토한 이오토와 미나미토리시마에 대해서도 경제적 이익이 주된 요인이었다[98].

다만, 미나미토리시마에 대해서는, 1902년 8월 작성된 이시이 기쿠지로石井菊次郎 외무서기관의 「南鳥嶋出張復命書(미나미토리시마 출장복명서)」에도 언급해두겠다. 거기에서는 "태평양은 장차 열국列國 환시環

---

96) 西村捨三沖縄県令代理森長義沖縄県大書記官의 「大東島巡視取調要領之儀ニ付伺」 참조. 『大東島取調書』 (那覇市歴史博物館所蔵) 66-68쪽.

97) 6월 23일의 각의 결정에는 "이 섬은 군사상 어업상 장래 중요한 지점이 될 것이므로 지금 그 지역이 본방에 소속하는 것을 확인하고"라는 표현이 보인다. JACAR: A14100246500 (3화상 째에서).

98) 1892년 1월부터 2월에 걸쳐 스페인과 필리핀(스페인 통치 하)의 각 신문에, 硫黃島 편입은 "榎本자작의 식민주의"를 점점 더 추진하는 것이며, 마리아나제도에 대한 영향을 염려한다고 하는 기사가 계속해서 게재되었다. 이에 대해, 3월 23일자 榎本武揚 외무대신이 野村靖 재불 공사에게 보낸 문서에서는 "행정상 관할의 소속 및 명칭을 정할 때까지 결코 외국 영지를 침략하는 일이 없다"고 하였다. 이 건에 대해 스페인 정부가 일본 정부에 대해 정식으로 항의한 것을 나타내는 문서는 찾을 수 없다. JACAR: B03041152400 (9화상 째에서); Ref. C10125184600(1화상 째에서) 1892년·公文雜輯·巻10 土地 (防衛省防衛研究所).

視의 중심으로 신세기의 활극은 이 대무대에서 연기될 것이다"라고 한 다음, "소위 그 점득占得할 것은 일양지상一洋紙上의 공문空文은 지양하고 육지에 인적人跡을 남기게 하고 바다에 선박帆影을 머물게 할 수 있는 적지 않은 도서를 찾아야 한다"고 되어 있다. 그리고 그들 도서를 '지상紙上'에서가 아니라―즉 '실효적인'―'점득'='선점'을 하여, 아국 영역에 편입시키는 정책을 추진해야 하며, "오가사와라섬을 아국 남양 경영의 근거지로 하고 미나미토리시마를 제1역참으로 하여 그곳으로부터 서서히 남진시키고 또 수시로 군함을 파견해서 아국 이주민에게 편의를 베풀고 보호를 하게 되면 이 방면에서 아국의 경영 멀지 않아 볼만하게 될 것입니다"고 하는 것이 이시이의 제언이었다[99].

이 장에서는, 일본 '영역' 편입조치의 법적 인식이라고 하는 관점에서, 불충분한 점은 있지만 획기적이었다고 간주되는 이오토와 미나미토리시마 2건의 사례를 검토해 왔다. 이러한 검토가 센카쿠 제도나 독도, 나아가서는 북방영토의 법적 인식에 어떠한 의미를 가질까에 대한 분석은 금후의 작업에 맡기고 싶다. 그러한 분석을 할 때에는, 이전부터 일본의 부속도서屬島였는지, 종래에는 부속도서가 아니었는데 칙령 발포로 비로소 부속도서가 되었는지의 구별을 해야 한다는 것을 명확히 한 이오토의 사례가, 센카쿠 제도 편입 시에 얼마만큼 고려되었는가, 또, 선점의 사례로 여겨지는 미나미토리시마를 '참고'한 독도에 대해, 선점이 아니라 영역이라는 것을 재확인한 사례라고 주장하는 일본 정부의 현재의 입장이, 법적으로 가능할 것인가, 또, 정책적으로 바람직한 것인가 하는 것[100]이 중요한 논점이 된다. 이러한 점들을 논해 가는 데 있어서는, 관련되는 각종 1차 사료의 정사精査를 더욱더 치밀하게 진행해 갈 필요가 있다.

후자의 논점에 대해서는, 여기에서 마지막으로 확인해 둘 것이 있

---

99) JACAR Ref B03041152900 (29화상 째에서). 帝国版図関係雑件 (1.4.1.7) (外務省外交史料館).
100) 이 논점에 대해서는, 예를 들어, 朴培根「日本による島嶼先占の諸先例―竹島/独島に対する領域権原を中心として」『国際法外交雑誌』第105巻2号 (2006년) 38-47쪽 참조.

다. 미나미토리시마의 사례는, 독도뿐만 아니라, 오키다이토지마沖大東島나 나카노토리시마中ノ鳥島의 사례에서도 참고가 되었다. 독도에 대해서는, 나카이 요자부로中井養三郎가 이 섬에 "이주해서 어업에 종사"한 것[101], 나카노토리시마에 대해서는, 야마다 데자부로山田禎三郎가 이 섬을 "발견하고 실지답사……인광채굴포조捕鳥사업을 영위하려고 한" 것이 '국제법상 점령의 사실'로 간주되었다[102]. 또 오키다이토지마에 대해서도, '국제법상 (소위) 점령의 사실'이라는 용어는 사용되고 있지 않지만, 나카무라 쥬사쿠中村十作가 "이 섬에 회항해 도내를 탐검"한 사실이 근거가 되었다[103]. 독도도 오키다이토지마도 나카노토리시마도 모두, 미나미토리시마의 예에 따라, 사인의 행위에 대해 '국제법상 (소위) 점령의 사실'이라는 개념에 의거해서 편입의 법적 근거가 되었다.

그런데, 미나미토리시마뿐만 아니라 독도, 나카노토리시마의 각의 결정 문서도 외무성 외교사료관에는 보관되어 있지 않다[104]. 외무성 조약국이 1933년에 편찬한 『島嶼先占(国際法先例彙輯, 2)』에서는 미나미토리시마와 나카노토리시마의 사례가 설명되어 있지만, 각각의 각의 결정에는 전혀 언급되지 않고, '국제법상 (소위) 점령의 사실'이라고 하는 개념의 설명은 일절 보이지 않는다. 미나미토리시마 사건 당시에 논문을 발표한 시미즈清水도 기시모토岸本도 다카하시高橋도, '국제법상 소위 점령의 사실'에 대한 평가는 일절 하고 있지 않다. 1933년에 발표된 다치 사쿠타로立作太郎의 논문에서도 미나미토리시마와 나카

---

101) JACAR Ref. A01200222600 (1화상 째에서), 公文類聚·第二十九編 明治三十八年(1905년) 第一卷 (국립공문서관).
102) JACAR: A15113659900 (2화상 째에서).
103) JACAR: A15113320500 (1화상 째에서).
104) 南鳥島 각의 결정 시의 외무대신은 총리대신을 겸무하고 있었는데(大隈重信), 竹島나 中ノ鳥島 때는 각의 결정 문서에 외무대신(小村寿太郎, 寺内正毅)의 花押이 찍혀있기 때문에, 외무성으로서 각각의 각의 결정에 반대를 했다고 하는 것은 물론 아니다.

노토리시마의 사례가 다루어지고 있지만[105], 거기에서도 마찬가지다. 그 개념을 원래 알지 못한 것이 아닐까 하고 추측된다.

근대 국제법상의 선점의 방식을 이해한 후에 편입조치에 정면에서 파고든 최초의 사례가 1898년의 미나미토리시마였고, 그 사례가 그후, 오키다이토지마, 독도, 나카노토리시마 사례 모두에 참고가 된 것도 틀림이 없다. 그러나 사인의 행위를 '국제법상 (소위) 점령의 사실'로 간주한다고 하는 근거자료는, 어디까지 당시의 국제법 이론에 뒷받침되고 있었는지는 명확하지 않고, 더구나 일본의 주요 국제법학자들이 그 당시도 그 후도, 그러한 근거자료에 대한 지식을 갖고 있었다고도 말할 수 없는 것이다[106].

---

105) 立「앞 논문」(주17) 44-48쪽.
106) 秋山雅之介는 '소유의 사실', '점유의 사실', '사실상의 점유'를 들고 있다. 秋山『앞의 책』(주17) 42쪽.; 同「国際公法講義 平時 (明治法律学校 33年度3学年 講義録)」(明治法律学校講法会, 1900년) 139, 142-143쪽; 同『国際公法 上巻 平時』(和仏法律学校·書肆明法堂, 1902년) 214, 224-225쪽. 高橋作衛도 1903년 발간된 저서에서 '선점의 사실(事実)'을 선점의 요건으로서 들고 있다. 高橋『앞의 책』(주54) 374쪽. 다만, 秋山의 '소유(점유)의 사실'이나 高橋의 '선점의 사실'이라고 하는 개념이, 南鳥島의 '국제법상 소위 점령의 사실'과 관련이 있는지는 의심스럽다.

제2장

류큐琉球 귀속 문제와 어니스트 사토우

― 일청日淸 신문 논전에 대한 평가 및 그 배경 ―

모리 다다시 森 肇志

1. 시작하며

1879년 3월말에 일본 정부가 류큐번琉球藩을 폐지하고 오키나와현沖繩県을 설치('류큐 처분')하자 일청 간의 긴장이 높아져, 청조 정부는 류큐의 종주국으로서 일본에 처분의 철회를 요구, 류큐 귀속을 둘러싸고 양국 간의 긴장이 고조되었다 (류큐 귀속 문제).

같은 해 5월 이후, 청조와 일본 정부 간에 조회 및 조복照復이 2왕복하고 각각의 주장이 응수되고, 이것과 거의 병행해서 전 미국대통령 율리시즈 그란트(Ulysses S. Grant)에 의한 중개[1]가 이루어졌다. 일청 양

---

[1] 그란트의 관여에 대해서는 '주선(周旋, good offices)'이라고 인식하는 자료도 존재한다. 그러나 주선과 중개(仲介, mediation)는 제3국의 개입으로서, 정도의 차는 있지만 분쟁 당사국을 구속하는 것은 아니라는 점에서 같으며 "실정법상도 가끔 구별하지 않고 사용된다"(山本草二『国際法』(新版, 1994년) 681쪽)는 지적도 있다. 또 19세기 후반에 있어서 분쟁해결 절차를 논할 때에는, 당사국 간의 교섭(negotiation), 분쟁 당사국을 구속하지 않는 중개((mediation), 분쟁 당사국을 구속하는 중재(仲裁, arbitration)를 드는 것이 일반적이었다고 생각된다 (그란트의 관여와 거의 같은 시대의 논의의 일례로서 William Edward Hall, *International Law* (Clarendon Press. 1880), p.306). 이 장에서는 인용할 때에는 원문에 따르지만, 일반적으로 언급할 경우에는 중개

국은 그 중개에 응해 직접 교섭의 장을 모색하고, 1880년 3월부터 예비교섭이 시작되어, 같은 해 8월 18일부터 10월 21일에 걸쳐서 정식 교섭이 이루어졌다. 이른바 '분도개약分島改約' 교섭으로, 오키나와 본도 이북을 일본령으로 하고, 미야코지마宮古島・야에야마 제도八重山諸島를 청국령으로 하는分島 동시에, 일청수호조규日淸修好條規를 실질적으로 개정하는 것改約으로 합의가 성립했다[2].

이 류큐 귀속 문제에서 일청 양국 및 이 지역에 진출해 있던 서양 제국에 의해 국제법에는 어떠한 인식이 있었던 것일까.

이 문제는 일청 각국에 있어서의 이른바 '국제법의 수용'[3]과 관계가 있지만, 그것에만 국한되는 것은 아니다. 1860년대부터 1870년대에 걸쳐 일본은 서양 제국과의 관계에 있어서 국제법을 수용했을 뿐만 아니라 동아시아 제국과의 관계에 있어서도 그것을 적용하려고 한 것에 대해, 청국은 서양 제국과의 관계에서는 국제법을 이용하게끔 되었

(仲介)로 표기한다.

2) 본 합의는 청조 황제의 재가를 얻은 다음 합의 성립으로부터 10일 후에는 조인될 예정이었지만, 그 후 청조 측은 조인에 응할 자세를 철회하고, 다음 해 1881년 3월 5일에는 청조 내에서 재교섭의 상유(上諭)가 하달되어, 분도개약조약안(分島改約條約案)은 폐기되었다. 「琉球処分」이전부터의 전개를 포함하여, 渡辺美季「『琉球処分』と琉球分割交渉―日清関係の転機」岡本隆司・箱田恵子編『ハンドブック近代中国外交史』(ミネルヴァ書房, 2019년) 90-91쪽, 西里喜行『清末中琉日関係史の研究』(京都大学学術出版会, 2005년) 282-392쪽, 箱田恵子「琉球処分をめぐる日清交渉と仲裁裁判制度」『史窓』(京都女子大学史学会) 77号 (2020년) 17-22쪽도 참조. 또「琉球処分」의 법적 인식에 대해, 柳原正治「幕末・明治初期の「領域」概念に関する一考察」田中則夫他編『現代国際法の思想と構造 I』(東信堂, 2012년) 65-68쪽, 同「仕置, 附庸, 属国, そして主権」同編『変転する国際社会と国際法の機能』(信山社, 2018년) 23-31쪽, 松井芳郎『国際法学者がよむ尖閣問題』(日本評論社, 2014년) 33-36쪽도 참조.

3) 많은 문헌이 있지만, 일본 국제법학에서의 대표적인 것으로서, Masaharu Yanagihara, "Significance of the History of the Law of Nations in Europe and East Asia," *Recueil des Cours de l'Academie de droit international de la Haye*, Vol. 371 (2015), pp. 317-349; Shotaro Hamamoto, "International Law, Regional Developments: East Asia" in Rudiger Wolfrum (ed.). *The Max Planck Encyclopedia of Public International Law* (Oxford University Press, 2012) Vol. 5. pp.907-926을, 외교사분야에서는 『東アジア近代史』 第2号 (1999년) 「東アジアにおける万国公法の受容と適用」 특집 및 第3号 (2000년) 「アジアにおける近代国際法」 특집을 참조. 또 '국제법의 수용'이라는 표현에 관한 문제제기로서, 豊田哲也「19世紀東アジアと近代国際法の国家中心主義の形成」『国際法外交雑誌』 第116巻4号 (2018년) 2-3쪽을 참조. 상기 문헌도 단순한 '수용'을 논하는 것은 아니다.

지만, 아시아 제국과의 관계에서는 그것을 적용하는 것이 아니라 전통적인 동아시아적 질서의 문제로서 다루는 자세를 유지했던 것이 지적된다[4]. 그러한 괴리를 감안하면, 이 문제는, 일청 양국이 류큐의 귀속을 둘러싸고 다투는 가운데, 양국 관계에 있어서의 국제법의 적용에 대해 어떻게 인식하고 있었는가 하는 문제에, 나아가서는 일청관계에 있어서의 국제법의 적용 여하에 대해 서양 제국이 어떻게 인식하고 있었는가 하는 문제에도 관계가 있다[5].

'국제법의 수용'과 전통적인 동아시아적 질서와의 관계에 대해서는 종래, 유럽 제국의 동아시아 진출에 의해 이 지역에 근대 국제법적 질서관이 유입되고, 그것이 전통적 동아시아적 질서관과 충돌해, 일청전쟁에서 청국이 패배함으로써 후자가 붕괴했다고 하는 도식으로 묘사되어 왔다[6]. 그러한 인식은 적절하다고 생각되지만, 시간의 경과에 있어서의 몇 개의 큰 점과 점을 잇는 것 같은 논의가 되어 있어, 변화의 과정에 대해 보다 정밀한 검토를 할 여지가 남아 있다고 생각된다.

예를 들어, 서양제국은 1860년대까지는 국제법에 입각한 국가 간 관계를 일청 각각에 대해 요구하고 실현해 간 것에 대해, 1870년대에 들어오자 "중화 제국의 주변을 둘러싸고 있는 속국과 중국과의 종속 관계에도 눈을 돌리게 되었다"[7]고 여겨진다. 그러한 가운데, 서양 제국이 어느 시점에 있어서 일청관계에 적용될 규범 혹은 그 배후에 있는 질서에 대해 어떻게 생각하고 있었는가, 그리고 그러한 인식이 시

---

4) 川島真『中国近代外交の形成』(名古屋大学出版会, 2004년) 17쪽, 西里『앞의 책』(주2) 284쪽.

5) 鈴木章悟 (Shogo Suzuki)는 류큐(琉球) 귀속 문제에 대해, "류큐 왕국의 폐절(廃絶) 및 그 후 일청 간의 분쟁은 두 가지 다른 국제시스템의 초기의 충돌이다" (Shogo Suzuki, *Civilization and Empire: China and Japan's Encounter with European International Society* (Routledge, 2009), p. 161)라고 지적한다.

6) *See.* ONUMA Yasuaki, "When was the Law of International Society Born? — An Inquiry of the History of International Law from an Intercivilizational Perspective." *Journal of the History of International Law*, Vol.2 (2000), pp. 1-66, esp., 30-32, 51-54; Suzuki, *supra* note 5. p. 175.

7) 茂木敏夫「中華帝国の『近代』的再編と日本」『岩波講座近代日本と植民地 I 植民地帝国日本』(岩波書店, 1992년) 63쪽.

간의 경과와 함께 어떻게 추이했는가 하는 문제는, 일청을 비롯한 아시아 각국의 인식과 나란히, 이 지역에서의 질서관이 어떻게 변화해갔는가를 명확히 하는 데 있어서 중요한 단서를 줄 것으로 기대된다[8].

이러한 일청 양국의 국제법에 관한 인식의 차이나, 서양열강 특히 그 필두라 할 영국이 국제법에 대해 어떻게 인식하고 또 관여하고 있었는지에 대해서는 '류큐 처분'에 앞선 타이완 출병 및 출병에 관한 일청 간의 교섭에 관해서는 상세하게 검토되어 왔다. 일청 교섭에서는 국제법의 적용을 주장하는 일본에 대해 청국은 그것에 부정적이었다는 것, 일본도 교섭과정에 있어서 국제법에 입각한 주장을 관철하지는 않았다는 것, 중개에 임한 주청국 영국 공사 토마스 웨이드(Thomas Francis Wade)도 최종적으로 전통적인 동아시아적 질서관에 입각한 해결을 우선했던 것 등이 지적된다[9].

이에 대해 류큐 귀속 문제에 관해서는 국제법의 인식에 주목하는 논고는 그렇게 많지는 않다[10]. 또 앞서 언급했던 그란트의 개인적 중개를 제외하고 서양 제국이 중요한 관여를 했다고 하는 것도 없는 탓일까, 그들 국제법 인식에 대해서도 좁은 식견으로 볼 때 거의 검토되지 않았다. 그러나 영국을 위시한 서양 제국이 본 문제에 관심을 갖지

---

8) 이 점에 관련해서, 松井『앞의 책』(주2) 113쪽 이하에서의 '법체계 간의 법'에 관한 논의는 시사가 풍부하다.
9) 이들 점에 대해, 青山治世「台湾出兵事件」岡本·箱田編『앞의 책』(주2) 88-89쪽, 小林隆夫「19世紀イギリス外交と東アジア」(彩流社, 2012년) 38-63쪽, 同「台湾事件と琉球処分—ルジャンドルの役割再考 (2)」『政治経済史学』341号 (1994년) 17-28쪽, 大久保泰甫『ボワソナードと国際法—台湾出兵事件の透視図』(岩波書店, 2016년), 栗原純「台湾事件 (1871-1874년)—琉球政策の転機としての台湾出兵」『史学雑誌』87編9号 (1978년) 61-64쪽, ロバート·エスキルドセン「明治7年台湾出兵の植民地的側面」明治維新史学会『明治維新とアジア』(吉川弘文館, 2001년) 61-76쪽, 一瀬啓恵「明治初期における台湾出兵政策と国際法の適用」『北大史学』35号 (1995년) 23-43쪽, 張啓雄「日清互換條約において琉球の帰属は決定されたか」『沖縄文化研究』19号 (1992년) 100-107쪽을 참조.
10) 植田捷雄「琉球の帰属を繞る日清交渉」『東洋文化研究所紀要』2号 (1951년) 151-201쪽 외, 최근의 것으로서는, 동 교섭과정에 있어서 중재재판이 어떻게 의식되었는지에 초점을 맞춘 箱田「앞 논문」(주2) 1-23쪽 및 일청의 국제법 이해의 다름을 제시하는 張天恩「琉球問題をめぐる日清交渉と国際法」『ソシオサイエンス』26号 (2020년) 18-39쪽이 주된 것일 것이다.

않았던 것은 아니고, 적극적으로 정보수집을 하고 있었다[11]. 그러한 가운데, 주일 영국공사관 안에서 1879년 1월부터 1880년 2월에 걸쳐 본 문제에 관한 평가에 큰 변화가 생겼다는 것이 주목된다.

'류큐 처분'에 앞서 1879년 1월 13일 열린 데라시마 무네노리寺島宗則 외무대신과의 회담에서 해리 파크스(Harry Smith Parkes) 주일 영국 공사는 "류큐섬은 귀국과 청국과의 양속지兩屬地로 일반적으로 생각하고 있다"고 지적하고 있다. 이에 대해 데라시마는 "양속兩屬이라고 말할 까닭이 일절 없고, 청국과의 관계는 이 섬에서 때때로 황제에게 증정할 물건을 바치기 위해 사신을 파견하면서까지 조세를 바치는 등의 사정도 없다"고 응답했는데, 파크스는 더욱더 "청국에 공진貢進하는 이상 류큐섬은 청국에도 속하는 것으로 생각된다"고 지적했다. 이에 대해 데라시마는, 청국에 의한 과세가 이루어질 리가 없는 것을 다시 한번 지적함과 동시에, 타이완 출병 시에 류큐가 청국에 속하지 않은 것이 명백해졌다고 말했지만, 파크스는 타이완 출병 시의 일청 간의 호환조관互換條款을 보았지만 그와 같은 문안은 없었다고 반론하고 있다[12].

또, 1879년 8월 1일부로 솔즈베리(3rd Marquess Salisbury) 외무대신에게 보낸 서간에서 파크스는, 류큐가 일중 양국에 대해 조공해왔다는 것을 지적함과 동시에, 독립된 국민성 및 자율성을 가지고 있는바,

---

11) 영국은 주일 및 주청 공사와 외무대신 간의 서간 및 공전(公電) 등 중 '비(秘)'로 분류된 것을 모아서 소책자(Confidential Print: Correspondence respecting the LOOCHOO ISLANDS. 1879-82. Printed for the use of the Foreign Office. February 1883 (The National Archives (UK). FO881/4718))를 발간하고 있어, 큰 관심을 쏟고 있던 것을 엿볼 수 있다. 또, 위에 언급하는 것처럼, 일본 정부도 주일 영국 공사 혹은 대리공사에 대해 적극적인 정보제공을 하고 있었다(뒤 각주 27, 90 및 91, 93, 95, 97에 대응하는 본문을 참조).

12) 「明治12年(1879년)1月13日英国公使来省外務卿との対話略記 (琉球藩一件)」, 松田道之 『琉球処分·下』(横山学編『琉球所属問題関係資料』第4巻 (本邦書籍, 1980년)) 132-138쪽. 波平恒男 「近代東アジア史のなかの琉球併合―中華世界秩序から植民地帝国日本へ」(岩波書店, 2014년) 298-299쪽 참조. 파크스는 1879년 9월 3일자 웨이드에게 보낸 서간 (FO881/4718/16 (ii)) (FO46/247. No.161 (ii))에서도, 타이완 출병 시의 일청호환조관(条款)에서의 무휼금(撫恤金)의 성격에 대해, 그것이 류큐의 일본 귀속 근거가 되는 것은 아니라고 서술하고 있다.

최근에 일본이 그 영역을 병합했다고 지적하고 있다[13]. 이 서간에 첨부된 1879년 7월 6일 작성 각서에서 주일 영국공사관 서기관 어니스트 사토우(Ernest Mason Satow)도 1871년 이후의 '류큐 처분'의 전개를 개관하고, 1872년 10월에 류큐 국왕 쇼타이尙泰를 책봉해서 류큐번을 설치한 때에 이 번을 외무성이 관할했던 점에 대해, "일체를 이루는 일본 제국의 일부(integral part)라고는 아직 간주되지 않았다는 것을 시사하는 것처럼 생각된다"고 지적하고 있다[14]. 나아가 1879년 9월 18일자 솔즈베리에게 보내는 서간에서도 파크스는, 일본의 주권적 지배 주장에 대해, 류큐의 대중국 조공을 허락해온 이유를 설명하고 있지 않다고 하며 비판하고 있다[15]. 어느 것이나 일본의 주장에 대해 부정적인 것이다. 또 양속이나 조공에 언급한다고 하는 점에서 전통적 동아시아적 세계질서관[16]을 전제로 하고 있는 것처럼 생각된다.

이러한 일본에 대한 비판적 입장은 1880년 2월 13일자 존 케네디(John G. Kennedy) 주일 영국 대리공사가 솔즈베리 외무대신에게 보낸 서간[17]에 첨부된 사토우의 각서[18](이하, 사토우 각서)에서 일변한다. 이 각서를 송부한 케네디도 그 각서를 긍정적으로 평가하고 있다[19]. 이 각서는 1879년 11월부터 1880년 2월에 걸쳐 신문지상에서 전개된 류

---

13) FO881/4718/5 (FO46/247. No. 140).
14) FO881/4718/5 (iv) (FO46/247, No. 140 (iv); Ian Nish ed., *British Documents on Foreign Affairs: Reports and Papers from the Foreign Office Confidential Print, Part I, From the Mid-Nineteenth Century to the First World War, Series E, Asia, 1860-1914, Vol. 2, Korea, the Ryukyu Islands, and North-East Asia, 1875-1888* (University Publications of America, 1989) (이하, BDFA2), pp. 62-68). *See also*, Suzuki, *supra* note 5, p. 157.
15) FO881/4718/13 (FO46/247 No. 163).
16) 전통적 동아시아적 세계질서관에 있어서의 조공 및 양속(両属) 개념에 대해, 茂木 「앞 논문」 (주 7) 61-65쪽을, 그러한 질서관의 다원성에 대해, 荒野泰典 「近世日本と東アジア」 (東京大学出版会, 1988년) 29-65쪽; Suzuki, *supra* note 5, pp. 34-55; Hamamoto, *supra* note 3, pp. 909-911 을, 동아시아에서의 '국제관계의 다양성의 기반'에 대해, 三谷博 「日本史のなかの『普遍』」 (東京大学出版会, 2020년) 196-198쪽을 참조.
17) FO881/4718/50 (FO46/256, No. 26; *BDFA2*, *supra* note 14, pp. 69-70).
18) FO881/4718/50 (i) (FO46/256, No. 26 (i); *BDFA2*, *supra* note 14, pp. 70-74).
19) 뒤 각주 22에 대응하는 본문을 참조.

큐 문제를 둘러싼 사실상의 일청 양국 간의 논쟁[20](일청 신문 논전)을 소개한 다음에, 주권행사에 관한 일본 측 주장을 지지하는 것이다. 중국에 대해서는 "〔류큐〕 제도에 대해 어떠한 권력(authority)도 한 번도 행사한 적이 없다"고 해, 청국은 원래 류큐에 대한 주권을 주장하고 있는 것이 아님을 강조한다[21]. 여기에서는 양속이나 조공이라는 전통적 동아시아적 질서관보다도 주권이나 권력이란 근대 국제법적 질서관에 따라 평가하고 있는 것처럼 생각된다.

주일 영국공사관에서 생긴 이러한 변화는 어떠한 의미를 갖는 것일까. 영국의 일청관계에 관한 평가축이 전통적 동아시아적 세계질서관으로부터 근대 국제법적 질서관으로 전환한 것을 의미하고 있다고 말할 수 있는 것일까. 혹은 보다 구체적인 배경을 갖는 것으로 생각해야만 하는 것일까. 또 케네디 대리공사는 사토우 각서에 대해, "사토우는 각 저자의 견해를 서술한 후에, 증거의 비교에 들어가, 일본을 대표해서 제시된 논의의 우위성을 언명했다"[22]고 지적하지만, 원래 각서의 계기가 된 '사실상의 일청 양국 간 논쟁'에서 무엇이 주장되고, 그것에 대해 사토우는 무엇을 중시해서, 상기 결론에 달했던 것일까.

이 장에서는, 우선 지금까지 별로 주목받지 못했던 사토우 각서에 대해 그 대상을 명확히 하고, 그곳에서 벌어진 논전을 정리한 다음, 사토우가 각 저자의 견해를 어떻게 요약하고, 또 무엇을 중시해서 결론에 이르렀는가를 명확히 하고 싶다. 그런 다음, 그러한 평가의 배경에 대해서도 검토하고 그 의미에 대해서도 언급하고 싶다.

---

20) 신문지상에 양국의 공식견해가 게재된 것은 아니지만, 그것들이 양국 정부관계자에 의해 집필된 것이라는 점에서 '사실상의 일청 양국 간 논쟁'으로 표현했다. 뒤 각주 23, 24, 26을 참조.
21) FO881/4718/50 (i) (FO46/256, No. 26 (i); *BDFA2, supra* note 14, pp. 70-74).
22) FO881/4718/50 (FO46/256, No. 26; *BDFA2, supra* note 14, pp. 69-70).

2. 사토우 각서의 대상 및 일청 신문 논전

2.1. 사토우 각서의 대상

사토우 각서 및 그에 관한 케네디의 서간에 의하면, 사토우 각서가 검토 대상으로 삼은 것은 1879년 11월부터 12월에 걸쳐 *Japan Gazette*에 게재된 중국의 입장을 대표하는 것으로 여겨지는 *Audi Alteram Partem* (타자의 소리를 들어라)이란 제목이 붙은 기사[23]와, 그에 대한 반론으로서 1880년 1월 말부터 2월 초순에 걸쳐 도쿄일일신문에 게재된 「박의駁議」라는 제목이 붙은 기사[24] 간에 교환된 논전이다[25]. 또 사토우 각서 및 케네디의 서간에서는 언급되지 않았지만, *Japan Gazette* 게재 기사 자체가 1879년 10월 11일에 *Tokio Times*에 게재된 「일본 정부의 공식 견해」에 대한 반론을 의도한 것이다[26]. 따

---

23) 1879년 11월 29일, 12월 6일, 동 20일, 1880년 1월 10일로 나뉘어 게재(分載)되었다. 그것들을 종합한 것으로서, "Audi Alteram Partem' A Critique, *The Japan Gazette*, 1879" in Eitetsu Yamaguchi and Yuko Arakawa (eds), *The Demise of the Ryukyu Kingdom: Western Accounts and Controversy* (Yojushorin, 2002), pp.27-61 (이하, "Audi Alteram Partem")을 참조했다. 사토우 각서 및 그것에 관한 케네디의 서간에 의하면 필자는 주일 청국 공사관 근무 미국인 통역 (McCartee 박사)으로 여겨진다.

24) 1880년 1월 28일, 29일, 31일, 2월 9일로 나뉘어 게재되었다. 본 기사에 대해서는 井上毅에 의한 초고(「横浜新聞駁論草稿」)가 남아 있다 (井上毅傳記編纂委員會編『井上毅傳 史料編 第5』 (國學院大學圖書館. 1975년) 506-514쪽). 山下重一「『ジャパン·ガゼット』論説の琉球処分批判と井上毅の反論」『國學院法學』 40巻1号 (2002년) 54쪽을 참조. 참고로 같은 논문은 山下重一『続 琉球·沖縄史研究序説』(御茶の水書房, 2004년) 221-261쪽에, "다소의 수정을 가했다" (266쪽) 고 한 다음 수록되어 있다.

25) FO881/4718/50 (FO46/256, No.26; *BDFA2, supra* note 14, p. 70); FO881/4718/50 (i) (FO46/256, No.26 (i); *BDFA2, supra* note 14, pp. 70-71).

26) "Audi Alteram Partem." *supra* note 23, p. 27. *Tokio Times* 게재 기사는, "Japan and Ryukyu. *The Tokio Times*, 1879" (이하, "Japan and Ryukyu")로서, Yamaguchi and Arakawa (eds). *supra* note 23, pp. 12-26에 수록되어 있다. 「일본 정부의 공식 견해」(the official statement of the Japanese Government)라고 하는 것은 Japan Gazette 게재 기사에서 볼 수 있는 표현인데, 실제, *Tokio Times* 게재 기사는, 일본 정부가 작성한 *Memorandum upon the Claim of Japan to the Absolute and Undivided Sovereignty of the Riu Kiu Islands, with Reference to the Opposing Claims of the Government of China (July 1879)* (FO881/4718/20 (ii) (FO46/248, No. 187 (ii)). 이하, 「일본 정부 메모렌덤」)과 거의 동일하다. 또 동 메모렌덤은, 「支那政府ノ抗論ニ対シテ我日本ニ

라서 시계열에 따라 펼쳐보면, 우선 *Tokio Times*에 게재된 일본 정부 측의 견해가 있고, 그것에 대해 *Japan Gazette*에 게재된 청국 정부(주일 청국 공사관)의 반론이 있고, 나아가 그것에 대해 도쿄일일신문에 게재한 일본 정부 측의 재반론이 이루어졌다고 하는 것이다. 사토우가 *Tokio Times* 게재 기사를 읽었는지는 불명확하지만[27], 이 장에서는 *Japan Gazette*에 게재한 청국 측 반론을 이해하기 위해 그것도 검토대상으로 한 다음에, *Japan Gazette*에 게재된 청국 측의 반론과 이에 대해 도쿄일일신문에 게재된 일본 측의 재반론에 대한 사토우의 평가를 다루어 보고자 한다[28].

2.2. 일청 신문 논전

*Tokio Times*에 게재된 일본 정부의 견해는 Ⅰ. 고대·중세사, Ⅱ. 지리적 관계, Ⅲ. 언어, 종교, 인종, 풍습 등, Ⅳ. 중세·근세사에다, 제목이 없는 부분(총괄[29])으로 되어 있으며, *Japan Gazette*에 게재된 청국 측 반론도 유사한 구성을 취해[30], 일본 정부의 견해에 대해 상세히 반

琉球島ヲ專領スルノ主權アルノ覺書」(外務省編『琉球所属問題1』(横山編「앞의 책」) 第8卷) 329-352쪽, 이하「日本政府覚書」의 번역으로 그 내용은 1879년 7월 16일자 日本側第一照復(FO881/4718/13 (ii) (FO46/247, No.163 (ii)))와 공통이다.

27) 동 기사와 거의 같은 내용의 상기「일본 정부 메모렌덤」(주26)은 일본 정부(伊藤博文内務卿)로부터 주일 영국공사관(케네디 대리공사)에 건네졌으며 (FO881/4718/20 (FO46/248, No. 187)), 사토우는 그것에 접할 수 있는 입장에 있었다.

28) 참고로, 위에서 언급한 *Tokio Times* 게재시사, *Japan Gazette* 게재기사 및 東京日日新聞 게재기사의 井上毅에 의한 초고를 검토한 것으로서, 山下「앞 논문」(주24)이 있으며, 같은 논문은 후술하는 것처럼 "사실에 관한 논쟁으로서는『가제트』의 논자 쪽에 훨씬 유리하다"고 평가하고 있다 (위와 같음, 89쪽). 이 장은, '사실(史実)에 관한 논쟁'을 다루는 것이 아니라, 이 건 논쟁에 대한 사토우의 평가에 주목한다. 다른 한편으로 이러한 사토우의 평가는, 張「앞 논문」(주10) 23쪽에서도 소개되어 있는데, 같은 논문은 이들 신문기사에 대한 논쟁이나 사토우에 의한 평가를 상세히 검토하는 것이 아니다. 이 장은 이러한 점에 주목하는 것이다.

29) 여기에서는 '총괄'로 표현했지만, 후에 보는 것처럼, 단순한 그때까지의 주장의 요약이 아니라, 류큐의 양속(両属) 관계의 평가, 일청수호조규 및 타이완 출병과의 관계 등에 언급하는 것이다. *Tokio Times* 게재기사의 경우, 분량적으로도 자료부분을 제외한 I-IV의 합계와 필적한다.

30) Ⅰ (역사의 재검토), Ⅱ (지리적 관계), Ⅲ (언어, 종교, 인종, 풍습), Ⅳ (근세사), Ⅴ (島津家久의 포

론한다³¹⁾. 이에 대해, 도쿄일일신문 게재 일본 측 재반론은 I과 IV 및 총괄의 일부에만 언급한다. 이하에서는, 테마별로 양국에 의해 어떠한 주장이 펼쳐졌는지를 정리한다. 참고로 하기 ①~⑮는 논점의 대응을 이해하기 쉽도록 필자가 붙인 것이다.

2.2.1. 고대·중세사

고대사에 관련해서 *Tokio Times* 게재 기사는 ①류큐가 예전에 '南島(미나미시마)' 혹은 '沖繩(오키나와)'로 불렸으며, ②南島의 도민과 일본 조정 간에 역사적으로 관계가 존재했었다는 것을 지적한다³²⁾. 중세사에 관해서는 ③류큐 국왕이 천황가의 후예인 미나모토노 다메토모源為朝의 혈통이라고 주장한다³³⁾.

이에 대해 *Japan Gazette* 게재 기사는 우선 ①608년에 중국인에 의해 발견된 이래, 류큐 혹은 오키나와라고 하는 호칭이 사용되어 왔다는 것을 지적하고, 南島(난토)는 '南의 섬들'을 의미하고, 그것은 규슈 남쪽에 소재하는 (마카오나 루손도 포함한다) 섬 모두를 포함하는 것으로서 사용되어 왔다는 등으로 지적한다. 그런 한편으로, ②일본 측이 주장한 난토南島의 도민과 조정과의 관계에 대해서는, 거기에서 말하는 난토南島가 현재의 오스미 제도(大隅諸島. 屋久島, 種子島 등) 및 도카

고), 총괄. 그런데, I-V가 전체의 9할 이상을 점하고, 「총괄」 부분은 1할 미만에 지나지 않는다.

31) *Tokio Times* 게재기사는, Yamaguchi and Arakawa (eds.), *supra* note 23 게재의 체재(体裁)에 있어서, I = 60행, II = 16행, III = 43행, IV = 58행 + 자료 (島津家久의 포고 (ordinance), 尚寧의 誓詞, 三司官의 誓詞 = 102행, 총괄 =187행으로 되어 있다. *Japan Gazette* 게재기사는, 같은 체재(体裁)에 있어서, I =321행, II = 34행, III = 286행, IV = 296행, V = 51행, 총괄 = 94행으로 되어 있다. 자료를 포함하는 분량을 비교하면 후자는 전자의 약 2.3배가 되지만, 전자의 자료를 제외하면 후자는 전자의 약 3배의 분량이 된다.

32) "Japan and Ryukyu," *supra* note 26, pp. 12-13. 西曆707年의 位階授与, 715년의 南島 기타 島民의 내조(来朝), 735년의 大宰師(大宰府長官)에 의한 南島 파견과 島名등을 기재한 石碑의 건립, 延喜式 (927년 편찬)에서의 "南島는 大宰府의 管轄下에 있다"는 기록을 들 수 있다.

33) *Ibid*. p. 13. 源為朝의 아들(尊敦)이 舜天王의 이름을 내걸고 초대 琉球国王이 되고, 일단 그의 혈통은 끊어졌지만, 후에 부활되었다고 여겨진다.

라 열도吐噶喇列島이며, 류큐 혹은 오키나와가 아니라고 주장한다. 중세사에 대해서는 ③류큐 국왕의 선조가 미나모토노 다메토모源爲朝라는 일본 측 주장을 전설에 지나지 않는다면서 부정한 다음, 그 선조는 원조元朝의 황자였다고 주장한다[34].

이러한 청국 측 반론에 대해 「駁議」에서는 우선 ①「沖繩南島名義考」라는 제목 아래, 南島가 무엇을 가리키는가에 대해 상세하게 검토하고, "信覺[시카키]는 지금의 이시가키石垣, 구미玖美 즉 구메야마姑米山로서", 南島는 "지금의 류큐군도와 사쓰마제도薩摩諸島를 합해서 가리키는 이름인 것 의심 없음"이라고 한다[35]. 이어서, ②「南島諸島朝貢考」라는 제목 아래, 류큐가 중국인에 의해 발견되었는가, 또 그 이름이 중국인에 의해 붙여졌는가에 관계없이, 류큐인민은 수·당·송·원 시대에는 중국에 복종하지 않았던 것이며, 그런 한편으로 그 무렵부터 일본에 조공해온 것을 사실史實을 들어 강조한다[36]. 나아가 ③「爲朝入琉球考」라는 제목 아래 역사서를 열거하면서 다메토모爲朝 전설을 주장하는 동시에, 원조元朝와 관련짓는 중국 측 주장에 반론을 제기한다[37].

2.2.2. 지리적 관계 및 언어, 종교, 인종, 풍습 등

④지리적 관계에 관한 양국의 주장은 모두 간결한 것이다[38]. ⑤언어, 종교, 인종, 풍습 등에 대해서도 일본 측 주장은 각각에 대해 일본

---

34) "Audi Alteram Partem," *supra* note 23, pp. 27-37.
35) 東京日日新聞 1880년 1월 28일 (駁議第一編). 東京日日新聞 1880년 1월 29일 (駁議第二編)에서는, "球美 [くみ], 즉 久米島"로 한다.
36) 東京日日新聞 1880년 1월 29일 (駁議第二編).
37) 東京日日新聞 1880년 1월 31일 (駁議第三編).
38) 일본 측 주장에 대해, "Japan and Ryukyu," *supra* note 26, p. 14. 중국 측 주장에 대해, "Audi Alteram Partem," *supra* note 23, pp. 37-38.

과의 결속이 강한 것을 간단히 지적할 뿐이다[39]. 이런 것들에 대해 청국 측은 보다 상세하게 반론하지만, 이들 논점을 검토하는 것이 '주된 문제'에 접근하는 것은 아니라는 인식도 제시되어 있다[40]. 「駁議」에서는 이들에 대한 반론은 하고 있지 않다.

2.2.3. 중세·근세사

중세·근세사에 관한 일본 측의 주장은, ⑥1441년(嘉吉원년)에 류큐 제도가 아시카가 요시노리足利義教에 의해 시마즈 다다쿠니島津忠国에게 주어지고嘉吉附庸, 이후 근년까지 사쓰마薩摩에 속해 왔다고 하는 것을 중심으로 한다. 그런 가운데, ⑦전국기(戦国期. 일본 역사에서 15세기말부터 16세기말에 걸쳐 전란이 빈발한 시대구분을 말함. 위키피디아-역주)에 류큐 국왕이 사쓰마에 대한 공세貢稅를 태만히 한 것에 대한 징벌로서 도쿠가와 이에야스德川家康가 시마즈 이에히사島津家久에게 류큐출병征討을 명해, 류큐가 사쓰마에 속한다는 것을 확인하고, 시마즈 이에히사가 가신을 파견해서 징세체제를 정비하고, 15개조의 포고를 발령하고, 쇼네이(尙寧. 류큐 왕국 제2尙氏 왕통의 제7대 국왕, 재위 1589년-1620년-위키피디아-역주) 및 3사관三司官이 그에 따른다는 서사誓詞를 진상했다고 지적한다[41].

이러한 점에 관해 중국 측은, 우선 ⑥가길부용嘉吉附庸에 관해 한편으로 일부의 사료가 南島를 류큐라고 부적절하게 동일시하고 있는 것을 지적하고, 다른 한편으로 기타 사료에서는 이 건에 언급이 없거나, 일본 측이 의거한 사료에 접근할 수 없는 것을 지적한다. 그런 다음 ⑦

---

39) "Japan and Ryukyu," *supra* note 26, pp. 14-15.
40) "Audi Alteram Partem," *supra* note 23, pp. 38-47. '주된 문제'로서, 다음에 검토되는 근세사를 들고 있다 (*Ibid.*, p. 47).
41) "Japan and Ryukyu," *supra* note 26, pp. 16-17. 그 후, 포고 및 誓詞가 수록되어 있다 (*Ibid.*, pp. 17-21).

상기 도쿠가와 이에야스에 의한 류큐출병명령에 대해서는, 시마즈 다다쓰네(島津忠恒. 家久)가 도쿠가와 이에야스에 대해 출병허가를 요청, 류큐는 1609년에 사쓰마병에 의해 침략을 당해 아마미 군도奄美群島가 그 지배 하에 놓였다고 한다. 다른 한편으로 이 시기에 명국明國에 대한 조공이 시작되었다고 한다. 또 시마즈 이에히사의 포고에 대해서는 일본 측의 번역에 문제가 있다고 하며, 쇼네이尙寧 및 3사관三司官에 의한 서사에 대해서는 야만 시대의 산물이며 통치의 증거를 구성하는 것은 아니라고 주장한다[42].

이들에 대해 「駁議」에서는 ⑥「足利氏時琉球属薩摩考」라는 제목 하, 嘉吉附庸에 관해 일본 측이 의거한 사료에 접근할 수 없다는 지적에 대해 사쓰마에 전해오는바 고대의 기록古記라고 하면서 그것을 소개한다. 그 이후의 전개에는 아주 간단히 언급하는 데 그친다[43].

2.2.4. 총괄

Tokio Times 게재 기사는, 이상의 지적을 바탕으로 "류큐가 항상 일본의 부용附庸이었던 사실에 대해 의심의 여지가 없다"고 한 다음, ⑧폐류치현(廢琉置県. 류큐번을 폐지하고 오키나와현을 설치한 것-역주)에 대해, 메이지유신에 따른 행정체제 정리의 일환에 지나지 않는다고 하고, 또 ⑨류큐가 중국의 왕조에 대해 조공해왔다는 점에 대해서는, 후자는 전자에 의해 기만당했다고 평가하고, ⑩류큐 처분이 일청수호조규에 반한다는 주장에 대해서는, 지금까지 말해 온 사실―일본의 군사력에 대한 류큐의 복종, 일본의 지배자가 류큐인민을 보호하고 통치하고, 그 법을 만들고 과세한 사실―을 다시 거론하고, 류큐를 중국령이라고 하는 주장은 '황당무계荒唐附會한 말言'에 다름없어, 반론

---

42) "Audi Alteram Partem," *supra* note 23, pp. 51-58.
43) 東京日日新聞 1880년 2월 5일(「駁議第四編」).

의 필요도 없고 상술한 역사서술로 충분하다고 한다. 또 ⑪류큐가 일중 양속兩屬이라는 주장에 대해서는, 양속이라고 하는 것은 일반적인 것이 아니라고 하며 중국 측이 기만당한 것을 다시 한번 지적하고, 중국은 류큐에 대해 순수하게 명목적인 보호를 주고 있었던 것에 지나지 않는 데 대해, 일본은 기억에 없는 과거로부터 실질적인 주권(sovereignty)을 행사하고, 군사력에 의해 그 권력(authority[44])을 명확히 하고, 류큐를 복종시키고, 법전제도(its laws and a constitution)를 주고, 그 지배자를 기속해온 것을 강조한다. ⑫류큐가 반독립국이라고 하는 주장에 대해서도, 일본은 류큐에 대해 그러한 독립권을 인정해오지 않았다고 하면서 부정하는 한편, 그러한 주장과 일청수호조규가 전제로 하고 있는 영유권(territorial ownership)과는 양립하지 않는다고 지적한다. 덧붙여서 근년의 전개에 언급하는 가운데, ⑬타이완 출병에 있어서, 현지인에 의한 류큐인의 학살을 징벌하기 위한 출병을 하는 권리에 다툼이 없이, 청국 정부에 의해 명확히 허가되었다는 것을 지적하고, 최후에 ⑭일청 우호관계의 중요성을 강조하고 논의를 마친다[45].

이에 대해 *Japan Gazette* 게재 기사는 먼저, ⑨중국 측이 류큐에 의해 기만당했던 것이라고 하는 지적에 대해서는 사쓰마의 공모가 있었던 것으로서 강하게 비난한다. 또 ⑪ 중국은 류큐에 대해 명목적인 보호를 주고 있었던 것에 지나지 않는다는 주장에 대해서는 류큐에 의한 조공을 들어 반론한다. 나아가 ⑮ (②에도 관련) "'발견의 권리'라는 것이 있다고 하면, ……그 권리는 중국에 속한다. 정복의 권리라는 것이 존재한다면, ……그 권리도 중국에 속한다"고 주장한다. ⑩류큐의 법을 만들었다는 일본 측의 주장에 대해서는 어떠한 증거도 제시되어 있지 않다고 해서 부정한다. ⑪양속관계가 일반적은 아니라는 주장에 대해서는 일본의 사료에도 그러한 관계가 언급되어 있었던 것을 지적

---

44) 일본 정부 각서에서는 '주권(主権)'으로 되어 있다 (「日本政府覚書」(주26) 347쪽).
45) "Japan and Ryukyu," *supra* note 26, pp. 21-26.

하고, 최후로 ⑭이러한 신문지상에서 반론하는 것이 이례라고 하면서 그 필요성을 강조하고 논의를 매듭짓는다⁴⁶⁾.

이들에 대해 「박의駁議」에서는 「총괄」이라고 할 수 있는 것은 매우 간결하다. 류큐는 소국으로 스스로의 독립을 유지할 수가 없고, 중국으로부터도 관위를 수여받았지만 일본에도 복종하고 있고, 일본에 가깝고 일본에 의해 용이하게 공격을 받을 수 있는 것으로, 그러나 중국은 대해를 건너 그것을 도울 수 있을 것인가 하는, 사조제(謝肇淛. 1567-1624, 중국 明代의 문신-역주)의 『오잡조五雜組』의 일절을 인용하고, 그것을 긍정할 뿐이다⁴⁷⁾.

3. 일청 신문 논전에 대한 평가

이러한 일청 양국의 신문 논전에 대해 사토우가 어떻게 평가했을까 하는 것이 다음 과제이다. 이 점을 검토하기 전에, 약간 돌아가지만 본 논전에 대한 야마시타 시게카즈(山下重一, 1926-2016)의 평가를 살펴보겠다. 그렇게 함으로써 사토우에 의한 평가의 의의가 보다 명확해질 것이다.

3.1. 야마시타 시게카즈에 의한 평가

야마시타 시게카즈는 2002년에 공표한 논고에서 일청 양국의 논전을 검토하고, "사실史實에 관한 논쟁으로서는 『가제트』의 논자 쪽이 훨씬 분수에 맞다"고 평가했다⁴⁸⁾. 이러한 결론에 이르는 데 있어서 야

---

46) "Audi Alteram Partem," *supra* note 23, pp. 58-61.
47) 東京日日新聞 1880년 2월 5일(「駁議第四編」).
48) 山下 「앞 논문」 (주24) 89쪽. 앞 각주 286 참조.

마시타는, 예비적 고찰에 더하여, 논전의 기본구조대로 전체를 「고대, 중세사론史論」, 「지리, 언어, 종교, 인종, 풍속」, 「근세, 근대사론史論」으로 나누어 각각 검토하고 있다. 「근세, 근대사론」은 이 장 2.의 구분에 있어서의 중세·근세사 및 총괄에 대응하는 것이다.

「고대사, 중세사론」에 대해 야마시타는 우선 *Japan Gazette*의 논설 및 이노우에 고와시(井上毅, 1843-1895)에 의한 반론을 요약한 다음, 전자에 의한 "난토南島의 몇 개인가의 섬들로부터 조정에 한 조공이 류큐 전체에 대한 일본의 영유를 의미하는 것은 아니다고 지적한 것[상기 (2.2.) ②]에 대해서는 전혀 답하고 있지 않다"고 한 다음, "『[일본 정부] 각서』49)도 이노우에의 박론駁論50)도, 일본 고대에 류큐가 조공한 사실史實을 짐짓 류큐에 대한 일본의 주권의 근거로서 주장한 것이 아니라, 주로 강조한 것은 류큐의 슌텐왕(舜天王. 1166-1237. 舜天王統의 開祖라고 하는 인물로, 류큐의 正史 (史書)에서는 초대 류큐 국왕으로 인정받는다. 위키피디아-역주)이 미나모토노 다메토모源爲朝의 아들이었다고 하는 전승(傳承[동③])이었다"고 지적한다. 그런 다음에 이노우에의 박론駁論에 대해, "반론으로서는 매우 불완전했다고 말하지 않을 수 없다"고 하고, 나아가 메이지 종반 이후에 행해졌던 실증사학적 연구를 참조한 다음에, "현재에는 다메토모 전설을 사실史實로 생각하는 사가는 전혀 없다"고 결론을 맺는다51).

이어서 「지리, 언어, 종교, 인종, 풍속」(상기④⑤)에 대해서는, 이들에 대해 '아주 간단한 서술'에 그친 「[일본 정부] 각서」에 대해, *Japan Gazette*의 논설은 "다각적으로 반론했지만, 이노우에 고와시의 박론 초고는, 전혀 이것에 답하지 않는다"고 지적한다52). 이 점에 관해 그 배경에, "전통적인 류큐와의 책봉진공 관계를 끝까지 견지할 것을 강

---

49) 앞 각주 26 참조.
50) 井上毅에 의한 「橫浜新聞駁論草稿」(앞 각주 24)를 지칭한다.
51) 山下 「앞 논문」 (주24) 65-70쪽.
52) 위와 같음, 72쪽. 東京日日新聞 게재 「駁議」에 있어서도 이 점은 다루어지지 않았다.

하게 요구한 중국 측과, 책봉체제를 단순한 형식적, 의례적 관계에 지나지 않는다고 주장한 일본과의 대립"이 있어, 그것을 숙지한 이노우에 고와시가 "굳이 이 문제에는 깊이 파고들지 않고, 사쓰마에 의한 정복 이후의 류큐의 실질적 지배만을 강조했다"고 지적한다[53].

마지막으로 「근세, 근대사」에 대해서는 우선 가길부용嘉吉附庸(동⑥)에 관한 논전을 요약하고, "현재의 연구수준으로 보면, 『가제트』의 논설이, '가길嘉吉의 부용附庸'이 사실史實이 아니었다고 지적하고, 사쓰마와 류큐의 관계는 오랫동안 우호적이고 평등했다고 주장한 것은, 사쓰마의 고기록에만 의거한 이노우에의 반론보다도 훨씬 타당했다"고 평가한다[54].

추가해서 "일본 정부의 주장에 대한 가장 혹독한 비판, 실은 이노우에가 답하지 않은[동⑦에 관한] 부분에 있었다"고 하고, 중국 측 반론은 "정곡을 찌른 지적이며", "매우 유력한 반증이었다"고 지적하고, 나아가 이노우에 고와시에 의한 「박론駁論」 초고에 대해, "당시 메이지 정부 수뇌부의 오키나와 역사와 현상에 대한 인식이 얼마나 부정확했는지를 나타내고 있다"고 평가한다[55].

이러한 검토를 바탕으로 야마시타는 논문 마지막에 "사실史實에 관한 논쟁으로서는 『가제트』의 논자 쪽에 훨씬 타당성이 있었다고 말해야 할 것이다"라고 결론지었던 것이다[56]. 새삼스럽게 확인할 필요도 없이 야마시타는 일청 논전에 대해 '사실史實에 관한 논쟁'이라는 관점에서 평가한 것이라고 할 수 있다.

---

53) 위와 같음, 72-75쪽.
54) 위와 같음, 76-80쪽.
55) 위와 같음, 80-86쪽.
56) 위와 같음, 89쪽. 참고로 山下는, 井上毅의 초고가 발표되는 일은 없었다는 인식을 전제로 해서 논지를 펴는데 (위와 같음, 86-93쪽), 그것이 東京日日新聞에서 발표된 것은 기술한 대로다 (앞 각주 24 참조).

3.2. 사토우 각서의 개요 및 각서에 의한 평가

이러한 일청 양국의 논전에 대해, 또 현대의 역사가인 야마시타 시게카즈의 평가와 비교해서 사토우에 의한 평가는 어떠한 것이었을까. 우선 사토우 각서를 개관한 다음, 그 평가에 대해 검토하겠다.

3.2.1. 사토우 각서의 개요 및 사토우에 의한 요약

사토우 각서는 원래 손으로 쓴 것으로 31쪽에 이르는 것인데[57], 여기에서는 검토의 용이성이라는 관점에서 *BDFA2*(앞 각주14 참조-역주)에 게재된 활자화된 것[58]을 참조하겠다. 동 각서에서 *Japan Gazette* 게재기사의 요약은 아주 간결한 것인데 비하여 도쿄일일신문에 게재된 일본 측 주장의 소개·요약은 그 3배 이상에 달한다. 양측에 대한 평가는 후자와 거의 같은 분량이다[59].

Japan Gazette 게재 기사에 대해서는 각서 서두에서 그것을 소개하고, 동 기사 집필자의 목적이 이하 다섯 가지 점을 증명하는 데 있다고 하면서 열거한다. (ⅰ) 중국 유래의 '류큐琉球' 쪽이 일본 유래의 '오키나와沖繩' 보다도 오래되고, 또 고대 일본의 역사서에 등장하는 난토南島는 류큐 제도琉球諸島를 지칭하는 것이 아닌 것(상기 (2.2.) ①②), (ⅱ) 류큐왕의 선조는 미나모토노 다메토모源爲朝의 자손이 아니라 원조元朝의 황자皇子인 것(동③), (ⅲ) 류큐의 언어, 종교, 인종, 풍습은 일본의 그것과 그렇게 유사하지 않은 것(동⑤), (ⅳ) 가길부용嘉吉附庸은 사실이 아닌 것(동⑥), (ⅴ) 류큐의 중국 복속에 대한 일본의 반대는 1872년까

---

57) FO46/256, No. 26 (i).
58) *BDFA2*, *supra* note 14, pp. 70-74 (앞 각주18 참조). 그 체재에 있어서 동 각서는 4쪽에 이른다.
59) 전자가 28행, 후자가 97행. 그 상이는, 후자가 일본어로 작성되었기 때문이라고 생각하는 것이 자연스러울 것이다. 참고로 평가부분은 99행에 이른다.

지 행해지지 않았다는 것(동⑨⑪)이다[60].

그런 후에 더구나, 동 기사 집필자의 목적은 '발견의 권리' 및 '정복의 권리'라는 것이 있다고 하면 어떠한 권리도 중국에 속한다는 것(동⑮), 중국은 류큐에 대해 명목적인 보호 이상의 것을 행사해 왔다는 것(동⑪), 류큐의 법을 만들었다고 하는 일본의 주장은 증거에 의해 지지되지 않는다고 하는 것(동⑩)을 제시하는 데 있다고 한다[61].

이에 대해, 일본 측 주장의 요약에 있어서 많은 부분을 차지하는 것은 상기 (i)에 해당하는 부분으로, 전체의 약 3분의 2를 차지한다. 이어서 (ii) 및 (iv)에 관한 일본 측 반론이 요약되고, 최후에 사조제謝肇淛의 『오잡조五雜組』의 일절을 인용한 총괄에 언급하고, 요약을 마무리한다[62]. 그 요약은 대개 일본 측 주장을 적절히 반영하고 있다.

3.2.2. 사토우 각서에 의한 평가

이러한 요약을 바탕으로 한 사토우의 평가는 상기 (i)에서 (v)에 따른 형태로 전개된다.

우선 (i)에 대해 사토우는, 평가부분의 서두에서 일본 측 집필자는 "고대에 류큐 제도에 속했던 섬들은 일본의 우월성을 승인하고 있고, 석비가 건립된 한에 있어서 일본이 이 섬들에 일정한 권력(some slight degree of authority)을 갖고 있었다는 것을 증명하는 것에 성공했다"고 한다. 이어서 「박의駁議」에서 이시가키섬石垣島에 대한 언급이 있었다는 것을 바탕으로 하여, 류큐의 인민이 조정에 대해 경의를 표하고 있었다고 생각하는 것은 불공평이 아니라고 한다. 그러나 그런 한편으로 류큐와 조정과의 교류는 그렇게 오래는 이어지지 않았던 것 같

---

60) *BDFA2, supra* note 14, pp. 70-71 (FO881/4718/50 (i); FO46/256, No.26 (i)).
61) *Ibid.*, p. 71.
62) *Ibid.*, pp. 71-72.

으며, 중세에 류큐의 인민은 보다 독립된 입장을 유지할 수 있었다고 한다. 이에 대해 사쓰마인들의 류큐에 대한 진정한 권력(authority)은 류큐왕의 지배 하에 있었던 5개의 섬을 병합한 17세기 초반의 침략(invasion)에서 시작된다고 생각된다고 한다[63].

이어서 (ii)에 대해서는 일청 양국의 주장을 요약한 다음, "그러나 류큐왕이 〔미나모토노 다메토모源爲朝의 자손인가, 원조황자元朝皇子의 자손인가는〕, 현재의 분쟁을 결정하는 데 있어서 실제적으로는 거의 중요하지 않다"고 단언한다[64].

(iii) 언어, 종교, 인종, 풍습에 대해서는 청국에 의한 반론에도 고려하면서 균형 있는 형태로 일본과의 근접성을 지적한다[65].

(iv) 가길부용嘉吉附庸에 관한 *Japan Gazette* 게재기사에서 주장된 그 신빙성에 대한 이견疑義에 대해서는 청국 측은 이 점에 있어서 논의가 뛰어나다고 평가한다[66].

(v)에 대해 「박론駁論」에서 반론이 없는 점에 대해서는 "〔반론은〕 아무것도 가능하지 않다"고 지적한다[67].

이러한 논점별 검토 후에 사토우는 이 건 논전을 아래와 같이 정리한다.

> 본 문제에 관한 중국의 태도는 계속 오해를 받고, 잘못 전달되고 있다고 하는 것은 지적할 가치가 있다. 중국은 류큐에 대한 주권(sovereignty)의 주장을 하고 있다고 가끔 말해지고, 또

---

63) *Ibid.*, pp. 72-73.
64) *Ibid.*, p.73.
65) *Ibid.* 이 점에 대해, 사토우가 1874년에 "Note on Loochoo"이라는 논고를 *Transactions of the Asiatic Society of Japan*, Vol. 1, pp. 1-9에 게재하고 있는 것이 상기된다 (동 논고는 Patrick Beillevaire ed., Ryūkyū Studies Since 1854 (Curzon Press and Edition Synapse. 2002) Vol. 2에 수록되어 있다).
66) *BDFA2*, *supra* note 14, p. 73 (FO881/4718/50 (i); FO46/256, No. 26 (i)).
67) *Ibid.*

일본과 소유권(proprietary rights)을 다투고 있다고 말해진다. 이 건을 이와 같이 평가하는 것은, [중국은 류큐] 제도에 대해 어떠한 권력(authority)도 행사한 적이 없는 이상, 중국 정부가 오인하고 있다는 결론이 용이하게 될 것이다. [중국의] 진정한 입장은, 자율성이 일본에 의해 위협당하고 있다고 느낀 류큐인이 …… 중국에 의지하고, 그 독립을 빼앗기지 않도록 영향력을 행사해줄 것을 요구했다[고 하는 것]는 것이다. 중국의 관여 근거는 …… 그 부권적父權的 관계이며, …… 중국은 단순히 류큐인의 주장을 지지했던 것이다. 일본에 의해 중국과의 장기에 걸친 관계를 단절하도록 명을 받은 류큐인은, [단절함으로써] 은혜를 모르는 사람들이라고 불리게 되는 죄를 범하지 않겠지만, 일본 정부가 중국과 교섭해서 중국에 대한 의무에서 해방시켜준다면, 일본제국 편입에 따르겠다고 말했던 것이다[68].

이 건 분쟁을 상기와 같이 정리한 다음 사토우는 스스로의 의견으로서, 류큐를 둘러싸고 일청 양국이 무력에 호소하는 것은 있을 수 없고, "일청 양국에 맡겨두면, 그들은 본 문제의 우호적 해결에 이르게 될 것에 거의 의심이 없다"고 말하고 각서를 매듭짓는다[69].

3.2.3. 사토우 각서에 의한 평가의 특징

사토우에 의한 평가의 특징으로서 다음과 같은 점을 들 수 있다.
첫째로, 류큐에 대한 주권문제에 대해 일본 측 주장의 우위를 명확히 하고 있는 점이다[70]. 이 점은 1. 에서 언급한 영국공사관에서의 일

---

68) *Ibid.*, pp. 73-74. 류큐의 입장에 대해, 1879년 7월 6일자 사토우 각서 (FO881/4718/5 (iv) (FO46/247, No. 140 (iv); *BDFA2, supra* note 14, p. 66))를 참조.
69) *BDFA2, supra* note 14, p. 74 (FO881/4718/50 (i); FO46/256, No. 26 (i)).
70) 이 점에 관한 케네디의 평가에 대해, 앞 각주22에 대응하는 본문을 참조. 참고로, 이것은 케네

본의 주장에 대한 부정적 입장과는 대조적이다.

둘째로, 그러한 평가에 이른 요인의 하나이기도 하지만 '사실史實에 관한 논쟁'에 대한 담백한 자세를 들 수 있을 것이다. 이 점이 현저하게 나타나 있는 것이 류큐왕의 선조에 관한 논쟁(상기(ii))에 대한 것으로, "현재의 분쟁을 결정하는 데 있어서 실제적으로는 거의 중요하지 않다"고 하면서 그 의의 자체를 부정한다.

이러한 자세는 고대사·중세사에 관한 상기(i)에 대해서도 볼 수 있다. 고대에서의 류큐와 일본 조정의 관계에 대해 일본 측 주장을 지지하고 있다고 말해도 좋지만, 그 점 자체에서 일본의 주권 주장에 대한 평가를 이끌어 내는 것은 아니다. 중세 특히 전국기에 이르러, 고대에서 볼 수 있었던 교류가 계속되지 않고, 류큐가 보다 독립된 입장을 유지할 수 있었다고 인정한다. 다른 한편으로, 가길부용嘉吉附庸(동(iv))에 대해서도, 청국 측은 이 점에서 논의에 이기고 있다고 평가하지만, 거기에서 청국에 의한 주장 전체에 대한 평가를 이끌어내는 것은 아니다. 고대·중세에서의 사실논쟁으로부터는 결론을 이끌어내지 못했다고 해도 좋을 것이다[71]. 그곳에서부터가 아니라, 사쓰마의 류큐에 대한 진정한 권력(authority)이 17세기 초기의 침략에서 비롯된다고 하면서, 사쓰마에 의한 근세 이후의 류큐지배를 중시하는 것이다.

셋째로, 지금 서술한 점과 관계가 있지만, 일본의 주권 주장에 대해 권력(authority)의 행사를 중시하고 있는 점을 들 수 있다. 사쓰마에 의한 근세 이후의 류큐지배를 중시할 때에 주목을 받은 것은 권력(authority) 행사였다[72]. 고대사에 관련해서도 석비 건립을 근거로

디의 말이며, 사토우 자신은 "중국 정부가 오인하고 있다는 결론에 용이하게 이르게 된다" 말하는 데 그친다(앞 각주 68에 대응하는 본문 참조).

71) 언어, 종교, 인종, 풍습에 관한 논쟁(상기(iii))에 대해서도, 일본과의 근접성을 지적하는데, 거기에서 일본의 주장에 대한 평가를 이끌어내고 있는 것도 아니다(*BDFA2, supra* note 14. p. 73 (FO881/4718/50 (i); FO46/256, No.26 (i))).

72) 다만 사토우는, 사쓰마(薩摩)에 의한 근세 이후의 류큐 지배의 내실에 들어가서 검토하고 있는 것은 아니다. 柳原「앞 논문」(주2)(「仕置, 附庸, 属国, 그리고 主權」) 8쪽이 지적하는 것처럼, 근

해서[73)], 일본이 류큐 제도에 대해 일정한 권력(some slight degree of authority)을 갖고 있었다고 지적한다 (동 (i)). 나아가 평가의 마지막에 있어서도, 중국은 류큐 제도에 대해 어떠한 권력(authority)도 행사한 적이 없는 것을 지적하고, 이 점과 관련해서, 원래 중국은 류큐 제도에 대한 주권(sovereignty)이나 소유권(proprietary rights)을 다투고 있는 것은 아니라고 평가하는 것이다.

넷째로, 더욱 이 점과 관계가 있는데, 사토우는 전통적 동아시아적 세계질서관을 충분히 감안한 다음 '주권의 주장'이라는 점에 대해 일본 주장의 "우위성을 언명했다"[74)]고 생각된다. 사토우는 평가의 최종 부분에서, 중국 및 류큐가 전통적 동아시아적 세계질서관을 유지하고 있으며, 중국이 '주권의 주장'이라고 하는 것과 같은 근대 국제법적 질서관에 입각한 주장을 하고 있는 것이 아닌 점을 지적하고 있다.

이 장 1. 에서, 1879년 9월까지 제시된 류큐의 귀속에 관한 파크스의 견해는 전통적 동아시아적 세계질서관을 전제로 하고 있다고 생각된다고 말했다[75)]. 이에 대해 본 각서에서 사토우는, 그러한 질서관의 존재뿐만 아니라 중국 및 류큐가 그러한 질서관을 갖고 있다는 것을 감안한 상태에서, '주권', '소유권', '권력'을 기준으로 해서, 환언하면 근대 국제법적 질서관에 입각해서 일본 주장의 "우위성을 언명했다"[76)]는 것이다.

세에서의 류큐의 평가는, "현대의 눈으로 보면 몹시 애매하고, 근대법이나 근대 국제법의 관점으로는 황당하기 그지없는 형태가 계속되었다"고 생각된다. 사토우도, 1879년 7월 6일 작성한 각서에서는, 근세와 메이지 시대와의 불연속성을 시사하고 있는 것처럼도 생각된다(앞 각주 14에 대응하는 본문을 참조).

73) 앞 각주 70을 참조.
74) 앞 각주 32 참조.
75) 앞 각주 16에 대응하는 본문을 참조.
76) 앞 각주 70을 참조.

4. 사토우 각서에 의한 평가의 배경

이상 검토한 것처럼 류큐 귀속 문제에 관한 사토우에 의한 평가에는 몇 개인가의 특징이 있으며, 또 그것은 1879년 7월 각서에서 사토우 자신이 한 평가를 포함하는, 같은 해 9월까지에 주일 영국공사관에서 제시되었던 양속이나 조공에 주목하는 평가와는 크게 다르다. 이러한 평가가 그 대상이었던 '사실상의 일청 양국의 논전'의 방향성에 영향을 받았다고도 생각되지만, 논전에 청국은 가끔 전통적 동아시아적 세계질서관의 입장에서, 일본은 대개 근대 국제법적 질서관의 입장에서 주장을 전개했던 것이며, 그에 대해 사토우는 후자의 입장에서 평가를 내린 것으로 인식된다. 그렇다고 하면, 이러한 평가 혹은 그 변화에는 그 이외의 뭔가의 배경이 있었던 것이라고 생각된다.

그러한 배경으로서, 평가축의 변화를 나타내거나 혹은 지시하는 것 같은 본국에서 보내온 훈령 등이 존재했던 것도 추측할 수 있는데, 앞 각주 11에서 든 *Confidential Print: Correspondence respecting the LOOCHOO IALANDS. 1879-82* 소장 문서 중에, 그러한 지시 등을 포함하는 실질적인 것은 포함되지 않는다[77]. 또 거기에는 주일 공사와 주청 공사 간에 오고 간 것도 포함되어 있지만, 거기에서도 일청 관계의 평가축에 관계되는 것 같은 의견교환 등이 이루어진 것은 아니다.

그렇다고 하면, 사토우 각서에서 볼 수 있는 평가 혹은 그 변화는, 주일 영국공사관 특히 사토우가 보다 가까운 곳에서 구체적으로 생긴 것을 배경으로 했던 것이라고 생각할 수 있지 않을까. 그러한 것으로서도 몇 개인가 들 수 있으며[78], 그것을 특정하는 것은 원래 곤란하

---

77) 이 소책자((FO881/4718)의 바탕이 된 문서류 중, 본국에서 주일공사관으로 보낸 것 (FO262) 및 주청공사관으로 보낸 것 (FO228)에 관한 종합적 검토는 이루어지지 않았으며, 이 점에 대해서는 금후의 과제로 삼겠다. 참고로 주일공사관 및 주청공사관에서 본국에 보낸 것(FO17 및 FO46)에 대해서는, FO881/4718이 대상으로 시기의 것을 종합적으로 검토했는데, 중요하다고 생각되는 것은 모두 거기에 포함되어 있었다.
78) 예를 들어, 1880년 2월 당시는 파크스 공사가 귀국 중으로 (E.V. 딘키즈 (高梨健吉 역) 『파크스

지만, 질서관의 변화에도 관계되는 것으로서, 이하에 제시하는 것처럼 본 문제가, 그란트 전 미국대통령의 관여를 계기로 해서 근대 국제법적 질서관 하에서의 국제분쟁해결절차라고 하는 제도 속에서 평가되게 되어, 주일 영국공사관에서도 그것을 인식하고 있었다고 하는 것을 지적할 수 있을 것이다.

4.1. 국제분쟁해결절차 속의 류큐 귀속 문제

4.1.1. 그란트의 중개와 국제분쟁해결절차

1. 에서 언급한 것처럼 1879년 3월 말의 '류큐 처분' 후, 5월 이후 청조와 메이지 정부 간에 서간에 의한 주장의 응수(조회 및 조복)가 시작되는 것과 거의 병행해서, 청국 측의 의뢰를 받고 그란트가 양국의 분쟁해결을 중개하게 되었다. 중국을 방문한 그란트에게 청 조정이 의뢰한 것은 '공평公評'[79]이었던바, 그란트는 그것을 중재(仲裁, arbitration)로

伝 — 日本 駐在の 日々』(平凡社, 1984년) 364쪽 참조). 케네디가 대리공사를 맡고 있었다는 것도 이유의 하나일지도 모른다. 그러나 파크스 귀임 후에 새롭게 일본을 비판하는 듯한 서간이 작성되어 있는 것도 아니다.
또 1879년말부터 1890년 초에 걸쳐서는, 이미 일청 간 전쟁의 위험성이 회피되어 있었던 것도 이유의 하나일지도 모른다. 사토우 각서를 보내는 서간에서 케네디는, 일청은 이 동안 문제를 평화적으로 해결하는 것에 거의 의심이 없다고 하는 사토우의 견해에 동의를 표하고, 외무대신에게도 그 점을 특히 고려할 것을 요구하고 있다 (FO881/4718/50 (FO46/256, No. 26; BDFA2, supra note 14, p.70)). 당시의 영국은, 그 대청 무역의 유지라는 관점에서, 당해 지역에서의 전쟁 혹은 무력분쟁의 회피는 중요한 과제였으며, 그 위기에 직면한(직면하고 있다고 인식되고 있는) 시기와, 그 위험이 회피된 시기는 사상(事象)을 보는 관점이 달라지는 것도 생각할 수 있을 것이다.

79) '공평(公評)'이 무엇을 의미하고 있었는가 하는 것 자체, 큰 논점이다. 이 시점에서 '공평'은 중재 (arbitration)의 번역어로 사용되고 있는데, 원래 "공평"에는 공평하게 논단(論斷)한다고 하는 의미와 함께, 대세에 의한 公에서의 평의(評議)라는 의미도 있다" (箱田恵子 「清末中国における 仲裁裁判観—1860, 70年代を中心に」 『京都女子大学大学院文学研究科研究紀要 史学編 17巻』 (2018년) 18쪽)고 하여, 후자라면 중재 이외의 무엇인가를 의미하는 것이 된다. '公評' 혹은 '公評是非'에 대해서는 타이완 출병 시에도 문제가 되어, 총리아문(総理衙門)은 대세에 의한 公에서의 評議라는 의미로 사용, 웨이드는 중재를 의미하는 것으로 받아들인 것으로 지적된다 (FO17/676, No. 222; Jan Nish ed., British Documents on Foreign Affairs: Reports and Papers

이해하고 거절, 주선(good offices) 혹은 중개(mediation)를 약속했다고 여겨진다[80]. 그란트의 실제의 행동도 그러한 것이었다고 생각된다.

그 후 그란트는 일본 체재 중인 8월 13일에 공친왕(恭親王. 청의 황족-역주) 및 이와쿠라 도모미(岩倉具視. 1825-1883년, 일본의 정치가, 메이지유신의 주역-역주) 앞으로 서간을 보내고, 일청 쌍방이 위원(Commissioners)을 임명해서 직접 교섭하도록 제안하는 동시에, 교섭에 의해 합의에 이르지 못한 경우에는 중재재판에 제소할 것을 제안하고 있다[81]. 여기에서 언급된 위원이란, 1880년에 간행된 Hall의 *International Law*에서 '국제관계에서의 국가기관'의 한 유형으로 거론되는 "국경의 획정, 조약의 이행감독 등의 특별한 목적을 위해 고용되는 위원(Commissioners)"[82]을 지칭하는 것으로 생각하는 것이 자연스러울 것이다. 이처럼 그란트가 제안한 것은 국제법이라고 하는 제도 속에서 논해지고 있던 분쟁해결절차[83]였다고 생각되는 것이다.

이것을 수령한 (청조의) 총리아문(總理衙門. '総理各国事務衙門'의 약칭. 중국 淸朝가 아로전쟁 후인 1861년, 외교사무를 전문으로 취급하기 위해 설치한 관청-역주)은 9월 20일자로 이노우에 가오루(井上馨, 1836-1915) 외무대신에게 보낸 서간에서, 그란트의 조언에 따라 일청 양국이 위원을

---

from the Foreign Office Confidential Print, Part I, From the Mid-Nineteenth Century to *the First World War. Series E, Asia, 1860-1914, Vol. 21, Treaty Revision and Sino-Japanese Dispute over Taiwan, 1868-1876* (University Publications of America, 1989), p. 248. 箱田「앞 논문」 23-27쪽. 大久保『앞의 책』(注9) 204-206쪽 참조. '公評'의 의미에 대해서는, "각국의 비판적 소리로써 일본에 압력을 가하려고 하는 것"(箱田「앞 논문」 26쪽)으로도, "서양 국제법상의 평화적 전쟁 처리방법과는 명확히 다르며, 주위에서 관찰하는 제3자(이 경우는 제3국, 복수)가, 분쟁 당사국 쌍방의 주장의 청취라는 절차는 충분히 취하지 않고, 시비의 판단을 표명하는 것[으로], 분쟁해결의 한 방법으로서, 전통적으로 중국사회에 깊이 뿌리내린 개념"(大久保『앞의 책』(주9) 206쪽)으로도 지적된다.

80) 箱田「앞 논문」(주2) 5-8쪽. 周旋과 仲介에 대해, 앞 각주1을 참조.

81) "August 13, 1879: To Prince Kung and Iwakura Tomomi," in John Y. Simon ed., The Papers of Ulysses S. Grant, Vol. 29: October 1, 1878-September 30, 1880 (Southern Illinois University Press, 2008), pp. 213-215. 箱田「앞 논문」(주2) 5-6쪽 참조.

82) Hall, *supra* note 1, p. 251.

83) 앞 각주1 참조.

임명해서 류큐 문제에 대해 교섭할 것을 제안하고[84], 이에 대해 일본 정부는, 10월22일부 이노우에 외무대신이 총리아문에 보낸 서간에서 교섭에 응한다고 회답했다[85].

이와 같이, 그란트에 의한 중개는 근대 국제법적 질서관 속에서 논해지고 있던 국제분쟁해결절차라고 하는 제도 속에 설정되어 있었다고 생각된다. 그란트 자신이 청국에 의한 의뢰를 그러한 제도 속에서 이해하고, 중재가 아닌 중개를 하기로 하고, 위원에 의한 직접교섭 및 그에 의해 합의가 성립하지 않은 경우의 중재재판을 제안한 것이다. 그란트의 중개에 대해 일본도 그러한 제도 속에서 이해하고 있었던 것으로 생각된다. 일본으로서는, 그것이 중개인지 그란트에 의한 중재에 미치려고 하는 것인지 하는 것 자체가 큰 관심사였다[86]. 다른 한편으로 청국이 그란트에게 '공평公評'을 요청한 때에 구체적으로 무엇을 의도했는지는 명확하지 않지만[87], 그 후의 그란트의 제안을 받아들임으로써, 적어도 외견상 류큐 귀속 문제를 국제분쟁해결절차라고 하는 제도 속에 설정되는 것을 받아들였다고 평가되는 소지를 제공했다고 생각된다.

4.1.2. 주일 영국공사관의 인식

이러한 전개를 반영해서 주일 영국공사관에서도 류큐 귀속 문제가 국제분쟁해결절차라는 제도 속에 설정되었다고 인식하게끔 되었다.

---

84) 「琉球所属に関し日清両国紛議一件」 104 [1879년] 9월 20일 清国総理各国事務王大臣より外務省宛(琉球案件会商に関する件)」 外務省編纂 「日本外交文書」 第12巻 (日本国際連合協会, 1949년) 187-188쪽. 箱田 「앞 논문」 (주) 6쪽 참조.

85) 「琉球所属に関し日清両国紛議一件」 107 [1879년] 10월 22일 井上外務卿より清国総理 各国事務王大臣宛 (琉球案件会商に関する申出に対し回答の件)」 同上 200-201쪽. 箱田 「앞 논문」 (주2) 6쪽 참조. 그 후의 전개에 대해, 같은 논문 5-6, 11-16쪽을 참조.

86) 일본 정부가 그란에 의한 중재를 장기간 경계해온 점에 대해, 箱田 「앞 논문」 (주2) 7-8, 11-16쪽도 참조.

87) '公評'의 다양성에 대해 앞 각주 79 참조.

그란트의 동향에 관해서는 1879년 9월 9일자로 파크스가 웨이드에게 보낸 서간[88]에서도 언급하고 있고, 그 서간에서도 중개(mediation)라는 단어가 보인다. 그 후 같은 해 10월 31일자로 케네디가 솔즈베리 외무대신에게 보낸 서간에서는, "양 당사국은 '어떠한 형태로든 해결에 이르기 위해' 위원(Commissioners)을 임명하는 데 합의했다"는 것을 보고하고, 또 "중국 정부는 그란트 장군의 조언에 따라 행동했던 것이며, 동 정부는 장군의 중국 방문 중에 류큐분쟁을 그 중개(mediation)에 부탁했던 것이다"라고 지적하는 등, 분쟁해결절차와의 관련에 대해 명확하게 언급하고 있다[89]. 참고로, 동 서간에서 케네디는, 일본 정부 외무대신이, 앞에서 언급한 9월 20일자로 청국 총리아문이 이노우에 외무대신 앞으로 보낸 서간 및 10월 22일자로 이노우에 외무대신이 총리아문 앞으로 보낸 서간의 사본을 수취한 것도 보고하고, 그 번역본을 첨부하고 있다[90]. 앞에서 언급한 대로, 그들 서간의 교환이 있었기 때문에 비로소 양국 간에 위원에 의한 교섭이 합의되었던 것이다.

또, 1879년 12월 19일자로 케네디가 솔즈베리 외무대신 앞으로 보낸 서간에서는, 전일(18일)에 케네디를 방문한 이노우에 외무대신이, 류큐 문제에 대해 미국 정부가 중개할 것(to mediate)을 신청했다고 하는 소문에는 근거가 없고, 일본이 이 문제를 타국에 부탁할 의사는 없다고 말한 점, 나아가서는 어떻게 하든지 중개(mediation) 혹은 중재(arbitration)의 신청은 일본에 대해 행해지지 않은 것을 전하고 있다[91].

나아가, 이 장의 검토 대상인 사토우의 메모가 작성된 후이기는 하

---

88) FO881/4718/16 (ii) (FO46/247, No. 161 (iii).
89) FO881/4718/19 (FO46/248, No. 194; *BDFA2, supra* note 14. p. 26).
90) FO881/4718/19 (i) (ii) (FO46/248, No. 194 (i) (ii)). 다만 전자의 일자가 9월 22일로, 후자의 일자가 10월 20일로 되어 있다. 이 외에도, 일본 정부는, 1878년 10월 7일자로 주일 청국 공사가 데라시마(寺島) 외무대신에게 보낸 서간, 1879년 5월 10일자의 조회(照会), 7월 16일자의 조복(照復), 8월 22일의 照会 등, 이 건에 관한 청국과의 중요한 문서교환 내용을 거의 영국에 건네주고 있다.
91) FO881/4718/38 (FO46/248, No. 205)

지만, 1880년 2월 26일자로 케네디가 솔즈베리 앞으로 보낸 서간에서, 그 전날(25일)에 있은 이토 내무대신과의 회담에 대해 보고하고 있다. 거기에서는 이토에 대해 1879년 12월 19일[92] *The Times*에 게재된 럿셀 영(John Russell Young, 그란트의 수행자)의 서간—케네디는 그것을 지금까지 출판된 류큐 문제에 관한 것보다도 상세한 정보를 제공하고 있다고 한다—에 대해 조회한바, 이토는 그것이 대체적으로 옳다는 것을 인정하고, "작년 그란트 장군은 중국 정부에 의해 류큐 문제를 중재해주도록(to arbitrate) 요구를 받았다. 이것을 그는 거부하고, 그러나 일본과의 주선(good offices)을 약속했던 것이다. 일본의 주장을 들은 후에, ……그는 양 당사국에 위원(Commissioners)을 임명할 것을 권했다"고 말했다고 되어 있다[93].

이와 같이, 1879년 9월부터 1880년 2월에 사토우 각서가 작성된 시기를 끼고, 주일 영국공사관은 일본 정부로부터 정보제공을 받기도 하여, 류큐 문제가 국제분쟁해결절차라는 제도 속에서 논의되고 있다고 인식하고 있으며, 나아가서는 그 속에서 중재에 부탁될 가능성이 제기된 것도 파악하고 있었던 것이다.

4.2. 국제법의 적용 가능성

4.2.1. 일청 양국의 의사에 관한 인식

류큐 귀속 문제가 국제분쟁해결절차라고 하는 제도 속에 논의되고, 나아가 중재에 부탁될 가능성이 인식되었다고 하더라도, 분쟁당사자는 합의 후에 별도의 판단기준을 지정하는 것도 가능한 것이며, 국제법이 그 판단기준으로서 사용될 것이라고는 단정할 수 없다. 그러나

---

92) 1879년 12월 17일이라고 생각되는 ("John Russell Young, The Ryukyu Question. The Times. 1879," in Yamaguchi and Arakawa (eds.), *supra* note 23, pp. 75-79을 참조).
93) FO881/4718/51 (FO46/256, No. 36, *BDFA2*, *supra* note 14. p. 29).

이 건에서 사토우가, 일청 양국은 국제법의 적용을 바라고 있다, 혹은 양국 간에서 국제법이 적용될 가능성이 있다고 여겼다고 해석할 근거가 존재한다.

첫째, 1879년 8월 22일자로 데라시마寺島 외무대신 앞으로 보낸 조회에서 청국 총리아문은, "지금, 각국은 (국제사회라고 하는) 가족의 일원과 같으며, 국제법도 정비되어 있다. 필시 도리를 이해하는 사람이 정의를 옹호할 것임에 틀림이 없다"고 말하고 있다[94]. 그리고 이 데라시마 앞 서간은 일본 정부에 의해 번역되어 같은 해 10월 23일에 이토 내무대신이 케네디에게 직접 건네주고 있다[95].

또, 조금 거슬러 올라가게 되지만, 1878년 10월 7일자로 하여장何如璋 주일 청국 공사가 데라시마 외무대신 앞으로 보낸 서간에서도, 일본의 류큐병합을 "공법公法에 비추어" 비난하고 있다[96]. 이 서간도 1879년 8월 1일자로 파크스가 솔즈베리 외무대신 앞으로 보낸 서간에 번역본이 첨부되어 있다[97]. 거기에서는 명확하게, "in the light …… of international law"로 번역되어 있다. 직접인지 간접인지는 별개로 하고 사토우도 이것들에 접했다고 생각하는 것이 자연스러울 것이다[98].

---

94) 「琉球所属に関し日清両国紛議一件」 103 [1879년] 8월 22일 清国総理各国事務王大臣으로부터 清国駐箚宍戸公使 앞 (琉球所属을 論じ我廃藩置県에 抗議申出の件)」 外務省編纂 『앞의 책』 (주84) 187쪽. 원문은, "方今四海一家, 公法具在, 必有明白事理之人, 出而主持公道". 번역은 箱田 「앞 논문」 (주2) 7항을 참조했다.

95) FO881/4718/20 및 FO881/4718/20 (iv) (FO46/248, No. 187 및 No. 187 (iv)). 상기 인용부분의 영역은, "In these days, as the nations of the world are like the members of a family, and fixed rules of law are imposed for their obedience, some great and wise man would necessarily appear before us to dictate what is equity and justice."로 되어 있다 (아래 밑줄 인용자).

96) 「琉球所属に関し日清両国紛議一件」 124 [1878년] 10월7일 清国公使より寺島外務卿宛 (琉球は元来清国の藩属自治の国なるに何故日本は其進貢を差止めたるか質問の件)」 外務省編纂 『日本外交文書』 第11巻 (日本国際連合協会, 1950年) 271쪽. 岡本隆司 『中国の誕生』 (名古屋大学出版会, 2017年) 90쪽을 참조.

97) FO881/4718/5 및 FO881/4718/5 (i) (FO46/247, No. 140 및 No. 140 (i)).

98) 기타, 청조 내부에서 류큐 문제에 대한 대응을 하면서 국제법을 원용하는 것에 관한 논의에 대해, 箱田 「앞 논문」 (주2) 4항, 張天恩 「앞 논문」 (주10) 29-32쪽, 西里 『앞의 책』 (주2) 301-305쪽을 참조. 또, 중국 방문 중인 그란트와의 회담에서, 李鴻章은 류큐 병합을 "공법에 위반하고"라고 말하고, 또 류큐 문제에 관한 국제법 (international law)에 대한 주의를 촉구했다고 한

이와 같이, 1878년 10월 7일자 하여장의 서간 및 1879년 8월 22일자 총리아문의 조회 혹은 그 번역에 접했다고 한다면, 사토우가 류큐 귀속 문제를 국제분쟁해결절차라고 하는 제도 속에서 평가할 때에, 그 판단기준을 전통적 동아시아적 세계질서관에 따른 것이 아니라 국제법에서 구했다고 생각하는 것도 근거가 없는 것은 아닐 것이다.

4.2.2. 사토우의 국제법에 관한 지식

다만, 국제법을 기준으로 해서 평가할 만한 소양이 사토우에 있었는가 하는 의문도 생길 것이다. 일청 신문 논전에서 그러한 서적 등이 참조되었다고 한다면, 그것들을 바탕으로 평가했다고 하는 것도 생각될 수 있지만, 논전에서 그것들은 참조되지 않았다. 또 사토우 각서에서도 국제법 관련 서적 등을 참조하고 있는 것은 아니다. 이 점에 관한 본격적 검토는 금후의 과제로 남겨두겠지만, 이하 소묘적으로 이 점에 관련된다고 생각되는 사토우의 약력을 확인하고, 국제법을 기준으로 한 가능성을 찾아보기로 하겠다.

사토우는 1861년에 졸업한 런던의 유니버시티 칼리지에서는 문학사 학위를 취득하였으며, 법학 혹은 국제법을 공부했다고 하는 기록은 없지만, 휴가賜暇 중인 1875년에 법학 공부에 착수하여, 다음해 1876년에는 독일의 마르부르크대학에서 로마법 강좌에 출석, 1883년에는 영국 변호사시험에 합격하고, 1887년에는 법정변호사 자격을 취득했다고 한다[99].

다(위와 같음 (西里), 325쪽, 岡本 『앞의 책』 (주96) 92쪽). 이 회담에 대해서는 그란트를 수행한 영이 쓴 기록이 *New York Herald* 상에 공표되어 있어 ("Around the World: General Grant's Mediation between China and Japan," in *New York Herald*. Aug. 16,1879. p. 4), 거기에는 international law라고 하는 용어가 가끔 사용되고 있다. 주일 영국공사관에서도 그 정보에 접했을 가능성은 생각할 수 있을 것이다.

99) 이안·C·락스톤(イアン·C·ラックストン) (長岡祥三 関口英男訳)『アーネスト·サトウの生涯―その日記と手紙より(어니스트 사토우의 생애―그 일기와 편지에서』(雄松堂出版, 2003년) 418-

또, 후년 사토우는 "상설중재재판소의 국별재판관(영국)에도 임명되었다. ……1907년의 제2회 헤이그 평화회의에 영국 부대표로서 참가[하고,] ……옥스포드대학에서 민법학박사(D.C.L.), 캠브리지대학에서 명예법학박사 학위(LL.D.)를 수여받고 ……국제법과 역사에 관한 다양한 연구를 저술했다"[100]고 한다. 사토우의 저작목록에서도 1910년 이후 국제법에 관련되는 논고가 10점 넘게 열거되어 있다[101].

나아가, 사토우가 1917년에 간행한 *A Guide to Diplomatic Practice*는 외교관계법 및 조약법을 중심으로 국제법상의 논점을 다수 다룬다[102]. 또 이 책은 Appendix Ⅰ(List of Works Reffered to)에서 국제법의 체계서를 몇 권인가 들고 있고[103], Appendix Ⅱ(International Law Literature for Diplomatists)에서 영·미·불·독·이·서·란·로·포·백 및 스페인어권인 남미 논자의 체계서를 중심으로 한 상세한 리스트를 주석과 함께 열거하고 있다[104]. 이것들을 고려하면 동 서적 간행시점에서 사토우는 국제법에 관한 풍부한 지식을 갖고 있었던 것이라고 생각된다.

그러나 이 점은, 사토우가 1880년 시점에서 국제법에 관한 풍부한 지식을 갖고 있었다는 것을 나타내는 것이라고는 말할 수 없다. 또 1870년대 후반부터 사토우가 법학 공부에 착수한 것은, 각서 작성 시점에서 일정한 법적 소양을 몸에 익혀가고 있었다는 것을 상상하게 하지만, 그 정도나 당시의 사토우를 둘러싼 지적 환경[105] 등에 대해서

---

419 (주20), 104, 106, 146, 164쪽. 본고의 관심으로는 1870년대 후반에 법학 공부를 시작한 것이 주목되는데, 그 의의에 대해서는 금후의 과제로 하고 싶다.

100) Harold W. V. Temperley, "Satow, Sir Ernest Mason (1843-1929)," in John R. H. Weaver (ed.), *The Dictionary of National Biography*: 1922-1930 (Oxford University Press, 1937). pp. 748-749. 락스톤 『앞의 책』(주99) 341-343항을 참조.
101) 위와 같음, 부록 (1) 및 355쪽(「발표한 여러 저작」) 참조.
102) Ernest Satow, *A Guide to Diplomatic Practice* (Longman, Green & Co., 1917).
103) *Ibid*. pp. 370-374.
104) *Ibid*.. Vol. 2. pp. 363-369.
105) 예를 들어 19세기 특히 그 전반(前半)의 외교관계에 있어서 바텔의 저작 (Emmerich de

는 금후의 과제로 할 수밖에 없다.

여기에서는 사토우의 보다 친근한 곳에서 보다 친근하다고 생각되는 테마에 대해 간행된 서적 및 그 서적에서 참조되고 있는 국제법 개설서를 소개하기로 하겠다.

전자는, 1874년에 요코하마에서도 간행된 찰스 리젠드르(Charles Le Gendre)가 썼다고 하는 *Is Aboriginal Formosa a Part of the Chinese Empire?: An Unbiased Statement of the Question, with Eight Maps of Formosa*이다[106]. 리젠드르는 타이완 출병 시에, "生蕃地=化外의 地=無主(타이완 원주민이 사는 '생번지'는 오랫동안 중국문명의 교화가 미치지 않는 '化外의 地'로 '무주지'라는 뜻-역주)"라고 하는 논리를 세워 동 출병의 근거를 제공한 미국인이다[107]. 이 책 속에서 리젠드르는 블룬츌리(Johann Casper Bluntschli, 1808―1881, 19세기 독일의 대표적 법학자. 저서『国法汎論(일본어 번역본)』은 메이지 정부의 정통성을 변호하는 역할을 했다-역주)를 참조하면서, "주권은 그것이 실제로 행사되고 있을 때만 존재한다"[108]고 지적하고, 거기에서 중국의 주권이 행사되고 있다고는 말할 수 없는 생번지生蕃地는 무주지無主地라는 논리를 이끌어냈던 것이다.

후자는, 리젠드르가 책에서 참조한 블룬츌리이다. 이에 대해서는 "Mr.

Vattel, *Le droit des gens, ou principes de la loi naturelle, appliques a la conduite & aux affaires des nations & des Souverains* (Apud Liberos Tutior, 1758))이 빈번히 참조되었다고 지적 (Arthur Nussbaum, *A Concise History of the Law of Nations* (Macmillan, 1947) p. 161) 되는데, 사토우가 각각에 언급하고 있었는지, 혹은 다른 국제법 관련 서적 등에 접하고 있었는지 등에 대해서는, 앞으로 검토가 필요하다.

106) Anonymous (Charles Le Gendre), *Is Aboriginal Formosa a Part of the Chinese Empire?: An Unbiased Statement of the Question, with Eight Maps of Formosa* (Lane, Crawford & Co.: Hedge & Co; Wilson, Nichols & Co., 1874), 발행지에 대해 표지를 참조. 필자에 대해서는 로버트 에스킬도센「アジアの中のアメリカ人아시아 속의 아메리카인」明治維新史学会『明治維新と外交』(有志舎, 2017년) 113쪽 참조. 리젠드르는 르 젠드르로 표기되는 것도 있음. 당시는 李仙得으로 표기되었다.

107) 일본이 리젠드르의 의견을 수용해서 이러한 이론을 세운 점에 대해, 앞 각주에 올린 문헌을 참조.

108) Anonymous (Le Gendre), *supra* note 106, p. 8.

Bluntschli says [International Law, codified, page 165, §281]……"
라고 밖에 언급하고 있지 않아, 정확한 서지정보는 주어지지 않았지만, 좁은 소견으로는 요한 카스퍼 블룬츌리(Johann Casper Bluntschli)에 의해 1868년 간행된 *Das moderne Volkerrecht der civilisirten Staten als Rechtsbuch dargestellt*[109]로 생각된다. 실제로는 166쪽이지만, 이 책의 §281에서 "어떠한 국가도, 규제하고 문명화하는 힘(Macht)을 갖고, 그 힘을 실제로 행사할 수 있는 것보다도 넓은 영역―주민이 없어도 타국이 영유하고 있지 않아도―을 자기의 것으로 할 수는 없다"고 지적되어 있다[110]. 또 이 책은 사토우의 *A Guide to Diplomatic Practice*의 Appendix II (International Law Literature for Diplomatists)에도 판을 특정하지 않은 형태로 언급되어 있다[111].

이러한 지적은 사토우가 그 평가의 기준으로 한 주권 및 권력에 대한 주목과 밀접한 연관성을 갖고 있다. 사토우가 실제로 이것들을 참조했는지에 대해 명확히 하는 것은 여기에서는 할 수 없지만, 전자는 요코하마에서도 발행되었으며, 당시부터 일본에 주재하고 있던 사토우의 신변 가까운 곳에 이러한 논의가 있었다고 말할 수 있는 것은 아닐까. 여기에서는 하나의 가설의 제시에 그치고, 1880년 시점에서의 사토우의 소양이나 둘러싼 지적 환경을 포함하여, 금후의 과제로 삼고 싶다.

5. 마치며

이상 류큐 귀속 문제에 관한 어니스트 사토우의 각서에 대해 검토했

---

109) Johann Casper Bluntschli, *Das moderne Volkerrecht der civilisirten Staten als Rechtsbuch dargestellt* (C. H. Beck, 1868), p. 166.
110) *Ibid*. 1872년 간행된 제2판 (169쪽), 1878년 간행된 제3판 (170쪽) 에서도 같다.
111) Satow. *supra* note 102, Vol. 2, p.373.

다. 그 결과 사토우가 그 대상인 사실상의 일청 양국 간의 논쟁을 바탕으로 한 다음, 사실史實논쟁에도, 조공의 의의 여하나 양속론에도 깊이 들어가지 않고, 권력(authority)의 행사에 착안해서 일본의 주장을 지지한 것이 명확해졌다. 본 각서에서는, 그 이전의 파크스 및 사토우 자신의 견해에서 볼 수 있었던 조공이나 양속이라는 전통적 동아시아적 질서관이 아니라, 근대 국제법적 질서관에 입각한 평가가 이루어졌다고 말할 수 있을 것이다.

그러나 사토우 각서가, 영국의 일청 관계에 관한 평가축의 전환을 의미한다든지, 그것을 반영한 것이라고 말할 수는 없다. 이 각서는 류큐 귀속 문제라고 하는 구체적 예에 관해서 일청의 입장을 반영하는 것이라고는 하지만 신문지상의 논전을 대상으로 해서, 사토우라고 하는 주일공사관 서기관에 의해 작성된 것이며, 그 평가기준의 변화에 대해 본국의 지시 등은 좁은 소견으로는 발견되지 않았다. 또, 일청 관계에서의 국제법의 적용을 청국이 인정했다는 것을 나타내는 것도 아니다[112].

다른 한편으로, 사토우는, 전통적 동아시아적 질서관을 충분히 숙지하면서, 본 문제가 그란트 전 미국대통령의 관여를 계기로 근대 국제법적 질서관 하에서의 국제분쟁해결절차라고 하는 문맥 속에 논의되게 되어, 주일 영국공사관에서도 그것을 인식했다고 하는 것을 배경으로 해서, 본 각서를 집필했다고 생각된다. 그렇다고 하면, 본 각서에서 근대 국제법적 질서관에 따른 평가가 이루어졌다고 하는 것은, 그 배경을 포함해서 동아시아에서의 혹은 그에 관계되는 질서관이 변화해가는 과정의 한 획을 보여주는 것이라고 말할 수 있을 것이다.

이 장 1.에서 지적한 것처럼, 이전부터 이러한 질서관의 변화에 대해서는 시간의 경과에서 몇 개의 커다란 점과 점을 잇는 것 같은 논의

---

112) 앞 각주 68에 대응하는 본문을 참조. 또, 본 문제의 해결에 관해 일청 간에 일단 성립한 합의의 교섭과정에서, 청국은 자기 속국인 류큐의 존속을 강하게 주장하였으며, 그 점에서 전통적 동아시아적 질서관을 유지했었다고 생각된다 (앞 각주 2에 언급한 문헌을 참조).

가 있었다고 생각된다. 이러한 거시적 논의의 중요성은 말할 것도 없지만, 변화의 과정을 보다 정밀하게 검토해 가는 것도 중요할 것이다. 이 장이 그 하나의 시도가 된다면 다행이다. 또, 본 문제 이후 일청전쟁까지의 경과, 나아가서는 일청전쟁 후의 변화에 대해서도 보다 구체적으로 검토해 가는 것이 금후의 과제가 될 것이다. 그 점은 동아시아에서의 '국제법의 수용'을 보다 자세하게 검토해 가는 것으로 이어질 것이다[113].

참고로, 변화의 과정을 보다 정밀하게 검토해 가는 것의 중요성은 국제법에 관한 역사적 검토 전반에도 적용될 것으로 생각된다. 어떤 개념이나 제도에 대해 그 변화의 과정을 보다 신중하게 검토해 갈 여지는, 적어도 역사적 연구로서는 남겨져 있으며, 어느 특정 시기에서의 그러한 개념이나 제도가 어떻게 이해되었는지 하는 것도, 예를 들어 구체적인 영역분쟁 등과의 관련에서는 중요하게 될 경우도 생각될 수 있을 것이다[114].

이러한 점을 금후의 과제로 명기하고 이 장을 마치겠다.

---

113) 이러한 점에서, 이 장에서도 참조한 箱田惠子의 연구(앞 각주2, 주79 「淸末中国の新聞·雜誌にみる仲裁裁判観」『史窓』 78호(2021년) 47-71쪽 등)는 매우 흥미롭다. 또, 메이지 정부 내에서의 메이지 이전의 류큐의 평가에 관한 변화에 주목하는 柳原 「앞 논문 (주2) (「仕置, 附庸, 属国, 그리고 主権」) 25-33쪽을 포함하는 柳原의 일련의 연구 (「같은 논문」, 「앞 논문 (주2) (「幕末·明治初期의『領域』概念に関する一考察」), 「日本における近代ヨーロッパ国際法の受容」 江藤淳一編 『国際法学の諸相』(信山社, 2015년) 47-64쪽 등)은 이러한 관점에서도 중요하다고 생각된다.

114) 이 책 제1章 (柳原 논문) 3.2.2.를 참조. 이 장과의 관련에서도, 사토우가 각서를 작성한 1880년에 있어서 영역권원론이 어떻게 이해되고 있었는가 하는 문제를 지적할 수 있을 것이다.

제II부

근대 일본의 영역적 외연

제3장

일본의 '식민지' 획득과 법칙

야마다 데쓰야 山田哲也

1. 시작하며

 이 장에서는, 일본이 이른바 '외지外地'를 획득했을 때 영역이라는 개념을 어떻게 잡고 있었는지, 또 그것이 법제면에 어떻게 영향을 미쳤는지를 검토한다. 원래 영역(領域, 특히 領土)은 territory의 번역어로, '영지領地'에서 파생한 화제한어(和製漢語-일본식 한자어)로 여겨졌으며[1], 판도版圖나 강토疆土·강역疆域이라는 전통적 인식과는 다르다고 생각된다. 뒤에 서술하는 것처럼, 대일본제국헌법(이하, 간단히 헌법)은 일본 영역의 한계에 대해 규정이 없는 데다, 헌법 시행 후의 영역 득실得喪에 대해서도 침묵하고 있다. 그렇기 때문에 1895년의 타이완 할양이든, 1910년의 한국병합이든, 타이완이나 조선[2]에 헌법이 적용되는지 하

---

[1] 岡本隆司「中国における『領土』概念の形成」岡本隆司編『宗主権の世界史―東西アジアの近代と翻訳概念』(名古屋大学出版会, 2014년) 294쪽. 또, 松井芳郎「国際法における『領域』と『国境』―その変容のきざし」『東アジア近代史』第17号 (2014년) 56쪽.

[2] 이 장에서는, 국호로서의 '대한제국'이나 일한관계, 한국병합이란 표현을 제외하고, 지리적 명칭

는 문제는 실제적으로도 학문적으로도 논쟁이 되었다. 나아가 외지에서 어떠한 법제를 시행할지는 외지지배의 기본이었다. 일본의 외지 획득은 가끔 (국민)제국화 혹은 제국(주의)적 팽창이란 평을 받지만, 그 특징의 하나로 "본국과 지배지역(식민지)이 격차원리格差原理와 통합원리에 입각한 이법역異法域 결합으로서 존재하는"[3] 것을 들 수 있다.

아사노 도요미浅野豊美가 지적한 것처럼, "일본의 '제국화'는 '무주지'로의 확장이 아닌 서양 제국에 의한 '거류지' 제도가 이미 존재하고 있는 주변지역으로의 확장"[4]이라는 특징을 갖는다. 따라서 일본의 외지 획득은 단지 상대국과의 관계만으로 규정되는 것이 아닌, 동아시아에 진출해있던 서양 제국의 정치적 지지나 승인을 필요로 하는 것이었다. 그런 속에서 일본은 일청한日淸韓 관계를 전통적인 동아시아의 논리에서 근대 국제법의 논리로 서환書換하고, 그것을 통해 독립을 유지하고, 스스로의 안전 확보를 시도하게 되었다.

이것을 '주권'의 측면에서 보면 다음과 같이 정리할 수 있을 것이다. 우선 주권은 조약을 통해 이전된다. 시계열로서는 1895년의 시모노세키조약, 1905년의 포츠머스조약, 1910년의 일한병합조약이다. 나아가 1922년의 위임통치협정도 여기에 추가할 수 있다고 생각되지만, 후술하는 것처럼 위임통지지역에 대한 주권의 소재를 둘러싼 문제는, 당시 국제적 논의를 불러 최후까지 결론을 얻지 못했다. 어쨌든 이들을 통해 일본은 외지를 획득하고, 그런 다음에 국내적으로 주권을 행사한다. 주권이란 무엇인지를 확정적으로 정의하는 것은 어려운 문제이지만, 대내적 최고성과 대외적 독립성이라는 의미로 파악한다면, 주권은 국가가 국내적 통치를 배타적으로 행하는 국제법상의 근거를 의미한다.

원래 (근대) 국제법이 전제로 하는 주권국가는, 영역 내에 실효지배

으로서도 국명으로서도 조선(朝鮮)으로 통일한다.
3) 山室信一「国民帝国日本における異法域の統合と格差」『人文學報』第101号 (2011년) 64쪽.
4) 浅野豊美『帝国日本の植民地法制』(名古屋大学出版会, 2008년) 2쪽.

를 미치고 속지주의에 입각해서 관할권을 행사하는 것을 전제로 한다. 또, 연방국가의 지방支邦 상호에서 법제가 달라 연방국가 전체로서는 비통일법국가가 되는 사례도 있다. 그러나 이 식민지의 지배에 있어서는 다양한 이유로 종주국과는 다른, 내재적으로 차별적인 법제가 시행되고, 결과로서 이법역(혹은 법역)이 생기는 것도 있다. 이 상태는 당시의 독일국법학에서 "국제법상은 국내, 헌법상은 외국"으로도 평가되었다. 식민지(주연, 周緣)에 대한 법의 제정은 종주국(중앙)에 의해 시행되기 때문에 '외국'으로 표현하는 것은 정확하지 않다. 오히려 '외국'이라고 하는 것은 중앙·주연 관계의 불균질성이나 차별성을 의미한다. 다분히 비유적인 것으로서 파악할 필요가 있을 것이다. 어쨌든 타이완 할양 이후의 일본은, 단지 일본과 외지라는 공간적 통합에다, 외지에 있는 외국인과의 관계를 더한 속인적 질서구축을 서두르게 되었다.

그런데 1853년의 페리 내항을 계기로 일본은 (근대) 국제법적 의미에서 '국경'을 긋고 영역을 획정하고, 주권에 입각해서 실효지배를 미치는 체제를 구축하게 된다. 그것은 일본에게는 국제법의 번역·이해·해석·적용의 과정(이하, 일괄해서 '수용'으로 한다)이며, 또 동아시아에서의 전통적인 지배체제를 일본 나름의 논리에 입각하여 국제법 제도 속에 재편하는 작업이기도 했다. 그 전형적 예가 류큐(오키나와, 沖繩)이고, 홋카이도北海道·지시마 열도千島列島·카라후토華太이다. 이들 지역의 '편입'을 거친 다음, 일본이라는 공간은 국내적으로도 국제적으로도 확정된다.

이 과정은 일본이 서양기원 국제질서에 참가·가입하는 과정이며, 동시에 중국(청·중화민국)을 정점으로 하는 동아시아 지역질서와의 충돌·조정·재편의 과정이기도 했다. 아편전쟁 이후 청은 화이질서華夷秩序를 고집하면서 그들 나름대로 국제법을 수용했다. 동시에 서양 제국도 동아시아에 거류지를 설치하여 동남아시아를 식민지 지배 하에 두었다. 특히 지리적으로 일본 주변에 위치하는 타이완·조선을 어떻게 할 것인지는 각각 정대론征台論이나 정한론征韓論의 형태로 메이지 초기부터 일본의 내정·외교의 일대 문제이며, 이것들은 모두 중국과의 관계를 둘러싼 문제였다. 일본과 중국 간에는 국제법의 수용에 온도차가 있었는데 일본이 보다 적극적이었다고 여겨진다[5]. 이 점은 후술하는 것처럼 조선의 지위를 둘러싼 일중의 견해 차이로 나타난다.

이하, 이 장에서는 당시의 일본이 주권을 어떻게 이해했는지를 약술한다. 말할 필요도 없이 주권은 국제법상의 개념인 동시에 국내법(헌법)상의 개념이기도 하다. 천황에 의한 지배를 전제로 한 당시의 일본이 주권을 어떻게 수용하고, 그것을 국제법적인 의미에서의 '영역'에 대한 '지배'로 이해했는지를 확정하는 것은 필요할 것이다. 다음에 일본이 어떻게 외지를 획득하고, 거기에 어떠한 법제를 시행했는지를 사례별로 검토한다. 여기에서는 1895년의 타이완 할양을 중심으로 하게 되는데, 그것은 후술하는 '육삼법六三法' 문제로 대표되는, 헌법이 예정하지 않았던 '영토의 확장'과 헌법 적용의 유무라는 논의가 이때에 첨예하게 일어나기 때문이다. 나아가 일본의 제국적 확장에 대해서 헌법학을 중심으로 한 학설이 어떻게 반응했는지를 약술하겠다.

2. 헌법·국제법과 주권

2.1. 주권 개념의 도입

애초에 sovereignty의 번역어인 주권主權이 언제 일본어로서 정착했는지는 꼭 명확하지는 않다. 휘튼(Henry Wheaton)의 *Elements of*

---

[5] 예를 들어, 大畑篤四郎「東アジアにおける国際法 (万国公法) の受容と適用」『東アジア近代史』第2号 (1999년 3월) 5-6쪽.

International Law(1836년)의 한역漢譯이 그 후 『휘튼만국공법惠頓萬國公法』으로서 일본어로 번역되었다고 한다면 주권은 한어漢語에 유래하는 것이 된다[6]. 이 책에서 말하는 주권은 "국가를 다스리는 권權"[7]이며, 그 내용으로는 오늘날의 대내주권(최고성)과 대외주권(독립성)에 상당하는 "국헌國憲에 의해 그 권權을 국민 혹은 주재主宰에 귀歸하는 것"과 "자주독립해서 외국에 명命을 듣게 하는 것을 말한다"[8]고 기술하고 있을 뿐, 국가의 영역성에 관계되는 기술은 없다. 다른 한편으로, 1868년 쓰다 마사미치津田真道가 발간한 『태서국법론泰西国法論』에서도 주권이라는 용어가 사용되고 있다[9]. 그렇기 때문에 용어로서의 주권의 유래에 대해서는 두 서적 이외의 문헌으로도 대상범위를 확대한 다음, 별도 검토할 필요가 있을 것이다. 그것은 그렇다하고, 쓰다에 의하면 주권이란 "통국通國의 대권위大權位"이며, "이 주권主權을 다루는操 사람을 君主라 한다"고 설명하고 있다. '주재主宰'이든 '군주君主'이든, 일본에서 벌어진 주권의 소재를 둘러싼 논의는 후에 일본 독자적인 국체론國體論과 결부됨으로써, 헌법의 구조와 해석을 규정해 나가게 된다. 다만 시계열적으로 생각하면 국체론이 선행하고, 그 후에 주권개념을 포함한 헌법을 둘러싼 논의가 등장하기 때문에, 주권개념은 국체론에 입각해서 해석되게 된다. 국체론에서는 영역(영토)에 대한 의식은 박약하고, '통치권의 총람자'로서의 천황이라는 국체론에 입각한 천황에 의한 지배가 전면에 내세워지게 되었다고 우선은 이해할 수 있을 것이다.

---

[6] 岡本隆司「宗主権と国際法と翻訳―『東方問題』から『朝鮮問題』へ」岡本『앞의 책』(주 1) 98-99쪽.

[7] 司法省蔵版『恵頓萬國公法完』(1883년) (国立国会図書館〔NDL〕デジタルコレクション書誌 ID S00001116) 35쪽 (2021년 9월 21일 최종열람).

[8] 위와 같음, 36쪽.

[9] 津田真道(真一郎)『泰西国法論』(早稲田大学図書館古典籍総合データベース https://archive.wul.waseda.ac.jp/kosho/wa07/wa07_00839/wa07_00839_0001/wa07_00839_0001.pdf) (이하의 인용은 19매 째의 영상에 의함) (2021년 9월 21일 최종열람).

2.2. 국체론의 존재

국체, 즉 국가의 형태 내지 국가의 근본체제를 어떻게 규정할지는, 메이지 이후의 일본을 어떻게 설정하고, 나아가 그 후의 헌법을 통한 통치체제를 어떻게 구축할 것인가 하는 문제와 직결되었다. 여기에서 확인해 두어야 할 것은, 국체론이 최종적으로 '주권재군主權在君'에 수렴된 것이며, 나아가 그 근거를 기기신화(記紀神話-記紀는『古事記』와『日本書紀』의 총칭으로『古事記』의 '記'와『日本書紀』의 '紀'를 합해서 '記紀'라고 한다. 두 책 모두 나라 시대奈良時代, 710-794에 편찬된 일본신화나 고대의 역사를 전하는 역사서이다. 위키피디아-역주)에서 찾았던 것이다. 이와 같은 이해를 단적으로 보여주는 것으로서, 예를 들어 1882년 1월 27일자『도쿄일일신문東京日日新聞』에 게재된 사설이 "우리 일본의 주권은 인대(人代. 神代에 대해, 人皇 제1대인 神武天皇 이후의 天皇에 의해 통치된 시대를 말한다.-역주) 초부터 항상 제실帝室이 가진 것이 분명하다"[10]고 주장한 것이 중요한 역할을 했다고 여겨진다[11].

이와 같은 이해가 헌법의 규정이나 그 해석에 미친 영향에 대해서는 후술하지만, 우선 확인해 두어야 할 점은 만세일계万世一系의 천황이 천양무궁天壤無窮하다는 인식은, 이후 제2차 세계대전 패전까지 언설로서 강화되기는 했지만 완화되는 일은 없었다는 점이다. 그 정점이 1937년의『국체國體의 본의本義』[12]이다. 그 서두에서는 "우리 만고불역萬古不易의 국체"에 대해 "대일본제국은, 만세일계의 천황황조天皇皇祖의 신칙神勅을 받들어 영원히 이것을 통치하신다"[13]는 것이라고 설명한다. 이 책이 미노베 다쓰키치美濃部達吉의 천황기관설 배격의 의도를

---

10) 「主權弁妄 第四」『東京日日新聞』1882년 1월 27일.
11) 국체론 형성에 있어서『東京日日新聞』이 수행한 역할에 대해, 米原謙『国体論はなぜ生まれたか—明治国家の知の地形図』(ミネルヴァ書房, 2015년) 208-213쪽.
12) 文部省編『國體の本義』(NDL デジタルコレクション書誌ID 000000713777) (2021년 9월 21일 최종열람).
13) 위와 같음, 9쪽.

갖고 있었다는 것은 유명하지만, 동시에 기타 법학자의 언설을 위축시켰다는 것은 의심할 여지가 없고, 후에 검토하는 「외지법(론·학)」에도 적지 않은 영향을 주었다는 것은 미리 인식해둘 필요가 있을 것이다.

2.3. 국제법에서의 주권

국제법상, 국가는 주권을 갖고 주권에 입각하여 영역을 지배한다. 주권이 토지에 미친 때의 권리는 일반적으로는 영역주권(혹은 영유권)으로 불리며[14] 국가소유권, 국가영유권이라고 할 때도 있다[15]. 영역주권의 법적 성질을 둘러싸고는 역사적으로 논란이 있어, 영역을 국가가 자유로 사용하고 처분할 수 있는 소유권(dominium)으로 파악하는 것과 영역 내의 사람, 재산, 사실에 대한 지배권(imperium)으로 파악하는 것으로 대별할 수 있다[16]. 그러나 오늘날에는 영역주권을 소유권과 지배권의 쌍방의 성질을 가진 것으로 이해하는 것이 통설이며 '보유(소유), 통치, 처분'의 측면이 있다고 여겨진다[17].

참고로, 1910년의 한국병합을 계기로 한 미노베 다쓰키치와 다치 사쿠타로立作太郎 간의 논쟁을 포함하여, 일본에서는 일반적으로 '영토권'이라는 용어가 사용되고 있다. 이 영토권과 오늘날의 영역주권·영유권이 동일한지 아닌지 하는 점은 논의의 여지가 있을 것이다. 그 점은 제쳐두기로 하고, 미노베·다치 논쟁은 다치의 「한국병합국제법규」[18]가 계기였던 것에서도 명백한 것처럼, 병합의 국제법상의 성질을

---

14) 岩沢雄司『国際法』(東京大学出版会, 2020년) 220쪽, 柳原正治 森川幸一·兼原敦子編『プラクティス国際法講義 [第2版]』〔信山社, 2016년〕186쪽 (深町朋子 집필), 등.
15) 柳原正治「疆域, 版図, 邦土, 그리고 領域」『国際問題』第624号 (2013년 9월) 2쪽.
16) 岩沢『앞의 책』(주14).
17) 일본의 국제법학에서 언제쯤 이와 같은 견해가 정착했는지는 확실하지 않지만, 横田喜三郎『国際法II(法律学全集56)』(有斐閣, 1958년) 1쪽이 이미 이와 같은 입장에 선다(1972년 [新版]에서도 같다).
18) 立作太郎「韓国併合国際法観」『法学協会雑誌』第28巻11号 (1910년) 1-19쪽.

둘러싼 것이었다. 그 논쟁에서 영토권의 구체적 내용이나 주권과의 관계가 논해지는 가운데 국제법과 국내법의 관계로 논의가 퍼진 것이다[19]. 여기에서 상세하게 언급하지는 않지만, 양자의 혹은 당시의 헌법학·국제법학에서 사용된 용어로서의 영토권이나 통치권이, 오늘날의 국제법학에서 주권을 논할 때에 사용되는 소유권이나 지배권과 어떠한 관계에 있는가 하는 점은 고려할 필요가 있다.

2.4. 헌법에서의 주권·통치권

메이지헌법에서 '주권'은 천황에 의한 '통치권'과 동의同義로 이해되었다. 이토 히로부미伊藤博文도 양자를 호환적으로 사용했다는 것은 『헌법의해憲法義解』[20]에서도 읽어볼 수 있다. 먼저 제1조는 "대일본제국은 만세일계의 천황이 이를 통치한다"이며, 제4조에서는 "천황은 국가의 원수로서 통치권을 총람"한다고 규정한다. 이들이 전술하는 국체론에 직결되어 있는 것은 명백할 것이다. 또 이토는 "통치권을 총람하는 것은 주권의 체體"라 하고, 미야자와宮沢는 이토 미요지伊東巳代治가 번역한 영역에서 '통치권'이 "the rights of sovereignty"였다는 것을 기록한다[21]. 다른 한편으로, 이 천황의 통치권의 근거는 헌법발포칙어에서 말한 "조종祖宗에 이어받은承 대권大權"이며, 헌법의 선포도 이 대권에 입각한 것이다. 이토伊藤도 이것을 전제로 제1조에 대해 "대권을 총괄해서 국토 및 신민을 다스리는 것"[22]이라고 기록한다.

---

[19] 美濃部·立 논쟁의 경위나 논점정리를 검토한 선행연구로서, 中原精一「美濃部·立両博士論争の素描―国内法と国際法との関係論について」『明治大学社会科学研究所紀要』第7号 (1969년) 37-54쪽, 潁原善徳「国際法と国内法の関係をめぐる美濃部·立論争―韓国併合と領土権·主権論争」『ヒストリア』第181号 (2002년) 1-25쪽, 西村裕一「日本における主権論―戦前からの視角」『主権はいま(年報政治学 2019-1)』(2019년)113-136쪽 등이 있다.
[20] 伊藤博文 (宮沢俊義校註)『憲法義解』(岩波書店, 2019년). 한자·가나(仮名) 표기법은 이 책의 예에 따른다.
[21] 위와 같음 27, 28쪽.
[22] 위와 같음, 21쪽.

나아가, 통치의 대상으로서 염두에 두었던 것은 사람에 대한 지배로, 헌법 그 자체이든 『헌법의해』에 제시된 "국토를 다스린다"이든, 어느 정도 국제법적인 의미에서의 토지나 공간의 소유·지배를 의식하고 있었는지는 확실하지 않다. 이 점은 헌법상유(憲法上諭. 헌법공포문-역주)를 보아도 명백하다. 즉, 천황에 의한 통치의 대상으로서 강조되고 있는 것은 "짐이 친애하는 바의 신민", "즉 짐의 조종祖宗께서 혜무자양(惠撫慈養. 사랑해 어루만지고 자비롭게 기르다는 뜻-역주)하신 바의 신민"이며, "국가통치의 대권은 짐이 이를 조종에게서 이어받아 이를 자손에게 전하는"[23] 것이며, 이것들이 『국체國體의 본의本義』가 말하는 "일대가족국가—大家族國家"[24]의 기원이다. 이에 대해, 일본이라고 하는 토지나 공간은 황조皇祖가 창조한 것이며, 만세일계의 천황은 그것을 확장시키면서 대대로 계수해 왔다고 하는 "픽셔널한 역사"[25]에 의거하게 되었다. 이 점은 신과 사람을 나눠, 천지창조는 오로지 신의 영역에 남겨두는 크리스트교적·유럽적 발상과는 원래 기점을 달리한다.

전술한 대로 헌법은 영토규정을 갖지 않는다. 본래 국가의 영토는 확대나 축소의 가능성을 포함하고 있어, 그때의 절차를 미리 규정한 외국 헌법도 존재한다. 메이지 천황이 "해외각국의 성법成法을 참작"[26]하라고 한 조(칙)에 따라 작성된 초안에서는 영토규정이 있었다. 그러나 추밀원 심의 직전에 이토伊藤가 그것을 삭제하고 심의에 부쳤던 것이다[27]. 영토규정을 두지 않았던 이유에 대해 이노우에 고와시井上毅는, "우리나라에서는 이천오백년간 연면히 강토의 변경을 해오지 않았기 때문에 지금 이것을 명문明條으로 열거할 필요가 없음을 인

---

23) 위와 같음, 223쪽.
24) 文部省編 「앞의 책」(주12) 9쪽.
25) 岡本公一 「領土問題と大日本帝国憲法」, *Waseda Global Forum* No.7(2010년) 237쪽.
26) 「国憲起草の詔」(국립공문서관 디지털 아카이브 https://www.digital.archives.go.jp/gallery/0000000004 [2021년 9월 21일 최종열람]).
27) 岡本 「앞 논문」(주6) 228-232쪽.

정"[28]했다고 설명하고 있다. 이토 히로부미도, 오야시마(大八島. 일본의 古稱-역주)에서 메이지 유신 후에 편입된 홋카이도·오키나와(류큐) 및 오가사와라 제도까지를 일괄해서, 고사기古事記나 일본서기日本書紀에도 언급하면서 일본의 판도 내지 강토로 기술하고 있다[29]. 일본의 경우, 사방이 바다에 둘러싸여 있다는 지리적 조건도 있어서, 확대의 경우에도 스스로 한계가 있고, 또 영토의 축소를 경험하지 않았다는 것도 작용했을 것이다. 오늘날에도 일본이라는 공간이 홋카이도·혼슈·시코쿠·규슈·오키나와와 그에 부속하는 도서라고 하는 것은 국내적으로 암묵적으로 양해된 것이며, 현행 헌법에도 영토규정은 없다. 일본 자신의 인식으로서도, 국제적으로도 포츠담선언 제8항에서 규정된 범위가 일본의 영토라는 것에 의심의 여지는 없다. 오늘날에도 '諸小島'의 해석을 둘러싼 문제(북방영토, 센카쿠 제도, 독도/다케시마)는 남아있지만, 오늘날 헌법학의 문맥에서 일본의 영토를 논할 일은 거의 없다[30].

이와 같은 일본 자신을 둘러싼 공간적 인식이, 국제법상의 '영역(territory)' 개념과 어떻게 상이한가. 또 판도나 강토라는 동아시아권에서의 토지에 대한 인식과 어떠한 관계에 있는가. 나아가 같은 동아시아이지만, 중국에서 말하는 판도와 일본에서 말하는 판도가 동일하게 이해되었는가. 이러한 논점들은 동아시아의 유럽 국제질서 편입과 국제법의 수용, 또 그에 수반하는 동아시아 국제질서의 재편이라는 논점과도 깊이 관계되고 있다[31].

---

28) 「枢密院会議筆記-一. 憲法草案·明治二十一年(1888년)自六月十八日至七月十三日」 国立公文書館 아시아歴史資料센타(이하, JACAR) Ref. A03033487900(2021년 9월 21일 최종열람).
29) 伊藤『앞의 책』(주20) 21-22쪽.
30) 石村修「憲法における領土」『法政理論』第39巻4号 (2007년) 158쪽.
31) 이들 논점을 둘러싼 선행연구는 아주 많이 존재하는데, 柳原正治「幕末期·明治初期の『領域』概念に関する一考察」松田竹男·田中則夫·薬師寺公夫·坂元茂樹編集代表『現代国際法の思想と構造Ⅰ 歴史, 国家, 機構, 条約, 人権』(東信堂, 2012년) 45-73쪽, 川島真「近現代中国における国境の記憶-『本来の中国の領域』をめぐる」『境界研究』第1号 (2010년) 1-17쪽.

3. '외지外地'의 형성과 그 개념

3.1. 식민지外地와 법제

일본 헌법의 모범이었던 프로이센 헌법도 영토규정을 갖지 않은 한편, 알자스 로렌의 할양이나 비유럽 지역에서의 식민지(보호령) 획득으로 독일 국내와는 다른 식민지 통치체제나 현지주민 지배를 실시하게 되어, 이러한 위헌적인 통치실태의 설명에 고심하게 되었다[32]. 일본도 후술하는 것처럼 1905년의 타이완 할양으로 같은 상황에 놓이게 되었다.

전술한 대로 식민지는 종주국과 법역을 달리한다고 설명된다. 다만, 종주국 내부에서도 이법역은 존재할 수 있다[33]. 일본에서는 일반적으로 헌법 시행 전부터 통치 하에 있었던 지역을 내지로 부르고, 그 이후에 획득한 지역을 외지로 칭하는 것이 일반적이다. 다만, 일본에서 말하는 '중앙·주연'은 '내지·외지'와 일치하는 것은 아니다. 내지인 류큐(오키나와)나 홋카이도라는 일본 내부에도 주연이 존재했기 때문이다[34]. 또 헌법이 영토규정을 갖지 않은 이상, 내지와 외지의 경계도 꼭 명확하다고는 말할 수 없다. 법령상 1918년 제정된 공통법(1918년 법률 제3호) 제1조1항이 "본법에 있어서 지역이라고 칭하는 것은 내지, 조선, 타이완 또는 관동주關東州를 말한다"고 규정했기 때문에 일본의 지배지역 중 조선, 타이완 및 관동주가 외지였고, 그 이외의 지역이 내지인

---

32) 石川健司「憲法の中の『外国』」早稲田大学比較法研究所編『日本法の中の外国法—基本法の比較法的考察』(成文堂, 2014년) 15-16쪽.
33) 일본에서의 전형적인 예로서, 徵兵告諭에 입각한 徵兵令(明治5年11月28日太政官布告第379号)이 오키나와(沖繩)·오가사와라(小笠原)에 대해 1898년 1월 1일까지 시행되지 않은 것을 들 수 있다.
34) 이 점에 대해, 岡崎まゆみ「『内国植民地』としての北海道近代法試論—「民事判決」分析を通じた外地法史との比較可能性を目指して」『法律論争』第90巻 2·3合倂号 (2017년) 139-163쪽. 예를 들어 오늘날에도 홋카이도나 오키나와에서는 '内地'와 '本土'가 방언으로서 거의 호환적으로 사용된다(다만, 그들 지리적 범위는 꼭 확정적이지는 않다).

것이 된다(동조 2항에 의해 카라후토는 내지에 속한다). 어쨌든 외지라고 하는 용어나 어느 영역이 외지인지에 대한 법적 정의는 존재하지 않는다. 외지라는 용어가 상용되게 된 것은 1929년 탁무성拓務省 설치 이후로, 법령용어로서 사용되는 것은 외지전화통화규칙(1934년 통신성령 제51호)이나 소득세법인세내외지간섭법關涉法(1940년 법률 제55호) 이후로 여겨진다[35].

1944년에 간행된 기요미야 시로清宮四郎『외지법서설外地法序説』에서는 '외지'의 용례로서 다음 5가지를 든다[36]. ①헌법 시행 후에 영토 또는 준영토가 된 타이완·남카라후토南樺太·조선·관동주 및 남양군도를 가리키고, 그것을 "가장 보통의 사용례"라고 설정한다. ②나아가 지나사변 및 대동아전쟁으로 점령지가 된 영역을 포함한다, ③만주 등, '우리나라와 특수한 관계에 있는 제 외국'도 포함한다, ④외국의 영토나 국가 그 자체를 외지로 한다, ⑤본주本州만을 내지로 하고 그 이외를 모두 외지로 한다고 하는 분류이다. 야마자키 단쇼山崎丹照도 기요미야의 분류에서 말하는 ①과 같은 이해를 제시하고, "조선·타이완·카라후토樺太 및 조차지인 관동주와 위임통치지역인 남양군도"를 외지로 하고 있다[37]. 비교적 최근이 되어 외지법에 대해 호적제도를 중심으로 검토한 연구도, 당시의 일반적 용어법에 따라 "외지란, 우리 통치 하에 있었던 이법지역"[38]으로 한다. 그밖에 외지에 관한 포괄적 검토를 한 선행연구에서는 역으로 외지란 용어를 쓰지 않고 '식민지'로서 타이완·조선을 검토한 것도 존재한다.[39]

---

35) 外務省条約局法規課『外地法令制度の概要(外地法制誌第2部)』(文生書院, 1990년 [復刻版]) 1-3쪽.
36) 清宮四郎『外地法序説』(有斐閣, 1944년) 3-5쪽.
37) 山崎丹照『外地統治機構の研究』(高山書院, 1943년) 1쪽. 참고로 南樺太는 1943년에 내지에 편입되어, 山崎도 "이제는 이것을 외지로 칭할 수 없는 것은 말할 필요도 없다"(같음)고 한다.
38) 向英洋『詳解旧外地法』(日本加除出版, 2007년) 9쪽.
39) 예를 들어, 遠藤正敬『近代日本の植民地統治における国籍と戸籍—満洲·朝鮮·台湾』(明石書店, 2011년), 山中永之佑『帝国日本の統治法—内地と植民地朝鮮·台湾の地方制度を焦点とする』(大阪大学出版会, 2021년) 등.

다만, 기요미야가 영토와 준영토를 나누고, 또 야마자키의 정의에서 볼 수 있는 것처럼 '조차지인 관동주', '위임통치지역인 남양군도'로 조차지와 위임통치지역을 설명적으로 부가하는 것도 있어, 각각의 논자가 할양·병합과 조차, 나아가 위임통치지역의 법적 성질의 차이를 어떻게 이해하고 있었는지는 명확하지 않다. 어쨌든 주권 이양의 정도에 주목해서, 주권이 완전히 이양되었다고 이해할 수 있는 타이완·카라후토(모두 할양)와 조선(병합), 조대국(租貸國. 조차국의 반대 개념.-역주)의 잔여주권을 인정하는 관동주, 나아가 주권의 소재에 대해 국제적으로 논쟁이 일어난 남양군도(위임통치)라는 3종으로 외지를 대략 분류하는 것이 암묵 속에 의식되어 있었다는 것은 엿볼 수 있다.

3.2. 타이완 '할양'

3.2.1. 경위

일청전쟁의 결과, 일본은 청으로부터 타이완섬과 팽호열도澎湖列島를 할양받았다(일청강화조약 제2조 2항 및 3항, 1895년 4월 17일 서명, 동 5월 8일 효력 발생). 더구나 동 1항에 의해 요동반도도 할양을 받게 되었지만, 3국간섭을 받아 동 11월에 청과의 조약으로 그것을 환부還付했다. 메이지유신 이후의 일청 관계는 타이완 출병(1874년)이나 류큐 처분(琉球處分, 1879년)을 통한 동아시아질서의 재편이라는 의미를 갖는다[40]. 특히 강화조약 제1조가 "청국은 조선이 완전무결한 독립자주의 국國임을 확인하고 이로써 우右 독립자주에 손해를 끼치는 조선국으로부터 청국에 대한 공헌전례貢獻典禮 등은 장래 완전히 이를 폐지해야 한다"고 해서, 청한의 조공朝貢=책봉체제冊封體制를 부정한 것은 그

---

[40] 岡本도 日清戰爭을 "세계사의 '분수령'"으로 평가한다. 岡本隆司 「日清戰爭と東アジア」 山内昌之·細谷雄一編 『日本近現代史講義—成功と失敗の歴史に学ぶ』(中央公論新社, 2019년) 56쪽.

후의 한국병합을 향한 큰 발판이 되었다.

다른 한편으로, "근대 일본으로서 최초의 식민지를 어떻게 통치할지는, 메이지 정부로서 헌법체제와의 관련에 있어서 제출된 중요과제"[41]였음에도 불구하고, 할양 당초에 있었던 논의에는 여러 가지 혼란이 있었다. 그 이유로서는 타이완 주민의 격렬한 저항에 대해 "법규 등에 구애받지 않고"[42] 평정을 우선하지 않을 수 없다는 현지의 사정도 있었다. 그러나 더욱 근본적인 문제로서, 타이완을 어떻게 인식하고 어떻게 통치할 것인가라는 식민지 (통치) 정책과 그것을 뒷받침하는 법제의 쌍방에 관계되는 점에 있어서 상이한 견해가 존재했던 것이다. 이 점을 둘러싼 논의로서, 외무차관이기도 하고 타이완사무국 위원이었던 하라 다카시原敬는 「타이완문제 2안(臺灣問題二案)」[43] 속에서, "甲 타이완을 식민지殖民地 즉 '콜로니'의 류類로 간주할 것. 乙 타이완은 내지와 다소 제도를 달리하지만 이를 식민지殖民地의 류類로는 간주하지 않을 것"(구두점은 야마다)을 제시, 하라 자신은 을안을 "可로 한다"고 하였다. 그 근거로서 하라가 드는 것은, 타이완과 그 인민의 통치는 "유럽 제국歐洲諸國이 이인종異人種을 지배하는 것과는 전혀 정황을 달리한다"는 것이기 때문이다. 이 견해는 법적인 것이라기보다, 하라가 이른바 '내지연장주의內地延長主義'의 입장을 취하고 있던 것[44]을 바탕으로 하는 것으로 보는 것이 적절할 것이다. 이 입장에 서면 타이완에 대해서도 가능한 한 내지와 동일한 법률이 시행되는 것이 원칙이 되고, 타이완총독의 권한은 약해질 수밖에 없게 된다.

---

41) 栗原純 「明治憲法体制と植民地一台湾領有と六三法をめぐる諸問題」 『東京女子大学比較文化研究所紀要』 54号 (1993년) 56쪽.
42) 「內閣総理大臣ノ訓令 (1895년 7월 16일)」 伊藤博文編 「秘書類纂第18巻 臺灣資料」(이하, 『臺灣資料』)(1936년) 444쪽(NDL デジタルコレクション 書誌ID 000000855219) 2021년 9월 21일 최종열람).
43) 위와 같음, 32-34쪽.
44) 타이완 영유 전후의 對 타이완 정책과 헌법과의 관계, 또 하라(原)의 일반적인 식민지정책론에 대해, 우선 春山明哲 『近代日本と台湾一霧社事件·植民地統治政策の研究』(藤原書店, 2008년) 155-221쪽, 특히 173-179쪽.

그러나 실제로는 「타이완에 시행해야 할 법령에 관한 법률」(1896년 법률 제63호, 3월 30일. 이하 63법)에서 타이완총독에게는 광범한 율령제정권이 부여되게 되었다.

3.2.2. 타이완법제의 구축―'63법'을 둘러싼 혼란

타이완을 영유하는 데 있어서, 어떠한 법제로 할 것인가, 특히 헌법과의 관계를 우선 어떻게 이해하고 정리할 것인가가 과제가 되었다. 『타이완자료』에는 작성자 불상의 「타이완 현시국법臺灣現時國法상의 위치」[45]와 「속지통어屬地統御의 대권大權」[46]이라는 문서가 수록되어 있다. 우선 「타이완 현시국법상의 위치」를 요약하면 다음과 같다.

"타이완은 제국이 국제법상 적법하게 득得한 신영토新領土"라는 전제로, "새롭게 득한 영토로서 제국에 편입되고 즉 제국 국경의 변경"으로 정리한다. 그러나 헌법에는 국경변경의 절차가 기술되어 있지 않기 때문에 타이완의 국법상의 지위를 결정하는 데 있어서는, '국가에 관한 보통의 원칙'과 '제국헌법 대체大體의 정신精神'을 통해서 결정되지 않으면 안 된다. 신영토를 본국에 편입할지 어떨지는 국가의 자유로운 결정에 위임되어 있고, 국경변경절차를 규정한 외국 헌법이 존재한다고 하는 것은, 신영토를 획득한 후 그것을 편입할 의사의 표명방법을 규정했다고 하는 의미를 갖는다. 그럼 일본의 경우 어떻게 의사표명을 할까. 하나는 헌법을 개정하는 것이며, 또 하나는 천황의 대권으로서 이해하는 방법이 있을 수 있다. 어떤 입장을 취한다고 해도 결론은 동일하며, "타이완은 제국의 주권 하에 있지만 아직 제국의 일부를 이루지 않는다", 따라서 "제국의 헌법 및 제반의 법령은 바로 타이완에 시행되지 않는다"는 것이 된다.

---

[45] 『臺灣資料』, (주42) 71-74쪽. 인용 시의 쪽수는 생략한다(본 자료에 대해, 이하 같음).
[46] 위와 같음, 75-77쪽.

이와 같은 이해에 입각하여 「속지통어의 대권」에서는 다음과 같은 논의가 전개된다. 타이완에 헌법이나 법률이 시행되고 있지 않다고는 해도, 타이완국이라는 독립국가를 동군연합同君連合으로서 통치하고 있는 셈은 아니니까, 천황은 "일본제국의 주권자로서 일본제국의 주권"을 타이완에도 행사하고 있다. 그것은 헌법 제4조가 규정하는 "국가國의 원수로서 총람할 수 있는 통치권"의 행사이며, 그 행사는 헌법의 조규에 의한다. 타이완에 대해 입법할 때, 헌법 제55조제2항에 의해 국무대신의 부서를 요하지만, 제국의회의 동의協贊는 필요 없고, "이 점에서 천황의 대권은 무제한이다". 이것은 외교대권과 같으며, "속지에 대한 대권도 그 속지를 대상으로 발동하고, 내부에 관계되지 않는 동안은 헌법상 이를 총괄해서 속지통어의 대권"으로 부를 수 있다.

이 두 개의 문서에 대해서는 다음 점을 지적할 수 있다. 우선, 국경의 변경을 사실로서 인정하는 한편, 국경변경절차의 부존재를 이유로 타이완은 "제국의 일부를 이루지 않는다", 헌법도 법령도 시행되지 않는다면, 천황에 의한 타이완 영유와 지배에는 일체의 법 제약은 부과되지 않는 것이 된다. 주권과 통치권을 동의同義로 다루고 있는 점은 이토의 『헌법의해憲法義解』와 동일하지만, 외교대권으로부터 유추해서 실정법으로서의 헌법상에서의 속지통어대권屬地統御大權을 도출하는 것은 모순 내지 순환론이다. 헌법 제13조의 "전쟁을 선포하고 강화 및 제반의 조약을 체결한다"고 하는 외교대권은 "지존의 대권에 속하며, 의회의 승인參贊을 요하지 않는다"고 하며, 그 이유는 "외국에 대해 국가를 대표하는 주권의 통일"에 구해진다[47]. 사소한 논의이기는 하지만 강화조약을 통한 영토할양(타이완과 카라후토)이나 조차지의 획득을 이 외교대권에 포함시켜 읽는 것은 가능하지만, 이것을 "헌법상……의 대권"으로 한 경우, 제국의회의 동의를 배제하는 논거는 대권을 전前 헌법적인 성질로 파악한다면 몹시 박약하게 된다.

---

47) 伊藤 『앞의 책』(주20) 43쪽.

이에 대해 사법성 고문이었던 커크우드(William Montague Hammett Kirkwood)는 「타이완 제도, 천황의 대권 및 제국의회에 관한 의견서」[48]에서, 다음과 같이 논의를 정리하고, 모두 헌법의 해석으로 성립한다는 것을 말하고 있다.

1) 천황의 대권은, 타이완에서는 헌법에 입각한 제한을 받지 않기 때문에, 의회의 동의를 받지 않고 타이완에 관한 법률을 제정해도 위헌이 아니다.
2) 타이완이 일본의 영토인 이상, 헌법이 적용되고, 타이완에 관한 법률도 의회의 동의를 필요로 한다.

그런 다음 커크우드는, 입법정책상의 문제로서, "지금 일본에서는 여론의 경향 민정주의(民政主義, 데모크라틱)를 주장하는 자취跡가 있어, 이로써 과잉 해석을 실행하려고 하면 종래 정부와 친하지 않은 의회에 있어서는, 정부 공격의 논의가 비등하는 것도 예측하기 어렵지 않다"[49]고 지적하고, 헌법해석론보다 오히려 의회 대책에 무게를 둔, 법적이라기보다 정치적·실제적 측면에서 판단을 내리도록 조언하고 있다.

그 후 정부는 「타이완에 시행해야 할 법령에 관한 법률」의 제정에 착수한다. 동법은 우여곡절 끝에 1896년 법률 제63호(3월 30일)로 공포되어 일반적으로 '63법六三法'으로 약칭된다. 동법 제정의 배경으로서, 타이완섬의 평정平定에는 이르렀지만 여전히 산발적인 봉기가 계속되고 있는 가운데, 어떠한 권한을 총독부에 부여할지, 또 그것을 일본 자신의 통치 시스템과 어떻게 조화시킬까라는 문제를 매듭지으려는 의도가 있다. 당초의 「법률안 이유서」에 의하면 당시의 인식은 아

---

48) 「カークード氏臺灣制度, 天皇ノ大權, 及帝國議會ニ關スル意見書」(1895년 7월 24일) 『臺灣資料』 (주42) 78-107쪽.
49) 위와 같음, 105쪽 (루비, 탁점, 독점은 원문).

래와 같다. "타이완의 제국 판도 귀속 이래 아직 일천하고 백사초창百 事初創에 속할 뿐만 아니라 동요도 있는가 하면 토비土匪 봉기의 우려 도 없다고 할 수 없고 그런데도 이 섬은 수도 도쿄와 거리가 몹시 멀고 또 양 지역 간 교통편 아직 전혀 열리지 않은 것과 같은 사정이며 또 이 섬은 본국과 전혀 인정풍속을 달리해 본국과 동일한 법령으로 다 스릴 수 없는 사정으로 이 본안을 제출하는 바이다".[50]

그럼 동법의 초안은 어떠한 것이었을까. 63법이 그 후에도 오래 헌법 과의 적합성이 문제가 된 것은, 그 제1조가 "타이완총독은 그 관할구 역 내에 법률의 효력을 갖는 명령을 발할 수 있다"고 하고, 또 제5조가 "현행의 법률 또는 장래 발포할 법률에서 그 전부 또는 일부를 타이 완에 시행할 것을 요하는 것은 칙령으로써 이를 정한다"고 규정했기 때문이었다. 이것은 "총독부 조례 초안 속의 법률안에 포함되어 있던 총독의 입법권에 관한 규정을 법안으로서 제출한 것에 다름 아닌"[51] 한편, "행정권의 담당자인 총독에 입법권을 부여하고, 행정명령에 법 률과 동등의 효력을 인정하는 것은, 입헌정치의 원리와 명확히 배치 하는"[52] 위험성을 포함하는 것이었다. 63법을 심의한 제국의회에서도, 타이완에 헌법이 미치는지 어떤지, 미친다고 하면 어떻게 미치는지에 대해 논의가 있었지만, 정부 측도 의회 측도 논점을 충분히 이해·소화 했다고는 생각되지 않는다. 이하, 제정에 이르기까지의 경위를 자료[53] 에서 정리해보겠다.

---

50) 「台湾ニ施行スヘキ法令ニ関スル件ヲ定ム」(JACAR Ref. A01200843100).
51) 栗原「앞 논문」(주41) 49쪽.
52) 駒込武「国際政治の中の植民地支配」川島真·服部龍二編『東アジア国際政治史』(名古屋大学出版会, 2007年) 184쪽.
53) 六三法은 본문에서도 후술하는 것처럼 결국 3년간의 시한입법으로 제정되어 그 후, 1906년 법률 제31호로 4년간 연장되고, 1921년 법률 제3호로 개정되었다. 이에 관한 제국의회 의사록은 外務省条約局法規課『台湾ニ施行スヘキ法令ニ関スル法律(六三法, 三一法及び法三号)の議事録(外地法制誌第3部附属)』(文生書院, 1990年 [復刻版])으로 정리되어 있다. 이 책 「序」에 의하면 의사속기록집의 원본은 1921년에 타이완총독부에 의해 작성 간행되었다. 참고로 의사록을 인용할 때는 적절하게 한자를 고쳐 쓴다.

정부위원으로서 의회(1896년 3월 17일 이후)에 출석한 사람은 타이완 총독부 민정국장관 미즈노 쥰水野遵이다. 먼저 미즈노는 앞에 기술한 것과 거의 같은 취지의 제안이유를 설명하고 있는데, 이에 대해, 나카무라 가쓰마사中村克昌가 "우리 헌법 제8조 제9조 등에 있는 대로, 법률명령은 아국에서는, 천황 외에 이를 발포할 대권은 없는데 과연 민정상 모든 법률명령百般이 여기에 포함되어 있다고 말하는 것인가"[54] 하고 질문하고 있다. 헌법 제8조란, 제국의회 폐회 중에 있어서 공공의 안전을 유지하기 위한 '법률을 대신하는 칙령'에 관한 규정(긴급칙령)이고, 제9조는 법률을 집행하기 위해 필요로 하는 '명령'을 가리킨다. 그러나 본래라면, 타이완총독에 '법률의 효력을 갖는 명령'을 발하는 권한을 위임할 수 있는가 어떤가, 즉 제4조에 있는 "천황은 국가의 원수로서 통치권을 총람"하는 데 있어서는, 제5조에 있는 대로, "제국의회의 동의로써 입법권을" 행사한 다음에, 제6조에 있는 "법률을 재가하고 그 공포 및 집행을 명한다"고 하는 "천황에 의한 법률공포의 절차(의회의 동의를 포함한다)" 그 자체를 무시하고, 총독이 '법률의 효력을 갖는 명령'을 발하고, 탁식무拓殖務대신을 통한 칙재(勅裁, 천황의 재가)를 얻는다, 고하는 '입법'과정 자체와의 정합성이 없는 것을 물었어야만 했을 것이다. 그 점은 제쳐두기로 하고, 이에 대한 미즈노의 답변도 몹시 불명료하다. 즉 나카무라의 질문에 대해, "전혀 이것은 헌법과는 관계가 없습니다. 즉 타이완에는 헌법의 효력은 없습니다"[55]하고 답하고 있다. "헌법과 관계없다"고 말해버려서는 제4조에 입각한다고 하는 천황의 통치권의 근거는 없어지고, 전前 헌법적 대권에 입각해서 타이완을 지배하는 것을 의미하고 만다. 이 점에 대해서 다시 사쿠라이 요시오키櫻井義起가 "타이완에는 우리 헌법이 시행되고 있지 않다고 하셨는데, 어느 곳의 토지라 하더라도 우리 제국 소유에 귀속함

---

54) 위와 같음, 4쪽.
55) 위와 같음.

과 동시에 헌법을 시행하는 것은 물론의 것으로, 적어도 타이완에 헌법이 시행되고 있지 않다고 단언하는 것은, 뭔가 어폐가 아닌가" 하고 질문을 하고 있다. 이에 대해 미즈노는, "헌법의 전부가 시행되지 않는다, 바꿔 말하면, 헌법 속에서도, 이 신민의 권리의무라고 하는 말은 실제 시행되지 않고, 그렇지만 헌법상의 천황의 대권이 타이완에서 시행되고 있는 것은 물론입니다"하고 앞의 발언과는 정합성을 결여한 답변을 하고 있다[56]. 또 대권과 헌법의 관계의 설명도 몹시 명확함이 빈약하다. 그렇기는 하지만 '천황의 대권'이 타이완에도 미치고 있다고 하면, 천황의 통치권은 어떤 형태로든지 미치고, 타이완이 일본의 '영토'인 것은 확정된다.

정부는 일단 법안을 철회하지만(3월 24일), 다시 원안에 동법을 3년간의 시한입법으로 하는 규정(제6조)을 부가하여 다시 제출(동 26일)하여 귀족원에서 가결·성립되었다.

3.2.3. 63법의 평가

63법을 통해 제국의회의 동의를 배제하는 진의가 어디에 있었는지는 확실하지 않다. 아리가 나가오有賀長雄는 타이완 관련 예산에 대해 "일일이 동의를 거치지 않으면 안 되기 때문에, 그래서는 귀찮기 때문에 타이완의 일은 총독부가 마음대로 결정하고, 그리고 그 마음대로 확정한 것은 법률의 효력을 갖는다고 하기로 했다"[57]고 에피소드적으로 말한다. "이타가키 백작의 자유당을 이토 후작이 수중에 넣어", "이때에 위임권을 통과시켜두면 후에 상황이 좋아진다"[58]는 편의주의적 발상에서, 커크우드가 염려한 "정부와 친하지 않은 의회"의 출현에 대

---

56) 위와 같음, 6쪽.
57) 有賀長雄「臺灣ニ關ヌル立法/錯誤(附高野問題)」『国家学会雑誌』第14卷 172号(1901년 6월) 4쪽.
58) 위와 같음, 5쪽.

비한 예방선을 편 것이다.

그 후에도 63법과 헌법의 관계는 헌법·국법학자 간에 논쟁을 부른다.

63법은 그 후 1899년, 1902년, 1905년의 개정으로 효력이 연장되었다. 또 1906년 법률 제31호로, 타이완총독이 명령을 규정하는 데 있어서 "주무대신을 거쳐 칙재勅裁(제2조)를 얻는 것이 필요하게 되었다. 그런 다음, 1921년 법률 제3호로, 법률의 전부 또는 일부를 타이완에 시행하는 경우는 칙령을 원칙으로 하고(제1조), 총독의 명령권은 예외적인 것으로 되어 내지연장주의로 전환했다(제2조).

3.3. 카라후토(華太) '할양'의 경위

일로전쟁의 결과, 1905년 9월, 일본은 북위 50도 이남의 카라후토에 대해 할양을 받았다(포츠머스조약 제9조1항). 포츠머스조약도 "로서아露西亞제국 정부는 일본국이 한국에 있어서 정사政事상, 군사상 및 경제상의 탁절(卓絶, 탁월)한 이익을 갖는 것을 승인하고 일본제국 정부가 한국에서 필요하다고 인정하는 지도, 보호 및 감리의 조치를 집행하는 데 있어서, 이를 막고 방해阻礙하거나 또는 이에 간섭하지 않을 것을 약속한다"(제2조)고 규정하고 있어, 일로전쟁은 조선반도에서의 양국의 패권을 둘러싼 것이었다. 상세한 것은 다음 항에서 언급하기로 하고 우선 카라후토에 대해 약술한다.

카라후토에 대해 당초는 군정이 펼쳐졌지만 1907년에 카라후토청이 설치되어 통치 임무를 맡았다. 「카라후토에 시행해야 할 법령에 관한 법률」(1907년 법률 제25호)은 "법률의 전부 또는 일부를 카라후토에 시행하는 것을 요하는 것은 칙령으로써 이를 정한다. 다만 좌左의 사항에 관해서는 칙령으로써 특별한 규정을 둘 수 있다"고 해 토착인에 관한 것, 행정관청 또는 공서公署의 직권에 관한 것, 법률상의 기간에 관한 것 및 재판소 또는 재판장이 직권으로 선임하거나 선정하는 변호인과 소송대리인 또는 소송승계인에 관한 것을 열거했다. 타이완과 달리 카라후토청 장관에게는 명령제정권은 부여되지 않았다. 그 배경으로는 "외지성을 인정하지 않은"⁵⁹⁾ 것이 지적되고 있다. 이것은 영유 당초부터 일본인(내지인)이 주민의 9할에 해당하는 1만여 명이었던 데 대해, 아이누민족을 포함한 현지주민도 러시아인도 소수밖에 거주하지 않았기 때문이라고 생각된다.⁶⁰⁾

이와 같은 사정도 있어서 1943년 4월 1일로써 카라후토는 완전히 내지에 편입되었다.

3.4. 조선

3.4.1. 한국병합⁶¹⁾의 경위

메이지 시대 일본 외교에 있어서의 과제 혹은 일중 및 일로 간에서의 현안은 조선의 취급이었다. 그 의의나 경위⁶²⁾는 생략하지만 여기에서 조선의 국제법상의 지위에 대해 간단히 정리하겠다. 원래 1871년 7

---

59) 外務省条約局法規課『日本統治下の樺太(外地法制誌第13部)(文生書院,1990년[復刻版]) 53쪽.
60) 위와 같음, 5쪽. 이 책에 의하면 1941년말에는 내지인과 조선인으로 40여만 명까지 증가한 한 편, 그 이외의 거주자가 1,000명에도 미치지 못한 데다, 인구밀도도 남양군도와 비교해도 그 6분의 1정도였다고 한다(6-7쪽).
61) 한국병합을 둘러싸고는, 「일본국과 대한민국 간의 기본관계에 관한 조약(일한기본조약)」 제2조가 "1910년 8월 22일 이전에 대일본제국과 대한제국 간에 체결된 모든 조약 및 협정은 이미 무효임이 확인된다"고 규정한 것에서 상징되듯이, 그 국제법상의 합법성·위법성을 둘러싼 논의는 일한 간 나아가 일조 간에서 결착을 보고 있지 못하다. 또, 1905년 11월의 「제2차 일한협약(을사조약)」을 둘러싸고는, 대한제국 외부(외무)대신 박제순의 서명이나 조인까지의 경위를 둘러싸고, 사료 차원에서의 논쟁이 계속되고 있다. 그러나 당사국의 인식은 어찌 되었든, 일본에 의한 조선 지배가 실제로 이루어지고, 그것을 전제로 포츠담 선언이나 샌프란시스코 평화조약이 작성되었다는 것을 감안하여, 이 장에서는 한국병합 그 자체의 합법성·위법성을 둘러싼 논의에는 언급하지 않는다.
62) 당연한 것이지만, 한국병합을 취급한 선행연구는 무수히 존재한다. 그것을 '属国自主' 하에서의 청한(清韓)관계와 국제관계와의 공진(共振)으로서 분석한 연구에, 岡本隆司『属国と自主のあいだ―近代清韓関係と東アジアの命運』(名古屋大学出版会, 2004년) 및 동『世界のなかの日清韓関係史―交隣と属国, 自主と独立』(講談社, 2008년)이 있다.

월 29일 체결된 일청수호조규日淸修好条規 제1조는 조선을 염두에 두고 청에 "속屬하는 방토邦土(漢譯에서는 所屬邦土)"에 대한 불가침을 규정하고 있다. 동조에서 청이 당시의 조선을 완전한 주권국가가 아니라고 간주하고 있었던 것이 추찰推察되지만, 1876년 2월 체결된 일조수호조규日朝修好条規 제1조는 "조선국은 자주自主의 방邦으로서 일본국과 평등한 권權을 보유한다(朝鮮國ハ自主ノ邦ニシテ日本國ト平等ノ權ヲ保有セリ)"고 규정하여, 일본으로서는 조선이 독립주권국가라고 하는 인식, 바꿔 말하면, 청으로부터의 독립이라는 기대를 안고 있었다는 것을 전제로 한다. 그러나 조선 자신은, 적어도 일본과의 관계에 있어서 주권국가 관계가 성립했다고는 생각하지 않고, 구래의 교린관계의 회복으로 인식하고 있어, 일조 양국의 이해에는 현저한 격차懸隔가 있었다[63]. 그 후의 미조수호조약(米朝修好條約, 1882년) 등을 통해 구미제국은 한성(현재의 서울)에 공사관을 개설한다. 이러한 사실에서 여러 외국은 조선을 국제법상의 국가로 간주했다고 생각할 수 있지만, 청에 있어서 조선은 계속해서 속국이며, 다만 통상의 정무 처리에 있어서는 자주를 인정하는 '속국자주屬國自主'라는 관계를 유지했다[64].

그 후, 일청강화조약日淸講和条約(1895년)에 의해 전통적인 청한淸韓관계가 소멸하고, 나아가 포츠머스조약(1905년)에서 조선에서의 일본의 러시아에 대한 우위가 결정적이 됨에 맞추어 일본은 조선을 보호국화한다. 1904년 2월 체결된 일한의정서 제1조는 "대한제국 정부는 대일본제국 정부를 확고히 믿고 시정施政 개선에 관해 그 충고를 받아들인다"고 규정했다. 나아가 같은 해 8월 체결된 제1차 일한협약에서는 재무고문과 외교고문의 수용을 인정케 하고, 1905년 11월 체결된 제2차 일한협약에 있어서 한국의 외교권을 박탈한다. 이 일련의 흐름의 배경에 일영동맹(1902년)이나 가쓰라·태프트협정(1905년)을 통한 영미의 지

---

63) 岡本『世界のなかの日淸韓関係史』(주62) 67-68쪽.
64) 위와 같음.

지·승인이 있었던 것은 말할 것도 없다. 1907년 7월 체결된 제3차 일한협약에서 더욱 한국 내정 전반에 대한 일본인의 관여를 확대하게 되어 제1차 일한협약에 입각한 재무고문·외교고문 제도는 폐지되었다.

그리고 1910년 8월 22일 일한병합조약日韓併合条約이 조인된다(공포는 8월 29일). 그 제1조는 "한국 황제 폐하는 한국 전부全部에 관한 일체의 통치권을 완전하고 영구히 일본국 황제 폐하에게 양여한다(韓國皇帝陛下ハ韓國全部二關スル一切ノ統治權ヲ完全且永久二日本國皇帝陛下二讓與ス)", 또 제2조는 "일본국 황제 폐하는 전조에 게재한 양여를 수락하고 또 완전히 한국을 일본제국에 병합하는 것을 승낙한다(日本國皇帝陛下ハ前條二揭ケタル讓與ヲ受諾シ且全然韓國ヲ日本帝國二併合スルコトヲ承諾ス)"고 규정하고 있다.

3.4.2. 조선통치법의 구조

조선에 대해서도 어떠한 법제 하에서 통치를 할 것인가가 문제가 되었다. 일한병합조약 조인 전인 6월 3일의 각의 결정 「병합 후의 한국에 대한 시정방침」에서는 "일, 조선에는 당분간 헌법을 시행하지 않고 대권大權에 의해 이를 통치할 것", "일, 총독은 천황에 직례直隷하고 조선에서의 일체의 정무를 통할하는 권한을 가질 것", "일, 총독에게는 대권에 의해 법률사항에 관한 명령을 발하는 권한을 줄 것[이하 생략]" 등이 결정되었다[65]. 즉 조선에 대한 통치원리는 대권에 입각한 것으로 되었던 것이다[66]. 그러나 1개월 후에는, 조선에도 헌법은 시행되지만 사실상 적용하지 않는다고 하는 애매한 형태로 결착된다. 그 배경에는 헌법이 타이완에 적용되고 있다고 해석된다는 공식 견해와

---

65) 海野福壽『韓国併合史の研究』(岩波書店, 2000년) 351-352쪽. 外務省条約局法規課『日本統治時代の朝鮮 (外地法制誌第9部)』(文生書院, 1990년[復刻版]) 12쪽.

66) 小川原宏幸「韓国併合と朝鮮への憲法施行問題―朝鮮における植民地法制度の形成過程」『日本植民地研究』第17号 (2005년) 19쪽.

의 정합성을 꾀했다고 하는 사정이 있는 것으로 여겨진다[67].

이에 따라 「조선에 시행해야 할 법령에 관한 법률」[68]에서는 제1조에서 "조선에 있어서는 법률을 요하는 사항은 조선총독의 명령으로써 이를 규정하는 것으로 한다"고 하여, 이 명령을 '제령制令'(제6조)으로 총칭하기로 했다. 제1조는 전술한 63법과 동일한 규정이다. 다만 63법은 1921년 법률 제3호에 의해 개정되어 내지연장주의로 전환했지만, 조선에 대해서는 최후까지 천황대권에 의한 통치가 계속되게 되었다. 참고로 운노海野에 의하면, "'해석'상은 조선에 헌법은 시행되지만, 사실상은 불시행으로 해, 조선통치의 권원은 헌법에 의하지 않고 천황대권에 의한다"[69]고 애매하게 처리되었다.

3.5. 남양군도

남양군도(마리아나, 캐롤라인 및 마샬군도)는 제1차 세계대전의 결과로 국제연맹의 위임통치제도 하에 놓여, 1921년의 「C식 위임통치조항 중 남양군도에 대한 제국의 위임통치조항」(1921년 4월 29일 외무성 고시 제16호)에 의해 일본의 시정 하에 놓이게 된 것이다. 국제연맹규약 제22조6항에서는 "수임국 영토의 구성부분으로서 이 국법 하에서 시정을 펴는 것으로써 최선으로 한다"(can be best administered under the laws of the Mandatory as integral portions of its territory)고 하였기 때문에, 일견하면 수임국의 주권이 미치는 영역으로 속단할 수 없지도 않다. 그러나 "남양군도의 통치에 관한 건을 결정한다"[70]고 제목을 붙인 각의 결정에서는, 내각에 설치되는 남양청에 의해 통치되는 남양군도

---

67) 위와 같음, 22-23쪽.
68) JACAR Ref. A01200064500(2021년 9월 25일 최종열람).
69) 海野『앞의 책』(주 65) 353쪽.
70) 「南洋群島/統治二關スル件ヲ決定ス」(JACAR Ref. A01200193500[2021년 9월 25일 최종열람]).

에는 "관동주와 같은 헌법은 시행되지 않는 것으로 해석할 것"(제6조)으로 되었다. 위임통치지역을 둘러싸고는, 헌법의 적용·비적용문제 이전에 위임통치지역의 주권의 소재 그 자체를 둘러싸고 학설상의 대립이 존재했다. 다오카 료이치田岡良一가 『위임통치의 본질』에서 한 정리를 따르면 '국제연맹주권설', '주요강국주권설', '독일주권설' 및 '수임국주권설'이다[71].

여기에서 각 학설의 상세 내용에 들어갈 수는 없지만, 일본은 국제연맹 탈퇴(1933년 3월 27일 통고, 1935년 3월 27일 효력 발생) 후에도 남양군도의 위임통치를 계속했다고 하는 점에 주목해서 일본 정부의 이해를 정리해두겠다. 일본 정부는 탈퇴 통고 직전, 「제국의 국제연맹 탈퇴 후의 남양위임통치의 귀추에 관한 제국 정부의 방침결정 방안에 관한 건 각의 결정」[72]을 정리, 위임통치지역의 주권은, 베르사이유조약의 "독일국은 이 해외 속지에 관한 일체의 권리 및 권원을 주된 동맹 및 연합국을 위해 포기한다"(제119조)고 하는 규정에 입각하여, 일본을 포함하는 주된 동맹 및 연합국에 속한다고 하는 이해를 제시했다. 따라서 국제연맹을 탈퇴해도 일본의 위임통치지역에 대한 주권에는 어떠한 영향도 미치지 않는다고 하는 것이 된다. 이 전제에 서서 우치다 고사이內田康哉 외상은 "우리 위임통치지는 'C식 통치지'이므로, 우리 영토의 일부로서 일체의 시정을 펼 수 있는 것이다. 따라서 우리나라의 연맹 탈퇴 후라 하더라도, 결코 이것을 연맹에 반환할 필요는 없다. 간단히 연보를 제출하는 것만으로 충분하다"[73]는 설명을 덧붙였다. 국제연맹규약상의 '영토(territory)'와 국내법(헌법)상의 영토를 동일한 것으로 생각했는지는 꼭 확실한 것은 아니다. "남양군도에는 법률은 원칙적으로 시행되지 않는다고 하는 견해를 취하고 있고, 한편, 어

---

71) 田岡良一 『委任統治の本質』(有斐閣, 1941년) 155-259쪽.
72) 外務省条約局法規課 『委任統治領南洋群島 前編 (外地法制誌第10部)』(文生書院, 1990년 [復刻版]) 62-64쪽.
73) 위와 같음, 65쪽.

떠한 법률의 위임도 없고 법률사항이라고 하더라도 명령으로 규정되어" 있었기 때문에, "조선, 타이완 및 카라후토에 대해서는 제국 헌법의 효력이 미치는 것이 명료한 데 반해, 남양군도는 전혀 사정을 달리해, 즉 남양군도는 우리 헌법 적용상 영토로 인정되지 않는다"[74]고 하는 견해도 있기 때문이다[75]. 또 도마쓰 하루오等松春夫도 상설위임통치위원회(PMC)에서의 논의 등을 분석한 다음, "위임통치에 있어서의 주권의 소재에는 끝내 결론이 나지 않았다"[76]고 한다.

참고로 남양군도의 주민島民에게는 일본 국적이 부여되지 않았다는 점이 특징적이다. 그 배경으로 1923년 4월 연맹이사회가, C식 위임통치지역의 토착인민은 임의로 귀화하는 것이 가능하지만 당연히 수임국의 국적을 취득하는 것은 아니라고 하는 취지의 결의를 한 것을 들 수 있다[77]. 1922년의 제1회 위임통치위원회 의장보고에서, "위임통치제도는 높은 문명과 위임통치지역 간에 엄연한 구별이 있는 것을 인정하기 때문에 설정된 제도이지만 만일 양자의 국적을 동시同視할 때에는 그 본질적 구별을 멸각滅却하게 된다"[78]고 되어 있기도 하여, 일본정부는 남양군도의 주민을 단순히 '島民'으로 하고, '臣民'과는 구별했다고 한다.

이 점에 대해, 관동주와 같이, 위임통치지역이 "국제법적으로 일본의 순수한 영토純嶺土는 아니었다"[79] 혹은 "준영토準嶺土이다"[80]고 하

---

74) 위와 같음, 58-59쪽.
75) 이 취급을 '관례'라고 평가하는 것으로서, 酒井一臣 「『文明の使命』としての日本の南洋群島委任統治—過剰統治の背景」中京大学社会科学研究所国際関係から見た植民地帝国日本研究プロジェクト編(浅野豊美編集代表)『南洋群島と帝国・国際秩序 (社会科学研究所叢書21)』(中京大学社会科学研究所, 2007년) 82쪽.
76) 等松春夫『日本帝国と委任統治—南洋群島をめぐる国際政治 1914-1947』(名古屋大学出版会, 2011년) 32쪽.
77) 外務省『前掲書』(주72) 59쪽.
78) 遠藤正敬『近代日本の植民地統治における国籍と戸籍—滿洲・朝鮮・台湾』(明石書店, 2010년) 53-54쪽.
79) 위와 같음, 52-53쪽.
80) 위와 같음, 132쪽.

는 것을 근거로 하는 기술도 있다. 확실히, 위임통치지역의 주권이 완전히 수임국에 이전되어 있었는지 어떤지에 대한 견해는 나뉘어져 있었지만, 국제연맹에서의 논의는 어디까지나 문명 정도의 차에 주목해서 국적을 부여할까 말까라는 논의였고, 대상지역의 법적 지위의 차를 둘러싼 것은 아니다. 이 논의를 국적의 부여를 금지하는 취지는 아니라고 생각하면, 어디까지나 정책적 조치였다고 생각하는 것이 타당할 것이다. 또 1918년의 공통법(1918년 법률 제39호)에서도, 남양군도를 위임통치하는 데 있어, 5년 후인 1923년 법률 제25호에 의해 제1조 1항 他타가 개정되어 남양군도가 추가되어 있다[81]. 이 점에서 국적을 갖지 않은 남양군도 도민과의 사이에서도, 다음에 보는 국내법·각 외지법을 둘러싼 법의 저촉은 예상되어 있었다고 생각하는 것이 적절할 것이다.

4. 외지법의 체계화와 문제점

4.1. 미노베 다쓰키치의 문제 제기

일본에서 최초로 외지법 즉 식민지법植民地, 殖民地法의 체계적 연구를 시작하게 된 계기는, 1911년 5월 18일 열린 법리연구회에서 한 미노베 다쓰키치美濃部達吉의 보고[82]와 그것을 바탕으로 한 논고[83]일 것이다. 미노베는 식민지법 연구 필요성의 근거로서, "내지인과 토착인과는 그 적용 법률을 달리하고 있는 것이 많아 (중략) 즉 어떤 의미에

---

81) JACAR Ref. A03021426100(2021년 9월 25일 최종열람).
82) 당일의 보고개요에 대해서는,「法理研究会記事」『法学協会雜誌』제29巻11호(1911년 11월) 162-168쪽.
83) 美濃部達吉「日本殖民地法に就て(明治44年5月18日法理研究會に於て)」『国家学会雜誌』제 26巻1호 (1912년 1월) 89-108쪽.

있어서 속인법주의가 시행되고 있는"⁸⁴⁾ 것을 든다. 그 결과, "내지법과 식민지법殖民地法과의 사이, 또는 토인법土人法과 내지인법과의 사이에 마치 국제사법과 같은 관계를 낳아 일정한 법칙에 따라 그 사이의 충돌을 조화롭게 할 필요성"⁸⁵⁾이 있다고 지적한다. 그런 다음 미노베는 "법률상 개념으로서의 식민지殖民地"를 "본국의 판도의 일부분이지만 본국의 다른 부분과는 원칙적으로 그 법을 달리하고 있는 것"〔원문방점 생략〕, 혹은 "일국의 판도 중 원칙적으로 그 본토와 별도의 법역을 이루는 토지"〔원문방점 생략〕로 정의한다. '법역法域'은 독일어 레히츠케비트(Rechtsgebiet)의 일본어 번역으로서 국제사법학자 야마다 사부로山田三良가 정착시켰다는 용어법이다⁸⁶⁾. "법역(레이츠게비트)과 영역(領域, 스타츠게비트)과는 서로 합치해 있는 것이 통상"⁸⁷⁾이지만 조선, 타이완, 카라후토, 나아가 관동주의 획득으로 영역 내에 복수의 법역을 안게 됨으로써 식민지법 연구를 필요로 한다고 하는 것이 미노베의 지적이었다.

본토와 다른 법역, 즉 이법역의 출현은 거의 필연적인 것이었다. 일본의 외지가 무주지 선점이 아니라 국가의 일부 또는 전부를 계약에 의해 획득한 것이며, 이미 어떤 국내법 제도 하에 있었던 영역과 주민을 대상으로 한 것이었기 때문에, 종래의 법제도나 구관舊慣을 존중할 필요가 있었기 때문이다. 또 타이완이든, 조선이든, 할양이나 병합에 반대하는 세력이 존재했기 때문에, 타이완에서 시행된 「비도형벌령匪徒刑罰令」⁸⁸⁾(1898년 율령 제24호)이나 일한병합 전부터 존재했던 「한국

---

84) 위와 같음, 91쪽.
85) 위와 같음, 92쪽.
86) 石川健治「『京城』の淸宮四郎」酒井哲哉·松田利彦編『帝國日本と植民地大學』(ゆまに書房, 2014년) 322쪽. 나아가 이 논문에서는, 美濃部의 식민지 이해의 배경에 헤르만 에들러 폰 호프만(H. Edler von Hoffmann)의 『ドイツ植民地法』이 존재했다고 지적하였다.
87) 美濃部 「앞 논문」(주83) 99쪽. 그런데 石川 「앞 논문」(주86)이 지적하는 것처럼, 여기에서의 '영역'이란 '국가영역'을 의미한다.
88) JACAR Ref. A01200876000.

에 적용되는 범죄즉결령」[89](1909년 칙령 제240호)이라는 가혹한 치안유지법제를 필요로 했던 것이다. 이들 법제는 시행구역이 타이완 내지 조선이라는 지리적 한정을 붙인 것이었지만, 사실상 일본인(내지인)에게 적용된다고는 생각할 수 없어, 실제로는 타이완인이나 조선인에게만 적용되는 것이었다. 따라서 일본의 식민지법(외지법)에는 형식적으로도 실질적으로도 속인법적 요소가 최후까지 따라붙게 되었다.

4.2. 미노베 헌법론과 외지

미노베·다치 논쟁 당시 다치는, 영토권을 "일정한 지방을 목적물로 해서 존재하는 물권적인 국제법상의 권리로서 그 내용은 국가가 스스로 그 고유의 주권에 따라 통치권을 해당 물권의 목적물인 토지의 범위 내에서 행하고 또는 타국에서 어느 시기 간 자기를 대신하여 동 범위 내에 주권을 행사하게 하는 권능(일종의 조차 등의 경우)을 포함하는 것"[90]으로 이해했다. 이에 대해 미노베가, "영토권은 공公의 관계에 속하는 것이며 소유권은 오로지 사私의 관계에 속하는 것이라는 것이 명확하게 인정되게"[91] 되었다고 반론을 펼쳤던 것이다. 그 배경에는, 공公과 사私를 준별峻別할 수 없는 중세 가산국가관家産國家觀으로부터의 탈피를 당시의 독일국법학이 목표로 했던, 즉 국민국가의 형성을 목표로 하고 있어, 미노베가 그것을 신봉했던 것에 있다[92].

그러나 그 후, 미노베는 입장을 바꿔 영토권을 물권으로서도 파악하게 된다[93]. 그 논리적 귀결은, 이시카와石川에 의하면 "미노베 구설

---

[89] JACAR Ref. A03020810800.
[90] 「앞 논문」(주18) 4쪽 (주2).
[91] 美濃部達吉「領土權ノ法律上ノ性質ヲ論ス」『法学協会雑誌』 第29巻2号 (1911년 2월) 16쪽.
[92] 논쟁의 경위에 대해서는, 石川「앞 논문」(주32) 20-25쪽.
[93] 이에 대해 다치(立)는, 이른바 '空間說'이나 '權限說'이 소개된 후에도 '物權說'의 입장을 굽히지 않았다. 立作太郎「國際法上の國家の觀念と國家の領土」『国際法外交雑誌』 第28巻 3号 (1929년) 1-22쪽.

에 의하면, 한국을 병합함으로써 대일본제국은 동일성의 위기에 빠지게 되며, 경우에 따라서는 그때까지의 메이지 국가가 종언을 고하고, 1910년 8월 29일에 새로운 '제국'이 설립된 것이 될 수도 있다. 그러나 미노베의 신설에서는, 물권으로서의 영토권이 대한제국에서 대일본제국으로 이전되었을 뿐으로, 메이지 국가의 동일성이 손상을 입는 사태에는 빠지지 않는다. 이것은 장래의 신영토 획득을 상정한, 다이쇼大正'제국'주의로 향하는 개설改說임에 다름 아니다"[94)]는 것을 의미한다. 영토권을 소유와 지배의 양면이 있는 것으로 하고, 통치권의 일측면으로 인식함으로써, 어떠한 외지의 획득(소유)도, 획득한 외지에 대한 지배(통치)도 헌법으로부터 자유로워지기 때문이다. 외지에 대해 헌법을 적용할(헌법의 조규에 따른 소유나 통치를 한다)지 어떨지는, 법이론의 문제가 아니라 정책의 문제가 되는 것이다.

『헌법촬요憲法撮要』에서 보는 식민지(법)에 관한 기술은 법리연구회 보고에서 제시한 시점을 거의 그대로 답습하고 있다. 여기에서도 식민지란 이법역의 것이며, 헌법 속에서도 "성질상 전국에 공통된 것을 요하는 최고의 통치조직에 관한 법"[95)]을 제외하면, 헌법조차도 다를 수 있다고 말한다. 그 결과 식민지의 내지 편입은, 이제는 헌법상의 문제가 아닌, 식민지에 시행되고 있는 법률을 내지와 같은 내용으로 개정하면 족하다고 하는 견해를 제시하고 있다[96)].

5. 마치며

외지법을 둘러싼 문제는 그 후에도 경성제국대학의 기요미야 시로

---

94) 石川「앞 논문」(주32) 25쪽.
95) 美濃部達吉『憲法撮要 (改訂第5版)』(有斐閣, 1932년). 여기에서는 이 책의 復刻版(吳PASS 出版, 2019년) 142쪽에 의거했다.
96) 위와 같음, 154쪽.

清宮四郎나 대북台北제국대학의 나카무라 아키라中村哲에 계수된다. 그러나 1945년 8월 15일에 모든 외지를 잃음으로써, 연구의 대상도 의의도 소실한다. 앞에서도 기술한 것처럼 오늘날 헌법학에서 일본의 영토가 검토되는 일은 매우 적고, 국제법학도 일본이 안고 있는 영토문제의 문맥에 한해서 검토 대상이 되는 것에 지나지 않는다.

이 장에서는 식민지제국으로서의 일본이 어떻게 형성되었는지를, 주로 외지 획득에 이른 조약의 체결 과정과 헌법 적용의 유무를 둘러싼 논쟁을 중심으로, 외지법제의 형성이라는 측면에서 정리하는 것을 시도했다. 하타노 스미오波多野澄雄가 지적하는 것처럼, 일본의 식민지 통치는 유럽 제국의 식민지 통치와는 달라, 타이완·조선반도라는 일본에 근접한 지역을 대상으로 하는 것이었다[97]. 개국 이래 일본은 동아시아에서 스스로의 근대화(국제법의 수용)와 제국화(국제법에 입각한 식민지 획득)를 동시에 추진하게 되었다. 타이완은 물론 조선반도를 포함하여 중국(청)의 지배지역을 식민지화한 것은, 오늘에까지 이르는 여러 가지 이른바 '역사인식문제'의 발단이 된 것은 말할 필요도 없다.

이 점은 제쳐놓기로 하고, 식민지의 획득과 그곳에 어떠한 법제를 시행할지는, 이론적인 문제이기도 한 동시에, 헌법의 적용문제는 의회 대책 등 정부 내에서의 파벌싸움이라는 정치적 측면을 갖는 문제이기도 했다. 또 일본에 의한 식민지 지배에 있어서 식민지가 '일시동인一視同仁'이나 '내선일체內鮮一體'를 슬로건으로 하면서, 카라후토를 제외하면 최후까지 이법역이 되어 내지편입이 진척되지 않았던 것은 중요한 점이다. 제2차 세계대전 말기인 1945년 3월 26일에는 「외지라는 호칭 폐지에 관한 청원」이 중의원에서 채택되었지만,[98] 이것도 내외인 평등이라는 시점에서가 아니라, 어디까지나 전쟁수행이라는 관점에서 추진된 것으로, "'외지인'의 황민화를 강화·심화하자고 하는 구호를 일

---

97) 波多野澄雄「『徴用工』問題とは何か―朝鮮人労務動員の実態と日韓対立」(中央公論新社, 2020년) 3쪽.
98) 水野直樹「戰時期の植民地支配上『內外地行政一元化』」『人文學報』第79卷(1997년) 77-78쪽.

층 강화하는 것이 되었다는 점에서, 일원화가 식민지 지배의 강화를 가져오는 것이었다"[99]고 비판적인 평가를 받게 된다. 이 점을 외지법제의 측면에서 보면, 그것은 최후까지 격차원리에 입각한 속인적 지배·통치를 계속하지 않으면 안 되었다는 것이며, 외지법은 잠재적으로 인간 억압적이었다고 말하지 않을 수 없다(다만, 제2차 세계대전 전에 있어서의 인권보장은 대개 제한적이지만).

외지법제(사)를 둘러싸고는, 역사학은 물론 일본을 둘러싼 '제국' 연구(식민지 연구)나 헌법학의 문맥에서, 오늘에 이르기까지 일정한 연구의 축적이 있다. 그 연구의 대부분은 기본적으로 국내적 시점에서 본 것이며, 아사노 도요미와 같이 국제관계를 염두에 둔 체계적 연구는 비교적 적다. 또 당시 일본의 국제법 수용 정도와의 관계에서 외지법제를 검토한 것은 더욱 적다. 이 장 서두에서도 기술한 것처럼 일본의 외지, 특히 타이완과 조선에는 이미 구미제국의 거류지가 존재하고, 일본에 의한 식민지화에 있어서는, 그들과의 조약교섭이 필요했다. 식민지 지배를 허용한 근대 국제법은 식민지에 진출한 구미제국(민)의 권익을 확보한다고 하는 불평등(조약) 체제를 지탱하는 것이었다. 일본이 그와 같은 근대 국제법을 수용하고, 스스로가 체결한 불평등조약의 개정에 매진하는 한편, '식민지' 획득을 포함한 스스로의 권익 신장에 있어서 근대 국제법의 논리를 어떻게 활용하고, 관계국과의 교섭에 임했는가. 지면의 제약도 있어 이 점에 대해서는 다른 원고에서 검토하기로 한다.

(부기: 이 장은 2021년도 난잔南山대학 파츠에 연구장려금 I-A-2의 성과 일부를 포함하고 있다.)

---

[99] 위와 같음, 98쪽.

제4장

근대 일본에서 본 조차租借 개념

사사키 유이치 佐々木雄一

1. 시작하며

1.1. 이 장의 과제

18세기까지, 동아시아의 지역질서는 근대 서양의 국제질서와는 다른 것이었다. 국가 서로가 대등하게 외교관계를 맺고 국제사회를 형성한다거나, 국가가 국내에 있어서 포괄적이고 배타적인 관할권을 갖는다고 하는 상태가 아니었다. 국가의 지배는 국내에 균등하게 미치지 못하고, 영역의 범위나 성질에는 불명확함이 있었다. 류큐琉球와 같이 실질적으로 사쓰마薩摩의 지배를 받으면서 중국 왕조로부터 책봉을 받고 있던 나라도 있었다.

19세기, 동아시아 세계는 근대 서양류의 국가 간 관계에 편입되어 간다. 그런 가운데 일본이나 중국은 자국의 영역이라 여기는 지역을 명확히 하고, 그 범위 내에서 국가의 지배를 확립해 갔다. 서양 세계와의 접촉을 통해 동아시아 세계의 영역이나 지배에 관한 중층성重層性, 애매성曖昧性, 가변성可變性은 상실되어 갔다.

그러나 다른 한편으로 아편전쟁이나 아로전쟁(제2차 아편전쟁), 일청전쟁 등을 거쳐 열강의 진출을 받은 중국에서는 영역이나 주권을 둘러싼 복잡한 상황이 또 새롭게 생겼다. 그 하나의 대표적인 예가 조차租借이다.

조차란 무엇인가. 요코다 기사부로(橫田喜三郎, 1896-1993)는 "조차란, 국가가 다른 나라의 영토의 일부를 빌리는 것이다. 이와 같은 영토를 조차지租借地라고 하고, 빌리는 나라를 조차국租借國, 빌려주는 나라를 조대국租貸國이라고 한다. 조차지의 법적 지위는 모든 조차지에 대해 같지 않다. 각각의 조차지에 대해, 그 조차에 관한 조약에 입각하여 확정하지 않으면 안 된다"고 한다. 그리고 정치적 조차지·군사적 조차지·상업적 조차지로 분류하고, 정치적 조차지에 대해 아래와 같이 설명하고 있다.[1]

"이 조차지는, 조차국이 원래는 영토의 취득을 목적으로 하여, 조차지를 조대국으로부터 할양시키려고 희망했던 것이다. 그러나 조대국의 반대, 그 국민의 반감, 제3국의 간섭 등을 고려해서 조차지라고 하는 형식을 취하는 것이다. 그런 의미에서 비상히 정치적 성질의 것이다. 그럴 뿐만 아니라, 조차국이 조차지에서 일체의 정치권력을 쥐고 일체의 정치를 한다. 조차국이 조차지에서 입법, 사법, 행정을 펴고, 조차지에 군대를 주둔시켜 군사기지를 건설하고 조차지의 방어에 임한다. 이러한 점

---

1) 橫田喜三郎「法律学全集 56 国際法III〔新版〕」(有斐閣, 1972년) 108-109쪽.
이 장 중, 자료 인용에 있어서, 구자체를 신자체로, 변체가나나 가타카나를 히라가나로 고치고, 구두점을 보강하고, 반복기호는 현재 통상 사용하는 경우를 제외하고 새로 고치는 등의 수정을 가했다. 강조 등을 위해 붙여진 기호도 생략했다. 인용문 중, ( ) 안은 원주, 〔 〕·[ ] 안은 인용자에 의한 보주(補注)이다.

들로 해서 조차지는 조차국에 할양된 것과 거의 같다.

〔중략〕 정치적 조차지로서 가장 중요했던 것이 19세기의 말부터 유럽 제국과 일본이 중국에서 취득한 것이다."

일견해서 그 복잡함의 정도를 엿볼 수 있다. 다만 현재에는, 조차의 실태에 있어서의 복잡함이나 다양성은 어찌되었든, 조차가 국제법상의 개념으로서 의미하는 것은 확립되어 있다. 그러나 전에는 그렇지 않았다. '조차란 무엇인가'를 둘러싸고 다양한 논의가 전개되었다.

그 속에서, 이른바 중국분할이 이루어진 19세기말부터 제1차 세계대전 경에 걸쳐서, 조차는 가장적 내지 변태적 할양(disguised cession)이라고 하는 설이 서양에서 유력하게 제창되었다. 그러나 그 후 조차는 할양과 같지는 않다는 이해가 정착해 갔다. 그러한 학설 전개 자체는 이미 알려져 있다[2].

다만 실은, 일본에서는 세계 학설조류가 전환하는 것보다 빠른 시점에서, 조차는 할양과 같지는 않다고 하는 견해가 유력한 지위를 점하고 있었다. 즉, 보다 자세하게 이야기하면 비할양설非割讓說이 대세였다고 할 정도는 아니었지만, 가장할양설假裝割讓說보다도 비할양설 쪽이 우세였다. 이 장에서는 그 점을 중심으로 조차 개념의 역사적 전개를 근대 일본의 시각에서 조사照射한다.

1.2. 선행연구

앞에서 인용한 요코다의 설명에도 씌어있는 것처럼, 조차가 주목을

---

2) C. Walter Young. *The International Legal Status of the Kwantung Leased Territory* (Johns Hopkins Press, 1931). pp. 131-152; 植田捷雄 『支那租借地論』(日光書院, 1943년) 159-188쪽, 横田『앞의 책』(주1) 108쪽, Yael Ronen, "Territory, Lease," in Rudiger Wolfrum (ed.). *The Max Planck Encyclopedia of Public International Law, Volume IX* (Oxford University Press. 2012), p. 905; Michael J. Strauss, *Territorial Leasing in Diplomacy and International Law* (Brill Nijhof. 2015) pp. 89-91.

받게 된 큰 계기는 중국에서 생긴 조차이다[3]. 따라서 그 문제를 중심으로 제2차 세계대전 중에 걸쳐 많은 조차론이 발표되었다[4]. 그 후에는 세계에서 조차라는 행위가 존재하지 않게 된 것은 아니지만, 일부 예외를 제외하고[5] 왕성하게 연구가 되지 않았다.

다만 그것은 법적·제도적 관점에서의 개괄적 분석에 관해서이다. 조차(지)의 구체적인 사례 연구는 다양하게 시행되고 있다. 그리고 그러한 가운데 조차 개념 일반을 이해한 후에 중요한 지적도 이루어지고 있다. 예를 들어 아사다 신지浅田進史는 교주만膠州灣의 조차에 관해, 독일 측은 조약 교섭 이전에 명확한 조차 개념을 갖고 있지 않았고 교섭 과정에서 중국에 적용해야 할 조차지를 꺼냈던 것案出이며, 게다가 독일과 청 간에 조차에 관한 인식이 일치하지 않은 채로 조약이 성립했다고 논하고 있다[6]. 19세기 말 시점에서의 조차 개념의 유동성이

---

[3] 동시대의 일본에서는 조차에 대해, 사이프러스섬이나 보스니아·헤르체고비나 등의 선례에 언급하면서, 비교적 근년의 현상이라고 설명되는 것이 많았다. 그리고 나중이 되면, 사실상의 조차관계로서는 포르투갈이 중국으로부터 마카오를 조차한 것까지 거슬러 올라갈 수 있다고 하는 지적도 펼쳐졌다.
中村進午「永久占領と租借地」『法政新誌』第7卷12号 (1903년), 松原一雄『最近國際公法原論』 (東京法學院大學, 1904년) 123-124쪽, 篠田治策「租借權の性質と関東州の租借地」『國際法雜誌』第5卷2号 (1906년) 12-24쪽, 田岡良一「租借地と國際地役 (三)」『國際法外交雜誌』第32卷 4号 (1933년) 54-61쪽, 植田『앞의 책』(주2) 140-158쪽 참조.

[4] Louis Gerard, *Des cessions deguisees de territoires en droit international public* (Librairie de la Societe du Recueil general des lois et des arrets, 1904); Jean Perrinjaquet, *Des cessions temporaires de territoires* (V. Giard & F. Briere, 1904); Min-ch'ien T. Z. Tyau, *The Legal Obligations Arising out of Treaty Relations Between China and Other States* (Commercial Press. 1917); Hersch Lauterpacht, *Private Law Sources and Analogies of International Law: With Special Reference to International Arbitration* (Longmans, Green, 1927); Westel W. Willoughby. *Foreign Rights and Interests in China* [2nd ed.], Vol. I (Johns Hopkins Press, 1927); Leon Yang (Yang Lieou-Fong), *Les Territoires a bail en Chine: Etude d'Histoire diplomatique et de Droit international* (Presses universitaires de France, 1929); Young, *supra* note 2; Mare Alfonsi, *Les Cessions a Bail en Chine: Histoire diplomatique et de droit international public* (Domat-Montchrestien, 1940) 植田『앞의 책』(주2). 주18도 참조. 일본에서의 논의는 이 장에서 제시하는 대로다.

[5] Michael J. Strauss, *The Leasing of Guantanamo Bay* (Praeger Security International 2009); Strauss, *The Viability of Territorial Leases in Resolving International Sovereignty Disputes* (L'Harmattan, 2010); Strauss, *supra* note 2. 제2차 세계대전 이후의 연구로서, Joseph Lazar, "The Status of the Leasehold in International Law" (PhD diss., University of Minnesota, 1965).

[6] 浅田進史『ドイツ統治下の青島―経済的自由主義と植民地社会秩序』(東京大学出版会, 2011)

라는 점은 이 장의 논의의 전제가 되어 있기도 하다. 다만 이 장은, 조차(지)의 실태나 구체적 외교 교섭에 대해 깊은 분석을 하는 것이 아니라, 조차에 관한 이론이나 인식에 주목해서 조차 개념의 검토를 시도한다.

참고로 이 장에서는 다루지 않지만, 조차의 인접적 문제인 '조계租界'에 대해서는 현재에 이르기까지 방대한 연구가 존재한다. 또 서양 세계와 동양 아시아 세계가 인접하는 가운데 국제법이나 그에 관계되는 개념이 어떻게 해서 수용·적용·형성되고, 혹은 변형했는지 하는 연구는 최근 세계적으로 왕성하게 이루어지고 있으며, 거기에서는 조차와 관련되는 '영역주권'이나 '영대차지권永代借地權'에 대한 논의 등도 있다[7].

근대 일본에서의 조차 개념 이해를 둘러싸고는 아사다 신지의 연구가 있다[8]. 그 연구에 의하면, 일본의 국제법학자 등은 일로전쟁 이전, 즉 러시아가 여순旅順·대련大連을 조차하고 일본이 중국에 조차지를 갖고 있지 않던 단계에서는, 조차는 할양과는 다르다고 주장했다. 그런데 일로전쟁 후, 일본 자신이 여순·대련의 조차지를 갖는 상태가 되자, 유럽의 학설 등을 원용하면서 조차는 할양과 같다고 논하게 되었다. 즉, 일본의 국제법학자들은 그 시대시대의 상황에 대응해서, 일본의 대외 팽창에 있어서 유리하게 되도록 조차 개념을 해석했다고 하는 것이다. 구체적으로는 아리가 나가오(有賀長雄, 1860-1921), 다카하

42-62쪽.

[7] Douglas Howland, "The Japan House Tax Case, 1899-1905: Leases in Perpetuity and the Myth of International Equality," *Zeitschrift fur auslandisches offentliches Recht und Volkerrecht*, Vol. 75, No. 2 (2015); Howland, *International Law and Japanese Sovereignty: The Emerging Global Order in the 19th Century* (Palgrave Macmillan, 2016); Howland, "The Territorial Foundations of the Sovereign State in East Asia." *The Journal of Transcultural Studies*, Vol. 9. No. 1-2(2018).

[8] Asada Shinji, "Colonizing Kiaochow Bay: From the Perspective of German-Japanese Relations." in Kudo Akira, Tajima Nobuo, Erich Pauer (eds.), *Japan and Germany: Two Latecomers to the World Stage, 1890-1945, Volume I, A Chance Encounter in East Asia* (Global Oriental. 2009).

시 사쿠에(高橋作衛, 1867-1920), 니나가와 아라타(蜷川新, 1873-1959), 에기 다스쿠(江木翼, 1873-1932)를 들고 있다.

그렇지만 이러한 학설사 정리는 일본의 학설 상황에 관한 동시대의 설명과 어긋난 것처럼 보인다. 미노베 다쓰기치美濃部達吉는 1912년, 다음과 같이 논하고 있다.

> "조차지의 성질에 대해서는, 구라파의 학자 중에는 순수한 영토라고 하는 자가 많은 것 같습니다. 명의는 조차라고 말해도, 그 실은 영토의 할양에 다름이 아니라고 해석하고 있는데, 제도상에 있어서도 예를 들어 독일이 조차한 교주만(膠州灣)과 같은 것은, 완전히 다른 식민지와 같이 소위 '보호령'의 하나로 하고 있어, 순수한 영토와 같이 취급하고 있는 것입니다. 일본에 있어서는, 이에 반해서 조차지는 종래 외국으로 간주하고 있는 것이 통설로, 공(公)의 제도로서도 관동주는 다른 식민지와는 구별해서 외국 취급을 하고 있습니다."[9]

조차를 할양과 동일시하는 입장의 기쿠치 고마지(菊地駒次, 1878-1935)도 1923년의 논고에서, 자신과 같은 "조차조약으로써 본질상은 영토의 할양을 약속하는 것으로 하여 즉 영토권 취득의 한 방법에 지나지 않는 것으로 한다"는 설은, 유럽 제국에서는 통설이지만 일본에서는 소수설이라고 하고 있다[10]. 세계의 학설 조류가 변화하기 시작하는 제1차 세계대전 후의 논고이지만, 그와 같은 학설 정리 자체는 제1차 세계대전 이전부터의 경향으로서 제시되었다. 기쿠치는 후년의 논고에서도 국내외 논자 약 30명의 이름을 들면서 같은 학설 정리를 제

---

9) 美濃部達吉「日本殖民地法に就て」『国家学会雑誌』第26巻1号 (1912년) 104쪽.
10) 菊地駒次「租借地の法律関係を論ず」『法学協会雑誌』第41巻10号 (1923년) 3-4쪽.

시하고 있다[11].

다만, 조사해보니 실제로는, 일본에서는 비할양설이 통설이었다고 간단히 결론지을 수 있는 것도 아니다. 이 장은 제1차 세계대전 무렵까지의 일본의 학설 상황을 다시 한번 확인한다.

이하, 중국에서 생긴 조차에 관한 기본적 사실관계와 조차의 성질을 둘러싼 세계의 학설 경향을 정리한 다음, 근대 일본의 조차 개념 이해를 검토한다.

2. 중국에서 생긴 조차

일청전쟁 후, 청에 대한 국제적 평가는 하락하고, 또 3국간섭이나 거액의 보상금을 일본에 지불하게 된 청의 자금조달도 있어, 유럽 열강이 본격적으로 중국에 진출하는 양상이 되었다. 그런 가운데 1897년 11월, 독일인 선교사가 중국에서 살해된 것을 구실로 독일이 산동반도山東半島의 교주만膠州灣을 점령하고, 교섭 끝에 1898년 3월에 청과 교주만조차계약을 맺었다. 그리고 그 움직임을 계기로 유럽 열강과 일본이 조차, 제 권익의 획득, 타국에 대한 불할양 요구 등 다양한 형태로 중국 대륙 진출을 꾀했다. 이른바 중국분할이다.

그렇게 해서 연이어 이루어진 것이 조차이다. 러시아는 여순·대련을, 영국은 위해위威海衛와 구룡九龍지방을, 프랑스는 광주만廣州灣을 조차했다. 기한은 교주만, 구룡지방, 광주만은 99년간, 여순·대련은 25년간, 위해위는 여순이 러시아에 조차된 기간이었다. 주권과의 관계에서는, 기본적으로는 조약상 조차지에 관해 중국이 주권을 갖는 것으로 되어 있었다. 그러나 다른 한편으로, 독일은 교주만 조차지를 다른 식민지와 같이 취급하려고 했다. 각 조약의 내용에는 다양한 차이

---

11) 菊地駒次「租借地の法理を論ず」『外交時報』第677号 (1933년) 59-62쪽.

가 있었다[12]. 게다가 조약이 의미하는 것이 확실하지 않거나, 조약에 쓰인 문언과 실태 간에 차이가 생기거나 하는 것도 많았다[13]. 이미 서술한 것처럼 조차의 실태는 복잡하고 다양했다.

여순·대련에 관해서는, 1898년 3월 러시아와 청 간에 조차계약이 맺어지고, 4월에는 조차지의 범위 등을 정한 속약續約이 맺어졌다. 그리고 일로전쟁의 결과, 1905년 9월의 강화조약(포츠머스조약)에서 여순·대련의 조차권 등은 러시아로부터 일본에 양도되게 되었다. 즉 제5조에서, "러시아제국 정부는, 청국 정부의 승낙을 얻어, 여순구旅順口·대련 및 그 부근의 영토 및 영수領水의 조차권 및 당해 조차권에 관련되거나 또는 그 일부를 조성組成하는 일체의 권리, 특권 및 양여를 일본제국 정부에 이전양도한다. [중략] 양 체약국은 전기 규정에 관계되는 청국 정부의 승낙을 얻어야 할 것을 상호 약속한다"고 규정되었다[14]. 같은 해 12월, 일본과 청은 만주에 관한 조약을 맺고, 청은 러시아로부터 일본으로의 조차권 등의 양도를 승낙했다 (제1조)[15]. 일본의 조차지가 된 여순·대련(관동주 조차지)을 둘러싼 제 문제와 일본 외교에 대해서는 4.4.2.에서 다룬다.

3. 조차의 성질을 둘러싼 세계의 학설

이미 언급한 것처럼, 또 뒤에서도 제시하는 것처럼, 19세기말부터 제

---

12) 각 조차지의 제도적 상황에 대해 관찰한 것으로서, 川島真「領域と記憶—租界·租借地·勢力範囲をめぐる言説と制度」貴志俊彦·谷垣真理子·深町英夫編『模索する近代日中関係—対話と競存の時代』(東京大学出版会, 2009년) 168-169쪽. 보다 자세하게는, 植田『앞의 책』(주2) 참조.
13) 일로전쟁을 거쳐 일본의 조차지가 된 旅順·大連을 둘러싸고는, 당초 로청 간에 체결된 조약의 문언과 그 문언과는 다른 청이 묵인한 형태가 되어 있던 조차기간 중의 실태의 어느 것이 기준이 될 것인가 하는 문제도 낳았다. 「関東都督の名称其他に関し清国政府より抗議一件」(JACAR: B15100712100) 참조.
14) 外務省編『日本外交文書』日露戰争V (日本国際連合協会, 1960년) 536쪽.
15) 外務省編『日本外交文書』第38巻第1冊 (日本国際連合協会, 1958년) 156쪽.

1차 세계대전 무렵에 걸친 조차를 둘러싼 세계의 학설에 관해, 동시대의 일본에서는 가장할양설이 우세하다고 인식되고 있었다. 가장할양론자의 예로서 언급되는 일이 많았던 것은, 예를 들어 웨스트레이크(John Westlake)나 로렌스(Thomas Lawrence)이다.

웨스트레이크는, 조차기간 종료 시에 영토가 회복될 가능성은 매우 낮아 조차는 실질적으로 할양이라고 파악하는 데파네(Frantz Despagnet)의 학설에 언급하고 찬성의 뜻을 표했다("We must then agree with Despagnet who, after remarking that the restoration of the territory at the end of the specified term is very unlikely, says that these pretended leases are alienations disguised in order to spare the susceptibility of the state at whose cost they are made")[16].

로렌스도, 조차를 실질적인 할양이라고 파악하고, 조차계약에서의 주권유보의 문언은 영토이전의 실태를 위장하는 것이라고 논하고 있다("It amounts, in fact, to a cession of the leased territory for a limited time, and with a strong probability that the period mentioned in the lease will be prolonged indefinitely if the lessee-state finds it convenient to stay on. [...] The words which reserve the sovereignty of the lessor are fine phrases used for the purpose of disguising the reality of territorial transfer")[17].

기쿠치 고마지나 우에다 도시오(植田捷雄, 1904-1975)는 이밖에도 다수의 저명한 논자의 이름을 열거하고 있다[18]. 19세기말부터 시작해서 일정기간, 가장할양설이 서양에서 유력하게 제창된 것은 확실하다고

---

16) John Westlake, *International Law, Part I, Peace* (Cambridge University Press, 1904), p. 136.
17) T. J. Lawrence, *War and Neutrality in the Far East* [2nd ed.] (Macmillan, 1904), pp. 272-273.
18) 菊地「앞 논문」(주11) 59-61쪽 및 植田『앞의 책』(주2) 164-167, 185-186에서 가장할양론자의 예로서 거론되어 있는 학자는 웨스트레이크와 로렌스 외에 이하와 같다.
　　Lassa Oppenheim, Franz von Liszt, Karl Gareis, Karl Freiherr von Stengel, Alphonse Rivier. Paul Fauchille, Frantz Despagnet, Louis Gerard, Albert de Pouvourville, Jean Perrinjaquet. Coleman Phillipson, Pitt Cobbett, Earl of Birkenhead, James Leslie Brierly, Amos Shartle Hershey, Sterling Edwin Edmunds, Ellery Cory Stowell, Jan de Louter.

생각된다.

　이러한 학설 경향을 논할 때에, 예를 들어 오펜하임(Lassa Oppenheim)이, 가장할양설이 유력하게 제창되고 있던 것의 증좌로서 내세우는 것이 있다[19]. 다만 조차에 관한 오펜하임의 논의는 시기에 따라 다르다.

　오펜하임은 *International Law: A Treatise, Vol. I, Peace* 초판(1905년)에서, 할양의 한 형태로서 조차를 들고, 또 영토가 외국의 관리 하에 놓인다고 하는 형태로 할양이 행해지는 경우도 있다고 했다("Cession may also take place under the disguise of an agreement according to which territory comes under the "administration" of a foreign State")[20]. 그 설명은 제2판(1912년)에서도 기본적으로 바뀌지 않는다[21]. 그리고 초판에서는 조차에 대해 단적으로, 실질적으로 영토의 할양이라고 논하고 있다("All these cases contain practically, although not theoretically, cession of pieces of territory, and the same statements are valid regarding them as regarding the forementioned cases of foreign administration")[22]. 이상의 논의 방향은 가장할양설로 볼 수 있다.

　그런데 제2판에서는 조차의 성질에 대한 설명이 추가되고, 조차지는 단순한 픽션으로서가 아니라 조대국租貸国의 것이라고 하였다("All such cases comprise, for all practical purposes, cessions of pieces of territory, but in strict law they remain the property of the leasing State. And such property is not a mere fiction, as some writers maintain, for it is possible that the lease comes to an end by expiration of time or by rescission. Thus the lease, granted in 1894 by Great Britain to the former Congo Free State, of the so-called Lado Enclave, was rescinded in 1906. However this may

---

19) Teemu Ruskola, *Legal Orientalism: China, the United States, and Modern Law* (Harvard University Press, 2013), p. 288; Strauss, *supra* note 2, p. 90.
20) L. Oppenheim, *International Law: A Treatise, Vol. I, Peace* (Longmans, Green, 1905), p. 271.
21) L. Oppenheim, *International Law: A Treatise, Vol. I, Peace* [2nd ed.] (Longmans, Green, 1912), p. 288.
22) Oppenheim, *supra* note 20, p. 221.

be, as long as the lease has not expired it is the lease-holder who exercises sovereignty over the territory concerned")²³⁾. 그것은 비할양설의 논의방향이다. 마지막에 씌어있는 것과 같은, 조차기간 중에는 당해 영역에 대해 조차국이 주권을 행사한다고 하는 점은 비할양설에서도 부정되지 않는다. 조차의 성질에 관한 오펜하임의 설명은 초판과 제2판 간에 작지 않은 차이가 있다.

그래서 그와 같이 설명이 변화할 때, 논의 전개상行論上 큰 의미를 가진 것이 영국과 콩고 간 조차취소의 실제 사례였다. 조차를 둘러싼 현실의 외교·국제정치상의 동향이 학설에 영향을 준다고 하는 것은, 아래에서 보는 일본의 조차 개념 이해에 대해 생각하는 데 있어서도 중요한 점이다.

4. 근대 일본의 조차 개념 이해

4.1. 가장할양설

4.1.1. 다카하시 사쿠에

일본의 가장할양론자로서는 우선 다카하시 사쿠에(高橋作衛, 1867-1920)가 있다. 다카하시는 제국대학 졸업 후, 해군교수를 역임하고 일청전쟁에도 종군했다. 그 후, 유학을 거쳐 도쿄東京제국대학 교수가 되어 국제공법을 담당했다. 1914년부터 1916년, 제2차 오쿠마 시게노부大隈重信 내각에서 법제국장관을 역임했다²⁴⁾. 국제법 관련 저

---

23) Oppenheim, *supra* note 21, pp. 233-234.
24) 이하, 각 인물의 경력에 대해서는 특히 언급하지 않는 한 秦郁彦編 『日本近現代人物履歷事典 (第2版)』(東京大学出版会, 2013년) 참조.
메이지·다이쇼기(明治·大正期, 1868-1926)의 일본 국제법학계 및 국제법학자에 대해 논하고,

서는 다수. *Cases on International Law During the Chino-Japanese War*(Cambridge University Press, 1899) 등에서 볼 수 있는 것처럼, 일본의 입장이나 행동을 정당화하고, 일본은 국제법을 준수하는 존재라고 세계에 선전하는 역할을 담당했다.

이상의 경력에서도 명확한 것처럼 당시의 일본을 대표하는 국제법 학자이며 정부 요직에도 많이 취임했던 다카하시는, 세계의 통설을 소개하는 형태로 가장할양설을 제시했다. 즉 일로전쟁 중 일본이 여순을 점령한 후에 다음과 같이 기술했다.

> "여순, 대련, 교주만, 위해위, 광주만에 있어서 조차지가 법리상 어떠한 성질을 갖는지는 국제법상 매우 참신한 문제에 속하지만, 지금 유럽 학자 간에 있어서의 논의는 거의 일치한다.
> 〔중략〕 유럽 여러 대가가 결론짓는 요점은 매우 간단하다.
> 조차지의 주권은 그 대부국(貸付國)에 보류시킨다고 하지만 이것은 외교상의 수사(辭令)에 지나지 않는다. 조차는 기한부 할양으로 그 기한은 영구하다. 고로 조차지는 조차를 받은 국가의 영토로 볼 수 있다. 따라서 여순·대련 등 러시아국 조차지는 이를 러시아국의 토지로 볼 수 있다."[25]

조금 뒤에도, 예를 들어, "제 학자의 설에 의하면 조차지는 일종의 할양이다. 물론 이에 대해 다소의 반대설은 존재한다. 그렇지만 금일 세계의 국제법 대가로 칭해지는 웨스트레이크, 로렌스, 데파네, 제라르, 푸르뷔그 등 제 학자는, 왼편에서 거론한 점에 있어서 일치하는 설

이 장에서 다룬 인물에 대해서도 많이 언급하고 있는 것으로서, 一又正雄『日本の国際法学を築いた人々』(日本国際問題研究所, 1973년), 易平『戦争と平和の間―発足期日本国際法学における「正しい戦争」の観念とその帰結』(Torkel Opsahl Academic EPublisher, 2013년).

25) 高橋作衛「租借地の性質を論して旅順陥落の効果に及ぶ」『国家学会雑誌』第19巻3号 (1905년) 32-33쪽.

을 주장한다. 〔중략〕 국제법에서 소위 조차지는 순수한 차지借地가 아니라 영토와 동일하다"고 논하고 있다[26]. 조차란 실제로는 할양이며, 여순·대련은 청으로부터 러시아로, 그리고 일본으로 할양되었다고 하는 것이 다카하시의 주장이었다[27].

기쿠치 고마지는, 위에서 인용한 일로전쟁 중의 다카하시의 논고는 유럽 학설을 소개한 것일 뿐이라는 등으로, 조차의 성질에 관한 다카하시 자신의 입장은 불명하다고 했지만[28], 그와 같은 것은 아니다. 다카하시는 가장할양론을 주창하고 있으며, 동시대적으로도 그와 같이 인식되었다[29].

4.1.2. 니나가와 아라타

일본에서 가장할양론을 가장 강하게 주장해온 사람은 니나가와 아라타(蜷川新, 1873-1959)였다. 니나가와는 도쿄제국대학 및 대학원에서 공부하고, 일로전쟁에는 국제법 고문으로서 종군했다. 한국 궁내부 근무 등을 거쳐 도시샤同志社대학과 고마자와駒澤대학에서 교수를 역임하고, 또 다양한 외교활동과 사회사업, 사상사업에 관여했다.

먼저 니나가와는 일로전쟁 이전에는 아래와 같이 조차는 할양과는 같지 않다고 단정지었다.

---

[26] 髙橋作衛「清国動乱を論じて満洲租借地は領土保全の圏外なることに論及す」「財界」第16巻 6号 (1912년) 9쪽.
[27] 상게 논문 외, 髙橋作衛「清国領土保全の意義を研究して関東州租借地の国際法上の性質に論及す」『国際法雑誌』第10巻7号 (1912년), 同「青島不還附論」『東京日日新聞』1919년 5월 2일 참조.
[28] 菊地「앞 논문」(주10) 4쪽, 같은 「앞 논문」(주11) 62쪽.
[29] 조차의 성질에 관한 다카하시(髙橋)의 견해를 할양설로 설정한 예로서, 今井嘉幸『支那国際法論 第一巻 外国裁判権と外国行政地域』(1915년, 丸善) 153쪽.

"지금 갑국이 있어 99년을 기간으로 해서 이것을 을국에 조대(租貸)한다는 조약을 맺고, 그래서 갑국도 그 조약 문면상으로 명확하게 그 조대지에서의 영토주권을 유보해두었음에도 불구하고, 을국은 이것은 이름뿐, 우리 의사는 영토의 할양에 있다고 말하면, 이것은 명확하게 법률행위의 요소에 착오가 있는 것으로서 법리상 이 조약은 필연 무효의 것에 해당한다. 따라서 조차는 스스로 그 성질을 바꾸어 할양이 되는 이유 없다. 그럼에도 이 설을 주장하는 자 있어 기이하다고 할 것이다. 조차로써 바로 이것을 영토의 할양이라고 해석하는 설과 같은 것은 정략설이 아니라고 할 수 없는바 바로 망설(妄說)이다."[30]

그런데 일로전쟁 후에는 완전히 일변─轉해서, "[조차에 관해 서양] 공법학자가 주장하는 바, 함께 모두 동일한 길로 나서 이것으로써 영토의 할양과 동일한 효력을 낳는 일신한 제도라고 한다"든지, "관동주의 조차지에 관해 조약명문과 같이 실제시설을 연구하면서 법리상의 견지에서 이것을 해석할 때에는, 이로써 청국의 영토가 아니고 러시아국 영토의 일부가 되는 것이라고 단언하는 것을 적당하다고 한다" 등으로[31], 조차를 할양과 동일시하는 설을 반복해서 주창하게 된다. 아사다 신지의 연구에서 지적된, 그 시대시대의 상황에 대응해서 일본의 대외 팽창에 있어서 유리하게 되도록 조차 개념을 해석했다고 하는 예에 잘 맞는 인물이다.

다만, 니나가와의 언설은 당시의 일본 학계에서 극단의 부류에 속해 있었던 것에 유의할 필요가 있다. 니나가와는 1923년, 조차지의 성질을 둘러싸고 경제학자이며 교토京都제국대학 교수인 야마모토 미오노(山本美越乃, 1874-1941)와 『외교시보外交時報』 상에서 논쟁을 거듭했

---

30) 蛯川新 「租借 cession a bail 地上の權利と滿州問題」 『外交時報』 第66号 (1903년) 78쪽.
31) 蛯川新 『南滿洲に於ける帝國の權利』 (淸水書店, 1913년) 24, 55-56쪽.

다. 그때 니나가와가 논한 일절이 다음과 같은 것이다.

> "여대(旅大)는 러시아국 영토였다. 〔중략〕 여대는 영원히 일본의 권력이 펼쳐질 토지이다. 즉 법리상 일본의 영토이다. 일본인은 금일에 이르러 어리석고 우둔한(迂愚) 논의를 품고, 이 영토를 타국의 영토시하는 것을 허할 수 없는 것이다. 일본인은 지나인이 아니다. 일본인은 그 직업이 학자라는 것을 이유로, 둥그런 것을 각이 졌다고 설명해서는 안 된다는 것은, 일본인의 양심으로서 그러한 것이다. 나는 물론 일본인다운 양심으로써 이것을 주창한다."[32]

즉 니나가와는 여순·대련은 일본령이며 자기는 일본인이기 때문에 그것을 소리 높여 주창高唱하는 것이라고 공언했던 것이다. 내심에 있어서 일본의 입장을 지원하거나 정당화할 의도가 있다고 해도, 그것을 공연하게 제시하면서 논의를 전개하는 논자는 드물었다.

4.1.3. 그 밖의 논자

그밖에 검토를 요하는 인물로 마쓰바라 가즈오(松原一雄, 1877-1956)가 있다. 마쓰바라는 도쿄제국대학·대학원에서 국제법을 배우고, 여러 대학에서 강의도 했다. 그리고 외무성에 들어가 오랫동안 근무, 퇴관 후 다시 학문생활을 보냈다. 학술적인 논문이나 저작은 학생시대부터 다수 발표했다[33].

---

32) 蜷川新「租借地と世の謬見」『外交時報』第445号 (1923년) 150-151쪽.
   참고로 蜷川와 山本의 논고는 아래와 같다 (모두 1923년).
   蜷川新「旅大問題と内外の謬論」『外交時報』第438号, 山本美越乃「日支協約廃棄問題」『外交時報』第443号, 蜷川「租借地と世の謬見」『外交時報』第445号, 山本「『租借地と世の謬見』を読みて」『外交時報』第450号, 蜷川「租借地と世の謬論」『外交時報』第454号.
33) 松原의 경력에 대해서는, 横田喜三郎「松原博士の訃」『国際法外交雑誌』第55卷1号(1956

마쓰바라의 주장에서 특징적인 것은 일로전쟁 이전의 논고에서 조차란 실은 할양이라고 했던 점이다. 즉 "조차 점령에 관해서는 주권 열국에 있고 청국에 없다. [중략] 조약상 주권 청국에 있는 것 같지만 유명무실하다. 명의상의 주권뿐. 명의상의 영토뿐. 학자 왕왕往往 칭해서 나권裸權이라고 한다. '나주권裸主權'은 우리들의 소위 주권이 아니다. [중략] 주권 열국에 있고 열국의 영토라고 하며, 이것을 표준으로 해서 모든 문제를 결정해야 할 것"이라거나, "조차는 할양의 일개 형식에 지나지 않는다. 조차국은 그 지역에서 입법·행정·사법을 시행하고 주권을 갖는다. 조약면은 세인의 감정을 누그러뜨리기 위해 모순된 문자를 농하고 완곡한 어구를 사용하는 것에 지나지 않는다"는 등으로 논평했다[34]. 마쓰바라는 후년의 저작에서도 가장할양설의 입장을 보이고 있다[35]. 기쿠지 고마지는 마쓰바라를 일본의 많지 않은 할양론자의 대표격으로 설정했다[36].

다만 마쓰바라는, 조약상·명의상은 청이 주권을 갖고, 조차지는 의연히 청국의 영토라고도 설명했다[37]. 또 일로전쟁 중, 일본은 러시아와의 강화조약에 있어서 청의 승낙 없이 조차권을 승계할 수는 없고, 또 다양한 제한이 걸린 조차권을 양수받아도 득이 아니라고도 논했다[38]. 조차에 관한 마쓰바라의 설은 꼭 전체적으로 일관되지는 않았던 것처럼 보인다. 덧붙여서 마쓰바라는 일로전쟁 후는 본격적인 조차론을 발표하지 않는다.

기타, 서양에서 공부한 도쿄외국어학교의 국제법 교수 후쿠오카 히데이(福岡秀猪, 1871-1932)는, 본인의 논고는 아니지만 조차에 대해 가

년) 참조.
34) 松原一雄 「平時占領論特に租借地の法律関係(承前)」『国家学会雑誌』第182号(1902년) 53쪽, 同「旅順口法權問題」『法学新報』第13卷2号(1903년) 25-26쪽.
35) 松原一雄『現行國際法 上卷 第二分冊』(中央大學, 1924년) 348-349쪽.
36) 菊地「앞 논문」(주10) 4, 19-22쪽, 同「앞 논문」(주11) 60, 74-77쪽.
37) 松原『앞의 책』(주3) 125쪽.
38) 松原一雄「租借地の処分如何」『法学新報』第14卷7号(1904년) 28-29쪽.

장할양설적인 설명을 한 담화가 소개되어 있다[39]. 대외강경론으로 유명한 도쿄제국대학 교수 도미즈 히론도(戶水寬人, 1861-1935)는 일로전쟁 중, 러시아가 여순·대련의 조차에 붙은 25년간이라는 기한은 공문空文이며 실제로는 무기영원無期永遠하다고 논하고, 일본은 새롭게 청으로부터 조차하는 것이 아니라 러시아로부터 조차권을 양수하면 좋다고 주장했다[40]. 관료·정치가인 에기 다스쿠(江木翼, 1873-1932)도, "우리들은 제국헌법은 조차지에 시행되지 않지만 조차지는 제국주권이 완전하게 시행되는 제국의 영토인 것을 믿고 욕심을 내는 것이다" 등으로 설명했다[41]. 도쿄제국대학·대학원에서 공부하고 판사가 되어, 청에 초빙되어 수년간 북양법정학당에서 가르친 이마이 요시유키(今井嘉幸, 1878-1951)는 1915년의 저작에서, 가령 당초는 조약의 문자대로 조차가 대차를 의미했다고 해도 그 후의 관례·묵인 등으로 조약문의 의의意義는 신축적인 것이며, '금일에 있어서는 조차는 당초의 의의를 바꾸어 지나支那 영토의 포기를 의미한다고 보는 것은 목전의 실제 사정에 적합한 온당한 견해라고 생각된다'고 논했다[42].

참고로 이 장이 검토 대상으로 하는 제1차 세계대전까지의 시기는 아니지만, 1920년대부터 1930년대에 걸쳐 가장할양론을 주창한 인물로 기쿠치 고마지(菊地駒次, 1878-1935)가 있다[43]. 기쿠치는 도쿄제국대학을 졸업하고 법제국, 외무성에 근무하고, 퇴관 후 도호쿠東北제국대학, 센슈專修대학에서 강사로 근무했다[44]. 전술한 대로 기쿠치는, 일본의 다수설은 비할양설이라는 것을 전제로 가장할양설의 입장에서 논

---

39) 景楠生「租借(Lease)の沿革及其国際法上の性質《福岡秀猪氏小話》」『奉公』第13号 (1904년).
40) 戶水寬人「旅大の租借権」『外交時報』第93号 (1905년).
41) 江木翼「独逸帝国保護領たる膠州湾領制度の一二を説き我か関東州に及ふ」『国家学会雑誌』第20巻12号 (1906년) 99쪽. 同「膠州湾論」(読売新聞社, 1907년) 40-44쪽도 참조.
42) 今井『앞의 책』(주29) 152-153쪽.
43) 菊地「앞 논문」(주10), 同「租借地の法理を論ず」『国際法外交雑誌』第29巻4号 (1930년), 同「앞 논문」(주11).
44) 菊地의 경력에 대해서는, 菊地駒次『公法涓滴』(日本外交協会, 1935년) 所収 年譜

의를 전개했다. 일본의 대표적 조차연구서인 우에다 도시오植田捷雄의 『지나조차지론支那租借地論』은 주요 비판대상으로 기쿠치의 논의를 상세하게 언급하고 있다.

4.2. 비할양설

4.2.1. 시노다 지사쿠

비할양설 쪽에서는 우선 시노다 지사쿠(篠田治策, 1872-1946)가 있다. 시노다는 도쿄제국대학 졸업 후 변호사가 되어, 국제법 고문으로 일로전쟁에 종군했다. 그리고 일로전쟁 후는 간도間島파출소 총무과장, 통감부 비서관 등 한국·조선 행정에 종사했다. 저서에 『일로전역 국제공법日露戰役國際公法』(法政大學, 1911년) 등이 있다.

경력에서 알 수 있는 것처럼 시노다는 기본적으로는 실무가이지만, 넓은 의미에서의 일본 국제법학계의 일원이기는 했다[45]. 그리고 조차에 관해 가장 초기에 본격적인 비할양설을 제기했다. 즉 1906년, "본지 [=國際法雜誌] 전호 무명씨의 「新租借地論」에 있어서 조차권은 영토할양의 한 수단이라고 함으로써 유럽 공법학자 일반의 학설로 한다고 단정하지만, 우리들이 보는 바에 의하면 이 단정은 법리상으로 간찰看察하면 아직 정곡을 찌르는 것이 아니라고 믿는다"고 논하고, 아래와 같이 분석했다.

---

45) 篠田는 1897년 설립된 국제법학회에는 1902년에 입회했다. 그 시점에서의 在京회원수는 70수명이다. 참고로 篠田와 함께 입회한 또 한 사람이 蜷川新였다. (「会報」『国際法雑誌』第1巻1号 (1902년) 79-80, 85-87쪽).
易『앞의 책』(주24) 12쪽은 '광의의 국제법학자'로서, 정부기관에 재직하면서 교단에서 국제법 강의를 한 관료, 일청·일로전쟁을 계기로 국제법 연구에 종사한 군인, 국제회의 참가 경험에 입각하여 국제법 저서를 저술한 외교관, 국제법 전문지에 논문을 실은 대학원생 등을 언급하고 있으며, 그곳에 이 장에서 다루고 있는 篠田나 蜷川, 松原一雄, 秋山雅之介, 遠藤源六도 포함되어 있다.

"이들(此等) [조차와 할양을 동일시하는] 견해는, 아래와 같은 원인에서 생기는 일종의 편견이라고 본다. 즉 (1) 일청전쟁 전에 이르기까지, 유럽 학자 간에 행해지고 있는 국제법은 서양 문명국 간에만 행해지고 있었으며, 혹은 예수교국 간에만 행해지고 있는 구사상과 같고, 유럽의 강국이 다른 약국에 대해서는 매번 정의를 무시하는 불평등한 사상을 탈피하지 못하는 것과, (2) 조차는 최근에 있어서의 국가 간의 한 현상에 관련하여, 기한 있는 것이라 하더라도 아직 기한의 도래가 되지 않았기 때문에, 그때에 있어서의 양여국같이 제3국의 태도를 명확히 하지 않은 것과, (3) 유럽의 많은 강국들은 자기의 조차지를 갖고 있기 때문에 많은 학자들은 자국을 위해서 가능한 한 이익이 되는 해석을 시도하는 것에 지나지 않는다."46)

외교·국제정치상의 동향에 대응해서 조차 개념의 파악방법이 변화하고, 또 바뀌어 가는 것이 시사되고 있다. 그리고 "정략상의 논의로서 조차는 사실상에 있어서 영토의 할양이라고 주창하는 것은 혹은 적당하지만, 법리상에 있어서는 본래 정확한 논의가 아니다. 우리 관동주 조차지도, 본래 청국의 영토로 그 지역의 주권은 의연히 청국에 존재하고, 결코 아국의 영토가 아니다"라고 주장했다47).

4.2.2. 그 밖의 국제법학자·실무가

조차는 할양과 같지는 않다는 견해를 보인 국제법학자·실무가로서는 그밖에, 예를 들어 아키야마 마사노스케(秋山雅之介, 1866-1937)가 있다. 아키야마는 제국대학을 졸업하고 외무성에 들어가, 외무성 등

---

46) 篠田「앞 논문」(주3) 13-14쪽.
47) 篠田治策「租借權の性質と關東州の租借地(承前)」『國際法雜誌』第5卷3號 (1906년) 36-37쪽.

의 관청에서 관직에 종사하면서 국제법 강의를 많이 했다[48]. 그 아키야마는, 조차지의 성질은 국제지역地役의 일종이라고 하면서, "당사국 간에 있어서 그 내용에 변경을 가하지 않는 한은 그 토지는 조여국租與國의 영토에 속하고, 이에 대해 조차국의 주권행사의 범위는 국제지역地役의 법리에 의해 해석해야 하는 것이라고 생각하지 않을 수 없다"고 논했다[49].

엔도 겐로쿠(遠藤源六, 1872-1971)도 마찬가지다. 엔도는 도쿄제국대학 졸업 후, 대학원에 진학하는 동시에 해군성에 들어가 일로전쟁 시에 해상포획 관련 자리에 임하기도 했다. 일로전쟁 후 대학에서 국제법 강의를 하고, 또 국제법에 관한 저서를 몇 권인가 간행했다[50]. 엔도는, 조차는 할양도 위임통치도 아니고 일종의 국제지역인 국제법상의 신제도라고 결론지은 다음, "유럽의 학자가 금일에 있어서도 여전히 영토할양과 다름없다고 논하는 이유所以는, 법 이론에 맞지 않고 완전히 장래에 있어서의 자국의 권리를 보호하기 위해 복선을 까는 것이라고 하는 정치론에 다름 아니다"라고 지적했다[51].

당시의 많지 않은 전문 국제법학자 중에서는 가쿠슈인学習院 등에서 교수를 역임한 나카무라 신고(中村進午, 1870-1939)가 조차는 주권의 할양이 아니라고 논했다. 즉 나카무라는 일로전쟁 이전부터 영지 내지 영지주권 획득의 한 형태로서 '차수借受'를 들면서, "점령 및 차수는 주권의 할양이 아니며 단순히 주권의 행사를 허하는 것이라면 본래 여기에서 논해야 할 것이 아니지만, 편의상 여기에서 논하기로 한다"고 한다든지, "주권의 할양이 아닌 단순히 주권의 행사를 외국에 허하는 행위이지만, 점령 및 차수의 결과가 주권의 할양과 동일하게 귀

---

48) 秋山雅之介『國際公法』(東京専門学校, 1893년), 同『國際公法講義 平時』』(明治法律学校出版部講法会, 1900년), 同『國際公法 平時』(和仏法律学校, 1902년), 同『國際公法 戦時』(和仏法律学校, 1903년) 등 강의록이나 그것을 기본으로 한 서적이 다수 현존하고 있다.
49) 秋山雅之介「租借地の性質」『法学志林』第10巻2号 (1908년) 30-31쪽.
50) 遠藤의 경력에 대해서는,「枢密院高等官履歴書」(JACAR A06051185700) 참조.
51) 遠藤源六『國際法要論』(清水書店, 1908년) 232-236쪽.

결되므로, 학리상 부당함에도 불구하고 아울러 이것을 여기에서 논술하기로 한다" 등으로 유보를 했다[52]. 또 조차라는 명목으로 비법적 점령을 행하는 것이나 군사적 이익을 농단하는 것을 비난했다[53]. 그리고 나중 시기에는, "학자 혹은 조차라는 것은 사실상 영지의 양수라고 말하지만(Lawrence; Liszt 등), 이 설이 완전 오류인 점, 조차조약의 조문에 비추어보아徵 매우 명백하다"고 단언했다[54].

교토제국대학 교수인 센가 쓰루타로(千賀鶴太郎, 1857-1929)도 조차와 판도취득版圖取得을 동일시하는 견해를 부정했다. 예를 들어, "본래 교주만은 독일의 판도와 거의 동일시하지만, 법리상에 있어서는 궁극적으로究竟 차지와 판도취득을 혼동混淆해서는 안 된다. 또, 실제에 있어서도 2자 간에 조금도毫末 구별이 없다고는 말할 수 없다" 등으로 말하는 것이다[55].

국제사법학자로 도쿄제국대학 교수인 야마다 사부로(山田三良, 1869-1965)도, "조차는 주권의 전체를 양도하는 영토의 할양과 다르며 명의상의 영토권은 아직 조대국租貸國이 유보하는 것이기 때문에 국제법상에 있어서도 국법상에 있어서도 조차지는 조차국의 순수한 영토라고 말할 수 없다"며, 조차는 할양과 다르고 조차지는 조차국의 순수한 영토가 아니라고 논했다. 그리고 "조차지는 실제상에 있어서 할양된 영토이다"라든가 "조차는 가장된 영토할양이다"라는 유럽 학설은 "현시의 국제법상 시기상조인 독단"이라고 했다[56].

참고로 근대 일본의 대표적 국제법학인 다치 사쿠타로(1874-1943)

---

52) 中村進午『平時国際法』(東京法学院, 1902년) 53쪽. 同『平時国際公法』(東京専門学校 出版部, 1902년) 50쪽.
53) 中村「앞 논문」(주3).
54) 中村進午『国際公法論』(清水書店, 1916년) 101쪽.
55) 千賀鶴太郎『国際公法要義』(京都法政大学, 1909년) 295-296쪽. 同『国際公法』(講法会, 清水書店, 1917년) 84쪽도 참조.
56) 山田三良「殖民地法と內地法との関係に就て」『法学協会雑誌』第30卷2号(1912년) 108쪽.

에 대해서도 기쿠치 고마지는 비할양론자로서 열거하고 있다[57]. 확실히, 예를 들어 1930년 간행된 다치立의 『평시국제법론平時國際法論』 중 「국제지역國際地役」의 절에, "조차지에 행해지는 국권 그것은 [중략] 조차지의 역내에 있어서 조차국이 자기 고유의 국권을 행사하는 관계에 있어서 조차지를 사용하는 것을 조차조약에 의해 인정하는 것"이라든가, "어느 학자가 주창하는 바의 조차가 실제에 있어서 할양에 다름 없다고 하는 설을 잠시 내려놓을 때는" 이라는 기술이 있다. 다만, 이어지는 「조차지」의 절에서는, 다른 비할양론자처럼 가장할양설을 단적으로 부정하지는 않는다[58]. 또 세계적으로 학설조류가 변화하기 시작하기 전, 즉 제1차 세계대전 무렵까지는, 강의록에 "여순, 대련은 아국의 국내법상 영토라 할 수 있지만 국제법상의 엄정한 의의로는 영토가 아니다"라는 설명이 있는 정도로[59], 조차의 성질에 관한 다치의 견해는 명시되지 않은 것처럼 생각된다.

4.2.3. 국내법학자

일본의 경우, 법제도상 조차지는 명확하게 영토와 구별되어 있었다는 배경도 있어, 일로전쟁 후 헌법학·행정법학자들은 조차는 할양과는 다르다는 논의를 전개했다. 예를 들어 이른 시기에는 시미즈 도루(淸水澄, 1868-1947)가 아래와 같이 논하고 있다.

> "조약상 조차지의 설정을 하는 것을 영토의 할양이라고 해석하는 것은 타당하다고 할 수 없다. 따라서 독일 제국이 이것을 보호영토로 선언한 것은 온당하지 않다고 믿는다.

---

57) 菊地 「앞 논문」 (주10) 3쪽, 同 「앞 논문」 (주11) 60-61쪽.
58) 立作太郞 『平時国際法論』(日本評論社, 1930년) 321-328쪽.
59) 立作太郞 『平時国際公法』(中央大學, 1914년) 64쪽.

또 국제법학자 중 리스트와 로렌스 같은 학자들도 조차권으로써 영토권이라고 인정한다고 하지만, 혹시 조차지를 조차한 국가의 영토의 일부라고 할 때에는, 그 조차를 허許하는 국가와 타국과의 조약은 조차지에 관해 그 효력을 잃고, 조차를 하는 국가와 타국과의 조약이 이것을 대신해서 그 효력을 미치며, 또 조차를 하는 국가가 그 조차지를 다른 나라에 양여하는데 대해, 조차를 허한 국가의 동의를 요하지 않는다. 그럼에도 실례는 이에 반한다. 때문에 조차지를 갖고 영토의 일부분으로 인정하는 해석은 국제법상에 있어서도 인정될 수 없는 것이라 말할 수밖에 없다."60)

미노베 다쓰키치(1873-1948)는, 전술한 대로 조차지에 대해, 유럽 학자의 다수는 순수한 영토로 파악하고 있지만 일본에서는 외국으로 간주하는 것이 통설이며 공公의 제도로서도 외국 취급을 하고 있다고 한 후에, 순수한 영토로 간주하는 것도 외국으로 간주하는 것도 타당하지 않다고 논했다. 요컨대, "완전한 영토는 아니지만 영토에 준하는 것, 즉 말하자면 준영토로, 일본의 통치권만이 완전하고 배타적으로 행해지는 구역이라는 것에 있어서는 영토와 조금도 다른 것은 없다"고 하는 것이다61). 그처럼 미노베는 조차지와 영토의 동질성을 강조한 부분도 있지만 가장할양설은 명확히 부정했다62).

기타, 입론 방식에 차이는 있지만 호즈미 야쓰카(穗積八束, 1860-1912), 후쿠지마 기이치(副島義一, 1866-1947), 이치무라 미쓰에(市村光惠, 1875-1928) 등이 모두 조차는 할양과는 다르며 조차지는 조차국의

---

60) 清水澄「我憲法は租借地に行わるるや否」『日本法政新誌』第10卷8号(1906년) 7-8쪽.
61) 美濃部「앞 논문」(주9) 104쪽.
62) 美濃部達吉「租借地の法律上の性質」『法学新報』第25卷1号 (1915년), 同『憲法撮要』(有斐閣, 1923년) 137-142쪽.

영토가 아니라고 했다[63].

4.3. 일본 학설의 검토

이상 살펴본 대로, 일로전행 후의 일본에서는 조차의 성질에 관해 비할양설 쪽이 우세였다. 다만, 비할양설이 대부분으로 가장할양설은 극히 소수라고 하는 정도는 아니었다. 다카하시 사쿠에는 가장할양론자이며, 그밖에도 가장할양론을 주창한 자는 적지 않았다[64]. 또 저명한 국제법학자 중에서는, 전술한 대로 다치 사쿠타로의 견해가 확실하지 않고, 아리가 나가오(有賀長雄, 1860-1921)에 관해서도 마찬가지다. 아리가는 조차 관련 논고를 몇 편이나 발표하였지만, 국제법의 관점에서 일본은 어떻게 대응하는 것이 가능할까, 득일까 하는 논술방법이 주로, 조차 개념 일반에 대해 논한 것은 아니기 때문이다[65].

다만, 전문 국제법학자로 명확하게 가장할양론을 전개한 사람은 다카하시 사쿠에뿐인 데 대해, 비할양론은 적어도 나카무라 신고, 센가 쓰루타로, 야마다 사부로가 주창했었다. 보다 널리, 국제법 연구나 강의를 한 실무자 등까지 포함한 국제법학계 속에서도, 비할양설 측은 시노다 지사쿠, 아키야마 마사노스케, 엔도 겐로쿠라는 유력한 논자가 있었다. 국제법학계의 학설의 경향으로서 가장할양설보다도 비할양설 쪽이 유력했던 것은 확실하다고 생각된다. 그리고 국내법학자는 기본적으로 비할양설이었기 때문에, 국내법학자까지 포함하면 일로

---

63) 穗積八束「憲法提要 上卷」(有斐閣, 1910년) 323-324, 331쪽, 市村光惠『帝国憲法論』(有斐閣, 1915년) 248-250쪽, 副島義一『日本帝国憲法要論』(巖松堂書店, 1917년) 233-234쪽.
64) 이미 언급한 것 외, 예를 들어 広瀬久次郎「租借地の性質を論ず」『軍事警察雜誌』第4-7号, 同「租借の効果を論ず」『軍事警察雜誌』第8-9号 (모두 1908년) 등도 가장할양론이다.
65) 有賀長雄「清国に於ける列国租借地の戦時関係」『外交時報』第30号 (1900년), 同「清国に於ける列国租借地の国際法上の地位」『明治法学』第52号 (1903년), 同「満洲委任統治論」(早稲田大学出版部, 1905년), 同「自国の海岸は封鎖することを得るや―附封鎖区域内に租借地乃至居留地を包有し居る場合」『国際法雜誌』第6卷3号 (1907년) 등.

전쟁 후의 일본에서는 명확히 비할양설이 우세였다. 참고로 일로전쟁 이전에 대해서는, 조차에 관해 본격적으로 논하는 논자가 적고 학설 경향이라고 부를 정도의 것을 발견할 수가 없다.

그렇다면, 일로전쟁 후의 일본에서는, 조차에 관해 세계에서 가장 할양설이 유력하게 주창되고 있다고 하는 인식이 공유된 상태에서 비할양설이 우세였는데, 그 불일치는 무엇에 유래한 것이었을까. 그래서 우선 짚어두어야 할 것은, 당시 일본에서의 가장할양론도 비할양론도, 더욱 말하면 조차의 성질에 관한 현재의 설명도 착안점에 큰 차이는 없다고 하는 것이다. 즉 예를 들면, 조차조약의 조문에 입각하면 조대국은 조차지에 관해 주권을 갖고 있으며 조차기한도 존재한다. 비할양설에서는, 따라서 조차지는 조차국의 영토가 아니며 조차는 할양과 같지 않다고 하는 것이 된다. 그에 대해 가장할양설도 그러한 점을 무시했던 것은 아니다. 다만, 명의상만의 주권에 실질적인 의미는 없다든가, 조차기한이 다가와도 실제로는 반환하지 않을 것이기 때문에 할양과 동일하다고 하는 논의가 전개되었다.

다시 말해서, 가장할양설과 비할양설의 차이를 가져온 것은 주로 조약의 문언이나 형식에 무게를 둘 것인가, 그렇지 않으면 실제론·실태론에 무게를 둘 것인가 하는 것이었다. 그래서 일본의 경우, 조차지를 둘러싼 사실관계가 교주만 조차지를 획득한 독일 등과는 달랐다는 점이 중요하다.

전술한 대로, 일로 간의 포츠머스조약에서 조차권 등의 이전양도에는 청 정부의 승낙이라고 하는 조건이 붙어 있으며, 그 후 일청 간의 조약이 맺어졌다. 그렇게 해서 일본은 조차지를 갖게 되었다[66]. 그에 관해 나카무라 신고는 일로 및 일청 간에 체결된 조약의 조문을 제시하고, "조차지가 조차국의 영지가 아니라는 명확한 증명이 되는 것을

---

66) 러시아로부터 일본에 청의 승낙이라는 조건부로 조차권 등의 이전양도가 이루어진 것은 현재에도 조차와 할양의 차이를 나타내는 예로서 거론된다. 예를 들어, Ronen. *supra* note 2. p.905.

알 수 있고"라고 논했다[67]. 또 시노다 지사쿠는 '사법상에 있어서 채권의 양도가 채무자의 승낙을 얻어야 하는 것처럼, 조차권의 양도가 소유국가의 승낙을 필요로 하는 것은 명확하다'고 한 다음, 일본의 관동주 조차권은 일로 간의 조약에서가 아닌 일청 간 조약에 의해 발생한 것이라고 설명했다[68]. 그러한 청의 승낙에 무게를 둔 견해에 대해서는, 청이 부동의한 경우에 러시아로부터 일본으로의 조차권 양도가 무효가 되어 러시아의 조차가 계속되는 것도, 로청 간에서 조차조약이 체결되기 이전의 상태로 돌아간다고 하는 것도 생각할 수 없고, 청의 승낙은 형식적 조건이라고 한 반론이 있을 수 있었다[69]. 그렇긴 해도 조차지를 갖기에 이른 경위와, 이미 서술해온 것처럼 국가·정부로서 관동주 조차지를 영토로서 취급하지 않은 것을 합해서, 일본의 경우, 눈앞眼前의 현상을 관찰하면 오히려 조차는 할양과 같지 않다는 결론을 이끌어내기가 쉬웠다.

4.4. 일본 정부의 견해와 행동

4.4.1. 오카노 게이지로 법제국장관의 의회 답변

그러면, 일본 정부로서도, 조차는 할양과 같지 않고 조차지는 영토가 아니라고 인식하고, 항상 그 원칙에 입각해서 행동했는가 하면 상황은 그렇게 단순하지 않았다. 제1차 사이온지 긴모치西園寺公望 내각

---

67) 中村『앞의 책』(주54) 102-103쪽.
68) 篠田「앞 논문」(주47) 34-36쪽.
69) 菊地「앞 논문」(주10) 13-15쪽.
岩井尊文「国際地役を論して満洲鉄道の布設権及関東洲の租借地の法律上の性質に及ふ(承前)」『京都法学会雑誌』第1巻11号 (1906년) 39-42쪽도 참조. 조차권의 대상이 되는 토지는 청의 영토이며, 일로 양국은 청의 주권을 존중해서 권리이전의 승낙을 구했다고 하면서, "청국으로서 승낙을 거부하는 것도 있지만 일로 간 관계에 하등의 영향 없고, 로국의 조차권은 일본에 양도이전한다. 그렇기 때문에 청국은 그 승낙 없음을 이유로 해서 일본의 조차권 행사를 거부할 수 없다"고 논했다.

의 오카노 게이지로(岡野敬次郎, 1865-1925) 법제국장관의 의회 답변이 그것을 잘 나타내고 있다. 오카노는 도쿄제국대학 교수인 상법학자로 정부의 다양한 공직에도 종사했다[70]. 질문자는 형사사건·인권사건 변호로 유명한 변호사·정치가인 하나이 다쿠조(花井卓蔵, 1868-1931)이다.

먼저 1907년 3월 27일, 하나이가 중의원의 위원회에서, 관동도독부 법원 소재지는 외국인가 하고 확인했다[71]. 오카노는 "내국의 영토, 제국의 영토로 칭하는 것은 안 되는 것이기 때문에, 외국이라고 부를 수밖에 없다"고 답변했다. 그러자 하나이는, 교주만 등은 조차지이지만 독일은 내국주의로 법률관계를 처리할 수 있는 것처럼 들었다고 하면서, '조차한 것을 보호구역처럼 사람으로 하여금 생각하게 하고, 보호구역이 일전해서 조약 없는 순수한 보호국처럼 되고, 보호국이 일전해서 사실 독일 제국의 영토처럼 사람으로 하여금 느끼게 한다고 하는 것처럼, 조차지에 대한 이익이라고 하는 것이 발전해 간다'고 하는 독일류의 방침을 일본 정부도 취하도록 요구했다.

다음 1908년 3월 25일, 만주에서의 영사재판에 관한 법률안을 심사하는 가운데 다시 조차지의 성질이 논의의 초점이 된다. 그때 오카노는 다음과 같이 말했다.

"조차지의 제도, 조차권이라고 하는 것의 성질에 대해서는, 여러 가지 논의가 있는 것입니다. [중략] 혹은 조차지로써 영토의 숨겨진바 할양이다, 그렇게 해석하고 있는 설도 있는 것 같습니다. 이것은 상당히 즉 조차국의 이익을 위해 진전된 설로,

---

70) 오카노(岡野)는 도쿄제국대학교수인 법학자이며, 국제법학회의 회원이기도 했다. 岡野가 갖고 있는 전문적 지식이나 견해가 답변내용에 영향을 준 부분은 있다. 그러나 岡野는, 일본 정부의 입장과 다른 특설을 말했던 것은 아니다. 岡野가 의회에서 한 답변은, 한 사람의 학자의 의견이 아니라 일본 정부 법제국장관의 정식 발언으로 분석해서 문제없는 것이라고 생각된다.
71) 이하, 의회에서 한 발언에 대해서는 제국의회 회의록 검색 시스템 (https://teikokugikai-indl.go.jp)을 활용.

그 조차국의 편의를 위해 정략상의 논을 세운 것이 아닐까 하고 말하는 것은, 공평하게 생각해보면, 다소 그 경향이 있다고 생각하는 것입니다. 이것은 조차제도라는 근년 설정된바 이유에서, 이와 같이 설을 세우는 것이라고 생각되는 것입니다만, 아울러 조차조약, 조차에 관한 조약의 정면에서 공평하게 이것을 보고, 역시 조차로써 영토의 할양이라고 말하는 것은 몹시 의문스럽다고 생각하는 것입니다. 조약의 조차기한은 긴 것도 있고, 짧은 것도 있습니다만, 어쨌든 짧은 것에 이르러서는 그 조약의 정해진바 연한이 만료되면, 어쨌든 피조차국에 환부해야 하는 것이라고 하는 것은 조약상으로 보아 의심할 수 없는 것입니다."

그리고 관동주에 대해, 전년의 자신의 답변에 언급하면서, "영토의 일부분이라고 말하는 것은 국법상은 주장하는 것이 곤란합니다만, 아울러 아我 국권國權 속에 이것을 통치한다고 하는 주의는 금일에 있어서 변하지 않았다"고 논했다.

그래서 하나이는, 답변의 취지趣意는 요령이 없지만, 결국, 일본 정부의 조차지에 대한 주의는 영토의 일부로 보는 할양주의인가 대차관계로 보는 계약주의인가, 하고 추궁했다. 오카노는, 할양주의인가 계약주의인가 하는 점에 대한 명확한 답변明言은 피하고, "할양이라고 하는 견해를 금일 세우고 있지 않으며, 아울러 할양된 것과 마찬가지로 우리 국권이 미치는 한, 또 아국의 이익을 주장할 수 있는 한, 이것을 통치한다, 이렇게 답변할 수밖에 없다"고 대응했다. 그리고 다시, 할양주의인가 계약주의인가 하는 질문을 받고, 아래와 같이 답변했다.

"내가 답변하는 것은 조차지에 임(臨)하는바 정책이라고 하는 것은, 혹은 아국의 관동주에 대한 정책으로서, 또 관련해서 장래에 있어서 조차지는 어떠한 성질의 것인가 하고 말하는 것을 확정하는 데 재료가 될 것으로 생각한다. 그렇기 때문에 금일부터 계약주의라고 확인할 수는 없다. 또 영토의 할양이다— 이것은 아국의 영토의 일부를 이루는 것이라고 단언할 수도 없다. 그렇기 때문에 어쨌든, 할양된 영토라고 하는 것은 조약이라고 말하기 어렵지만, 이에 임할 때에는 영토의 일부를 이루는 것처럼 국권이 미친다, 이렇게 말씀드리는 것이 온당합니다."

오카노는 가장할양설에 부정적으로, 관동주 조차지에 대해서도 일본의 영토라고는 말하지 않았다. 대체적으로 비할양설의 견해에 선 답변이다. 그러나 다른 한편으로, 일본 정부의 조차지에 대한 주의는 대차관계로 보는 계약주의라고도 말하지 않았다. 그것이 일본 정부의 견해라고 하는 것이라면, 국익추구 가능성에 제한이 걸리고 말기 때문이다.

그와 같은 오카노의 답변 방식은 일본 정부의 입장을 반영하고 있었다고 생각된다. 즉 일본 정부는 기본적으로, 조차는 할양과 같지 않고 조차지는 조차국의 영토가 아니라고 하는 것을 전제로 관동주 조차지를 취급하고 있었지만, 동시에 국익의 추구나 이익의 확보라는 점은 강하게 고려하고 있었다. 따라서 조차지를 둘러싼 다양한 문제가 생기는 가운데, 일본 정부로서 구체적으로 무엇을 주장하고, 어떠한 외교상의 행동을 취할 것인지는, 조차를 일반적으로 어떠한 것으로서 파악할 것인가 하는 것과는 별도로, 각각 판단되었다. 이하 그러한 예를 단편적이기는 하지만 몇 편 다루어보겠다.

4.4.2. 조차를 둘러싼 제 문제와 일본 외교

일본이 관동주 조차지를 획득하자 곧 관동주 주변의 어업을 둘러싸고 일청 간에 분쟁이 생겨 잠시 동안 계속되었다. 그것은 일청 간의 다툼인 동시에 일본·청 쌍방의 내부에서도 다양한 입장이나 이해관계가 있어 어업권, 징세권, 영해, 주권, 구체적 세액이나 출어범위 등 논점은 여러 가지였다[72]. 그 과정에서 청국 측은, 발해渤海는 중국의 영해이며, 또 여순·대련은 조차지이기는 하지만 중국은 동 지방의 어민보호의 권리를 갖는다고 주장했다. 그에 대해 일본 측은, 발해 전체가 중국의 영해라는 주장은 인정할 수 없다는 입장이었다[73]. 다만, 당시 주청 공사였던 이쥬인 히코키치伊集院彦吉는, 일본이 그 점으로 다투려고 하면 발해만영해설과 관동주민에 대한 주권을 둘러싼 논쟁이 되어, "특히 후자에 이르러서는 조차조약에 관한 근본적 쟁의로서 우리나라 입장에서 매우 어려운 문제難澁問題가 된다"고 염려했다. 어업·징세문제에서 파생해서 조차의 성질을 둘러싼 본격적 논쟁이 생기는 것은 일본으로서 바람직하지 않다고 생각했던 것이다[74]. 일본 본국의 고무라 쥬타로小村寿太郎 외상은 사태의 분규를 회피하려고 하는 이쥬인의 의견을 인정하고, 또 후에 이 문제는 이쥬인이 추구한 것처럼 근본론을 피해서 실천적 해결이 꾀해지게 된다. 다만 고무라로부터 이쥬인에 대해서는, 발해의 영해론에 대해 일본의 입장을 명확히 제시해 두는 것은 중요하다는 뜻이 전해졌다[75].

무역관련에서는, 관동주 조차지는 군사상 필요한 제한 외에는 순수한 자유항으로 해, 출입화물에 수출입세를 부과하지 않는 등 자유항주의를 최대한까지 실행하는 것으로 하였다. 조차지를 거치는 청국 내

---

[72] 佐藤良聖「東アジア海域における領海と日中韓漁業紛争(1906-1912)」『東洋学報』第103巻1号 (2021년). 角田順『滿州問題と国防方針 明治後期における国防環境の変動』(原書房, 1967년) 332-339쪽도 참조.

[73] 1910년 3월 5일, 小村寿太郎外相宛伊集院彦吉駐清公使機密信, 3月24日, 伊集院宛小村機密信, 5月10日, 伊集院宛小村電信, 5月12日, 伊集院宛小村電信(外務省編『日本外交文書』第43巻第1冊(日本国際連合協会, 1962년) 356-357, 358, 360, 363쪽).

[74] 1910년 5월 11일, 5월 13일, 小村宛伊集院電信 (위와 같음, 362-363, 365-366쪽).

[75] 1910년 5월 12일, 5월 16일, 伊集院宛小村電信 (위와 같음, 363, 369쪽).

(조차지 외)와의 화물의 왕래로 생기는 청의 관세 징수를 둘러싸고는, 청국 세관은 본래는 조차지와의 경계에 설치하는 것이지만, 경제·유통상의 현실적 문제가 있기 때문에 대련에 설치하게 된다. 다만 일본으로서는, 조대국인 청의 세관을 조차지 내에 설치하게 하는 데 있어서 그 운영에 대해 청측의 관여를 한정하는 것 등이 고려되고 또 다른 한편으로는, 러시아 측의 북만주 세관설치와의 균형權衡도 요구되었다.[76] 법리상의 입장이나 원칙도 있고 현실적인 이익이나 실천적 대응도 있어서, 어느 것이 우선될지는 각각의 문제나 상황에 따라 달랐다. 대련과 일본 여러 개항 간의 외국선의 왕래는 종래대로 하기로 함으로써, 대련이 일본의 조차지가 되었어도 계속해서 인정되었는데, 그것은 어디까지나 일본의 판단으로 그와 같이 했다. 그래서 나중에 항로폐쇄문제가 부상했다. 그때에는 관동주 조차지 및 대련은 일본령·일본항인가, 일본내해·대련 간은 연안무역이라고 해서 외국선의 항행을 금지시킬 수 있는가, 이론상 가능하다고 해서 그렇게 하는 것이 일본에 있어 득인가 하는 것들이 일본 정부 내외, 국내외에서 여러 가지로 논해졌다.[77]

조차연한의 연장은 잘 알려져 있는 것처럼 중대한 문제였다. 여순·대련은 러시아가 1898년에 조차해서 25년간의 기한으로, 그 기한을 맞이하는 것은 그렇게 먼 날의 일이 아니었다. 가장할양설은, 조차기한이 정해져 있어도 실제로는 조차기간 만료 시에 조차치가 반환되는 것은 생각하기 어렵다고 보고 있었다. 그 견해는 어느 의미에서 옳다. 일본의 정군政軍 지도자나 외교관들은 조차기간 만료에 수반해서 관동주 조차지를 반환한다고 하는 전개는 생각하고 있지 않았다. 그러

---

76) 1906년 6월, 滿洲經營調査委員報告(外務省編『日本外交文書』第39卷第1冊 (日本国際連合協会, 1959년) 253-254쪽), 北野剛『明治·大正期の日本の滿蒙政策史硏究』(芙蓉書房 出版, 2012년) 27-52쪽. 外務省条局法規課編『関東州租借地南滿洲鉄道付属地 前編』(外務省条局法規課, 1966년) 132-133쪽도 참조.

77) 吉田ますみ「第一次世界大戦後の日本外務省と『通商自由主義』」『東アジア近代史』第24号 (2020년).

나 그래서는 현실적으로 기한이 닥쳐왔을 때 어떠한 대응을 취하면 좋은가는 확실하지 않았다.

1911년, 중국에서 신해혁명辛亥革命이 발생하고, 일본에서는 그 동란에 편승하려고 하는 대외팽창책도 제기되는 가운데, 당시의 제2차 사이온지 내각은 대체적으로 억제적인 대응을 취했다. 조차연한의 연장도 그것을 요구하는 의견은 있었지만 조치가 취해지지는 않았다[78]. 신해혁명 발생 당초에 사이온지 내각이 결정한 중국 정세에 대한 대응방침에서는, 조차기한은 양국의 협정에 의해 연장할 수 있도록 한 로청 간 조차조약의 규정이나 일청 간 만주에 관한 조약의 최혜국대우 규정이 언급되고, "조차기한의 연장문제는 우리에게 있어서 조약상의 근거를 갖는 사항에 속한다"고 되어 있었다[79]. 즉 그 시점에서는, 강제로 어떤 행동을 일으키지 않아도 조차기한의 문제는 어떻게 될 것이라고 생각되고 있었던 것이다. 그러나 결국 조차연한은 반자동적으로 연장되는 형태는 되지 않았다. 즉 1915년, 대화對華 21개조 요구문제가 크게 분규를 일으킨 끝에 일중 간에 새로운 조약이 맺어져 조차기한은 99년간으로 연장되었던 것이다.

조차연한의 연장 및 대화 21개조 요구와 관계되는 것으로는 교주만 조차지를 둘러싼 문제도 있었다. 1914년, 일본은 영불로 등 연합국 측에 서서 제1차 세계대전에 참전하여, 독일의 교주만 조차지를 공략해서 중국 측에 환부하고 그 대가로서 만주 권익의 강화 등을 꾀하려고 했다. 도중에 우여곡절은 있었지만, 기본적으로 일본으로서는 교주만 조차지 자체는 중국 측에 환부할 작정으로, 다만 파리강화회의에서, 교주만 조차지를 포함하는 독일의 산동山東권익의 계승을 목표로 했다. 그 후에 일중 간에서 새롭게 산동지방에 관한 교섭을 실시하여 경

---

78) 佐々木雄一『帝国日本の外交 1894-1922―なぜ版図は拡大したのか』(東京大学出版会, 2017년) 217-225쪽.

79) 1911년 10월 24일, 閣議決定(外務省編『日本外交文書』清国事変 (辛亥革命) (日本国際連合協会, 1961년) 50쪽).

제적 권익 등을 얻으려고 했다. 한편 중국 측은, 일본에 의한 산동권익 계승을 저지하려고 했다. 중국도 제1차 세계대전에 연합국 측으로 참전하여 전승국의 일원이었다[80].

그에 관련해서, 파리강화회의 중의 주요국 수뇌회의에서 일본 대표인 마키노 노부아키牧野伸顕는, 중국이 독일에 선전포고한 결과로서 중독 간의 조차에 관한 조약은 소멸했다고 하는 주장에 반론했다. 조차지 내에서 독일의 주권의 행사를 인정했던 조차조약의 성질에 비추어, 교주만의 조차는 99년간이라고 하는 제한이 있는 것을 제외하고 순수한 할양이었으며, 선전포고는 토지할양조약 기타 영토상의 협정을 폐지하는 것이 아니다고 한 것이다[81]. 그 점은, 중국이 독일에 선전포고한 시점에서 일본 국내에서 관심이 쏠려 있어, 조차는 실질적으로 할양이며 토지할양조약에 준하는 조차조약은 선전포고에 수반해서 소멸하는 것이 아니라고 하는 마찬가지 논의도 보였다[82]. 그리고 제1차 세계대전 후에는, 베르사이유 조약으로 교주만의 조차권 등이 독일에서 일본에 양도된 실례가, 조차조약은 당사국 간의 개전에 수반하여 실효하지 않는 것이나, 조차와 영토할양의 동질성을 나타내는 증좌로 인식되는 것도 있었다[83]. 다만, 비할양설이 우세였던 일본의 학설 상황을 바꿀 정도의 영향은 없었다.

---

80) 佐々木『앞의 책』(주78) 228-232, 237-241 293-298쪽.
81) 1919년 4월 22일, 수뇌회의에 있어서 마키노(牧野) 전권(全權) 진술 (外務省編『日本外交文書』 大正8年 第3冊 上卷 (外務省, 1971년) 254, 257쪽).
　　Asada, supra note 8은, 조차와 할양을 동일시하는 일본의 학설이 배경에 있고, 이러한 마키노의 발언이 이루어졌다고 한다. 그러나 이 장에서 논해진 것처럼, 일본의 학술경향으로서는 비할양설 쪽이 우세했다. 또 이때 일본은 강경하게 山東권익계승을 주장하고 있어, 그 달성을 위해 실천적으로 다양한 논리가 사용되었으며, 일본 정부의 조차(지) 일반에 대한 인식이 이 마키노의 발언에 나타났다고 하는 것은 아니다.
82) 예를 들어, 牧野義智「支那の宣戦の租借条約に及ぼす效果」『国家及国家学』第5卷11号 (1917).
83) 菊地「앞 논문」(주43, 1930년) 27-31쪽, 田岡「앞 논문」(주3) 64-65쪽.

4.5. 제1차 세계대전 후의 변화

마지막으로, 제1차 세계대전 무렵을 경계로 생긴 조차의 성질에 관한 학설 조류의 변화에 대해 일본에서의 논의를 살펴보겠다.

기쿠치 고마지는 1933년의 논고에서, "변태할양설에 대한 최근의 부인론은 서양泰西 학단에서는 독일과 오스트리아獨墺 양국 법학자의 선구적 주창首唱과 관련이 있다"고 지적했다. 그것은 제1차 세계대전을 통해 독일·러시아 양 제국이 붕괴하고, 또 독일이나 오스트리아의 해외 발전의 길이 막혔기 때문에, 독일과 오스트리아의 학자는 "조차조약은 필경, 제국주의의 유물로서 변태할양설은 완전히 침략정책 변호설에 다름 아니다"고 파악하고 있는 것이라고 기쿠치는 보았다. 그리고 "20수년 전의 소수설은 최근 10년간 변화해서 통설이 된 감觀이 있다. 시세의 변화도 역시 크다고 할 수밖에" 하고 논했다[84]. 조금 뒤에 우에다 도시오植田捷雄도, "제1차 세계대전 전 즉 열국의 제국주의가 번화했던 시대에 있어서는 영토할양설이 유력하게 주장되고 대전 후 즉 반제국주의적 사조가 점차 농후하게 됨에 따라 비할양설도 자연히 세력을 점해가고 있는 것이라고 생각된다"고 정리하고 있다[85]. 어느 것이나, 제1차 세계대전을 계기로 제국주의가 사상·규범상으로도 실제의 대외정책상으로도 곤란에 직면하고, 그것을 계기로 조차에 관한 세계의 학설 경향이 변화했다고 분석하고 있다.

그리고 보다 흥미로운 것은 학설의 조류가 변화해 가려고 하는 한가운데 있던 논자가, 그것에 대해 기술하고 있는 점이다. 국제법·식민정책학자인 이즈미 아키라(泉哲, 1873-1943)는 1919년의 논고에서, "영토조차는 그 문자가 나타내는 것과 같이, 혹 기간사용 후, 그 주권자에 반환하는 의의를 갖고 있지만, 금일 실행상 이러한 영토의 반환을

---

84) 菊地 「앞 논문」 (주11) 90쪽.
85) 植田 『앞의 책』 (주2) 159쪽.

실현하는 것으로는 사고思考되고 있지 않다. 또 다수의 국제법학자도 가면을 쓴 영토할양이라고 말하는 데 거의 의견의 일치를 보고 있다"고 하였다[86]. 가장할양설이 세계의 통설이다고 하는 설명이다.

그런데 다음 해 1920년의 논고에서는, "금일에 이르기까지 조차지를 논하는 국제법학자는 누구나 변장하는 일종의 영토획득의 방법이라고 주장하는 자 다수였는데, 이것은 과거의 학설의 운명을 갖고 있는 것처럼 사고된다. 금후 국제법상 이것을 명확히 승인하는 데 이르느냐 아니냐는 의문스럽고, 오히려 [중화] 민국인이 주장하는 것과 같은 설로 추이하지는 않을까 하고 생각된다"고 논했다[87].

혹은, 중국학자 아오야기 아쓰쓰네(靑柳篤恒, 1877-1951)는 1923년, 일로전쟁 후에 청의 승인을 얻는 형태로 일로 간에 조차권 수수가 이루어진 것이나, 1915년 일중 간에 조약을 맺어 조차기한이 25년에서 99년으로 연장된 것을 들어, "조차즉할양설은, 자연히 우리吾人의 의혹을 깊게 해왔다"고 기술했다. 그리고 워싱턴회의(1921-22년) 시에 이루어진 영국威海衛이나 프랑스廣州灣의 조차지 환부성명에 언급하고, "우리들은 확실히, 그리고 명백히, 조차는 할양이라고 하는 학설을 부인하지 않을 수 없게 되었다. [중략] 이미 그 환부를 성명聲明했다. 조차는 할양이 아니라고 하는 새로운 원칙은 사실상 성립했다. 이에 관동주 조차지 문제에 대한 새로운 관계와 새로운 해석이 생긴다"고 단언했다[88].

---

86) 泉哲「委任統治上租借統治」『国際法外交雜誌』第17卷10号(1919년) 29쪽.
87) 泉哲「租借統治論」『国家及国家学』第8卷3号(1920년) 8-9쪽.
88) 青柳篤恒「関東州租借地還附問題在解決するには」『外交時報』第440号(1923년) 12-13쪽.

5. 마치며

19세기말부터 제1차 세계대전 무렵까지, 조차의 성질에 관해 가장할양설이 서양에서 유력하게 주창되었다. 일본에서도 가장할양설이 세계 국제법학자의 통설이라고 인식되었다. 그러나 일본에서는 일로전쟁 후, 대세를 점하고 있었다고 까지는 말하기 어렵지만 비할양설 쪽이 우세했다.

일본에서 그와 같은 학설 경향이 생긴 배경에는 일본이 갖는 조차지를 둘러싼 사실관계나 상황이 있었다. 즉 우선, 일본은 청의 승낙이라고 하는 조건부로 러시아로부터 여순·대련 등의 조차권을 획득했다. 그리고 청의 승낙의 성질을 어떻게 해석할 것인지는 논의의 여지가 있기는 했지만, 실제로 일청 간에 조약이 체결되어, 청은 러시아로부터 일본으로의 조차권 양도 등에 승낙을 했다. 조차지에 대한 조대국의 주권의 존재나 조차와 할양의 차이가 깊은 인상을 주는 형태로 일본은 조차지를 갖기에 이르렀다. 또 일본의 경우, 국가·정부가 관동주 조차지를 영토로 다루지는 않았다. 가장할양론은 조차가 조약의 문언상은 어찌되었든 실제로는 혹은 실질적으로는 할양의 일종이라고 하는 사고방식이다. 그러나 일본에서는, 조차지를 획득한 경위나 그 후의 일본 정부의 조치를 보면 오히려, 조차는 할양과 다르고 조차지는 조차국의 영토가 아니라고 하는 결론에 이르기 쉬웠다.

그 후 세계의 학설경향으로서도, 제1차 세계대전을 거쳐 제국주의 시대의 규범과 실례로 뒷받침된 가장할양설은 제국주의의 퇴조와 함께 후퇴해 간다. 그 모습은 일본에서도 예감되고 또 관찰되었다.

일본 정부의 동향과 학설과의 관계에서는, 일본 정부는 기본적으로는 조차와 할양, 혹은 조차지와 영토를 동일시하지 않고, 관동주 조차지를 일본의 영토로서 다루지 않았다. 그러한 조차(지)를 둘러싼 일본 정부의 인식과 행동은 일본의 학설 경향에 영향을 주었다고 생각된다. 다만, 관동주 조차지를 둘러싸고는 현실적으로 많은 문제가 발생하고, 그에 일본 정부가 대응하는 데는 물론, 국익의 추구나 권익의 확보도 강하게 인식되었다. 그리고 조차지를 완전히 조대국의 영토로 간주하는 것과 자국(조차국)의 영토로서 다루는 것과의 중간역에서, 다양한 형태로 현실 외교문제에 대한 대응이 이루어졌던 것이다.

제Ⅲ부

영역분쟁에서의 의사·시간

제5장

영역문제에서의 '법'에 입각한 주장

가네하라 아쓰코 兼原敦子

1. 이 장의 주제

1.1. 법과의 관계에 관련된 논의

　이 장의 주제는, 영역문제[1]를 소재로 해서 국제법이 스스로의 타당성을 어떻게 확보할 것인가이다. 영역분쟁에서는 법[2]적 주장과 비법적 주장이 나오게 된다. 그러나 비법적 주장이라고 해도, 국제법은 그것을 국제법 속에 포함하는 탄력성을 갖고 국제법의 타당성을 확보하려고 하는 것이 아닐까. 이 장에서는, 국제법은 사람·물건이나 사실·행위에 대해 어떻게 국제법의 규율을 실현하려고 하는 것일까, 비유

---

1) 여기에서 말하는 영역문제란 북방영토, 독도, 센카쿠 제도(尖閣諸島)에 대해 일본이 근린국과의 사이에 갖는 사실상황을 말한다. 센카쿠 제도에 대해 중국과의 사이에는 '분쟁'은 없다. 북방 4도와 독도에 대해 일본의 공식견해로는 일본과 러시아, 일본과 한국과의 사이에 '분쟁'이 있다. 이것들을 종합해서 정리하는 경우에는 영토문제'로 한다. 문맥에 따라 적절하고 필요한 경우에는 '분쟁' 혹은 '문제'를 사용한다.
2) 이 장에서는 '법'이란 국제법을 말하며 '영역분쟁에 관계되는 국제법'에 초점을 맞춘다.

적으로 말하면 국제법의 세계는 어떠한 강점을 갖는가, 그러한 의미에서의 국제법의 다이나미즘이란 무엇인가를 고찰하고자 한다.

구체적으로 다음과 같은 예가 떠오른다. 일본은 이른바 '고유의 영토'론을 주장하고, 그것은 "법률적 개념은 아니다"라든가, "법적인 의미는 명확하지는 않다"고 설명하고 있다[3]. 그에 대해, 국제법학의 입장에서는 다음과 같은 의문이 생긴다. 일국의 일방적인 주장으로 법의 세계로부터의 관계를 단절할 수 있는 것인가. 일본의 '고유의 영토'론이 법의 세계와의 관계 불명확화나 관계의 부정을 함의하는 것이라면, 그와는 반대로 국제법상의 권리인가에 대해 의문이 있지만, 국제법상의 권리로서 주장되는 것이 역사적 권리[4]이다. 중국은 남중국해의 광대한 해역에 중국의 역사적 권리를 주장하지만, 이것을 유엔해양법협약(UNCLOS)이 아니라 관습국제법에 기초를 두고 있다[5]. 1951년의 어업 사건[6] 이래, 역사적 권리와 국제법과의 관계에 대해서는 논쟁이 있다. 이러한 것들은, 센카쿠 제도에 대해 중국이 역사적 권리를 주장하고 있기 때문에, 그에 대한 일본의 반론을 고찰하는 데 있어서 회피할 수 없는 논제이다.

1.2. 이 장의 구성

'고유의 영토'론에 대해서는 별도의 원고에 돌리고, 이 장은 법과의

---

3) 다분히 개인의 견해를 포함한다고 하는 유보는 있지만, 외무성 국제법국 참사관(집필 당시) 山上信吾 「"固有の領土"を考える」 『日本外交協会報』 2012년 11월 20일호, 1쪽.
4) 역사적 권리, 역사적 권원 등의 용어에 대해서는 뒤에 정리한다.
5) 남중국해분쟁에서 중재판결(본안)은 출정하지 않은 중국의 주장을 몇 개인가의 공식문서로 꼼꼼히 확인하고 있다. Atsuko Kanehara, "Validity of International Law over Historic Rights: The Arbitral Award (Merits) on the South China Sea Despite," *Japan Review*, Vol. 2, No.3 (2018. Winter), pp. 9-11. The South China Sea Arbitration (The Republic of Philippines v. The Republic of China), Award of 12 July 2016, at https://pca-cpa.org/wp-content/uploads/sites/175/2016/07/PH-CN-20160712-Award.pdf
6) *Fisheries Case (United Kingdom v. Norway), Judgment of December 18th, 1951, I.C.J. Reports 1951.*

관계의 주장이나 청구에 대해, 법이 그것을 어떻게 법의 세계에 포함시키고 있는지에 초점을 맞춘다. 1.에서 주제를 부연한 후, 2. 법과의 관계의 청구―'역사적 권리', 3. 법과의 관계 결정에 관계되는 주요소―의사·시간, 4. 영역분쟁에서의 '의사의 작용'이라는 요소의 재검토 순으로 논지를 펼친다. 5. 마치며에서, 센카쿠 제도 문제에 대한 일본의 주권국가로서의 통합적 입장의 구축을 제안한다. 그것은 영역권원론·해양법·분쟁개념에 비추어 구축하는 입장이며, 더구나 국제사회의 공통이익의 실현에 공헌하는 입장이다.

필자의 감각을 솔직하게 표현하는 것도 유익하다고 생각하여, "법과의 관계의 불명확화나 부정", "법과의 관계의 청구"라는 표현으로 이 장의 주제를 설명했다. 2. 이하의 검토에 앞서, 이 필자의 감각을 법의 '타당성'이라는 말로 명확히 해둔다.

1.3. 법의 '타당성'

이 장에서는 법과의 관계가 존재하는 것을 법의 타당성이 미친다고 표현한다. 그것은 사람·물건이나 사실·행위에 대해 법이 그 법적 평가를 부여하는 것을 의미한다. 사람·물건이나 사실·행위에 대해 법이 규율을 미치고 있는 것을 그와 같이 표현하고 있다. 입법관할권이라고 바꿔 말할 수도 있을 것이다. "타당성이 미친다"고 하는 것은 "법의 세계에, 사람·물건이나 사실·행위를 포함시킨다"고 하는 필자의 감각을 표현하고 있다. 법이 규율하고 있기 때문에 사람·물건이나 사실·행위가 그 법에 의해 법적으로 평가(합법·위법)된다[7].

판례 등에서 validity의 용법은 꼭 일의적이지는 않다. 이 장은 여기에서 서술한 의미에서 '타당성'을 사용하지만, 문맥에 따라 다음 의미의 함의도 배제하지 않는다. 유효성(effectiveness), 유용성(relevancy), 유

---

[7] 이 장에서는 후에 '대항력의 유무'라는 법적 평가도 도입한다.

익성(usefulness), 적용(가능성)(applicability)이다.

2. 법과의 관계의 청구

2.1. '역사적 권리'

주로 이 절의 용어를 명확히 해둔다. 역사적 '권리'에는 '역사적 권원(historic titles)', '역사적 권리(historic rights)', '역사적 만(historic bays) (에 대한 권리)', '역사적 수역(historic waters) (에 대한 권리)' 등이 있을 수 있지만, 여기에서는 '역사적 권리(historic rights)'를 총칭해서 사용한다[8]. 특히 요약하자면 협의의 '역사적 권리'라는 것의 명시도 포함하여, 문맥에 따라 이들 개념을 나누어 사용한다.

이 절에서는 역사적 권리를 소재로 해서 영역분쟁에서의 주장의 법적·비법적 구성을 고찰한다. 여기에서 말하는 '비법적'이란 법적인 요소 이외의 모두(정의, 역사적, 정치적, 문화적 등)를 포함하는 용어로서 사용하고 있다. 합법성과 '정당성'이라고 하는 것처럼, 혹은 법에 대치하는 '정의正義'라는 의미에 한정해서 '비법적'이라고 서술하고 있는 것이 아니다.

역사적 권리에 관계되는 '법'에는 다음 두 가지가 있다. 첫째로, 역사적 권리와 국제법 규율사항과의 관계를 규율하는 국제법(예를 들어 영역권원, 해양경계, 경계획정의 국제법)이다. 이들은 '일반국제법'이라고 하는데, 그것은 관습국제법 및 조약의 형태를 취할 수 있다. '특별(양국

---

[8] 그 실질적 이유는, '역사적' 권원이나 권리 등에 대해 이 장에서의 고찰은 일반적으로 해당되기 때문이다. 또 같은 취지에서 남중국해분쟁에서의 중재판결(본안)도 '역사적 권리(historic rights)'를 '총칭어(ageneric term)'로서 채용하고 있다. Kanehara. *supra* note 5, p. 13.

간을 배제하지 않는다)국제법'⁹⁾은 필요에 따라 그와 같이 기술한다. 둘째로 역사적 권리 그 자체에 대한 국제법(관습국제법이 상정되지만, 조약인 것도 배제되지 않는다)이 있다. 역사적 권리의 정의나 성립요건을 규율하는 국제법이 전형적이다[10]. 첫째와 둘째는 항상 명확하게 구별된다고는 할 수 없다. 가령, 제1 카테고리인 해양경계획정을 규율하는 국제법에 있어서, 역사적 권리에 뭔가의 법적 효과를 부여할 때에, 그 역사적 권리에 해당하기 위한 요건도 규정하는(제2 카테고리의 법) 경우가 있을 수 있다[11]. 따라서 개개 문맥에 따라서 가능한 한, 제1 카테고리인지 제2 카테고리인지 어느 카테고리의 국제법 문제인지를 명확히 한다.

2.2. 국제법과 그에 적합하지 않은 주장과의 관계

역사적 권리에 대해 국제법과의 관계가 논의되고 있다. 그 계기가 된 것은 1951년 어업 사건의 국제사법재판소(ICJ) 판결이다[12]. ICJ는 노르웨이의 직선기선 방식을 "일반국제법의 적용"이라고 판시했다[13]. 여기에서 말하는 일반국제법이란 직선기선에 관한 국제법이다. 그것은 이 장의 용어로는 역사적 권리와 국제법의 규율사항과의 관계를 규율하는 국제법이다. 영국은 만구폐쇄선灣口閉鎖線에 대해 10해리 규칙이 있고, 그 예외를 주장하기 위해서는 역사적 근거가 필요하다고 주장했다. 영국은 노르웨이의 직선기선방식은 영국이 말하는 일반국제법의 예외를 주장하는 것이며, 그것이 역사적 근거에 입각한다는 입

---

9) '특별(양국 간) 국제법'과 '대항력'에 대해서는 이 절에서 나중에 검토한다.
10) 평가는 신중하지 않으면 안 되지만, 중국은 남중국해에 있어서 주장하는 역사적 권리에 대해 일반국제법 혹은 관습국제법을 그 근거로 한다.
11) 이와는 달리 UNCLOS 15조는, 영해의 경계획정에 있어서 역사적 권원에 특별한 고려를 인정하지만, 역사적 권원이 성립하는 요건은 규정하지 않고 있다.
12) *supra* note 6.
13) *Ibid.*, p. 131.

증책임은 노르웨이에 있다고 주장한다. 이 주장을 ICJ는 인용하지 않았다[14].

어업 사건 판결 후에, 유엔국제법위원회(ILC)는 역사적 수역·역사적 만에 관한 검토를 했다[15]. 그 검토에서는 어업 사건 판결에서의 ICJ의 논리와 영국의 논리가 함께 검토되었다. 이 역사적 수역에 관한 검토는 수역에 대한 권리의 검토로, 이 장의 용어에 입각하여 특히 부적당하지 않은 경우에는 이 ILC의 검토에 언급하는 경우에 역사적 권리란 말을 사용한다.

역사적 권리를 일반국제법에 대한 예외로 구성하는 견해와, 일반국제법의 적용으로 구성하는 견해는, 다음과 같이 생각하면 실질적으로 다른 점이 없다. 즉 일반국제법이 추상적 규정이라든지, 개별 구체적 사정을 고려할 여지를 일정 정도 인정하고 있다든지 하는 경우이다. 이와 같은 일반국제법에서는, 한편으로, 그 '적용'으로 개별 구체적 사정으로서 역사적 권리가 인정되거나 일정한 고려가 부여되는 경우와, 다른 한편으로, 역사적 권리가 일반국제법의 '예외'로서, 일반국제법으로부터의 일탈이 인정되는 경우는 서로 실질적인 상이점을 찾기 어렵다. 전자의 경우에는, 국제법의 개별적 사정에 비춘 적용에 따라 역사적 권리(와 그에 입각하는 주장 등)의 합(위)법성이 결정된다. 후자의 경우에는, '예외'에 해당되는지 아닌지에 따라 역사적 권리(와 그에 입각하는 주장 등)의 합(위)법성이 결정된다. 단적으로 말하면, '예외'에 해당하는지 아닌지는 애초 그 자체가 일반국제법의 내용에 의해 판단된다.

다만, 이 장의 주제인 일반국제법의 타당성이라는 관점에서는 다음

---

14) *Ibid.*, pp. 130-131.
15) *Juridical Regime of Historic Waters, Including Historic Bays*, Study Prepared by the Secretariat, 19 March 1962, Document A/CN.4/143. 이하, ILC 보고서로 기술한다. ILC 보고서는, 역사적 수역과 역사적 만이란 용어에는 유의하면서도, 역사적 수역은 역사적 만을 포함한다고 하며, 양자의 구별을 그 이상으로는 요구하지 않는다. *Ibid.*, para. 34.

과 같이 말할 수 있다. 참고로, 먼저 '일반국제법'과 '예외'라고 하는 용어를 이 장의 주제와의 관계에서 다음의 취지로 사용한다는 점을 양해해주기 바란다. 이 장의 주제는 '국제법'의 타당성으로, '국제법' 세계의 확보와 유지를 문제로 삼고 있는 것이며, 그 경우에는 특히 '일반국제법'으로 한정할 필요는 없다. '일반국제법'은, 가령 분쟁당사국 간에만 적용되는 '특별국제법'이 아닌, 모든 국가에 적용과 효력이 있는 국제법이라는 의미에서 '일반국제법'이라는 용어가 사용된다. 이때 '일반국제법'에 대한 '예외'는 '특별국제법'이라는 논지도 있을 수 있지만, 이 경우의 '예외'는 '법의 밖'을 의미하지 않는 것은 명확하다. 그와는 달리 이 장에서는, 어업 사건에서 ICJ가 제시한 두 개의 논리구조를 논의하는 취지를 염두에 두는 경우는 말할 것도 없고, 혹은 그에 더하여, 국제법의 타당성을 논하고 있는 것에 대해 혼란이 생기지 않는 경우에는 '일반국제법'으로 표기한다.

　이와 같이 용어를 명확히 한 후에, 위 두 가지 견해를 이 장의 관점에 비추어보면, 일반국제법의 '적용'으로서 역사적 권리를 인식한다면, 역사적 권리에 대한 일반국제법의 타당성을 확보할 수가 있는, 즉 "국제법의 세계에 역사적 권리를 포함시킬 수 있다"고 하는 의의가 있을지도 모른다. 그에 비해, 역사적 권리를 일반국제법의 '예외'로 취급하는 경우에는, 역사적 권리를 국제법의 세계에서 구축한다고 할 수 있을지도 모른다. 그러나 역사적 권리를 일반국제법의 '예외'로 인식하는 경우에 있어서도, 형식논리이기는 하지만, 그 '예외'라는 인식을 결정하는 것은 일반국제법이다. 그 의미에서는 일반국제법은 역사적 권리를 규율하고 있으며, '예외'로 "국제법 세계에 역사적 권리를 포함하고 있다"고도 할 수 있을 것이다.

　역사적 권리 그 자체에 대한 관습국제법이 성립하는 것도, 또 조약에 의해 역사적 권리에 대한 규정이 채택되는 것도 배제되지 않는다. 여기에서 말하는 (관습 내지는 조약에 의한) 국제법은, 이 장의 용어에 따르면, 역사적 권리의 정의나 요건을 정하는 국제법이다. 그리고 역사적 권리 그 자체에 대한 일반국제법이 성립하면, 역사적 권리를 일반국제법의 '예외'로 인식할 필요는 없다. 예를 들어, 역사적 권리 그 자체에 대한 일반국제법이 정하는 요건을 충족하여 역사적 권리가 성립하고, 그 역사적 권리가 해양의 경계획정에서 어떠한 효과를 가질지는, 해양의 경계획정에 관한 일반국제법과, 역사적 권리 그 자체에 대한 일반국제법과의 적용관계에 의해 결정된다.

재판실례에서는 역사적 권리에 대해 다음과 같은 언급이 있다. 2006년 에리트리아=예멘 사건[16]에서 중재법정은, "진정하게 확립된 (역사적) 권리가 있다고 하면, 그것은 정의상 선행하는 권리(a prior right)이다"고 판시했다[17]. 2001년 카타르=바레인 사건[18]에서 공동반대의견(베자우이, 란쟈바, 코로마 판사)은, "역사적 권리에 입각한 것을 포함하여······" (방점 인용자) ICJ가 "당사국의 법적 근거에 관한 견해"(동)에 대해 판단을 제시하지 않은 것에 대한 비판을 하고 있다[19].

역사적 권리가 일반국제법의 '예외'로서 주장되는 경우에, 역사적 권리와 일반국제법의 관계는 시간 경과·법의 발전의 관점에서는 다음 과정을 거친다.

일반국제법이 생성하려고 하고 형성되려고 할 때, 내용에 있어서 그것과 일치하지 않지만 선행해서 권리로서 주장·행사되고 있던 것이, 생성되고 형성되는 국제법 하에서도 '예외'이기는 해도 역사적 권리로서 법적 권리라는 것을 유지하려고 한다. 혹은 일반국제법에 적합한 권리가, 일반국제법의 변경으로 그것에 적합하지 않게 된 때, 그래도

---

16) The Eritrea-Yemen Arbitration, Phase I: Territorial Sovereignty and Scope of Dispute, *Reports of International Arbitral Awards*, Vol. XXII (1998), pp. 211-234. 이하 에리트리아=예멘 사건으로 기술한다.
17) *Ibid*., para. 107.
18) *Maritime Delimitation and Territorial Questions between Qatar and Bahrain (Merits), Judgment of 3 March, 2001, I.C.J. Reports 2001*, p. 173. 이하 카타르=바레인 사건으로 기술한다.
19) Joint Dissenting Opinion of Judges Bedjaoui, Ranjeva, and Koroma, *Ibid*., paras. 52-53.

이러한 권리가 법적 권리인 것을 유지하기 위해 '예외'로서의 역사적 권리가 주장된다. 역사적 권리를 허용하는 내용의 일반국제법이 성립하면 역사적 권리는 이러한 국제법의 '예외'에서 예외가 되지 않는다.

그렇다고 하면, 역사적 권리와 국제법과의 관계에서는, 역사적 권리는 관계국 혹은 국제사회 일반의 국가 합의(=조약)로 인해[20], 반드시 능가(over ride)되는가 하는 문제가 부상한다. 이에 대해서는, 후에 역사적 권리의 성립요건인 '타국의 반응'을 검토할 때, 합의를 표명하는 국가의 범위 문제를 포함하여 고찰한다.

이상에서는 역사적 권리와 '역사적 권리와 국제법 규율사항과의 관계를 규율하는 국제법'과의 관계를 보았다. 이어서 역사적 권리 그 자체에 대한 국제법을 살펴보기로 한다.

2.3. 역사적 권리에 관계되는 국제법[21]

2.3.1. 전제적 고찰로서, 육지와 바다에서는 권리의 근거가 되는 논리의 구성에 상이한 점이 있는지 없는지를 살펴본다. 상이한 점이 있다고 주장하는 견해는 다음 이유를 든다. ①육지에서는 물리적인 실효적 점유가 영역취득의 중요한 요인이지만, 바다에서는 법적 논리가 중요한 요인이다, ②육지에서는 무주지거나 선행영유자로부터 취득하게 되지만, 바다에서는 *res communis*로부터의 권리의 배분이 된다, ③육지에서는 물리적 점유나 실효적 지배에 무게가 있고, 규범보다도 사실이 의의를 갖는다. 바다에서는 (특히 현재의 해양법에서는) 자원이용에 중점이 있어, 자원개발로부터 이익을 실현하기 위해서는 세계시장

---

20) 역사적 권리와 관습국제법의 관계도 문제가 될 수 있다. 관습국제법이, '묵시의 합의'로서 합의를 본질로 하는가에 대해서는 논쟁도 있다. 따라서 역사적 권리와 특정관계국 혹은 국제사회 일반 국가의 합의와의 관계를 논할 때에는, 주로 합의와 그것이 형성하는 조약을 상정한다.

21) 역사적 권리의 포괄적 검토로서, Clive Symmons, *Historic Waters in the Law of the Sea*: A Modern Re-Appraisal (Brill, 2007).

이 기능할 필요가 있으며, 세계시장의 기능과 그 이용을 위해서는 사실보다도 규범에 따를 필요가 있다[22].

각각의 주장은, 일정 정도에는 해당하지만, 일의적으로 육지와 바다에서, 권리의 근거가 되는 논리의 구성에 상이점을 끌어낸다고까지는 말할 수 없다. 오히려 실효적 선점, 장기에 걸친 권한행사와 타국에 의한 묵인[23] 등의 요소를 판단할 때에, 이렇게 상이한 점이 있을 수 있다는 것을 고려하면 족하다. 따라서 아래에서는, 주로 역사적 권리에 대해 주로 해역을 소재로 해서 검토하지만, 그 검토는 '필요한 수정을 더하여(*mutatis mutandis*)'이기는 하지만, 육지에 대해서도 해당한다고 생각해도 좋다.

2.3.2. 학설에서는 역사적 권리의 분류기준과 분류가 제시되어 있다[24]. 역사적 권리를 법적 권리로서 논리를 구성하는 데 있어서, 이러한 분류에 따라 논리구성 그 자체를 구별하지 않으면 안 되는 것일까, 즉, 이 분류에 따라 다른 논리구성이 적용되지 않으면 안 되는 것일까라는, 논리의 적용범위의 문제가 있을 수 있다. 그렇지만, 논리구성 그 자체를 구별하는 이유가 되는 분류는 생각하기 힘들다. 오히려 역사적 권리를 취득하기 위한 요건 검토에 있어서, (특히) 고려되는 요인이, 이 분류기준으로 제시되어 있다고 생각해도 좋다.

분류기준에는, ①권리의 대상 : 육지인가 바다인가[25], ②주권 내지

---

22) 육지와 땅이라고 하는 점에서, 영역주권을 둘러싼 논제를 비교검토한 문헌으로서, Lea Brilmayer and Natalie Klein, "Land and Sea: Two Sovereignty Regimes in Search of a Common Debnominator," *New York Journal of International Law and Politics*, Vol. 33 (2001), p. 704. 같은 취지의 고찰로서, Irina Buga. "Territorial Sovereignty Issues in Maritime Disputes: A Jurisdictional Dilemma for Law of the Sea Tribunals," *International Journal of Marine and Coastal Law*, Vol.27 (2012) pp. 59 *et seq*.
23) 의사를 나타내는 용어에 대해서는 후술한다.
24) 예를 들어, 상기 주22에 게재한 문헌과 그것이 참조하는 학설 등.
25) 섬에 대해 다음 점은 유의해야 한다. 섬은 육지이며 육지에 대한 역사적 권리를 상정할 수 있다. 다른 한편으로, 섬인가 암초인가 하는, 해양 특징의 국제법에 의한 정의나, 해양 특징이 어떠한 해역·해저를 만들어내는가는 해양법에 따른다. 섬이 ('암초'라도 영해는 가지지만) 배타적경제

는 (완전한·포괄적) 권리인가 부분적 권리인가, ③배타적 권리인가, ④ 대세적對世的 권리인가 특정국과의 관계에 있어서의 권리인가가 있다.

2.4. 역사적 권리의 성립요건

2.4.1. ILC 보고서는 역사적 권리의 성립요건은 세 가지라고 하고[26], 1951년 어업 사건의 ICJ 판결을 답습하고 있다. 이 세 가지는, ①실효적 권한의 표시, ②타국의 태도·반응, ③장기간의 경과이다. 대개, 학설 및 판례에서도 3개의 요건에 수렴된다고 생각된다[27].

이하, 2.4.2.~2.4.4.에서 개개 요건을 검토한다.

2.4.2. 개개의 요건 (그 1)은 '실효적 권한의 표시'이다.

2.3.2.에서 역사적 권리를 둘러싼 분류론에서 말하는 분류는, 역사적 권리를 주장하기 위한 논리구성 그 자체를 구별하는 것은 요구하지 않지만, 역사적 권리의 획득을 위해 요건을 충족했는가를 검토하는 데 있어, 고려요인이 될 수 있다고 했다. 그 점이 현저하게 나타나는 것은 이 '실효적 권원의 표시'라는 요건에 있어서이다. 몇 개의 요소로 나누어서 확인해 간다.

첫째로, '행위의 주체'에 대해 국내 (법) 제도의 일환일 것, 국가에 의한 행위일 것이 요구된다. ILC 보고서는 학설의 총체로서 이와 같은 결론을 이끈다[28]. 1968년 인도·파키스탄 서부국경(Rann of Kutch) 사

수역, 대륙붕을 갖기 위해서는, '사람의 거주'가 UNCLOS 121조에서 요건이 되어 있다. 육지의 영역취득에서는, 지배자 측의 사람의 거주, 혹은, 원주민에 대한 처리 등이 실효적 지배의 확립과 계속을 위해서는 중요하다. 그러나 그것과 UNCLOS 121조에서 말하는 '사람의 거주'라는 요건과의 관계는 이해하기 힘들다. 여기에서 제시한 의미에서, 해양법의 관점에서 '사람의 거주'를 요건으로 하는 것과, 영역취득의 관점에서 지배자 측의 사람의 거주 혹은 원주민에 대한 처리 등이 중시되는 것과는, 각각 별개의 이유에 의한 것일까.

26) ILC 보고서, para. 80.
27) ILC 보고서가 검토한 학설 등을 참조.
28) ILC 보고서, para. 95.

건[29] 중재법정의 견해, 2002년 리기탄섬 및 시파단섬 사건 판결[30]의 풀라우(Pulau) 제도에 대한 견해도 같다.

둘째로, 실효적 권한행사로서 요구되는 내용·정도에 대해서는, 사례에 의한(case by case) 다고 하고 있다[31]. 자세하게 살펴보면, 육지와 바다에서는 다른가 하는 관점에서, 육지는 실효적 점유를 물리적으로 행하기 쉽지만, 바다 (특히 원해)에서는 실효적 점유가 꼭 용이하지는 않은 것이 지적되고 있다[32].

셋째로, 주권 내지는 (완전한·포괄적) 권리의 주장인지 부분적 권리의 주장인지 하는 점에서, 주장하는 권리의 내용 (주권인가, 주권에 이르지 않는 권리인가)에 의해 증명해야 할 정도는 다르다는 사고도 있을 것이다. 주권은 배타성을 당연히 포함한다. '특정의 목적·기능'을 위한 권리에서는 더욱 배타성이 중요한 고려요인이 된다고 말할 수 있을까[33].

가령, 메인만 사건[34]에서 ICJ는, 미국의 전통적 어업에 대해서는, 단순히 사실로서 현저하다(predominant)는 것만으로는(성립한) 배타적어업수역에 대해 그 법적 유효성(validity)을 유지할 수 없다고 하고 있다

---

29) The Indo-Pakistan Western Boundary (Rann of Kutch) between India and Pakistan, *Reports of International Arbitral Awards*, Vol. XVII (1968), p. 416.
30) *Case Concerning Sovereignty over Pulau Ligitan and Pulau Sipadan (Indonesia/ Malysia), Judgment of 17 December, 2002, I.C.J. Reports 2002*, p. 625.
31) 같은 취지로서, Island Palmas Case (Netherland/ U. S. S.), Award of April 4, 1928. *Reports of International Arbitration Awards*, Vol. II (1949), p. 867.
32) 육지와 땅이라고 하는 점에서 영역주권을 둘러싼 논제를 비교 검토한 문헌에 대해서는 상기 주 22 참조.
33) 해양에서는 광대한 해역에 대해 실효적으로 물리적인 지배를 미치는 것이 용이하지 않아, 세계 각국은 오히려 해양자원에 대한 법적 권리의 배타성에 의거한 주장을 하게 된다고 하는 지적도 있다. Brilmayer and Klein, *supra* note 22, p. 735.
34) Affaire de la Delimitation de la Frontiere Maritime dans la Region du Golfe du Main (Canada / Etats-Unis D'Amerique), Arret du 12 Octobre 1984 Rendu par la Chambre Constitue par Ordonnance de la Cour du 20 Janvier 1982.

35). 2001년의 카타르=바레인 사건36)에서도, 바레인의 진주어업에 대한 권리는 경계획정에 있어서 특별한 사정으로서 고려되지 않았다. 바레인의 권리는 '배타적이고, 준속지적(영역적) 권리'로서 성립되어 있지 않기 때문에, 라고 하는 것이 그 이유이다.

넷째로, 대세적對世的 권리인지 특정국과의 관계에 있어서의 권리인가 하는 점에서, 대세적으로 권리를 주장하는 경우가, 특정국과의 관계에 있어서 권리를 주장하는 경우에 비해, '실효적 제한의 표시'의 요건 충족기준이 높아질 것이라고 생각되어질 것인가. 그렇지 않으면, 이 분류기준은 다음에 보는 '타국의 반응'에 관계될 뿐인가.

마찬가지로 타국에 인식되는 행위, 공개 (비밀행위로는 안 됨)라는 점에 대해서도 다음 '타국의 반응'의 요건과의 관련으로 검토할 수 있다.

2.4.3. 개개의 요건의 검토 (그 2)로서 '타국의 반응'을 언급한다.

(1) 실례나 ILC보고서만이 아니라 학설에서도, 역사적 권리의 획득을 위해서는 일방적 권리주장 만으로는 불충분하고 타국의 반응이 요건이 되어 있다.

앞에서 서술한 것처럼, 역사적 권리를 일반국제법에 대한 '예외'로 주장할지, 그렇지 않으면 역사적 권리는 일반국제법 적용의 일환이라는 것을 주장할지, 두 개의 가능한 논리구조가 있다37). 그 어느 것을 적용할 것인가에 따라, 타국의 반응을 요건으로 할지 아닐지가 바뀐다. 일반국제법의 적용이라고 해서 역사적 권리를 일반국제법의 범위에 포함시킨다면 타국의 반응은 불필요하다.

다만, ILC 보고서는 어업 사건 판결과 같이 일반국제법의 적용 속

---

35) *Ibid.*, para. 235.
36) *supra* note 18, para 236.
37) 2.2.

에 역사적 권리를 포함하는 입장을 취하지만 (일반국제법에 대한 '예외'로서 역사적 권리를 설명하는 논리구조를 채용하는 학설에 대한 비판과 의문이 여러 곳에 있다), 역사적 권리의 획득을 위해서는 타국의 반응이라는 요건이 필요하다고 한다[38]. 논리적으로는 일반국제법 적용의 범위이기는 하지만, 개별구체적 사정을 고려하는 것의 일환으로서 역사적 권리를 인식해서, 역사적 권리를 획득하기 위해서는 일정한 요건의 충족을 요구한다고 하는 설명은 할 수 없지는 않을 것이다[39].

ILC 보고서의 결론은, 어업 사건의 ICJ 판결을 확인하고, "general tolerance of international community"가 요건이라고 하고 있다[40]. 여기에서, '특정한 이해관계국'이 아니라, "국제사회 일반의 제국의 반응이며, tolerance를 요건으로 한다"고 하는 점에 대해서는 후술한다. 논리적으로는 후술하는 '실효적 권한의 표시'도, '장기'라는 어느 요건에서도, 역사적 권리의 주장이 일반국제법에 대한 예외인가 아니면 일반국제법의 적용인가 하는 논의는 관계가 있을 수 있다. 그러나 실제로 이 문제가 가장 현저하게 나타나는 것은 타국의 반응이라는 요건과의 관련에 있어서이다.

어업 사건 판결에서는, 노르웨이의 직선기선방식이 ICJ가 설정한 3개의 요건을 충족하고 있는데, 그 인정에 멈추지 않고, 더하여 ICJ는 a. 특정관계국인 영국의 반응, 나아가서는, b. 국제사회 일반으로부터 항의를 받고 있지 않다는 것을 확인한 것이 주목된다[41]. 한편으로 특히 a.점에 대해서는, ICJ는 영국과 노르웨이 간의 분쟁 해결기능을 수행하는 동시에, 다른 한편으로, 특히 b.점에 대해서는, 일반적으로 국제사회에 향하여 노르웨이의 직선기선방식의 국제법 적합성을

---

38) ILC 보고서, para. 80.
39) 그 경우, 이 장의 용어로 말하면, 역사적 권리와 국제법 규율사항과의 관계를 규율하는 일반국제법 속에 역사적 권리 그 자체의 국제법이 포함된다고 할 수 있을 것이다.
40) ILC 보고서, paras. 120, 132.
41) supra note 6, pp. 136-139. Kanehara, supra note 5, pp. 24-25.

선언하는, 즉 법선언기능도 있는 것을 감안하면 어느 정도는 이해할 수 있다.

또 ICJ는 일반국제법의 적용이며 예외는 아니라는 논리를 채용하면서 영국, 나아가서는 국제사회 일반(international community)의 관용·항의 부재를 검토하고 있다. 즉, '타국'의 범위로서 영국만이 아니라 국제사회 일반을 고려하고 있다. 그리고 ILC 보고서는, 역사적 권리를 일반국제법 적용의 일환으로서 인식하는 입장을 취하지만, 역사적 권리의 획득을 위해서는 '국제사회 일반의 관용 (tolerance)'을 필요로 한다고 하고 있다. 이것은 어업 사건 판결을 답습한 것이라고 말할 수 있을지도 모르겠다.

이러한 고찰을 전제로 해서 '타국의 반응'의 몇 개 요소를 살펴본다.

(2) 타국의 반응으로서 요구되는 것은 무엇인가?

역사적 권리를 일반국제법에 대한 '예외'라고 하면 타국의 반응이 필요하게 된다는 것을 설명하기 쉽다. 그러나 타국의 반응으로서 침묵(acquiescence)이나 승인(recognition)을 요구하는 것이며, 또 이것들이 타국의 '묵시의 합의(tacit agreement)'라고 말할 수 있다고 하면, 원래 역사적 권리라는 주장을 할 필요는 없다[42]. 타국의 '합의'에 의해 당해 권리 주장의 법적 효력을 획득할 수 있기 때문이다. 이것은 '합의는 구속된다'는 원칙의 귀결이다.

그래서 '예외'설을 취하는 학자는 적극적인 승인, 결국은 합의와 구별되는 관용(tolerance)이나 부작위(inaction)라는 '약한·소극적인(즉, 합의에는 이르지 않는)' 정도의 타국의 반응을 요건으로 한다고 설명하는 때가 있다. 그리고 그 정도의 타국의 반응을 구하는 것뿐이라면, 일반국제법 적용의 범위라고 설명하는 경우와 일반국제법의 '예외'라고 설명하는 경우와의 사이에는 실질적인 차이는 감소한다고 하는 지적도

---

[42] ILC 보고서, para. 107.

있다.[43]

  이 타국의 반응의 요소에는 '타국'의 범위의 문제, 그것이 특정국인가 일반국제사회인가가 관계될 가능성이 있다. 타국에 대한 '대항력'의 의미는 다음에서 설명하지만, 우선 타국의 범위와 역사적 권리의 효력과의 관련 형태를 설명해 둔다.

  특정 이해관계국에 대해 역사적 권리가 '대항력'을 갖기 위해서는, 이러한 특정이해관계국의 반응(적극적인 것이든, 소극적 inaction과 같은 것이든)은 역사적 권리의 획득을 위해 필요하다. 이것은 이른바 '일반법'에 대한 '특별법' 구별의 논리와 같게 취급할 수 있다. 혹은 '대항력'을 '합(위)법성'과는 다른 법적 효과를 말하는 개념으로서 양자를 구별하여 다음과 같이 논리구성을 할 수도 있다. 한편으로, 특정 이해관계국과 역사적 권리의 주장국 간에 역사적 권리의 '대항력'이 성립하기 위해서는 특정 이해관계국의 반응이 필요하다. 그러나 다른 한편으로, 역사적 권리에 대해 대세적으로 효력―'합법성'―을 주장하지 않는다면, 특정이해관계국 이외의 국가에 대해 그 반응은 요건이 되지 않는다. 논리적으로는 대세적 '대항력'을 생각할 수 있지만, 그것과 '합법성'과의 구별에는 의의를 찾기 어렵다.

  해양경계획정의 경우와 육지에 관한 영역주권의 경우는 특정한 타국과의 관계가 문제가 되는 정도가 다르며, 전자에 대해서는 특정한 타국의 반응이 필요하다고 말할 수 있을지는 검토할 가치가 있다. 메인만 사건에서는, 한편으로 미국의 역사적 어업권에 대해 "타국의 반응은, 항의의 부재만으로는 충분하지 않고 합의로 해석할 수 있는 것 같은 묵시의 합의에 필적하는 행위가 필요"하다고 하고 있다. 다른 한편으로, 대세적 효과를 갖는 역사적 권리에 대해서는 역사적 권리의 주장에 대해 국제사회 일반의 긍정적 반응이 필요하다고 한다.[44]

---

43) ILC 보고서, para. 109.
44) *supra* note 34, para. 129.

어업 사건에서, ICJ가 노르웨이의 직선기선방식은 "일반국제법의 적용이며, 일반국제법에 대한 예외는 아니다"라고 하는 논리를 채용해서, 일반국제법의 내용으로 해석되는 3개의 기준을 선언했다. 그 3개의 기준을 노르웨이의 직선기선방식이 충족하고 있는 것을 인정했음에도 불구하고, 거기에 멈추지 않고, ICJ는 분쟁당사국인 (특정이해관계국인) 영국의 반응도, 나아가서는 국제사회 일반에 의한 항의의 부재도 확인하고 있다. 전자인 영국과의 관계에 있어서의 노르웨이의 직선기선방식의 효력에 대해서는, 영어판에서는 opposable 이라는 표현은 없지만, 프랑스어판에서는 opposer라는 용어가 사용되고 있다[45]. 튀니지 대 리비아 대륙붕 사건에서도, 리비아는 튀니지의 직선기선은 리비아에는 "대항할 수 없는 (not opposable)"이라고 주장하고 있다[46].

(3) 여기에서 '대항력'의 의미에 대해 이 장에서의 용법을 명확히 해 둔다. '대항력'은 '합법·불법'과는 다른 법적 효과를 나타내는 개념으로 사용할 수 있다. 그렇게 함으로써 다음 상황을 설명할 수 있다.

첫째, 타국이 특정국인 경우에는, 타국이 부정적인 반응을 함으로써, 역사적 권리의 성부가 판단된다고 하는 것은 역사적 권리를 주장하는 국가의 '일방적 주장'에 의해서는 역사적 권리의 성립이 인정되지 않는데, '특정한' 타국만의 반응에 의해 역사적 권리의 성립(역사적 권리가 합법이 되는 것)이 부정되게 되어 밸런스를 잃는다. 타국의 반대의 효과를 어떤 형태로든 인정하면서, 또 타국'만'으로는 권리의 성부를 결정할 수 없다고 하는 점을 유지하기 위해서는 '대항력'이라고 하는 개념을 사용하는 것이 유용하게 된다.

그것은 다음과 같은 논리이다.

특정한 타국이 반대의 의사표시를 한 경우에는, 당해 타국에 대한

---

[45] *supra* note 6, p. 138, in French.
[46] *Continental Shelf (Tunisia v. Libyan Arab Jamahiriya), Judgment of 24 February, 1982, I.C.J. Report 1982*, para. 105.

'대항력'이 부정된다, 즉, 역사적 권리가 '위법'하다고 까지는 말할 수 없다고 한다. 이 경우, '대항력'은 '합법·위법'이라는 법적 효과와는 다른 법적 효과를 보이는 개념이 된다. 그리고 특정한 타국과의 관계에서 '대항력'이 긍정되거나 혹은 부정된다고 하더라도, 당해 역사적 권리가 합법성을 획득할 가능성을 남겨둔다. 그렇게 함으로써, 역사적 권리를 주장하는 국가의 '일국의 일방적인' 주장만으로, 역사적 권리는 성립하지 않음(합법의 권리는 되지 않는다)과 동시에, 특정한 타국에 의한 반대 의사표시'만'으로도, 이러한 역사적 권리의 성부를 결정할 (합법 혹은 위법으로 한다) 수는 없다고 해서, 양자의 밸런스를 취할 수 있다.

둘째, '타국'이 '국제사회의 일반적 범위의 제국'인 경우에는, 타국에 의한 항의나 부정적 반응으로 역사적 권리의 '합법성'이 부정된다고 해석할 수 있다.

이와 같이 생각하면, 한편으로, 역사적 권리 성립을 위한 제1의 요건인 실효적 권한행사가 확립되어 있지 않은데 (가령, 충분히 실효적이지는 않는 권한행사가 이루어지고 있는, 산발적으로 사인과 국가의 행위가 있을 뿐 등), 타국이 긍정적으로 반응을 해도, 당해 타국과의 관계로 역사적 권리가 '대항력'을 가질 가능성은 부정되지 않는다. 다른 한편으로, 이러한 타국(만)의 긍정적 반응으로, 국제사회의 일반적 범위의 제국과의 관계에서, '합법성'을 수반한 역사적 권리를 성립시킬 수는 없다.

논리적인 가능성만을 생각하면, 국제사회의 일반적 범위의 제국과의 관계에 있어서 '대항력'이 생기고, 또 특정 이해관계국 간에 '합법'이라는 법적 효과가 생긴다고 하는 경우도 있다. 그러나 여기에는 논리적 가능성 이상으로는 의의를 찾기 힘들다.

즉, '대항력'은 '합법·위법'과는 다른 법적 효과를 나타내는 개념이다. 이에 대해, 널리 일반적 범위의 제국에 대한 법적 효과는 '합(위)법성'이다. 이것을 2.4.3. (4) ~ 2.4.3 (5)와 같이, 양국 간(지역·특별) 관습국제법과 일반관습국제법과의 구별에 의해 처리할 수도 있을 것이다[47].

　(4) 또 하나의 '대항력'의 의미는 일반국제법의 효력에 대해 특별국제법의 효력을 말하는 개념으로 생각하기도 한다.

　상술한 바와 같이, 역사적 권리를 '대세적對世的 권리'와 '특정한 국가에 대한 권리'로 나누는 학설이 있다. 양자의 어느 것에 대해서도, 역사적 권리의 '합법성'을 상정해서 논한다고 하면, '대세적 권리'의 경우에는 '일반국제법상의 역사적 권리'이며, '특정한 국가에 대한 권리'의 경우에는 '특별국제법상의 역사적 권리'가 되게 된다. 이 견해에 따르면, '특정한 국가에 대한 권리'의 경우는, 역사적 권리는, 특정한 국가의 '묵시의 합의'로 확립하고, '대세적 권리'의 경우에는 '관습(법)'에 의해 획득된다고 한다. 이 구별에는, 원래 '한 나라만'의 역사적 권리의 주장이나 행사로 일반관행(general practice)은 성립하지 않기 때문에 관습법이라고는 말할 수 없다고 하는 이유가 있을지도 모른다[48].

　'특정한 국가에 대한 권리'와 '대세적 권리'라고 하는 양자를 같이 '합법·위법성'이라는 법적효과를 말하는 개념으로 하는 관점에서는, 다음과 같이 '대항력'과 '합법성'이라는 개념을 대비시킬 수 있다. 즉 '대항력'은 특정한 국가와의 관계에서 역사적 권리의 '합(위)법성'을 말하는 개념이며, '합법성'은 국제사회 일반 제국과의 관계에서 역사적 권리의 '합(위)법성'을 말하는 개념이다.

　'묵시의 합의와 관습법', '양국 간·특별·지역적관습법(특별법)과 일반관습법(일반법)', '대항력과 합법성' 등에 대해 학설은 일의적이지 않다. 그렇지만, 어떻든 공통의 문제의식은 역사적 권리가 특정한 국가 간에서 가질 수 있는 법적 효과와, 국제사회 일반에 대해서도 가질 수

---

[47] 역사적 권리의 효력에 대해 조약 즉 명시의 합의에서는 타국의 반응은 문제가 되기 어렵다.
[48] 유사한 검토로서 ILC 보고서 paras. 102, 116-117.

있는 법적 효과를 구별해서 말하는 것을 하나의 목적으로 하고 있는 점에 있다.

이와 관련해서 ILC 보고서는, 역사적 권리를 일반국제법에 대한 '예외'로 논리를 구성하는 경우에는 '특정한 이해관계국'의 반응에 무게를 두는 것은 논리적으로 정합하지 않는다고 한다[49]. 여기에서 말하는 '일반국제법'은 국제사회의 모든 국가가 구속되는 국제법이며, 그에 대한 '예외'에 대해서는, 국제사회의 모든 국가가 동등하고, 반응하는 기회와 이해관계를 갖는다고 하는 의미로 해석할 수는 있을 것이다.

이 논리를 일관하면, 역사적 권리는 특정한 이해관계국의 반응으로 특정 이해관계국에 대한 대항력을 획득한다고 하는 설명의 여지는 없어진다. 그러나 ILC 보고서와는 달리, 역사적 권리를 일반국제법의 권리로 하고, 국제사회 일반의 제국에 역사적 권리의 주장에 대해 반응하는 기회와 이해관계를 인정한다고 해도, 실제로, 이해관계를 가진 특정한 국가의 반응에 무게를 인정하는 것은 반드시 배제되지는 않는다[50].

(5) 묵시의 합의와 관습국제법과는, 법실증주의의 학자들 중에 양자를 동일하게 보는 견해가 있지만, 그것을 채용하지 않는 한 양자는 구별된다.

역사적 권리의 주장에 관한 타국의 반응에 있어서 관용(tolerance), 부작위(inaction), 묵인(acquiescence)이나 승인(recognition)이 있는 경우에는 관습국제법 성립요건의 하나인 법적 확신의 요건을 충족한다고 말할 수 있어도, 그와 같은 역사적 권리에 관한 관습국제법의 성립을 인정할 수는 없다. 왜냐하면, 관습국제법의 또 하나의 요건인 일반관

---

49) ILC 보고서, para. 118.
50) ILC 보고서, paras. 117-118.

행(general practice)은 일국의 (하나의), 역사적 권리의 주장과 실행만으로는 성립하지 않기 때문이다. 일정한 수의 국가가 역사적 권리를 주장하고 실행하고 있으며, 그 역사적 권리의 내용에 있어서, 최대공약수를 확정同定할 수 있으면, 그리고, 국제사회의 법적 확신에 지지를 받으면, 그 역사적 권리가 관습국제법이 된다. 그 경우, 역사적 권리는 하나의 '영역권원'이 되는 것일까. 여기에서는 특정한 역사적 권리에 대한 관습국제법을 논의할 수는 있지만, 대개 일반적으로, 역사적 권리가 영역권원이 되는 것이나, 그 경우의 역사적 권리의 정의와 요건 등을 정하는 관습국제법을 당연히 논의할 수 있는 것은 아니다[51].

ILC 보고서는 국제적 반응을 통해 국가관습(national usage)에서 국제관습(international usage)으로 이행한다고 한다[52]. ILC 보고서가 역사적 권리를 '일반국제법의 적용'으로 논리구성하고 있는 점에서 보면, 역사적 권리가 국제관습(international usage)이 되고, 국제관습이란 관습국제법이라는 의미인 것일까. 그렇다고 하면, 일국의 역사적 권리의 주장이 다른 국가에 있어서도 같은 행위를 유발한 것을 international usage로 표현한다면 알 수 있다. 그러나 일국(만)의 역사적 권리의 주장이 국제사회 일반 제국의 반응에 있어서 관용(tolerance)을 얻었다고 해도, 관습국제법의 요건인 일반관행(general practice)을 성립하고 있는 것은 아니고, 관습국제법의 의미에서 international usage라고는 말할 수 없다.

(6) 역사적 권리의 성립을 위해, 타국에 의한 묵인(acquiescence)을 요건으로 하고, 묵인이 '묵시의 합의'와 같다고 해석된다면, 애초 다른 요건은 불필요하게 되는 것일까. 마찬가지로, 역사적 권리의 주장에 대해, 타국으로부터 반대(항의와 같거나, 명확한 반대의 의사표시라고 하는

---

51) 역사적 권리가 영역권원이 될까 하는 논의는 이 장 제4절에서 검토한다.
52) ILC 보고서, paras. 102-105.

것이되는가)가 있으면, '합의원칙'의 번복(파기)으로서, '합의의 결여'라고 하는 이유로, 이러한 역사적 권리는 부정된다고 말할 수 있을까.

타국의 (묵시의) 합의가 있으면 합의를 근거로 해서 역사적 권리는 법적효과를 갖는다. 그렇게 생각하면 역사적 권리가 충족해야 할 다른 요건은 의미를 잃는다[53].

영역분쟁 해결에 있어서, 타국의 합의(조약, 묵시의 합의)는 '결정타'가 되고, 그것이 있으면 다른 요소에 관계없이 영역주권은 결정된다고 말할 수 있는 것인가. 그렇지 않으면, 영역분쟁의 해결기준이 되는 국제법에 있어서는, 국제법의 근본적 원칙인 '합의는 구속된다'가 변경·완화·상대화된다고 하는 가능성은 있는 것인가. 이에 대해서는 제4절에서 살펴본다.

2.4.4. 개개 요건의 검토 (그3)로서 장기 계속성에 간단히 언급해 둔다. 여기에서 말하는 장기 계속성이란 특정국가에 의해 행위가 반복되는 것이다.

관습과 유사한 개념으로서는, 고래古來의 권원(ancient title)이나 원시적 권원(original title)이 있다. 2008년 페드라 브랑카 사건에서, 당사국은 역사적 권원(historic title)의 주장을 했지만, ICJ는 고래의 원초 권원(ancient original title)이란 말을 인용했다[54]. 어업 사건 판결에서 생각을 얻은 것이라고 하는데, 2001년 카메룬 대 나이지리아 사건에서는, 나이지리아가 historical consolidation을 주장했지만, ICJ는

---

53) ILC 보고서, para. 107. 취득시효를 부정하고, 역사적 권리를 묵시의 합의를 요건으로 해서 인정하는 견해로서, Zhang, Zuxing, "Deconstruction of the Notion of Acquisitive Prescription and Its Implication for the Daioyu Islands Dispute," *Asian Journal of International Law*, Vol. 2 (2012). p. 328.

54) *Case Concerning Sovereignty over Pedra Branca/Pulau Batu Puteh, Middle Rocks and South Ledge (Malaysia/ Singapore), Judgement of 23 May, 2008, I.C.J. Reports 2008*, paras. 42, 75, 290. 이하, 페드라 브랑카 사건으로 기술한다.

highly controversial이라고 했다[55]. 더구나, 에리트리아=예멘 사건에서, 예멘의 역사적 주장에 대해서는 중재법정은, 원초의(origanal), 전통적인(traditional), 원초의 역사적 권원(original historic title)이라는 용어를 사용했다. 중재법정은 "a historic title……that has been created, or consolidated, by a process of prescription, or acquiescence, or by possession so long constituted as to have become accepted by the law as a title"로 언급하고 있다[56]. ILC 보고서는 역사적 권리의 주장이 장기에 걸친 선점의 법적결과를 강화하기 위해 사용될 때는 고래의 권원(ancient title)이란 말이 적당하다고 한다[57].

이상, 이 절에서는 국제법과는 다른 주장이지만, 국제법상의 근거가 있다거나 국제법상의 권리라고 하는 주장이 일어나는 전형적인 예로서 역사적 권리를 들었다. 이러한 주장에 대해 국제법이 어떻게 타당성을 확보할 것인가, 어떤 요건으로 국제법의 세계에 포함시킬 것인가를 검토했다. 그래서 제3절에서는, 국제법이 타당성을 확보하는 것에 관한 요소, 특히 국가의 의사 요소와 시간적 요소에 초점을 맞춰, 센카쿠 제도라는 특정한 문맥으로 구체적 검토를 한다.

3. 법과의 관계 결정에 관계되는 주요소—의사·시간

3.1. '국제법'

이 장은 국제법의 타당성에 관계되는 논제를 취급한다. 센카쿠 제

---

55) Affaire de la Frontiere Terrestre et Maritime entre le Cameroun et Nigeria (Camerounc. Nigeria; Guinee Equatriale (intervenant)), Arret du 10 Octobre 2002, C.I.J. *Recueil 2002*. para. 65. 이하, 카메룬·나이지리아 사건으로 기술한다.
56) *supra* note 16, para. 106.
57) ILC 보고서, para. 71.

도에 대해서는 원래 적용되는 '국제법'에 대한 제 문제가 있다. 그것은, ①적용법 결정을 위한 시제법 및 결정적 기일[58], ②중국이 14-19세기에 확립했다고 하는 '역사적 권원'의 근거가 되는 '동아시아 세계질서', ③'동아시아 세계질서'의 적용에 대한 재판소의 자세, 등에 관계되는 문제이다. 이 장에서는 이들 문제의 소재 지적에 그친다.

아래에서 센카쿠 제도는 '섬島'으로 표기한다.

3.2. 항의와 시간적 요소 '결정적 기일'과의 관계

3.2.1. 일본은 '섬'의 무주지 선점을 주장한다. 그러나 그것이 인정되지 않는 경우의 대체적 주장으로서, 일본은 공식견해로는 주장하고 있지 않지만, 시효취득을 주장할 가능성이 있다. 시효취득의 성립을 위해서는, 상대국의 항의(의 부재)가 중요한 요건이 된다. 그래서 일본이 입장을 구성하기 위해서는, 중국이 항의를 개시하는 것이 요구되는 시점과의 관계에서, 결정적 기일과 중국의 항의(의 부재)를 일본에 유리하게 이끌도록 생각할 필요가 있다. 이 장은 결정적 기일에 대한 검토에는 들어가지 않지만, 항의라는 요인과 분쟁의 '계기'나 '구체화(crystallization)'에 관계되는 점을 간결하게 살펴본다.

3.2.2. 무주지 선점을 둘러싼 영역분쟁에서는 '무주지인가 아닌가'를 다투는 시점이 결정적 기일이 된다[59]. 다만, 결정적 기일이 자명한 경우와 그렇지 않은 경우가 있어, 후자(에 관한 판례)에서는, 분쟁의 구체화(crystallization)[60]를 결정적 기일로 삼는다. 일중 간의 사정에 있어

---

58) 결정적 기일에 대해, 예를 들어, 酒井啓亘「領域紛争における『決定的期日』の意義―国際司法裁判所の裁判例を中心に」岩澤雄司・岡野正敬 編集代表『国際関係と法の支配(小和田国際司法裁判所裁判官退官記念)』(信山社, 2021년) 147-180쪽.

59) Gerald Fitzmaurice, "The Law and Procedure of the International Court of Justice, 1951-4." *British Year Book of International Law*, Vol. 32 (1955-1956), p.30.

60) 분쟁의 '구체화'에 대해, *The Manquires and Ecrehos Case (France/ United Kingdom) Judgment of*

서, 1895년 시점에서 분쟁이 구체화되었다고 말할 수 있을까.

확실히 '무주지인가 아닌가'가 문제가 될 수 있는 최초(계기)의 시점은 1895년의 일본에 의한 각의 결정 시점일 것이다. 그러나 이 시점은 분쟁의 '발생'조차 되지 않은 '계기'이다. 분쟁의 '구체화'는 한참 후인 1970년 전후 ECAFE(UN 아시아극동경제위원회. ESCAP의 전신-역주)의 검토 결과(유망한 해저유전의 존재를 지적) 이후라고 하는 것이 될 것이다.

3.2.3. 항의를 계속하는 기간에 대해 분쟁의 구체화에서 결정적 기일까지로 생각할 수는 있다. 결정적 기일 이후의 행위로 영역분쟁에서 스스로에게 유리하게 되는 행위는 고려되지 않는다고 생각하면 그처럼 말할 수 있다. 결정적 기일 이후도 분쟁 당사국은 항의를 계속하겠지만, 그것은 재판에 있어서 고려되지 않고, 항의국의 청구를 '강제하는' 효과는 없다. 후자도 결정적 기일의 소극적 효과라고 말할 수 있을 것이다.

다만, 결정적 기일의 효과가 상대적이라면 항의 기간을 결정적 기일까지로 생각하는 것의 의의는 명확하지 않다[61].

3.3. 점유의 의사 and/or 실효적 지배와 항의와의 관계

3.3.1. 중국이, 1895년 이후의 장기간에 걸쳐 항의를 하지 않은 이유는 다양하다[62]. 그리고 일본은 ①일본에 의한 '무주지 선점'에 대해

November 17th, 1953, I.C.J, Reports 1953. pp. 59-60. 酒井「앞 논문」(주58)
61) 항의를 하지 않는 것과 '포기'는 다르다. 또 항의를 하지 않는 것과 묵인과의 관계는 후술한다.
62) 타이완의 학설을 포함해서, 또 중국은 항의할 수 없었다고 하는 설명을 하는 예로서, 예를 들어, Hungdah Chiu. "An Analysis of the Sino-Japanese Dispute over the T'lauyutai Islets (Senkaku Gunto);" *Chinese (Taiwan) Year Book of International Law and Affairs*, Vol. 15 (1996-1997). pp. 21, 25; Carlos Tal Cheng, "The Sino-Japanese Dispute over Tiao-yu-tai (Senkaku) Islands and the Law of Territorial Acquisition," *Virginia Journal of International Law*, Vol. 14, No.2 (1974).

중국은 항의하지 않았다, ②대체적 주장으로서, 가령 '섬'이 무주지가 아니라 중국의 영역이었다고 해도, 일본의 1895년 각의 결정 후에 중국이 항의를 하지 않았기 때문에, 일본은 시효로 영역주권을 획득한다고 주장하는 것은 있을 것이다.

3.3.2. 그렇다면 항의를 요구하는 전제로서, 선점에 있어서의 실효적 지배에 대해, 첫째로, 공표·공시·통지는 그 구성요소인가. 재판실례로는 부정적 답변을 끌어낼 수 있다. 팔마스섬 사건 중재판결이나[63], 클립퍼튼섬 사건 판결[64]이 그 예이다. 다만, '통지'는 점유의 의사와 실효적 지배의 양방에 대한 것인가 그렇지 않으면 어느 한 가지에 대한 것인가는, 특정할 수 없다. 또 '통지'의 대상이 '타국에 (other powers)'이며, 널리 일반적으로 제국에 대한 통지를 상정하고 있다고 말할 수 있을지도 모른다.

둘째로, '권리의 주장'이란 무엇인가. 예를 들어, 리비아 대 몰타 대륙붕 사건[65]에서 ICJ는, 제3국(이탈리아)에 소송참가를 인정하지 않고[66], 이탈리아가 (권리를) '언급(claim)'하는 구역을, 판결이 대상으로 하는 지리적 범위에서 제외했다. 이에 대해 슈베벨 판사는, '권리주장'과 '언급'과의 구별이 이루어지지 않은 점, 그 결과, 제3국의 (단순한) '언

---

pp. 259-260; Carlos Ramos-Mrosovsky, "International Law's Unhelpful Role in the Senkaku Islands," *University of Pennsylvania Journal of International Law*. Vol. 29, No.4 (2008). p 930; Han-yi Shaw, "Revisiting the Daioyutai/Senkaku Islands Dispute: Ezamning Legal Claims and New Historical Evidence under International Law and the Traditional East Asian World Order." *Chinese (Taiwan) Year Book of International Law and Affairs*. Vol. 26 (2008), p. 114.

63) *supra* note 31, p. 686.
64) Arbitral Award on the Subject of the Difference Relative to the Sovereignty over Clipperton Island (France/Mexico), Decision of January 28, 1931, *American Journal of International Law*, Vol. 26 (1932), pp. 391, 394.
65) *Case Concerning the Continental Shelf (Libyan Arab Jamahiriya/Malta), Judgment of 3 June, 1985, I.C.J. Reports 1985*, p. 13.
66) *Case Concerning the Continental Shelf (Libyan Arab Jamahiriya/Malta), Application by Italy for Permission to Intervene, Judgment of 21 March, 1984, I.C.J, Reports 1984*. p. 3.

급'에 의해, 재판소의 (경계획정을 하는) 권한을 한정하는 것을 인정했다, 고 하는 취지의 비판을 하고 있다[67]. 마찬가지로, 그루지아 대 러시아 인종차별철폐조약 적용 사건[68]이나, 우크라이나 대 러시아 연안국 권리사건[69]에서도, 분쟁에 이르지 않은 사실상태에 대한 시사가 있다[70].

'권리주장'인지 '언급'인지가, 영어 단어를 포함해서 용어의 분류사용 문제에 그치지 않는 것은 다음의 의의를 보기 때문이다. '항의와 권리주장 (대항적 주장)과의 동이同異', '권리주장과 (권리주장의 정도에는 이르지 않는, 책임 없는 주장이나 근거 없는 주장이라고 할 수 있는) 언급과의 구별'의 실례에서, 중국의 '섬'에 관한 '언행'을 "책임 없는 주장이다, 근거 없는 주장이다"라고 하며, 분쟁을 인정하지 않는 일본의 입장을 설명하는 데 있어서 단서를 얻을 수 있는 것이다. 여기에 대해서는, 「5. 마치며」에서 일본의 통합적 입장의 구성이라는 관점에서 이 장의 제안을 한다.

또, 항의의 부재를 '권리주장의 부재'와 동일시할 수 있다고 해도, 더욱 나가서, 중국의 묵인이 있었다고까지 말하는 것은 어려울 것이다. 의사 요소의 평가가 어려운 부분이다. 항의의 부재 즉 권리주장의 부재이며, 거기에다 시간경과라는 요소가 더해지면, 묵인이라고까지 말할 수 있을까.

---

[67] Dissenting Opinion of Judge Schewebel, *Ibid*., p. 173.
[68] *Case Concerning Application of the International Convention on the Elimination of All Forms of Racial Discrimination (Georgia v. Russian Federation), Preliminary Objections, Judgment of 1 April, 2011, I.C.J. Reports 2011*, para. 129 *et seq*.
[69] Dispute Concerning Coastal State Rights in the Black Sea, Sea of Azov, and Kerch Strait (Ukraine and Russian Federation), Award, Concerning the Preliminary Objections of the Russian Federation, 21 February 2020, at https://pcacases.com/web/sendAttach/9272
[70] *Ibid*., paras. 183 *et seq*.

3.4. 선점과 취득시효를 둘러싼 중국의 항의의 부재

3.4.1. 일본이, 대체적 주장으로서, 중국의 항의의 부재에 의해 '섬'을 시효취득한다고 주장하는 것은 있을 수 있다. 원래 취득시효가 영역권원의 하나인지에 대해 학설에서도 의문이 있다[71].

3.4.2. 취득시효의 요건은, 첫째로, 선행하는 영역주권보유주체 (A)의 존재이다. 따라서 시효에 의해 영역권원을 취득하는 주체 (B)는, 위법으로 주권설정을 하는 것이 된다. 이 '위법'은 "타국의 권리에 대한 침해·침입(encroachment)에 해당한다", "위법", "유효하지 않다(invalid)"고 평가된다[72]. 둘째로, 시간의 경과로, 그동안의 B에 의한 계속적인 주권의 행사가 필요하다. 셋째로, A에 의한 묵인((tacit) acquiescence)이다. 넷째로, 이것은 엄밀히는 요건이 아니지만, 결과적으로 A에 의한 주권포기가 되는 것이다.

그래서 중국에 제3의 요건인 묵인이 있었는지에 주목하면, ①묵인하는 주체의 범위(분쟁의 상대국, 기타 국제사회의 제국에 의하는 등), ②묵인의 실질―'의사작용'이기는 하지만 관용, 묵인, 묵시의 합의 중 어느 것이라고 생각할 수 있는가―의 검토를 요한다. 또, 묵인이 묵시의 합의를 의미한다면, 합의에 의해 영역주권의 이전을 근거할 수 있는 것이며, 애초 '시간(경과)'의 요소는 불필요하게 되는 것일까 하는 의문이 생긴다. 이에 대해서는 후술한다.

또 일본은 중국의 '포기'를 증명할 필요는 없다. 일본은 '포기'가 취

---

[71] 국제법에 시효제도가 존재한다고 해도, 영역의 시효취득은 시간적 요소가 아닌 묵인의 효과라고 하는 견해로서, 柳原正治「第9章 国家領域」小寺彰他編『講義国際法』(有斐閣, 2010년), 246쪽. 취득시효에 대한 의문으로서, Robert Jennings, "The Acquisition of Territory in International Law." in Robert Jennings, *Collected Writings of Sir Robert Jennings* (Kluwer Law International, 1998), pp. 952-953; Ian Brownlie, *The Rule of Law in International Affairs* (Martinus Nijhoff, 1998), pp. 153-155; Zhang, *supra* note 53.

[72] Fitzmaurice, *supra* note 59, pp. 31-34; Ramos-Mrosovsky, *supra* note 62, pp. 915-916.

득시효의 요건이 아닌 이상 중국에 의한 포기를 증명할 필요는 없다. 논리의 구성으로서 a. 무주지였다, b. 무주지 선점을 실행, c. 대체적 주장으로서, 가령 무주지가 아니었다고 해도, 1895년부터 1970년 무렵까지의 중국의 부작위(inaction)에 의해, 일본은 '섬'을 시효취득했다고 하는 주장의 순서로 좋다.

3.5. 시효와 역사적 권원과의 관계

그럼, 취득시효와는 구별해서 역사적 권원은 영역권원의 하나라고 할 수 있는가.

용어는 어찌되었든, '역사적 권원'을 영역권원의 하나로 보는 경우를 논의하는 예로서 다음 견해가 있다. 첫째로, 취득시효의 요건을 충족하지 않아도, 장기에 걸친 권리주장에 대해서는 이것을 인정하는 견해가 있다. "태고의 옛날부터"라는 권리주장에 대해서는 시효취득 요건을 인정할 필요가 없다고 하는 견해가 있다[73]. 둘째로, 고대로부터의(ancient), 초기억적인 (옛날부터의)(immemorial) 권리주장은, 관계국 (분쟁당사국에 한정할 수 있는지의 논의는 있을 수 있지만)의 청구의 상호간에 있어서의 상대적 무게에 의해 권리의 귀속을 결정한다고 하는 견해[74]도 있다[75].

중국의 학설에는 취득시효를 영역권원의 하나로는 인정하지 않고, 취득시효는 ①역사적 권원, ②묵시의 합의 두 가지 요건으로 나누어 구성된다고 하고 있다. 또 '묵인(acquiescence)' 이 아닌 '묵시의 합의(tacit agreement)'라 한다[76]. 이 견해는, 취득시효에 대체해서, '역사적 권원―

---

73) Fitzmaurice, *supra* note 59, p. 31.
74) *Ibid*., p. 34.
75) 이런 관점에서 원시권원(ancient title)이나 원초권원(original title) 등의 용어를 재판실례에서의 그들 용어와 효과에 비추어 검토할 필요는 있을 것이다.
76) Zhang, *supra* note 53, p. 328.

묵시의 합의'라고 하는 새로운 영역권원을 제안하고, 또 취득시효의 요건이 되는 '묵인 혹은 묵시의 합의'를 엄격하게 요구하는 것이라고 할 수 있을 것이다[77]. 이것은, '섬'에 대해, 일본이 대체적으로 시효취득을 주장하면, "역사적 권원—묵시의 합의"의 요건을 충족할 필요가 있다고 하는 주장일 것이다.

(묵시이기는 하지만) 합의가 있으면 '시간의 경과'라는 요소는 불필요하게 된다. 그것은 국제법의 합의원칙에 의한다. 그렇다고 하면 '역사적 권원'의 특징은 어디에 있는지 의문이다. 나아가, 합의에 의해 영역권원이 성립하면, 원래 '역사적 권원은 영역권원의 하나인가'하는 문제로 되돌아가서, 그 필요는 없다고 하는 결론이 된다.

ILC 보고서는 역사적 권리의 성립요건으로서, 분쟁상대국(상대국의 범위 문제는 제쳐두고)의 의사의 요소를 요구한다. 그러나 ILC는 묵시의 '합의'가 있으면, 합의에 의해 영역권원이 성립하는 것이며, 그것은 시간의 요소의 의미를 잃게 한다고 한다. 따라서 의사의 요소란 합의에는 '이르지 않는' 관용(tolerance)이라고 한다[78].

마지막으로, 합의원칙이라고 하는 근본을 다루게 되지만, 영역분쟁에서의 의사의 작용에 관한 논점을 정리해서 검토한다.

4. 영역분쟁에서의 '의사의 작용'이라는 요소의 재검토

4.1. '의사의 작용'이 관계되는 국면

이 장에서의 검토에 주목하면, 영역분쟁에서 의사의 작용은 다음 측면에서 나타난다. ① '항의의 부재'와 '(대항하는) 권리주장의 부재'와

---

77) *Ibid.*, pp. 328-331.
78) 2.4.3(2).

'관용·묵인·묵시의 합의'의 동이同異와 구별의 가능성, ②취득시효의 요건[79], ③역사적 권리의 성립요건이다.

어업 사건에 대해서는, 노르웨이의 직선기선방식이 영국에 대항할 수 있는가, 국제사회에서 일반적인 관용(tolerance)이 있는지에 주목했다. 이 문제에서는 이 장의 용어에 따라, 의사의 작용에 의해 생기는 법적 효과로서, '대항력'인가 '합(위)법성'인가 하는 문제나, 혹은 일반 국제법인가 그렇지 않으면 특별 (지역) 국제법의 효과인가 하는 검토도 진행했다.

4.2. 의사의 작용에서의 '합의'

4.2.1. 의사의 작용에 대해서는, 그 '정도'가 있을 수 있는데, 지금까지의 검토에서는 관용(tolerance), 묵인(acquiescence), 묵시의 합의(a tacit agreement)가 있었다. 다만, 묵인과 묵시의 합의와의 차이는 반드시 명확하지는 않다. 또, 관용과 묵인을 구별한다고 해도[80], 실제로 재판소가 인정할 수 있는가 하는 의문도 남는다.

의사의 작용의 '정도'에 관련해서, '섬'을 둘러싼 일본의 대응을 생각하는 데 있어서는, 다음 점에 유의할 필요가 있다. 일본은 무주지 선점의 주장을 펼치지만, 그 대체주장으로서, 일본에 의한 시효취득을 주장하는 것은 있을 수 있다. 그 경우에 ①항의의 부재는 묵인이라고 할 수 있는가, ②묵인이 합의를 함의한다면, 애초 취득시효에서 말하는 시간적 요소는 의미를 잃기 때문에, 취득시효가 아니라 묵시의 합의에 의한 일본 영역주권의 확정을 주장하는 것이 있을 수 있다[81]. 그 때에는 다음에서 보는 법리를 원용하는 것도 중요하다.

---

79) 그 의사의 작용이 '(묵시의) 합의'라면, 애초 영역취득이 생기는 것은 합의이며 시간적 요소는 의미를 잃을 수 있다. 그렇다면 취득시효를 영역권원의 하나로 다루는 것에도 의문이 생긴다.
80) ILC 보고서, paras. 107, 109.
81) 그 경우에도 병행하는 주장으로서 시효취득의 주장을 유지하는 것도 있을 수 있다.

4.2.2. 의사의 작용과 밀접히 관련해서, 합의의 성립을 보강하는 법리나 원칙이 학설이나 재판실례에서 거론되고 있다. 예를 들어 침묵, 금반언, 조금 일반적인 원칙으로서는 신의성실, 안정성이 있다. 이러한 법리나 원칙이 어떠한 위상으로 인식되는가, 그러한 논리적 정리는 반드시 용이하지는 않다. 영역분쟁의 장면에서 독자적인 정리가 있을지도 모르고, 대개 국제법 일반에 적용되는 논리구성이 가능하고 적당할지도 모른다[82].

4.3. 영역분쟁에서의 '합의'

국제법에서는 '합의원칙'은 근본원칙이다. '합의'에 의한 영역주권의 이전으로서 '승계취득'이 있다. 이것은 한 영역주권의 보유주체 (A)가 있고, 별개의 주체 (B)가 합의에 의해 영역주권의 이전을 받는다는 가정을 한다.

한편으로, 역사적 권원의 주장에 대해, 제국의 '합의'로 이를 인정한다고 하면, 이런 가정은 영역주권의 보유주체 (A)로부터 역사적 권원을 주장하는 주체 (B)에 영역주권이 이전한다고 하는 것이 아니다. 이것은 승계취득의 상정과는 명확히 다르다. 다른 한편으로, 시효취득에서는, '묵시의 합의'에 의해 이를 인정하면 시간적 요소가 의의를 잃을 뿐, 선행하는 보유주체 (A)의 묵시의 합의에 의해 시효취득을 주장하는 주체 (B)에 영역주권이 이전한다는 점에서는, 이를 승계취득에 빗대어 이해하는 것이 불가능하지는 않다. 다만, 종래의 영역권원론의 정리로서 취득시효는 승계취득이 아니라 원시취득이라고 하면, 그 점에서 영역권원론의 재구성이 필요할 것이다.

합의원칙은 국제법의 근본원칙이다. 그러나 '합의'가 개재함으로써 시간의 요소가 의의를 잃는 것에 납득할 수 있을까. 영역권원론이라

---

[82] 이 책 제6장 (北村 논문) 참조.

는 독자의 문맥에서는 '합의'에 독자의 효과를 부여한다거나, 그 효과를 감쇠한다거나 하는 가능성은 생각할 수 없는 것인가. 나아가서는 '국가'나 '합의'의 관념이, (근대) 유럽 국제법과 동아시아 세계질서와 같이 다른 법질서에서는 상이한 것도 있을 수 있다. 그런 것과도 관련시켜 '합의'라고 하는 것을 재고할 여지가 있는 것은 아닐까. 적어도 동아시아에 속한 일본의 영역문제에서는, 이러한 관점에서 영역분쟁에서의 합의의 의의를 재고할 여지는 있다고 할 것이다.

5. 마치며

이 장에서는 센카쿠 제도('섬')에 초점을 맞춰 국제법의 타당성을 고찰했다. 영역취득의 법리 문제로서 주로 역사적 권리나 시효 및 의사의 작용을 다루었다. 다만 '섬'을 둘러싸고는, 그 주변해역에서의 중국 선박(공선·군함·어선)의 활동에 대해 일본은 주로 해양법에 입각해서 대응하고 있다. 그래서 마지막으로, 주권국가인 일본이 '섬' 문제에 대해, 특히 영역권원론·해양법·분쟁개념의 각각에 입각한 주장에서 '통합적인' 입장을 고안해서, 그것을 유지해야 한다는 것을 제안해 둔다[83]. 왜냐하면, 이 장이 주로 다룬 영역권원론으로부터의 고찰은 일본의 바로 이러한 통합적 입장의 일환으로서, 해야할 기능을 수행해야하기 때문이다.

일본은 '섬'의 영역주권에 대해 "분쟁이 없다"고 한다. 이 입장을 유지하기 위해 중국의 주장이나 행위에 대해, 원칙적으로 일본은, 이른바 소극적으로 "도발에 현혹되지 않도록 조용히 하고 있다, 몸을 움츠리고 있다"는 것처럼 보인다[84]. 그 결과, 중국의 도발을 위시하여 방자

---

83) 상세한 것은 별도의 원고로 넘긴다. Atsuko Kanehara, "Refining Japan's Integrative Position on the Territorial Sovereignty of the Senkaku Islands," *International Law Studies* (2021), Vol. 97.
84) 중국 공선(公船)에 대한 일본의 대응은, 꼭 '적극적'이라고는 할 수 없다는 것에 대해, *Ibid.*, III.

한 행위를 한층 초래하고 있기도 하다.

이것을 저지하기 위해서는 적극적인 대응을 생각할 수 있다. 그것은 일본 외교정책의 기둥인 '법의 지배'[85]를 근거로 해서, 중국의 힘에 의한 일방적인 현상의 변경을 비판하고, 동시에 '섬'에 대해 분쟁이 존재하지 않는다고 하는 일본의 입장을 유지하는 대응이다. 마찬가지로 일본 외교정책의 기둥인 '자유롭고 열린 인도태평양'[86]에서도 3개의 핵심 중 첫 번째는 '법의 지배'이다. 이것들은 국제사회에서 공통이익으로서 확립되어가고 있다.

그렇다고 하면, 중국의 힘에 의한 현상의 일방적 변경[87]에 대해 일본은 다음의 적극적인 대응을 실시해야만 하는 것이 아닐까. ①소극적인, 분쟁의 성립 회피와는 다르고, ②중국의 주장이 '근거 없는 주장'에 지나지 않고 분쟁은 성립하지 않는다는 것을 명확히 하고, ③적극적으로, 중국의 힘에 의한 현상의 일방적 변경을 비판하고 저지하는 것이다. 구체적으로는, 영역권원론에 입각하여, 중국의 주장에 어떠한 합리적 근거도 수반되지 않는다는 것을 논증해서, 중국의 주장을 철저히 부정하는 것이다. 또, 분쟁개념에 입각하여, 중국의 주장이 '근거 없는 주장'에 지나지 않는다고 하며, 분쟁의 성립을 부정하는 것이다. 중국과 일본은 상호 '분쟁당사국'이라고 해서 동등한 입장에 선 것은 아니다. 그리고 중국에 의한 센카쿠 제도 주변해역에서의 힘에 의한 일방적 현상변경에 대해 해양법에 입각한 조치는 말할 것도 없

---

1. (2). 2014년 11월 7일의 「일중 관계 개선을 위한 대화」가, "해역에 있어서 최근 긴장상태가 발생하고 있다"고 말하고 있는 것도 밀접히 관련되는, at https://www.mofaj/a_o/c_ml/cn/page4_000789.html

85) 2014년 5월 30일 샹그리라 다이어로그에서 행한 아베 신조(安倍晋三) 총리대신(당시)의 기조연설은, 바다에 있어서의 '법의 지배'를 강조하고, 그것은, ①법에 입각한 주장, ② '힘'을 사용하지 않는다, ③평화적 해결을 3개의 원칙으로 한다. https://www.kantei.go.jp/jp/96_abe/statement/2014

86) https://www.mofa.go.jp/files/000430631.pdf

87) 2021년 2월부터 시행된 중국의 해경법(海警法)은 바로 이러한 힘에 의한 현상변경을 추진하는 것일 것이다.

이, 그에 더하여, 일본의 주권침해를 근거로 해서 '주권존중'이라는 국제법의 근본원칙에 호소함으로써 실효적 조치를 취하는 것이다[88].

이것은 바로, 영역권원론·해양법·분쟁개념·주권존중이라는 국제법의 근본원칙에 입각한 복합적 시점을 구사한, 주권국가인 일본의 '통합적인' 입장의 구축이며 실현이다. 또, 이러한 '통합적인' 입장의 실현에 의해 일본은 스스로의 권리를 지킬 뿐만 아니라, 동시에 국제사회의 공통이익 실현에 공헌한다. 그것은 국제법의 주체라고 하는 이름에 걸맞은 주권국가로서의 지혜의 발현임에 다름 아니다.

---

88) Kanehara, *supra* note 83, 4.(3).

제6장

영역분쟁에서의 침묵의 의의

―센카쿠 제도尖閣諸島에 관한 '75년의 침묵'의 법적 구성을 위해―

기타무라 도모후미 北村朋史

1. 시작하며

　영유권 주장에 있어서 침묵, 즉 항의나 유보 등의 반응의 결여라는 부작위의 사실은 가끔 결정적인 중요성을 줄 수 있다. 이 점은 일본이 안고 있는 영역문제, 특히 센카쿠 문제에도 해당하고, 실제로 센카쿠 제도의 영유권은 일본에 있다고 하는 학설에서는, 1895년의 일본 편입조치로부터 1971년까지 사이, 중국 등으로부터 어떠한 항의도 이루어지지 않았다는 것이 한결같이 강조된다. 일본은 무주지 선점에 의해 센카쿠 제도의 영유권을 취득했다고 주장하지만, 가령 센카쿠 제도가 무주지가 아니었다고 하더라도, 그 후 75년에 걸친 중국 등의 항의 결여의 결과, 어찌되었든 영유권을 취득했다고 하는 지적이다. 다만, 이러한 항의 결여의 결과, 왜 일본이 영유권을 취득한 것이 되는지의 이유는 논자에 따라 다르다. 예를 들어, 다이쥬도太壽堂가, 중국의 항의의 결여는 일본의 영유권에 대한 '묵인'을 의미하고, 이에 의해 영유권 이전이 생기는 것을 시사하고 있는 것에 대해[1], 마쓰이松井는, 항의의 결여를 '영역주권의 계속적이고 평온한 표시'라는 권원을 성립시키는 것으로 인식하고 있다[2]. 다른 한편으로, 미요시三好는, 중국의 항의의 결여는 일본의 영유권에 대한 '묵인'을 의미하며, 이것에 의해 '금반언'의 효과가 생긴다고 말하는 한편으로[3], 항의의 결여는 '시효에 의한 권원 또는 역사적 권원'을 생기게 하는 것도 시사하고 있다[4]. 센카쿠 제도에 관한 '75년의 침묵'을 어떻게 법적으로 구성할 것인가, 즉 이러한 침묵으로부터 어떠한 개념을 통해 어떠한 효과를 끌어낼 것인지에 대해 학설은 아직 일치를 보지 못하고 있는 것이다.

센카쿠 문제를 둘러싼 상기 불일치의 배경에는 묵인, 금반언, 시효등의 개념 자체에 관한 견해의 대립 내지 혼란이 있다. 예를 들어 Marques Antunes는 국제법백과사전의 '묵인(acquiescence)' 항에서 '언명해야하고, 그것이 가능한 경우에 침묵한 자는 동의했다고 간주된다 (*Qui tacit consentire videtur si loqui debuisset ac potuisset*)'는 법언을 인용하면서, 동 개념을 "타국의 행위에 관해서 부동의 또는 반대를 표하는 반응이 요구되는 상황에 처해 있으면서, 침묵하고 또는 아무 것도 하지 않는 것을 통해 일방적으로 국가에 의해 묵시로 전달되는 동의"로 정의하고, '일방적 행위(unilateral act)' 항에 대한 참조를 촉구하고 있다[5]. 따라서 여기에서 묵인은, 침묵을 통한 묵시의 의사표시라고 하는 '순간적인 행위'를 요소로 해서, '권리의 변동'이라는 효과를 발생시키는 법률행위로서 인식되었다고 해석되지만, Marques Antunes는, 묵인은 장기의 '시간의 경과'를 요하는[6] '금반언'의 효과를 낳을 수 있다

---

1) 太壽堂鼎 『領土帰属の国際法』 (東信堂, 1998년) 204쪽.
2) 松井芳郎 『国際法学者が読む尖閣問題』 (日本評論社, 2014년) 141-142쪽.
3) 三好正弘 「領土取得における抗議と黙認」 『島嶼研究ジャーナル』 第4巻2号 (2015년) 44쪽.
4) 위와 같음, 26쪽.
5) N. S. Marques Antunes, "Acquiescence," in R. Wolfrum ed., *Max Planck Encyclopedia of Public International Law* (Oxford University Press, 2006), para. 2.
6) *Ibid.*, para. 25.

고도 말해[7], 이 개념을 어떻게 이해하고 있는지는 명백하지 않다. 또 Marques Antunes는, 묵인은 장기의 '시간의 경과'를 요한다고 하면서, 동의를 수반하는 점에서 '시효'와는 다르다고 말하고 있는데[8], 학설에는, '시효'의 성립에는 '묵인'이 중요하다는 등으로 설명하는 자도 많다[9]. 이와 같이 묵인과 금반언 및 시효등의 개념은, 밀접히 서로 맥락이 닿는 형태로 논해지고, 이들 개념의 조건이나 효과, 나아가서는 존부에 이르기까지 광범한 견해의 대립 내지 혼란이 존재하는 것이다.

이러한 묵인과 금반언 및 시효등의 개념의 관련은 오랜 기원을 갖는다. 이 장에서는, 이상의 문제상황에 비추어, 또 최종적으로는 센카쿠 문제에 대한 시사를 찾는 것을 목표로 해서 묵인, 금반언, 시효등에 관한 제2차 세계대전 전戰前의 판례와 학설(제2절), 및 국제사법재판소(ICJ)의 초기의 판례와 이에 관계되는 학설(제3절)을 검토함으로써, 이들 개념의 맥락을 풀고, 그 존부나 내용의 파악을 시도한다. 후자의 판례로서는, 특히 어업 사건 판결과 프레아 비이허 사원 사건 판결을 들어 상세하게 검토한다. 양 판결은, 각각 역사적 권원(시효)과 묵인과 금반언의 주요판례로 여겨지는 한편으로, 원래 어떠한 개념 또는 개념 이해에 입각해서 판단을 내린 판결인가에 대해 평가가 나누어지는 등, 그 해석에는 근본적인 대립이 보여, 이들 개념을 이해하는 데 있어 열쇠가 되는 판례라고 말할 수 있기 때문이다. 다만, ICJ의 초기의 판례까지 검토했다고 해서 이들 개념의 이해, 또 그 센카쿠 문제에 대한 시사에 대해 확정적인 해답을 얻을 수 있는 것은 물론 아니다. 종절에서는, 상기 검토를 통해서 얻은 제 개념의 잠정적인 이해를 소묘한 다음, 그 시사와 그 후의 판례의 전개를 보는 데 있어서의 요점을 간단히 제

---

7) *Ibid.*, para. 24.
8) *Ibid.*, para. 25.
9) 예를 들어, M. N. Shaw, *International Law* (8th ed., Cambridge University Press, 2017). p. 375; James Crawford, *Brownlie's Principles of Public International Law* (9th ed., Oxford University Press, 2019), pp. 219-220.

시한다(제4절).

참고로 이 장에서는, 묵인을 우선 침묵을 통한 묵시의 의사표시로 정의하고, 그 효과에 대해서는 유보해 둔다. 이 장에서 말하는 시효란 취득시효를 말한다. 이하에서 제시하는 것처럼 이 장의 검토에 의하면, 시효와 '영역주권의 계속적이고 평온한 표시'라는 권원 및 역사적 권원은, 동일한 목적과 내용을 갖는 동일한 법제도로 해석되지만, 이들을 구별하지 않고 논할 때에는 '시효등'의 용어를 사용한다.

2. 제2차 세계대전 전의 판례와 학설

2.1. 시효 및 시효와 묵인의 관련

2.1.1. 학설

국제법에서의 영역 취득양식은, 사인의 토지 취득을 규율하는 로마법의 아날로지(analogy, 유추)에 입각해서 논해져 왔지만, 시효(prescription)도 바로 그러한 취득양식의 하나이다. 이러한 논의의 선구로서 후세의 학설에 큰 영향을 준 것이 Grotius이다. Grotius는 로마법상의 시효는 국가법에 의해 도입된 것이기(시간은 그 자체의 성질로서는 어떠한 효력도 갖지 않는다) 때문에, 국가 간 관계에는 타당하지 않다고 지적하면서, 그러나 그렇다면 왕국 간이나 왕국 간의 경계를 둘러싼 분쟁은, 시간의 경과에 의해 종결하지 않게 된다고 자문自問한다[10]. 이에 대해 Grotius가 준 해답이 초기억적 점유와 이에 대한 침묵에 의한 권리의 포기라는 이론이다. 즉 Grotius에 의하면, 인간의 의사표시는 말뿐만이 아니라 작위, 나아가서는 부작위에 의해서도 이루어지

---

10) Hugo Grotius, *De jure belli ac pacis*, book ii, chap. iv, s.1.

게 되는데, 타자에 의한 자기 재산의 점유를 알면서 스스로의 자유의사에 의해 침묵하는 자는 그 권리를 포기한 것으로 해석된다. 그런데 시간의 경과는, 권리자로 하여금 스스로의 재산에 대해 인지了知하고, 또 공포恐怖, 즉 자유의사의 제약을 극복하기 위한 기회를 준다. 그렇기 때문에 장기의 침묵은 권리 포기의 추정을 낳고, 구체적으로는 사람의 기억을 뛰어넘는 시간의 경과가 있으면, 통상 이러한 추정이 생기는 데 충분하다고 설명하는 것이다[11].

상기 Grotius가 주장하는 논지의 특징은, 타자의 재산의 점유에 의한 권리 취득의 연원을 권리자의 침묵을 통한 묵시의 의사표시, 즉 묵인에 구하고[12], 그 묵인을 사람의 기억을 뛰어넘는 점유와 이에 대한 침묵에 의해 추정하는 점에 있다. 다만 Grotius는 사람의 기억을 뛰어넘는 점유는 100년 정도라는 것도 시사하여[13], 침묵의 추정에 요하는 시간을 한정할 의도도 엿볼 수 있다. 또 Grotius는 장기의 침묵에 의한 묵인의 추정 이유로서, 장기의 침묵은 권리자가 점유를 알면서, 자유의사에 의해 침묵했다는 것을 시사한다고 설명하지만, 정부가 확실한 기초 위에 분쟁의 위험 없이 존재하고 있는 것은 인간사회의 이익에 합치하고, 이에 기여하는 결과에 호의적인 고려가 있지 않으면 안된다고도 말해[14], 진정으로 권리자의 의사를 확정同定하는 것을 의도했는지는 의문이 남는다. Grotius는 자연법에 있어서의 시효의 존재를 부정하고 있지만, 그 의도는, 국가법에 있어서의 시효를 질서의 안정을 목적으로 하는 제도로 해석하고, 그 국가 간 관계에 있어서의 효용을

---

[11] *Ibid.*, ss. 3-7.
[12] 다른 한편 Grotius는, 묵인의 효과를 권리의 양도가 아닌 포기라고 말하고, 타자의 재산의 점유는 실제로는 권리의 포기 전에 생기는 것이지만, 이에 의한 영역의 취득을 '소유권 포기의 추정과 그 결과로서의 "선점"'으로 인식하여 (*Ibid.* (표제)), 원시취득의 범주에 넣고 있다. 이런 점, 또 Grotius의 제 국민의 의사법상의 논의에 대해서는, 특히 柳原正治「所有權·支配權」大沼保昭編著『戰爭と平和の法 [補正版]』(東信堂, 1995년) 237-238쪽.
[13] Grotius, *supra* note 10, s. 7.
[14] *Ibid.*, s. 8.

인정한 후에, 묵인의 추정이라는 '기교'를 써서, 이것을 국가 간 관계에도 타당한 자연법상의 제도로서 재정립하는 것에 있었다고도 해석할 수 있다.

후세의 자연법학자는 상기 Grotius의 소론을 자연법에 있어서의 시효의 존재를 인정한 것이라고 해석하고, 이에 입각하여 시효의 존부나 내용을 논하고 있다. 예를 들어 Pufendorf는 Grotius의 소론을 소개하면서, 그 논리는 항상 타당한 것은 아니라고 주장論難한다. 장기에 걸쳐 스스로의 권리에 대해 무지하다든가, 공포나 무력 때문에 항의를 할 수 없는 상황도 있기 때문에, 장기의 침묵은 반드시 묵시의 포기를 의미하지 않기 때문이다[15]. 그런 다음 Pufendorf는 물건의 소유권이 평화의 이익을 위해 도입된 것과 마찬가지로, 선의의 점유자는, 평화의 이익이라는 고려에서, 언젠가의 시점에서 소유를 둘러싼 분쟁으로부터 해방되지 않으면 안 된다고 설명한다. 그리고 자연이성이나 보편적 국제합의는, 그것이 어느 시점에서 인정되어야만 하는가를 특정하지 않지만, 그 기간은 소유자나 점유자를 둘러싼 각종 상황을 고려해서 케이스 별로 결정할 수 있다고 한다[16]. Pudendorf는 Grotius의 의도는 자연법에 있어서의 질서의 안정을 목적으로 하는 제도로서의 시효의 존재를 설명하는 데 있었다고 해석하고, 그렇기 때문에 점유와 이에 대한 장기의 침묵은 그 자체로서 권리의 취득을 낳게 하는바, 묵인의 추정이라는 논리로는 그것이 담보되지 않는다고 하면서, 소유권 도입의 취지라는 관점에서 질서의 안정이라는 이익을 이끌어내고, 여기에 자연법에서의 시효의 존재를 확고하게 하는 것이다.

이에 대해, 오히려 침묵의 추정이라고 하는 논리를 계승하고 이것을 관철한 것이 Wolff이다. Wolff는 시효란 물건이나 권리 포기의 추정에서 생기는 권리의 취득을 지칭한다고 한 다음, 장기의 침묵에 의

---

15) Samuel von Pufendorf, *De jure naturae et gentium libri acto*, book iv, chap. xii, s. 8.
16) *Ibids.*, s. 9.

해 포기가 추정되는 것은, 장기에 걸쳐 스스로의 물건이나 권리에 대해 알지 못하고, 또 점유에 대해 문제를 제기할 기회를 갖지 않는다고는 생각하기 어렵기 때문이지만, 장기의 침묵의 이유가 주장되는 경우는, 추정의 이유는 상실되고, 시효는 성립하지 않는다고 설명한다[17]. Pufendorf가 시효를 점유와 그에 대한 장기의 침묵으로써 권리를 생성하는 권원으로 인식하는 데 대해, Wolff의 주장에서는, 이것들은 권리자가 언젠가의 시점에서 "언명해야 하고, 그것이 가능한 경우"에 처해 있으며[18], 그럼에도 불구하고 침묵함으로써 묵인했다는 것을 추정하게 할 수 있는 사실에 지나지 않고, 권리의 취득은 어디까지나 권리자의 묵인, 즉 의사에 의해 생긴다[19]. 따라서 여기에서 말하는 시효는, 권원이 아니라 묵인, 그것도 점유와 이에 대한 장기의 침묵에 의한 추정이라는 특정의 방법을 통해 인도되는 묵인으로부터 생기는 권리의 취득을 가리키는 것이 된다. 그래서 Wolff는, 바로 이러한 묵인의 추정이라는 논리를 관철하고, 그 추정을 인지의 결여나 자유의사의 제약 등 변명을 통한 반박을 허용하는 문자대로의 추정(*juris tantum*)으로 인식하고 있는 것이다.

다른 한편으로, Vattel은 시효를 중단이 없고 다툼이 없는 장기의 점유라는 사실만에 의해 권원의 취득을 낳는 제도로 정의하면서, Wolff의 시효의 이해를 인용하여, 양자는 용납하지 못하는 것이 아니라 용이하게 조화를 이룰 수 있다고 한다[20]. 그리고 자연법이 소유권의 존중을 요구하는 것은 인간사회의 평화, 안전, 복지를 위한 것이라고 하고, 그렇기 때문에 자연법에 의하면, 정당한 이유 없이 장기간 스스로의 권리를 무시하는 소유자는 권리를 포기했다고 추정된다고 설

---

17) Christian Wolff, *Jus gentium method scientifica pertractatum*, book iv, chap. vii, ss. 358 and 363.
18) *Ibid*., s. 359.
19) Wolff도, 묵인의 효과를 물건이나 권리의 포기로 나타내고 있지만, 소유자의 동의 없이 권리는 이전할 수 없다는 등으로도 말해 (*Ibid*., s. 363), Grotius와는 달리(앞 각주 12를 참조), '포기의 추정과 그 결과로서의 선점'이라는 구성은 취하고 있지 않다.
20) Emer de Vattel, *Le droit de gens*, book ii, chap. xi, s. 140.

명한다[21]. 이와 같이 Vattel도 묵인의 추정 논리에 언급하지만, 추정의 이유는, 장기에 걸쳐 인지의 결여나 자유의사의 제약이 계속한다고는 생각하기 어렵다고 하는 개연성이 아니라, 인간사회의 평화 등의 이익에 구하고 있다. 그렇기 때문에, 여기에서 말하는 추정이 어떠한 성격의 것인가가 문제가 되지만, Vattel은 제국의 평화에 비추어 공포 등 때문에 침묵한 국가도 권리의 상실을 감수하지 않으면 안 된다는 등으로 말해[22], 적어도 국가 간에 타당한 시효에 대해서는 반박을 허용하지 않는 추정(*juris et de jure*)으로 성격 짓고 있는 듯하다. 장기의 침묵에 의해 묵인이 추정된다고 해도, 추정이 실제로는 반박을 허용하지 않고, 묵인이 평화의 이익을 위해 의제된다면, 그것은 질서의 안정을 목적으로 하고, 점유와 그에 대한 장기의 침묵, 즉 중단이 없고 다툼이 없는 장기의 점유라는 사실 만에 의해 권리를 낳는 권원의 존재를 설명하는 것과 다름없다.

이상과 같이, 자연법학자의 시효의 이해에는, 질서의 안정을 목적으로 하고 점유와 이에 대한 장기의 침묵(중단이 없고 다툼이 없는 장기의 점유)으로써 권리를 낳는 권원으로 해석하는 것 및 점유와 그에 대한 장기의 침묵에 의한 추정이라는 특정의 방법을 통해 도출되는 묵인으로부터 생기는 권리의 취득으로 해석하는 것이 존재했지만(이하에서는 전자를 질서의 안정을 목적으로 하는 시효, 후자를 묵인을 원인으로 하는 시효로 부른다), 19세기 말 내지 20세기 초기의 학설에는, 국제법에서의 시효의 목적을 질서의 안정에 구하는 견해가 많이 보인다[23]. 그 대표적인 예로 말할 수 있는 것이 다음의 Hall의 견해이다.

---

21) *Ibid.*, s. 141.
22) *Ibid.*, s. 149.
23) 예를 들어, D. H. N. Johnson, "Acquisitive Prescription in International Law," *British Yearbook of International Law*, Vol. 27 (1950), p. 333, n. 1; Y. Z. Blum, *Historic Titles in International Law* (M. Nijhoff, 1965), pp. 12-13에 게재한 문헌을 참조.

시효에 의한 권원은, 소유권 기원의 존재를 제시할 수 없을
까, 점유가 원래는 불법한 경우에 정당한 소유권자가 그 권리
를 주장하는 것을 태만히 할까, 그것이 불가능한 경우에 장기
의 계속적인 점유로부터 생기는⋯⋯. 국가 간의 시효는 ⋯⋯주
로 국제질서의 안정성 창출에 이바지하는 것을 목적으로 한다.
이것은, 권리의 궁극적인 승리를 가능하게 하는 것보다도 현실
에는 보다 이점이 있다.[24]

Hall은 국제법에서의 시효를 질서의 안정을 목적으로 하는 권원으로 해석하고, 권리자가 항의를 태만히 한 경우만이 아니라, 항의가 불가능했던 경우에도, 즉 권리자의 의사에 관계없이 시효는 성립한다고 지적하고 있다. 또 Hall은 권리자의 존부에 관계없이, 시효는 성립할 수 있다고 설명한다. 시효의 원인이 권리자의 의사에 있다면, 자기가 갖지 않은 물건을 줄 수는 없기(*nemo dat quod non habet*) 때문에, 진정한 권리자가 존재하고, 특정되지 않으면 안 되지만, 시효의 목적이 질서의 안정에 있는 경우는, 말할 것도 없이, 장기에 걸친 중단 없는 점유에 의해 일단 상황이 고정되면, 그것에 의해 모든 사람에게 대항 가능한 권리가 확립한다고 하는 것일 것이다.

왜 이 시기에 시효의 목적을 질서의 안정에 구하는 견해가 많이 보이게 되었는지는 확실하지 않지만, 자연법사상에서 법실증주의로 이행하는 데 따라, 자연법상 어떻게 시간의 경과를 통해 권리의 취득을 낳는 제도의 존재를 확고히 할까 하는 난제에서 해방되어, 묵인의 추정이라는 '기교'에 호소할 필요성이 줄어들었기 때문이라고도 생각된다. 단 국제법에 시효의 기간을 정하는 제정법은 존재하지 않고, 그 것을 갖고 시효의 존재를 부정하는 학설도 없었던 것은 아니다[25]. 또 자

---

24) W. E. Hall, *A Treatise on International Law* (4th ed., Clarendon Press, 1895), p. 123.
25) 예를 들어, A. W. Heffter, *Le Droit international de l'Europe* (4ed. A. Cotillon, 1883). pp. 39-40. Fauchille는, 이러한 학설은 원칙 적용에 관한 규칙의 결여를 갖고 원칙의 존재 자체를 부정

연법사상에서 법실증주의로의 이행은, 다른 한편으로, 시효의 존재가 국제재판 실례에 기초를 두지 않으면 안 된다는 것을 의미한다. 특히 20세기 이후는 시효가 원용되는 판례도 보이게끔 되지만, 그러한 판례에 있어서 시효는 어떠한 개념으로서 사용되고, 어떻게 판단을 받았던 것일까.

2.1.2. 판례

국제법상의 시효의 판단례로 해석할 수 있는 초기의 판례로서, 노르웨이와 스웨덴이 해양경계획정을 구하여 상설중재재판소에 제소한 그리스바다르나 사건(The Grisbadarna Case, 1909년)이 있다. 재판소는, 당사국이 근접하는 육지의 할양에 의해 분쟁해역에 자동적인 분할선이 그어졌다고 주장하는 17세기의 국제법에 의하면, 그 분할선은 육지의 일반적인 방향에 따른 것이었다고 판단하는 한편으로, 그 분할선에 의하면 양국에 의해 분유分有되어야 할 그리스바다르나 퇴(堆. Grisbadarna bank) 전체를 스웨덴에 귀속시켰는데[26], 그 이유에 대해 다음과 같이 지적하고 있다.

> 현재 존재하고, 또 장기에 걸쳐 존재해온 상태는 가능한 한 변경하지 않아야 한다는 원칙은 국제법의 확립된 원칙이다. 이 규칙은, 한번 소홀히 다루어지면, 그들이 복종하는 정부의 희생 없이는 유효하게 보호할 수 없는 사인의 이익이 문제가 되는 경우에 특히 해당된다. ……이러한 다양한 사정에서, 스웨덴인 쪽이 노르웨이인보다도, 보다 일찍부터 실효적으로 그리스바다르나 퇴를 이용해 온 것은, 거의 의심의 여지가 없을 정도

하는 것이라고 비판한다(Paul Fauchille, *Traite de droit international public* (8th ed., Rousseau, 1925), vol. 1. pt. 2, p. 755).

26) *Affaire des Grisbadarna (Norvege, Suede)*, 23 October 1909, XI RIAA, p. 160.

로 확실하다[27]).

이 건에서는 양 당사국이 시효를 원용했지만 재판소는 이 용어에 언급하지 않는다. 또 후의 재판사례에 비추어보면, 사인에 의한 실효적 이용을 갖고 국가에 의한 실효적 지배가 있었다고 말할 수 있을지는 의문이 남는다. 그러나 본 판결은, 바로 고정되어 있는 것을 움직이지 말라(*Quieta non movere*)는 원칙에 입각해서, 본래는 노르웨이에 귀속될 해역을 스웨덴에 귀속시켰던 것으로, 질서의 안정을 목적으로 하는 시효에 의거해서, 일방 당사국의 권리를 인정한 판례로 이해할 수 있다.

또 국제법상 시효의 조건에 대해 상세한 판단이 내려진 사례로서, 차미잘 사건(The Chamizal Case, 1911년)이 있다. 이 건은, 미국과 멕시코가 1848년에 리오그란데강을 국경선으로 정하는 조약을 체결했는데, 하천 수로의 변화에 의해 그 남측으로부터 북측으로 이동한 지대의 귀속이 다투어진 사건이다. 이 건에서 미국은, "1848년 이래의 방해가 없고, 중단이 없고, 다툼도 없는 점유"에서 생기는 시효에 의해 동 지대의 권원을 취득했다고 주장하지만[28]), 국제국경위원회는 이 주장에 대해 다음과 같이 판단하고 있다.

> 시효의 기간을 정하는 조약이 존재하지 않은 중에, 미국이 원용하는 시효의 권리가, 국제법상 수용된 원칙일까 하는 매우 논쟁적인 문제에 언급할 필요도 없이, 이 건에 있어서의 미국의 점유는, 시효의 권원을 확고히 하려는 듯한 성격의 것이 아니었다고 일치해서 결론을 내린다……. 미국 시민에 의해 취해진 물리적 점유나, 미국의 지방·연방정부에 의해 행사된 정치적 지

---

27) *Ibid.*, p. 161.
28) *The Chamizal Case (Mexico, United States), 15 June 1911, XI RIAA*, p. 317.

배는, 멕시코에 의해, 그 외교사절을 통해 끊임없이 다투어지고 문제가 되어 왔다고 할 수 있다.[29]

본 판결은, 국제법상의 시효의 존재를 유보하면서도, 국내법상의 시효를 인증引証하면서 그 조건에 대해 논하고 있다. 특히 판결이, "사법私法에 있어서는, 시효의 중단은 제소에 의해 생기지만, 국가 간 관계에 있어서는, 그것을 위한 국제법정이 설치되어 있지 않으면, 또 설치되기까지는, 이것은 당연히 불가능하다"[30]고 기술하고 있는 점은 주목할 만하다. 이 점은, 국제법정이 존재하는 경우는 제소가 필요하게 되는 것을 말한 것이라고도 해석할 수 있지만[31], 가령 국제법상의 시효의 원인이 권리자의 묵인에 있다면, 왜 항의로 족하지 않을까는 명확하지 않다.

나아가 재판소가 시효란 용어에 언급하고, 이에 입각하여 일방 당사국의 권리를 인정했다고 해석되는 점에서 특히 중요한 사례로서, 팔마스섬 사건(Island of Palmas Case, 1928년)이 있다. 이 건에서는 미국이, 팔마스섬은 1648년 이전에 스페인이 발견해서 그 주권을 획득하고, 후에 미국에 할양되었다고 주장한 데 대해, 네덜란드는, 1677년 또는 1648년 이전부터 이 섬에 대한 주권의 제 권리를 보유하고 행사해왔다고 주장했는데[32], 상설중재재판소는 다음과 같이 판단해서 네덜란드의 주권을 인정하고 있다.

다른 법적 정의定式 하에서 이기는 하지만, 또 그 조건에 대해서는 일정한 상이점이 있지만, 실행도, 학설도, 영역주권의 계속적이고 평온한 표시(다른 국가들과의 관계에 있어서의 평온)가

---

29) *Ibid.*, p. 328.
30) *Ibid.*, p. 329.
31) Johnson, *supra* note 23, pp. 340-342.
32) *Island of Palmas Case (Netherlands, USA), 4 April 1928, II RIAA*, pp. 837-838.

권원에 상당하다는 것을 인정하고 있다[33].

스페인인이 1666년에 몰루카 제도(Moluccas)로부터 철수할 때에 그 주권의 유지에 대해 명시적인 유보를 한 때부터, 1906년에 미국에 의해 취해진 이의신청에 이르기까지, 네덜란드에 의한 탈라우드 제도(Talaud Islands)에 대한 영유권 행사에 대해, 이의신청이나 그 밖의 어떠한 행위, 항의도 행해진 기록이 없다. 표시행위의 증거가 존재하는 전 기간(1700년부터 1906년)을 통해 네덜란드의 주권의 표시가 평온한 성격의 것이었다는 것이 인정되지 않으면 안 된다[34].

판결은 팔마스섬에 대한 네덜란드의 권원을 '영역주권의 계속적이고 평온한 표시'라는 새로운 용어로 표현하고 있다. 또 판결은 팔마스섬이 네덜란드에 의한 표시행위의 개시시점에 있어서 무주지였다고도 인정하지 않았지만, 무주지가 아니었다고도 인정하지 않았다. 이러한 점에서, 본 판결을 어떻게 이해할 것인가에 대해서는 견해가 나뉘어, 선점의 선례로서 논하는 자나[35], 선점과 시효를 구별하지 않고, 양자에 공통되는 조건을 적용했다고 해석하는 자[36], 혹은 기존의 양식론에서 결별하여, '새로운 영역법'을 제시했다고 보는 자 등[37] 다양한 견해가 존재한다.

그러나 판결은, '영역주권의 계속적이고 평온한 표시'를 '이른바所謂 시효'로 용어를 바꿔[38], 동 권원은 학설도 인정해왔다고 하고, 나아가

---

33) *Ibid.*, p. 839.
34) *Ibid.*, p. 868.
35) 太壽堂 『앞의 책』 (주1) 66쪽.
36) Robert Jennings & Arthur Watts, *Oppenheim's International Law* (9th ed., Longman, 1996), vol. 1, pts. 2-4, pp. 709-710.
37) 許淑娟 『領域權原論』 (東京大学出版会, 2012년) 137-138쪽.
38) *Island of Palmas Case, supra* note 32, p. 868.

주제州際 관계에 국제법을 적용하는 연방국가에서도 인정되어 왔다고 기술하고, "시효를 유효하고 의심 없는 권원으로 인정하는 Vattel과 Wheaton"을 인용해서 판단한 미국 대법원 판결을 들고 있다[39].

그럼에도 불구하고 동 권원의 이해에 대해 견해가 나뉘는 배경에는, 시효는 진정한 권리자의 존재를 요한다고 하는 이해가 개재되어 있는 것처럼 생각되지만[40], 질서의 안정을 목적으로 하는 시효가, 권리자의 존부에 관계없이, 즉 팔마스섬은 무주지가 아니었다는 인정을 요하지 않고 성립할 수 있는 것은 이미 지적한 대로다. 다른 한편으로, 장기의 점유에 의해 상황이 고정되고, 모든 자에게 대항 가능한 권리가 확립했다고 말하기 위해서는, 점유가 일반적으로 다투어지지 않았다는 점이 요구되지만, 판결이 '평온平穩'이란 용어를 "'다른 국가들'과의 관계에 있어서의 평온"을 의미한다고 해, 실제로 스페인뿐만 아니라, 어떠한 국가로부터의 이의도 없었다는 것을 확인하고 있는 것은 이 때문일 것이다.

이들 여러 가지 점, 또 '영역주권의 계속적이고 평온한 표시'가, 바로 점유와 이에 대한 장기의 침묵이나 중단이 없고 다툼이 없는 장기의 점유 등 조건의 이해에 합치하는 것에 비추어보면, 본 판결은 질서의 안정을 목적으로 하는 시효의 존재를 인정하고, 주권표시의 공연성公然性(비밀리가 아닌 것) 등 구체적인 기준을 명확히 하고[41], 이에 입각하여 일방 당사국의 권리를 인정한 사례로서 이해하는 것이 적절할 것이다.

다만, 판결이, 이렇게 해서 네덜란드의 주권을 인정한 후에, "미국은 스페인의 후계자로서 동등의 또는 보다 강고한 권원을 주장하는 입장

---

39) *Ibid.*, p. 840.
40) 太壽堂 『앞 각주』 (주1) 11쪽. Jennings & Watts, *supra* note 36, p. 710; 許 『앞의 책』 (주37) 100-101쪽.
41) *Island of Palmas Case*, *supra* note 32, p. 868.

에 있는가"하는 물음을 제기하고, 이것을 부정하는 문맥에서[42] 다음과 같이 기술한 점은 주의를 요한다.

> 1677년 이후에 창출된 상황에 대한 스페인의 묵인은, 스페인과 그 후계자가 여전히 조약(미국이, 네덜란드가 스페인의 권리를 승인했다고 주장하는 1648년의 뮨스터조약) 상의 권리를 원용할 가능성을 박탈한다.[43]

상기와 같이 판결은, '영역주권의 계속적이고 평온한 표시'로써 네덜란드의 주권을 인정하고, 또 이 권원은 "전의 결정적 권원에도 우선할 수 있다"고도 지적하고 있다[44]. 또 판결은, 스페인의 묵인과 이에 의한 권리 상실의 가능성에 언급하고 있을 뿐, 스페인이 네덜란드에 의한 주권표시를 인지하고 있었는지 등에 대해서는 아무런 검토도 하지 않았다. 따라서 판결이 진정으로 스페인의 의사를 확정同定하고, 그 결과에 따라서는, 네덜란드의 주권을 부정하는 의도를 갖고 있었는지는 의문스럽다. 이와 같은 묵인에 대한 명목적인 언급은, 묵인의 추정에 언급하면서 실제로는 그 반박 가능성을 부정하는 Vattel 등의 학설을 상기시킨다. 시효와 묵인의 관련은 이러한 의미에서 국제재판 실례에도 흔적을 남기고 있다고 말할 수 있다.

이상에서, 대략 국제법상의 시효를 둘러싼 역사적 견해 대립 때문에, 재판소가 이 용어에 명시적으로 언급하는 것은 흔하지 않았지만, 국제법상의 시효는, 질서의 안정을 목적으로 하고, 권리자의 존부에 관계없이 중단 없고 다툼도 없는 장기의 점유, 즉 계속적이고 평온한 주권의 표시를 갖고 권리를 낳는 권원으로서 인정되었다고 할 수 있

---

42) *Ibid.*
43) *Ibid.*, p. 869. 괄호 내 필자.
44) *Ibid.*, p. 846.

다. 다만 국제법상의 시효의 이해는, 제2차 세계대전 후 곧 ICJ에서도 역사적 권원이란 이름 아래 격렬하게 다투어지게 된다. 그러면 어떠한 판단이 이루어지고, 또 그 판단은 어떻게 이해되었는가.

2.2. 금반언 및 금반언과 묵인의 관련

2.2.1. 판례

국제법상의 시효가, 당초는 학설상 논해지고, 후에 국제재판 실례에서 인정되게 되었다고 생각되는 데 비해, 금반언(禁反言, estoppel)은 오히려 19세기 후반 이후의 국제판례를 통해 국제법의 도마 위에 올려진 개념이라고 할 수 있다. 금반언은 예로부터 영미법에서 다양한 형태로 존재해왔지만, 그 대부분이 그 자체로서 실체법상의 권리의 변동을 낳는 개념이 아니라, 재판에서 사실이나 권리의 주장을 배제하는 효과를 낳는 개념으로서 인식되어 온 것에 비추어보면[45], 그것이 국제법에 도입된 것이 국제재판의 등장과 발전을 기다리지 않으면 안 되었다는 것은 당연하다고 할 것이다. 금반언이 원용된 국제판례는 많지만[46], 여기에서는 동 개념, 또 동 개념과 묵인 개념 관련의 기원과 형태를 명백히 한다는 목적에 비추어 세르비아 공채 사건, 동부 그린

---

[45] 영미법에서 금반언이라고 불리는 것에는 기록에 의한 금반언, 증서에 의한 금반언, 합의에 의한 금반언, 표시에 의한 금반언, 물권적 금반언, 약속적 금반언 등이 포함된다. 이 중 전자 두 개를 제외한 것은 '행위에 의한 금반언' 등으로 총칭된다. 이 중 물권적 금반언은, 그 자체로서 실체법상의 권리의무를 낳고 청구의 원인이 된다. 그밖에 다른 것은, 전에는 재판에 있어서 청구자의 사실이나 권리의 주장을 막고, 이로써 청구의 성립을 방해하는 방패로서만 기능하는 절차법상의 원칙으로 해석되었지만, 현재는 청구의 원인이 되는 사실이나 권리에 관한 반론을 막고, 이로써 본래 주어지지 않은 구제를 얻는 것을 가능하게 한다고 하는 의미에서, 실체법상의 권리의무를 낳고, 검(劍)으로서도 기능하는 실체법상의 원칙으로 해석되고 있다고 한다(Piers Feltham *et al., Spencer Bower: Reliance-Based Estoppel* (5th ed., Bloomsbury Professional, 2017), pp. 31-43).

[46] 금반언에 관한 국제판례는, 특히 Antoine Martin, *L'Estoppel en droit international public* (A. Pedone, 1979), pp. 93-172 에 상세하게 기술되어 있다.

란드 사건 및 코스타리카=니카라과 국경사건이라는 3개의 사례를 들어 검토한다.

세르비아 공채사건(1929년)이란, 세르비아 공채를 보유한 프랑스인이 이자 및 원본을 계약에 기재한 대로 금 프랑으로 지불하라고 요구했지만, 세르비아가 지폐 프랑에 의한 지불을 주장했기 때문에, 프랑스가 항의하고, 상설국제사법재판소(PCIJ)에 제소된 사건이다. 이 건에서 세르비아는, 금반언을 원용하고, 공채보유자는 장기에 걸쳐 지폐 프랑에 의한 지불을 받아들였기 때문에, 금 프랑에 의한 지불을 받을 권리를 원용할 수 없다는 등으로 주장했는데[47], 재판소는 이 주장에 대해 다음과 같이 판단하고 있다.

> 금반언의 원칙이 권리의 상실을 성립시키는 조건에 대해 검토하는 데 있어, 이 건에서 이 원칙을 적용할 충분한 근거가 제시되어 있지 않은 것은 명백하다. 채무국이 신뢰하는 것을 인정받고, 또 현재 신뢰한 공채보유자에 의한 명확하고 일의적인 표시는 존재하지 않았다. 채무국에 의한 입장의 변경도 존재하지 않았다.[48]

이 건에서 양 당사국은, 금반언을 "스스로의 행위에 반하는 주장은 금지된다", "변덕스럽고 정견定見이 없는 태도는 금지된다" 등으로 표현하고[49], 이것을 과거의 명확한 언동에 반하는 주장 일반을 금하는 원칙으로서 제시했다. 그러나 판결은, 명확한 표시 외에 상대방이 그 표시를 신뢰하고, 입장을 불이익적으로 변경했는가 하는 요소를 들고, 이들을 금반언의 조건으로서 평가하고 있다. 이러한 이해는, 영미법상

---

47) *Serbian Loans, Speeches Made in Court, P.C.I.J. Series C, No. 16/3-II*, pp. 155-157.
48) *Serbian Loans, Judgement of 12 July 1929, P.C.I.J. Series A, Nos. 20/21*, p. 39.
49) Serbian Loans (Speeches), *supra* note 47, pp. 157, 255.

'행위에 의한 금반언' 등으로 총칭되는 금반언과 공통된 것으로, 본 판결은 그 국제법에서의 타당함을 인정한 판결이라고 할 것이다.

이에 대해, 역으로 당사국이 상기 세르비아 공채 사건 판결과 같은 엄격한 금반언의 이해를 제시하고 있을 뿐, 재판소가 이것을 과거의 명확한 언동에 반하는 주장 일반을 금하는 원칙으로 해석하고, 그 성립을 인정한 것이라고도 이해할 수 있는 사례로서, 동부 그린란드 사건(1933년)이 있다. 이 건에서 덴마크는, 노르웨이는 그린란드 전역에 대한 덴마크의 주권을 승인하고, 그 대가로서 보상을 수취해왔기 때문에, 금반언에 의해 주권을 다투는 것이 금지된다고 주장했는데[50], PCIJ는 이 주장에 대해 다음과 같이 판단했다.

> 1826년 조약이 '그린란드'로 서술할 때, 그것이······그린란드 전역을 가리킨 것은 이미 서술한 대로다······. 이들 양국 간 및 다국 간 조약을 구속적인 것으로서 받아들임으로써 노르웨이는 그린란드 전역이 덴마크령이라고 승인했다는 것을 다시 확인했다. 따라서 노르웨이는 그린란드 전역에 대한 덴마크의 주권을 다투는 것이 금지되고(debarred), 그 결과 그 일부를 점령하는 것이 금지된다.[51]

판결은 금반언이란 용어에 언급하고 있지 않다. 또 판결은 노르웨이는 그린란드 전역이 덴마크령이라고 승인했다고 서술한 것으로, 그렇다고 한다면, 그 효과로서 점령이 금지된다고 서술하면 좋았을 것이라고도 생각된다. 그러나 판결은, 노르웨이는 승인의 효과로서 "주권을 다투는 것이 금지된다"고 말해, 그 결과 점령이 금지된다고 결론을 내

---

50) *Legal Status of Eastern Greenland, Documents of the Written Proceedings, P.C.I.J. Series C, No. 63/2.* pp. 841-842.
51) *Legal Status of Eastern Greenland, Judgement of 5 April 1933, P.C.I.J. Series A/B, No. 53,* pp. 68-69.

리고 있다. 또 판결에는, 노르웨이는 보상을 수취했다(즉 덴마크는 입장을 불이익적으로 변경했다)는 덴마크의 주장에도 불구하고, 이 점을 검토하지 않고, 노르웨이의 주장을 배제하고 있다. 본 판결은, 이러한 점에서 "변덕스럽고 정견이 없는 태도는 금지된다" 등으로 표현되는 허용적인 금반언의 이해를 제시, 그 성립을 인정한 것이라고도 이해할 수 있다.

상기 동부 그린란드 사건은, 조약 체결 등의 행위를 통한 상대국의 권리의 승인에 의해, 이에 반하는 주장이 배제된 사례이지만, 침묵이라는 부작위를 통한 조약 효력의 묵인에 주장 배제의 효과가 인정된 사례로서, 코스타리카=니카라과 국경사건(1988년)이 있다. 이 건은 양국이 1858년 국경획정조약을 체결했을 뿐, 그 후 니카라과가 그 조약의 무효를 주장했기 때문에 중재재판에 제소된 사건이다. 니카라과는, 조약에는 산살바도르 정부가 이행을 보증한다는 조문이 포함되어 있음에도(제10조) 불구하고, 동 정부의 비준이 이루어지지 않고 있다는 등으로 해서 조약의 무효를 주장했지만[52], 재판소는 다음과 같이 판시하고 그 주장을 기각했다.

> 니카라과가 조약의 무효를 입증하기 위해 제기하고 있는 주장은, 산살바도르가 그 행위에 가담하기까지 비준서의 교환을 거부하는 이유로서는 주장할 수 있었을지도 모른다. 그러나 니카라과는 말해야 할 때 침묵하였던 것이며, 현재 행하고 있는 이의의 권리를 포기하였던 것이다. 이 조약은 10조 없이 완성했다. ······이 완성된 조약을 무효로 하는 이유로서, 그 완성 시에 존재하고, 알려져 있던 사실을 주장해도, 이것을 듣는 것(be heard)은 할 수 없다.[53]

---

52) *Award of the President of the United States in Regard to the Validity of the Treaty of Limits between Costa Rica and Nicaragua of 15 July 1858, 22 March 1888*, XXVIII RIAA, pp. 201-202.
53) *Ibid.*, p. 206.

판결은 묵인이라는 용어에 언급하고 있지 않지만, 니카라과가 "말해야 할 때에 침묵했다" 등의 표현에 의하면, 바로 '언명해야 하고, 그것이 가능한 경우에 침묵한 자는 동의했다고 간주된다'는 법언에 따라, 니카라과의 묵인을 인정한 것이라고 생각할 수 있다. 또 판결은 금반언이라는 용어에도 언급하고 있지 않지만, 주장을 "들을 수 없다"고 하는 결과는 금반언의 효과와 같다. 판결은 니카라과의 묵인을 인정한 것으로, 그렇다면, 그 효과로서 조약은 유효하다고 말하면 좋았을 것처럼도 생각되지만, 묵인으로, 또 묵인만으로 금반언의 효과를 이끌고 있는 것이다.

이상에서, 이 시기의 판례에는, 주장의 배제라는 효과를 낳는 원칙으로서, 금반언을 적용했다고 해석되는 사례가 보일 뿐, 그 조건에 대해서는, 명확한 표시, 표시에 대한 신뢰 및 입장의 불이익적 변경을 구하는 엄격한 이해가 존재하는 한편으로, 입장의 불이익적 변경 등을 검토하지 않고, 금반언의 성립을 인정한 것이라고도 해석할 수 있는 판례도 존재했다. 다만, 후자의 판례는 모두 승인 또는 묵인이 인정된 사례이며, 또 금반언이라는 용어에 대한 명시적 언급은 이루어지지 않았다는 것에 주의가 필요하다. 학설에서는, 국제법상의 금반언의 조건이나, 금반언과 승인이나 묵인의 개념과의 관계는 어떻게 논해졌던 것일까.

2.2.2. 학설

제2차 세계대전 전의 학설에 국제법상의 금반언을 논한 것은 많이 없지만, 이것을 다룬 몇 개인가의 학설에도, 엄격한 금반언 이해와 허용적 금반언 이해를 둘러싼 갈등이 보인다. 예를 들어 McNair는, 국내법상의 '행위에 의한 금반언'에서는, 타자의 행위에 의거하여 스스로의 불이익이 되도록 행동한 것이 증명되지 않으면 안 된다고 말하고, 이러한 견해는 국제법상의 금반언에도 보인다고 지적하고 있다[54]. 그러나 그런 한편으로, 문자대로의 금반언은 아니지만, '변덕스럽고 정견이 없는 태도는 금지된다', '재판소에서 모순된 것을 주장하는 자는 받아들여지지 않는다'라는 원칙은, 국제판례에서 일정 정도 인정되고 있다고도 말해[55], 국제법상의 금반언이 무엇을 가지고 인정될지는 불명한 채로 남겨두고 있다.

또 Lauterpacht도, 입장의 불이익적 변경 등의 엄격한 조건 하에서, 주장의 배제라고 하는 효과를 낳는 영국법상의 '행위에 의한 금반언'을 소개한 후에, 금반언의 근저에 있는 원칙은 모든 사법 시스템에서 승인되고, 이 원칙은 국가 간 관계에서도 타당하다고 설명한다[56]. 그리고 금반언이나 증거배제(preclusion)의 이론은, 실제에도 국제재판에서 원용되고 판결의 기초가 되어 왔다고 하며, 7개의 재판례를 들고 있다[57]. 그러나 이들 재판례의 상당수는, McNair이 말하는 문자대로의 금반언이 아니라, "변덕스럽고 정견 없는 태도는 금지된다" 등으로 표현되는 허용적 금반언의 원용례나 적용례로 해석되는 것으로[58], Lauterpachtrk가 법의 일반원칙으로 인식한 금반언을 어떻게 이해하고 있었는지는 확실하지 않다.

그런데, Anzilotti나 Rousseau 등 McNair와 동시대의 학설에서는, 법률행위로서 쌍방적 행위 또는 조약과 일방적 행위가 논해지고, 거기에서 승인이나 침묵을 통한 묵시의 의사표시, 즉 묵인이 다루어지고 있다[59]. 이러한 이해에 의하면, 승인이나 묵인을 그 자체로서 실체법

---

54) A. D. McNair, "The Legality of Occupation of the Ruhr," *British Yearbook of International Law*, Vol. 5 (1924), pp. 34-35.
55) *Ibid.*, p. 35.
56) Hersch Lauterpacht, *Private Law Sources and Analogies of International Law* (Longman, 1927), pp. 203-204.
57) *Ibid.*, pp. 205-206.
58) Martin, *supra* note 46, pp. 175-180.
59) Dionisio Anzilotti, *Cours de droit international* (R. Sirey, 1929), p. 344; Charles Rousseau, *Principes generaux du droit international public*, vol. 1 (A. Pedone, 1944), p. 127.

상의 권리의 변동을 낳기 때문에, 그 효과를 주장의 배제 등으로 해석하는 것은 이해하기 어렵다. 그러나 McNair 등의 학설에 그와 같은 개념은 보이지 않는다. 이러한 학술상황, 또 금반언이란 용어에 언급하지 않고, 그러나 승인이나 묵인에 주장 배제의 효과를 인정한 재판례의 배경에는, 법률행위의 개념을 아는 대륙법계의 논자와, 이유約因 없는 단순한 의사는 효과를 인정하지 않고, 금반언의 원칙을 매개로 해서 당사자 간의 형평을 꾀하는 영미법계 논자의 입장의 차이齟齬가 감추어져 있는 것처럼도 생각되는데, 전후 이들 개념의 관계, 또 금반언의 조건은 어떻게 이해되기에 이르게 되었을까.

3. 국제사법재판소 초기의 판례

3.1. 어업 사건(1951년)—시효등과 묵인

3.1.1. 판결의 개요

　ICJ가 역사적 권원(historic title)에 입각하여 일방적 당사국의 권리를 인정하고, 동 권원이나 시효, 나아가서는 묵인에 관한 학설에 큰 영향을 준 것이 어업 사건 판결이다. 이 건은 노르웨이와 영국 간에 노르웨이의 직선기선의 유효성이 다투어진 사건이다. 영국은 직선기선은 만灣에만 사용할 수 있고, 또 10해리를 넘어서는 안 되기 때문에, 노르웨이의 직선기선은 국제법에 위반된다는 등으로 주장했지만, 노르웨이는 그 직선기선은 국제법에 위반하지 않고, 노르웨이의 권리는 장기의 사용과 국제사회의 반대의 결여라는 역사적 요소에 의해서도 확인되며, 또 가령 그 직선기선이 국제법으로부터 일탈한다 하더라도 역사적 권원에 의해 정당화된다고 반론했다[60].

재판소는, 영국이 설명하는 국제법 규칙의 존재를 부정한 다음, 노르웨이의 영해획정의 유효성을 판단하기 위한 원칙으로서, "장기의 사용에 의해 그 존재와 중요성이 증명된 그 지역 특유의 일정한 경제적 이익" 등의 기준을 제시했다[61]. 재판소가 노르웨이의 역사적 권원의 주장에 대해 판단한 것은, 여기에서 말하는 '장기의 사용'이라는 문맥에서였는데, 재판소는, "노르웨이 당국은 1869년부터 분쟁 발생에 이르기까지, 그 획정 시스템을 일관해서 중단 없이 적용해 왔다"고 인정하면서[62], "국제법의 관점에서는, 다음에 노르웨이 시스템의 적용은 외국의 반대에 부딪쳤는지를 검토할 필요가 있다"고 말하고[63] 다음과 같이 판단하고 있다.

> 노르웨이는, 1869년과 1889년의 칙령 공포나 적용이 외국의 어떠한 반대도 낳지 않았다는 것을 아무런 모순 없이 논증하고 있다. 나아가 이러한 칙령은, 기술한 대로 명확히 정의된 통일적 시스템의 적용에 해당하는 것이기 때문에, 역사적 응축(historical consolidation)의 기초인 일반적 용인(general toleration)의 혜택을 입고, 모든 국가에 대항 가능(enforceable; opposable)하게 되는 것은, 바로 이 시스템 그 자체이다…….
>
> 노르웨이의 실행에 관한 외국의 일반적 용인은 다툼이 없는 사실로서, 영국 자신도 60년 이상이나 되는 동안 전혀 이에 반대하지 않았다.
>
> 영국은, 스스로는 노르웨이의 획정 시스템을 알지 못하고, 그렇기 때문에 동 시스템은 이것을 스스로에게 대항 가능하도

---

60) Fisheries Case, Pleadings, Oral Arguments, Documents, vol. IV, pp. 307-308.
61) Fisheries Case, Judgment of December 18th, 1951, *I.C.J. Reports 1951*, p. 133.
62) *Ibid.*, p. 138.
63) *Ibid.*

록 하는 역사적 권원의 기초를 주는 공연성을 결여한다고 주장한다. 그러나 재판소는 이 견해를 인정할 수는 없다……. 영국이 …… 1869년의 칙령에 무지였을 리가 없다. 또 영국이, 이것을 알고 있으면서, 시스템의 적용을 구성한다고 명기하고 있는 그 문서의 의미를 오해할 리도 없다.

사실의 공연성, 국제공동체의 일반적 용인, 북해에서의 영국의 입장, 이 문제에 관한 영국의 이해利害, 그리고 영국의 장기에 걸친 행동의 억제는, 뭐라고 하든지 노르웨이 시스템을 영국에 대항 가능하게 한다.[64]

3.1.2. 판결의 검토

이 건에서 양 당사국은 역사적 권원의 근거나 조건에 대해 자세히 논했다. 즉 영국에 의하면, 역사적 권원이 인정되기 위해서는 묵인이 증명되지 않으면 안 되고, 역사적 사용은 이러한 묵인을 추정시키는 한에 있어서 관련성을 갖는다[65]. 그리고 영국은, 묵인을 추정할 수 있는 것은 국가가 타국의 행위를 인지하고 대응해야 할 경우에 한한다고 하고[66], 그러나 스스로는 노르웨이 시스템을 알지 못하고, 또 당연히 알 것이 기대되는 듯한 상황에 처해있지는 않았다는 등으로 주장하며[67], 묵인, 또 그 때문에 역사적 권원의 성립을 부정하고 있다.

이에 대해 노르웨이는, 역사적 응축의 이념은 안정성의 필요에 의해 설명된다고 주장한다[68]. 따라서 노르웨이에 의하면, 역사적 권원에 있어서는 당연히 역사가 역할을 다하고, 시간의 경과가 중요한 조건이

---

64) *Ibid.*, pp. 138-139.
65) Fisheries Case (Pleadings), *supra* note 60, p. 122.
66) *Ibid.*, pp. 136-137.
67) *Ibid.*, pp. 140-141.
68) *Ibid.*, p. 308. 이하, *Ibid.*, pp. 308-309.

된다. 또 주권의 행사가 평온하다는 것을 구할 수 있기 때문에, 국제사회의 반대가 없을 것이 필요하게 되지만, 이것은 묵인과는 다르다고 말한다. 역사적 권원이 묵인을 요한다면, 침묵은 꼭 묵인을 의미하지 않기 때문에, 사실을 알지 못했다 등의 이유로 항의를 하지 않았다고 해도, 이에 속박되지 않는다고 주장할 수 있지만, 노르웨이가 해석하는 법리에 의하면, 시간의 경과에 의해 일단 상황이 확정되었다면, 이제는 이러한 주장은 인정되지 않기 때문이다. 그래서 노르웨이는, 국제사회의 반대가 있었는지는 케이스 별로 판단되지만, 그때는 '고정되어 있는 것을 움직이지 말라'는 원칙을 지침으로 삼지 않으면 안 된다고 한다.

양국은 역사적 권원의 논의에 있어서 시효에 관한 학설에 의거해서, 영국은 이들 개념을 호환적으로 사용하고 있다. 다만 영국이 그 원인을 묵인에 구하고, 거기에서 인지의 필요 등을 이끌고 있는 데 대해, 노르웨이는 역사적 권원의 목적은 질서의 안정에 있다고 하며, 계속적이고 평온한 주권의 행사를 갖고 권원이 생긴다고 주장하고 있다. 이것들은, 앞 절에서 검토한 두 가지 시효의 이해理解에 대응하는 것으로, 재판소는, 특히 영국의 인지라는 논점을 둘러싸고, 이러한 역사적 견해 대립에 대한 해답을 구할 수 있게 되었던 것이다.

학설에는, 본 판결은 영국의 이해理解에 도움이 되었다는 견해가 많이 보인다. 예를 들어 Fitzmaurice는, 노르웨이는 본래 존재하지 않은 권리를 낳은 것이 아니라, 기존의 권리를 확인하는 것으로서 '역사적 권리의 법리'를 제시했다고 하고, "이 점에서 보면, 타국의 동의나 묵인은 불필요하다고 말하기보다 원래 무관계로, 실제로 노르웨이도 그와 같이 주장했던 것이다"고 지적하고 있다[69]. 그래서 판결이 "외국의 반대에 부딪쳤는지를 검토할 필요가 있다", "외국의 일반적 용인은 다툼

---

69) Gerald Fitzmaurice, "The Law and Procedures of the International Court of Justice." *British Yearbook of International Law*, Vol. 30 (1953), p. 28.

이 없는 사실이다" 등으로 말한 점을 지적하고, 재판소는 노르웨이의 법리를 채용하지 않고, "타국의 묵인, 어떤 형식이든지의 동의, 혹은 적어도 용인이 필요하다고 생각했다"고 주장하고 있다[70].

다른 한편으로 Fitzmaurice는, 이렇게 판결은 영국의 이해에 도움이 되었으며, 역사적 권원의 인정에 있어서 묵인 유무를 검토했다고 하면서, 그러나 영국은 시스템을 인지하고 있었다고 하고, 그 묵인을 인정한 점은 전통적인 법에서 괴리된다고 엄하게 비판하고 있다. 이른바 전통적 법에 의하면, "인지나 묵인은 틀림없이 추측되는 상황을 제외하고 추정되지 않는다"고 하는바, 판결은 시스템에 관한 정보의 취득은 매우 곤란했다는 등의 요인에도 불구하고, 영국은 이것을 인지하고 묵인했다고 판단했기 때문이다[71].

그러나 이러한 이해에는 다음 이유에서 의문이 남는다. 첫째가, 노르웨이는, 역사적 권원을 기존의 권리를 확인하는 것으로서 제시했기 때문이 아니라, 그 목적을 질서의 안정에 구했기 때문에, 묵인은 불필요하다고 주장했던 점이다. 노르웨이는, 역사적 권원의 성립을 위해서는 침묵이 묵인에 상당하는 것은 요구되지 않지만, 국제사회의 반대가 없을 것이 필요하다고 주장했기 때문에, 판결이 외국의 반대가 있었는지를 검토했다고 해서 그 이해를 거절한 것은 아니다. 둘째가, 판결은 장기의 사용에 대해, 외국의 반대가 없었던 점을 갖고 일반적 용인이 있었다고 하고, 이에 의해 시스템은 모든 국가에 대항 가능하게 된다고 판단한 점이다. 여기에서 말하는 일반적 용인이 묵인을 의미한다면, 침묵은 꼭 묵인을 의미하지 않기 때문에, 외국의 반대가 없었다고 해도 일반적 용인이 있었다고는 말할 수 없고, 시스템이 모든 국가에

---

70) *Ibid.*, pp. 32-33. 그 외, I. C. MacGibbon, "The Scope of Acquiescence in International Law," *British Yearbook of International Law, Vol. 31* (1954), pp. 164-165; 山本草二「漁業事件」高野雄一編著『判例研究国際司法裁判所』(東京大学出版会, 1965년) 49쪽.

71) Fitzmaurice, *supra* note 69, pp. 35-39. 그 외, MacGibbon, *supra* note 70, p. 169, 山本「앞 논문」(주70) 49-50쪽.

대항 가능하게 된다고도 말할 수 없을 것이다. 역으로 판결의 논리는, 역사적 권원은 장기의 사용과 국제사회의 반대의 결여를 갖고 성립한다고 설명하는 노르웨이의 이해에 합치한다.

다른 한편으로, 판결은 스스로는 시스템을 알지 못하고, 그 때문에 시스템은 스스로에게 대항 가능하지 않았다고 한 영국의 주장에 대응해서, 그 당부를 검토하고 있다. 일반적 용인에 의해 시스템이 모든 국가에 대항 가능하게 된다면, 당연히 영국에도 대항 가능하게 되는 셈이기 때문에, 여기에서 재판소가 무엇을 검토했는지는 확실하지 않지만, "어떻게 하든……영국에 대항 가능하게 된다" 등의 표현에 의하면, 본 판결부분은 혹시나 해서 한 방론이라고 해석하는 것이 타당할 것이다. 인지는 틀림없이 추측되는 상황을 제외하고 추정되지 않는 것은, 또 그 점에서 보면, 시스템에 관한 정보의 취득은 매우 곤란했다 등의 요인에도 불구하고, 영국은 무지였을 리가 없다는 등으로 한 판단에 큰 의문이 남는 것은 확실하다. 그러나 인지가 추측될 수 없는 상황에 있어서 추정되었다고 한다면, 그것은 역시 장기의 사용과 국제사회의 반대의 결여, 즉 계속적이고 평온한 주권의 표시라는 사실 만에 의해, 모든 국가에 대항 가능한 권리가 인정되었다는 것을 의미한다.

본 판결은, 계속적이고 평온한 주권의 표시에 의해 권원을 인정한 후에, 그 의의나 이유를 명확하지 않게 남겨둔 채로 묵인이나 인지의 유무에 언급하는 점에서, 앞 절에서 검토한 팔마스섬 사건 판결과 구조를 같이 하지만, 본 판결도 바로 동 판결과 같이, 질서의 안정을 목적으로 하는 시효등의 이해에 서서 그 성립을 인정한 사례로 해석하는 것이 적당할 것이다.

3.1.3. 학설에 의한 시효등과 묵인―깊어지는 혼미

　어업 사건에 있어서 영국은, 시효등의 원인을 묵인에 구하고, 인지의 필요 등을 논했지만, 이러한 논의는 이 시기의 영미 학설에서도 볼 수 있으며, 동 판결을 영국의 이해에 도움이 되었다고 하는 학설과 어울려 주류화하고 발전해 간다. 예를 들어 Johnson은 다음과 같이 지적하고 있다.

> 묵인이 불가결하기 때문에 주지의 사실인 것이 불가결하다. 취득시효는 명시 또는 추정되는 묵인에 의존하기 때문이다. 묵인은 가끔 진정으로 존재하지 않는 경우에도 국제사회의 이익을 위해 추정된다. 그러나 인지 없이 묵인은 존재할 수 없다.[72]

　또 MacGibbon은, "시효의 가장 유익한 정의는, 소정의 연한의 규정을 국제법 규칙의 동의적 기초를 고려한 개념에 의해 치환하는 것이다" 등으로 논한 다음[73], 그 조건에 대해 아래와 같이 지적하고 있다.

> 시간의 경과에 있어서의 부작위에 의해 권리가 상실될 수 있는 것은 일반적으로 인정되고 있지만, 이것은 항의의 결여가 항상 이 귀결을 낳는다는 것을 주장하는 것은 아니다. 항의의 결여에서 묵인을 추정하는 것을 저지하는 방향으로 작용하는 사정이 존재할 수 있다. 설명을 통한 실질적인 변명이 가능하고 충분한 근거를 갖는 경우, 장기의 설명불능한 침묵에 의해 생기는 동의의 추정의 반박에 이바지한다.[74]

---

72) Johnson, *supra* note 23, p. 347.
73) MacGibbon, *supra* note 70, p. 166.
74) *Ibid.*, p. 172.

나아가 Blum도, 묵인은 "국제법상의 시효의 옹호자에게 끊임없이 따라다니는 곤란을 제거하고, 즉 소정의 기간의 경과라고 하는 엄밀한 요건을 불필요하게 한다"[75] 등으로 지적하면서, 역사적 권원의 조건에 대해 다음과 같이 논하고 있다.

> 학설과 실례는 같이, 역사적 권원의 확립에 그 주장국에 의한 계속적이고 평온한 권위의 행사를 요구하고 있다……. 후자 (평온성의 요건)는, 실제로는 묵인의 원용이다. 이것은……실효적 점유에 대한 반대의 결여를 가리키기 때문이다. 법적 관점으로는, 역사적 주장에 최종적으로 법적 효력을 주는 것은, 물론 실효적 점유의 사실이 아니라 묵인의 추정이다.[76]

Johnson은 시효는 묵인에 의존한다고 하고, 인지의 필요를 설명하고 있지만, 묵인은 "국제사회의 이익을 위해 추정된다"고도 말하며, 그 의제적 성격을 인정하고 있다. 그러나 MacGibbon의 학설에서는, 시효의 정의를 묵인의 개념에 의해 치환된다고 하는 명확한 의도 하에, 시효의 원인이 일관해서 묵인에 요구되고, Blum의 주장에서는, 역사적 권원의 원인은 묵인이며 시효가 아니라고 하여, 후자의 개념이 포기되어 있다.

이러한 이해가, 한편으로는 자연법학자의 시효론을 모범으로 하는 것은 명백하지만, 이들 학설에는 영미법상의 지역권地役權의 발생사유로서의 시효에 대해 일컬어지는 '권리 양여의 추정' 이론의 영향도 엿보인다[77]. 이 추정은, 영국법상 시효의 성립은 리처드 1세 대관(1189

---

75) Blum, *supra* note 23, p. 59.
76) *Ibid.*, p. 99.
77) 특히 Blum은, 국내법상의 시효로서 로마법과 영국법상의 시효를 비교검토하고, 시간의 경과는, 전자에서는 그 구성요소로서 결정적 중요성을 갖는 데 대해, 후자에서는 추정의 강화에 공헌한다고 하는 의미에서 증명력을 갖는 데 지나지 않는다고 주장해(*Ibid.*, pp.8-12), 그 역사적 권원의 이해와의 연관을 엿보게 한다.

년) 이래의 사용을 요한다고 되어 있었던바, 시대가 흘러 그 증명이 거의 불가능하게 된 어려운 상황에 대처하기 위해, 재판소가 법을 변경하는 일 없이, 보다 단기의 사용에 의해 권리의 취득을 가능하게 하기 위해 도입한 추정이라고 불린다[78]. 이 이론은, 시간의 경과에 효과를 주는 법의 결여나 진부화라고 하는 문제인식 하에서, 점유나 사용을 통한 권리의 취득을 권리자의 의사에 확실하게 자리 잡게 하려고 하는 점에서, 자연법학자가 설명하는 권리 포기 추정 이론과 많은 것을 공유하지만, 거기에서 언급되는 추정의 성격에 대해서는 다음과 같은 지적도 나오고 있다.

  이 문제를 검토한 많은 재판소는, 이 추정은, 양여는 실제로는 이루어지지 않았다고 하는 증거에 의해 반박할 수 없다고 말해 왔다. 환언하면, 추정을 낳는 사실은 반박할 수 있지만, 추정 그 자체는 반박할 수 없다. 이것은 시효적 사용은 법규칙으로서 사용된 무체재산이익에 근원을 주고, 양여의 추정은 그 규칙의 결과의 가공(架空)의 변명이 되었다고 하는 것과 다름이 없다. 추정은 반박가능하다고 하는 소수의 판결은, 그에 의해 시효의 법리에 부당한 제약을 도입하고 있다.[79]

  (소수의) 판례는 불행하게도 '묵인'이란 용어를 문자 그대로 받아들이고 있다. 그 하나의 귀결은, 소유자가 실제로 알고 있지 않으면 추정을 뒤엎고 시효를 방해하는 것이다.[80]

Blum 등은, 한편으로는 실효적 점유에 대한 반대의 결여, 즉 침묵

---

78) W. B. Stoebuck, "The Fiction of Presumed Grant," *University of Kansas Law Review*, Vol. 15, No. 1 (1966), pp. 19-22.
79) *Ibid.*, p. 24.
80) *Ibid.*, pp. 25-26. 괄호 내 필자 주.

이라는 사실을 묵인으로 바꿔읽음으로써, 또 한편으로는 팔마스섬 사건 판결이나 어업 사건 판결 등에서 볼 수 있는 묵인이나 용인이란 용어에 의거해서, 시효등의 원인은 묵인에 있다고 하고[81], 그 성립은 인지의 결여 등의 변명으로 지장을 줄 수 있다고 설명한다. 그러나 이 장의 검토에 의하면, 이들 판결은 계속적이고 평온한 주권의 표시로써 권원을 인정하고, 때때로 언급되는 묵인 등이란 용어에도, 그렇게 해서 인정된 권원의 가공의 변명 이상의 의미가 주어진 것처럼은 생각되지 않는다. 그러나 많은 학설은 이들 용어에 의거해서 시효등의 법리에 필요 이상의 제약을 도입하고 있는 것처럼 생각되는 것이다.

3.2. 프레아 비이허 사원 사건 (본안) (1962년)—묵인과 금반언

3.2.1. 판결의 개요

ICJ가 묵인 및 금반언을 인정한 점에서, 이들 개념의 주요 판례가 된 한편으로, 그 해석을 둘러싸고 큰 대립이 생기고 있는 것이 프레아 비이허 사원 사건 판결이다. 이 건은 캄보디아와 태국의 국경에 위치하는 프레아 비이허 사원 지역의 귀속을 두고 다툰 사건이다. 프랑스와 샴(태국)은, 동 지역의 국경은 분수령에 따른다고 하고 구체적 국경획정작업은 혼합위원회가 추진한다고 하는 조약을 1904년에 체결했는데, 위원회는 그 작업을 완료하지 못하고, 지도 작성과 발행은 샴 정부의 요청을 받은 프랑스 당국에 의해 이루어졌다. 지도는 1907년에 완성하고, 그 후 샴 정부에 교부되었는데, 그 국경선은 사원지역 전체를 캄보디아 측에 포함하는 것이었다. 이 건에서 캄보디아는 이 지도에 의거해서 주권을 주장했는데, 태국은 지도를 구속적인 것으로서 받아들인 적이 없다, 가령 받아들였다고 해도, 그것은 지도의 국

---

[81] MacGibbon, *supra* note 70, pp. 156-162; Blum, *supra* note 23, pp. 67-78.

경선은 분수령에 따랐다고 하는 착오에 의한 것이었다는 등으로 반론했다.[82]

재판소는 먼저, 지도가 국경획정작업의 결과를 나타내는 것으로서 샴 정부에 교부되었다는 등의 사정을 지적한 다음[83], 다음과 같이 판단하고 있다.

> 이들 사정이, 혹시 샴 당국이 지도에 반대하고, 또 이에 대해 어떠한 중대한 의문을 갖고 있다면, 샴 당국 측의 합리적 기간에 있어서의 뭔가의 반응을 요하는 것이었다는 것은 명백하다. 샴 당국은, 당시도 또 그 후 몇 년이나 이것을 하지 않았기 때문에, 묵인했다고 판단하지 않으면 안 된다. 언명해야 하고, 그것이 가능한 경우에 침묵한 자는 동의했다고 간주된다.[84]

나아가 재판소는, 착오의 주장도 기각한 다음에, 태국이 그 후(1909년 이후)도 지도에 항의를 하지 않고, 사원이 캄보디아에 있는 것을 나타내는 지도를 스스로 작성했던 것이나, 태국의 왕족이 사원을 방문했을 때, 프랑스 국기 하에서 공식 접대를 받았다는 것 등을 지적하고[85], 아래와 같이 판단하고 있다.

> 가령 1908년 샴이 지도 및 지도에서 표시된 국경선을 받아들였는지에 대해 이의疑義가 있었다고 해도, 그 후의 일련의 사건에 비추어, 태국이, 이제는 그것을 받아들이지 않았다고 주장하는 것은 스스로의 행위에 의해 배제된다(precluded)고 생

---

82) *Case concerning the Temple of Preah Vihear (Cambodia v. Thailand), Merits, Judgement of 15 June 1962, I.C.J. Reports 1962*, p. 21.
83) *Ibid.*, pp. 22-23.
84) *Ibid.*, p. 23.
85) *Ibid.*, pp. 27-32.

각된다. 태국은, 가령 안정된 국경이라는 이익만이었다고 해도, 1904년 조약에 의해 주어진 이익을 50년간 향유했다. 프랑스 및 그것을 통해 캄보디아는 태국에 의한 지도의 수락을 신뢰했다.[86]

3.2.2. 판결의 검토

본 판결에 대한 학설의 이해는 다양하다. 예를 들어 Cot는, "태국은 1908년부터 1909년에 곧 부속서 1의 지도를 수용하여 합의를 완료했다"는 것으로, "1909년 이후의 행위는 묵인의 요소가 아니다"고 하며, 한편으로[87], 1909년 이후의 태국의 태도에 관한 판단은 금반언의 법리를 적용한 것으로 설명한다[88]. 판결은 1909년 이전의 사실과 이후의 사실에 의거한 판단으로 나뉘어, 전자는 태국의 묵인을 인정해서 지도의 구속력을 인정한 것, 후자는 태국은 어쨌든 금반언에 의한 지도의 구속력을 부정하지 못한다는 것을 말한 방론이라는 이해이다.

다른 한편 Marques Antunes는, 태국은 50년 이상에 걸쳐 지도에 항의를 하지 않았다고 말한 다음, 재판소는, 그렇기 때문에 태국은 "지도에 그어진 국경선을 받아들였다"고 생각해, "그것을 받아들이지 않았다고 주장하는 것이 배제된다"고 결론지었다고 주장한다[89]. 묵인의 성립에는 "시간의 경과가 매우 중요하다", 묵인은 "묵인국이 이전의 행위에 대해 다투는 것을 방해하는 것으로도 사용된다" 등으로 지적

---

86) *Ibid.*, p. 32.
87) Jean-Pierre Cot, "L'arret de la Cour internationale de Justice dans l'affaire du *temple de Preah Vihear* (Cambodge c. Thailande - Fond)," *Annuaire francais de droit international*, Vol. 8 (1962), p. 237.
88) *Ibid.*, pp. 243-244.
89) N. S. Marques Antunes, "Estoppel, Acquiescence and Recognition in Territorial and Boundary Dispute Settlement," *Boundary & Territory Briefing*, Vol. 2 (2000), pp. 13-14.

하고 있는 것에 비추어보아도⁹⁰⁾, 본 판결을 50년 이상의 침묵에 의해 태국의 묵인을 인정하고, 여기에 금반언의 효과를 인정한 것으로 이해하고 있다고 생각된다.

이에 대해 Kolb는, 판결이 태국의 주장이 배제된다고 말하고 있는 점에 대해, 당사자 간에 상대적인 지위의 변화가 생긴 셈이 아니기 때문에, 금반언의 조건을 만족하고 있지 않다고 주장을 하면서, 본 판결이 "묵인의 원칙(이것은 불이익적 신뢰를 요하지 않는다)을 진하게 반영하고 있는 것은 명백하다", "장기에 걸친 침묵에 비추어, 이 원칙이 관련된다고 생각되었던 것이다"고 지적하고 있다⁹¹⁾. 판결은 금반언을 적용한 것처럼으로도 보이지만, 실제로는 50년 이상의 침묵으로 태국의 묵인을 인정하고, 이에 따라 지도의 구속력을 인정한 것으로 해석해야만 한다는 취지일 것이다.

이상과 같이 학설은, 판결이 어떠한 기간의 어떠한 사실을 갖고 묵인 또는 금반언을 인정했는가, 또 묵인에 어떠한 효과를 주었는지를 둘러싸고 대립하고 있지만, 판결 자체가 말하는 바를 그대로 해석한다면, Cot의 이해가 옳다고 말할 수밖에 없는 것처럼 생각된다.

첫째로 특히 판결이, 태국은 1909년 이후의 사건 때문에 주장이 배제된다고 말한 다음에, "그러나 재판소는, 태국은 1908년부터 1909년에 지도를 국경획정작업의 결과를 나타내는 것으로 받아들여……, 그 결과 프레아 비이허는 캄보디아령으로 설정되었다고 생각한다"⁹²⁾고 명기하고 있는 점에서 보면, 이 동안의 사실을 갖고 태국의 묵인을 인정하고, 캄보디아의 권리를 인정한 것은 명확하다. 판결은, 태국이 지도를 수령하고, 반응에 요하는 합리적 기간을 도과해서도 여전히, 즉 "언명해야 하고, 그것이 가능한 경우"에 놓여서도 여전히 침묵함으로

---

90) *Ibid.*, p. 31.
91) Robert Kolb, *Good Faith in International Law* (Hart Publishing, 2017), p. 114.
92) Preah Vihear, *supra* note 82, p. 32.

써, 즉시 묵인을 인정하고, 이에 실체법상의 권리의 변동이라는 효과를 부여했던 것이다.

그럼에도 불구하고 Marques Antunes나 Kolb는, 본 판결을 50년 이상의 침묵으로 태국의 묵인을 인정한 것처럼 이해하고 있다. 이러한 이해의 배경에는, 어업 사건 판결 등을 묵인에 의해 시효 등을 인정한 것으로 읽고, 거기에서 "묵인의 지주支柱는 기타 주체의 권리주장에 대한 장기에 걸친 침묵 또는 무저항이다"[93] 등이라는 이해를 끌어내고, 이것을 본 판결에도 투영한다고 하는 사고양식이 존재하고 있는 것처럼 생각된다[94]. 그러나 어업 사건 판결 등이 묵인으로 시효등을 인정한 것으로는 해석하기 어려운 것은 이미 지적한 대로다.

또 '묵인은 장기의 시간의 경과를 요한다' 등의 견해는 애초 이해하기 어렵다. 시효등의 원인을 묵인에 구하는 견해라고 하여, 장기의 시간의 경과는, 권리자가 어느 한 시점에서 점유를 인지하는 것 등으로 하고, 그렇기 때문에 '언명해야 하고, 그것이 가능한 경우'에 놓여있었다는 것을 시사한다고 해서, 그 침묵에서 묵인을 추정했던 것으로, 묵인 그 자체가, 즉 권리자가 '언명해야 하고, 그것이 가능한 경우'에 놓여있으면서 침묵해도 여전히, 장기의 시간의 경과를 요한다는 것 등이라고 말한 것은 아니다. Cot가, 본 판결은 묵인의 성격을 정확히 제시한다고 말하면서 지적한 것처럼, 묵인은 "단지 국가가 그 의사를 표명하는 방법에 다름아니(고)", "순간적인 행위이며, 시간 속에서 점진적으로 생기는 것이 아니다"인 것이다[95].

둘째로 판결은, 1909년 이전의 침묵으로써 태국의 묵인을 인정하고, 그 후의 행위는 묵인의 요소라고는 말할 수 없기 때문에, 태국은 이들 행위에 의해 주장이 배제된다고 한 판결부분을 묵인에 금반언의

---

93) Kolb, *supra* note 91, p. 92.
94) Marques Antunes와 Kolb 모두, 시간의 경과의 중요성을 설명하는 데 있어서 어업 사건 판결을 인용하고 있다 (Marques Antunes, *supra* note 89, p. 32; Kolb, *supra* note 91, p. 93).
95) Cot, *supra* note 87, p. 237.

효과를 준 것이라는 등으로 해석해서는 안 된다. 본 판결부분은, 방론으로서, 엄격한 금반언 이해에 서서, 즉 명확한 표시, 표시에 대한 신뢰 및 입장의 불이익적 변경을 갖고, 주장의 배제라는 효과를 인정한 것이라고 해석하는 것이 적당하다.

이러한 묵인과 금반언의 관계 및 금반언의 조건의 이해에 대해서는 Fitzmaurice 판사가 분리의견에서 명쾌한 설명을 해주고 있다.

> 한 의무를 수락하고, 또는 어떤 방법으로든 이에 구속되게 된 A가, 그 사실을 부정하고, 언설을 시시때때 바꾸어도, 그 주장은 이제는 받아들일 수 없다고 말할 수 있다. 그러나 이것이 진정으로 의미하는 것은, 단지 A는 구속되어 있다고 하는 것으로, 구속되어 있기 때문에, 그 존재를 부정함으로써 의무에서 면제될 수 없다고 하는 것에 지나지 않는다. 환언하면, 그 부정이 거짓이라는 것을 보여줄 수 있다면, 증거배제나 금반언의 항변의 여지나 필요는 없다. ……이들 항변은, 실제로는 올바를지도 모르는 주장을 방해한다. 그래서 일정한 제한에 따르는 것이다.[96]

태국의 침묵이 묵인에 상당했다고 하면, 이 묵인으로 태국은 구속되는 것이기 때문에, 이 점을 태국은 지도를 받아들이지 않았다고 주장하는 것이 배제된다 등으로 표현할 필요는 없다. 금반언이 의미를 갖는 것은, 태국의 침묵이 실제로는 묵인에 상당하지 않았던 경우로, 그럼에도 불구하고 태국은 이들 표시의 결과, 지도를 받아들이지 않았다고 주장하는 것이 배제되기 때문에, 그 성립에는 표시를 신뢰하고, 입장을 불이익적으로 변경했다고 하는 조건이 부과된다고 하는

---

[96] *Preah Vihear, Separate Opinion of Sir Gerald Fitzmaurice, I.C.J. Reports 1962*, p. 63.

것이다[97].

 참고로, 판결은 태국의 묵인에 이의疑義가 있었다고 해도, 태국은 지도를 받아들이지 않았다고 주장하는 것이 배제된다고 말하는 데 그치고 있지만, 이것은 그러한 주장의 배제의 결과, 어쨌든 프레아 비이허가 캄보디아령으로 획정된다고 말했던 것으로 해석해서 좋을 것이다. 예전에 영미법상의 '행위에 의한 금반언'의 상당수는 청구자의 사실이나 권리의 주장을 막고, 그렇게 함으로써 청구의 성립을 방해하는 방패로서만 기능하는 절차법상의 원칙으로 해석되고 있었다고 하지만[98], 금반언이 이 건과 같이 권리 확인의 문맥에 있어서도 인정을 받고, 이에 따라 권리의 존부를 구획하는 주장이 배제되고, 그 결과 본래 가지고 있었을지도 모르는 권리가 부정된다면, 그것은 주장의 배제라는 효과를 통해, 실체법상의 권리의 변동을 낳는다고 하는 것과 다름없는 것이 된다.

3.2.3. 학설에서의 묵인과 금반언—새로운 혼란

 프레아 비이허 사원 사건 판결에서의 묵인의 인정은, 장기의 시간 경과를 요하는 것 없이, '언명해야 하고, 그것이 가능한 경우'에 침묵함으로써 묵인을 인정한 제2차 세계대전 전의 실례에 합치한다. 다른 한편으로, 프레아 비이허 사원 사건 판결에서 볼 수 있는 묵인과 금반언의 준별이나 엄격한 금반언 이해는, 묵인이나 승인에 금반언의 효과를 인정하고, 또 입장의 불이익적 변경 등의 검토 없이, 그러한 효과를 인정한 제2차 세계대전 전의 실례와 괴리를 보여주고 있지만, 그 배경에는 국제법 학설, 특히 영미법계의 논자에 의한 일방적 행위의 승인이라고도 해야 할 전개가 있었다는 것을 지적할 수 있다.

---

[97] 다만, 이 건에서 프랑스가 태국의 행위를 신뢰하고 입장을 불이익적으로 변경했다고 말할 수 있을 것인가에 대해서는, Kolb의 지적에서 보이는 것처럼 비판도 있다.
[98] 앞 각주 45를 참조.

이러한 전개를 여실히 보여주는 것이 다음의 Schwarzenberger의 견해이다.

> 국제법의 주체가 법적 관련성을 갖는 문제에 대해 일정한 입장을 취하기로 하고, 그 의도를 타자에게 전달했다면, 그 주체는 그 범위에서 일방적 행위의 법적 함의를 수용하도록 구속된다……. 이 규칙의 발달단계에 있어서, 자기모순적인 언동과 '전의 행동과 양립하지 않는 후의 행위'에 대한 혐오 국제예양과 관습국제법의 경계를 긋는 법적 확신의 형성에 조력했던 것은 의심이 없다. 그러나 일단 일방적 선언의 구속적인 성격에 관한 규칙이 생긴 이상은 신의칙에 의거해서 이것을 정당화할 필요는 없어지게 된 것이다.[99]

묵인이나 승인 등의 일방적 의사표시는 자기모순적인 언동에 대한 혐오를 취지로 하는 신의칙, 즉 허용적 금반언에 의해 실질적 구속력을 인정받았다고 하면서, 이들 행위는 이제는 그 자체로서 구속력을 낳는 법률행위로서 인정되기에 이르렀다는 것이 지적되어 있는 것이다[100].

다른 한편으로, 묵인이나 승인 등이 법률행위에 해당하는 것을 전제로 하는 입장에 의하면, 예전의 국제재판 실례에서 볼 수 있었던 허용적 금반언은, 원래 법률행위 등에 의해 생기는 효과를 표현하는 일개 수단에 불과하고, 독자적 법제도로서의 금반언은 입장의 불이익적 변경을 요하는 엄격한 금반언으로서만 존재했다고 하는 것이 된다.

---

99) George Schwarzenberger, "The Fundamental Principles of International Law," *Recueil des cours de l'Academie de droit international de La Haye*, Vol. 87(1955), p. 312.
100) 그 외에, 상기의 분리의견과 합해서, 교환물(*quid pro quo*)을 갖지 않는 일방적인 의사표시의 효과에 관한 Fitzmaurice의 이해의 전개를 보여주는 문헌으로서, Gerald Fitzmaurice, "The Law and Procedure of the International Court of Justice 1951-4," *British Yearbook of International Law*, Vol.33 (1957), p. 229.

예를 들면 Dominice는 다음과 같이 논하고 있다.

> 실권(失權, déchéance)에 손해를 요하지 않는 판례는 모두 실권이 법률행위의 효과로서 생기고 있거나, 구체적인 규칙의 적용 효과로서 생기고 있는 점에서 공통되고 있다. 증거 배제, 또는 여기에서 그 용어를 사용한다고 하면 금반언은, 독립한 법제도로서 나타나지 않고 실권을 묘사하는 하나의 방법에 지나지 않는다.
> 반대로 법률행위를 구성하지 않으면, 혹은 권리의 보호를 바란다면 필요하게 되는 행위의 결여를 증명하는 것이 아니라면, 행동이 그 주체를 결정적으로 구속하는 것은 당사자 상호의 입장이 변경된 경우뿐이다.[101]

금반언이란 용어에 언급하지 않고, 그러나 승인이나 묵인에 주장 배제의 효과를 인정한 제2차 세계대전 전의 판례는, 일방적인 의사표시의 구속력에 관한 의심의 소산이라고 할 수 있으며, 제2차 세계대전 후에 그 의심이 감퇴함에 따라 법률행위로서의 묵인이나 승인의 이해, 또 엄격한 금반언 이해가 유력하게 되었다고 생각할 수 있다. 프레아 비이허 사원 사건 판결은 바로 이러한 전개를 재판실례에 있어서 표현한 것이라고 말할 수 있다. 그러나 그런 한편으로, 묵인을 원인으로 하는 시효등의 이해에서 파생한 '묵인은 장기의 시간의 경과를 요한다' 등이라고 이해하기 때문에, 본 판결에 관한 논자의 견해는 나뉘고, 묵인과 금반언의 관계, 또 금반언의 조건에 대해서도 아직 혼란이 남는 결과가 되었던 것이다.

---

101) Christian Dominice, "A propos du principe de l'estoppel en droit des gens," in M. Battelli *et al.* (eds.), *Recueil d'etudes de droit international en hommage a Paul Guggenheim* (Imprimerie da la Tribune, 1968), pp. 364-365.

4. 마치며

이 장에서는 영역분쟁에서의 침묵의 의의, 특히 센카쿠 제도에 관한 '75년의 침묵'은 어떻게 법적으로 구성되는지를 고찰하기 위한 준비작업으로서 시효등, 묵인, 금반언에 관한 제2차 세계대전 전의 재판례와 학설 및 ICJ의 초기 판례와 이에 관계가 있는 학설을 검토함으로써, 이들 개념의 맥락을 풀어보고, 그 존부나 내용을 파악하는 것을 시도했다. 이렇게 해서 얻은 잠정적 결론을 소묘하면 아래와 같다.

첫째로 시효등의 이해에는, 질서의 안정을 목적으로 하며, 계속적이고 평온한 주권의 표시로써 권리를 낳는 권원으로 해석하는 것과 주권의 표시와 이에 대한 장기의 침묵에 의한 추정이라는 특정의 방법에 의해 도출되는 묵인에서 생기는 권리의 취득으로 해석하는 것이 존재했는데, 판례에 의하면, 전자의 이해에 적합한 판단이 행해져 왔다고 생각된다. 이들 권원은, 권리자의 존부에 관계없이, 즉 진정한 권리자의 존재나 특정을 요하지 않고 모든 자에 대항 가능한 권리를 낳는다.

다른 한편으로 묵인은 '언명해야 하고, 그것이 가능한 경우'에 침묵함으로써 전달되는 묵시의 의사표시를 가리킨다. 제2차 세계대전 전의 실례에는, 그 효과를 금반언에 의해 표현하는 예가 보였는데, 제2차 세계대전 후의 판례에서 묵인은 그 자체로서 구체적 권리의 변동을 낳는 법률행위로 해석되고 있다. 여기에서 말하는 침묵은, 주권의 표시에 대한 것에 한정하지 않고, 또 가끔 일컫는 것처럼 장기의 것일 필요는 없지만, 인지의 결여나 동의의 무효원인이 존재하는 경우에는 묵인은 인정되지 않는다.

금반언에 대해서는, 제2차 세계대전 전의 실례에는, '변덕스럽고 정견이 없는 태도는 금지된다' 등으로 표현되는 허용적 이해를 나타내고, 그 성립을 인정한 것이라고도 해석할 수 있는 판례도 있었지만, 제

2차 세계대전 후의 판례에서는 명확한 표시, 표시에 대한 신뢰, 입장의 불이익적 변경을 조건으로 하는 엄격한 이해가 취해지고 있다. 여기에서 말하는 명확한 표시는 침묵에 한하지 않고 작위도 포함된다. 금반언은 주장의 배제라는 효과를 낳는다고 여겨지는데, 그 결과 본래 존재하지 않는 권리가 인정될 수 있다고 하는 의미에서 실체법상의 권리의 변동을 낳는다.

이러한 개념이해를 전제로 해서 센카쿠 제도에 관한 '75년의 침묵'의 법적 구성을 생각한다면, 75년이란 전 기간을 통해 중국 및 다른 국가들이 침묵했었다는 것에 의심은 없다. 따라서 일본으로서는 이 중 어느 시기의 침묵에 대해, ①일본의 계속적인 주권의 표시가 있었다고 말할 수 있을 것인가(시효등: 이 경우는 중국 등에 인지의 결여나 동의의 무효원인이 있었는지는 관련되지 않는다), ②중국에 인지의 결여나 동의의 무효원인은 있었다고 말할 수 있는가(묵인: 이 경우의 중국의 침묵은 장기의 것일 필요는 없고, 또 그 대상은 미국의 시정권 행사나 일본의 잔존주권 주장이어도 좋다), ③일본은 중국의 침묵을 신뢰하고 입장을 불이익적으로 변경했다고 말할 수 있는가(금반언) 등을 고려해서, 이들 개념을 적의선택해서 원용해간다고 하는 것이 될 것이다.

다만, 이상의 개념이해는, 어디까지나 제2차 세계대전 전 및 ICJ 초기의 일부 판례에서 도출된 것에 지나지 않아, 확정적인 개념이해를 얻기 위해서는 동 시기의 국제재판 실례에 관한 보다 면밀한 검토를 요하는 외에, 그 후의 국제재판 실례의 전개를 검토하는 것이 불가결하다. 이 점에서 특히 주목되는 것이, 그 후의 ICJ 일부 판례에서, 학설에서 볼 수 있었던 묵인과 시효등의 개념의 혼동, 즉 '묵인은 장기의 시간의 경과를 요한다'는 등의 이해, 또 이렇게 해서 잔존하게 된 묵인과 금반언의 개념의 혼동이 조합하는 형태로 나타나고, '묵인'이 일정기간(장기)에 걸쳐 생긴 그 자체로서는 의시표시에 해당하지 않는 각종의 작위·부작위(표시)에서, 종합적으로 권리의 변동을 판단하는 시도를 의미하는 개념으로 사용되고 있는 것처럼 받아들여지는 점이다[102].

이 장의 차례에 의하면, 이러한 새로운 '묵인'의 개념에 입각한 종합 고려적 판단의 접근은, 가령 국제재판 실례에 있어서 확립했다고 말할 수 있다고 해도, 소정의 조건 하에서 소정의 법적 효과를 낳는 상기의 기존 개념을 폐기하는 것이 아니라, 이들 개념과 병존하는 침묵 등의 법적 구성을 위한 새로운 선택지가 될 수 있는 것으로 생각할 수 있지만, 이러한 새로운 '묵인'의 개념의 존부나 의의의 고찰은 말할 필요도 없이 별도의 신중한 검토를 요한다. 이러한 작업, 또 이에 의해 최종적으로 확정되는 제 개념의 이해에 비춘 센카쿠 문제에 관한 '75년의 침묵'의 법적 구성의 고찰은 새로운 논문에서 검토하기로 하겠다.

---

[102] 이러한 전개의 단서로서, 메인만 경계획정사건 판결 (*Delimitation of the Maritime Boundary in the Gulf of Maine Area, Judgment, I.C.J. Reports 1984*, paras. 126-154), 또 실제로 이러한 '묵인'의 개념을 통해 일방 당사국의 권리를 인정했다고 해석되는 사례로서, 육지·섬 및 해양경계분쟁 사건 (*Land, Island and Maritime Frontier Dispute, Judgment of 11 September 1992, I.C.J. Reports 1992*, paras. 72-80) 및 페드라 브랑카 사건 (*Sovereignty over Pdera Branca/Pulau batu Putech, Middle Rock and South Ledge, Judgment, I.C.J. Reports 2008*, paras. 118-277)을 지적할 수 있다. 마지막 판결에서는 이러한 '묵인'의 개념이 "양 당사국의 입장의 수렴적 전개"라고도 표현되어 있다 (*Ibid.*, para. 276).

제7장

영역분쟁에서의 시간적 요소와 그 규율
―일본 영토문제에 대한 구체적 적용에 대해―

사카이 히로노부 酒井啓亘

1. 시작하며

'시간'은 때로는 게임에서 승자와 패자를 나누는 중요한 작용을 초래한다[1]. 따라서 이러한 작용은 국제법에 의한 영역분쟁·국경분쟁의 해결에서도 적용된다. '시간은 사실을 지배한다(*tempus regit factum*)'는 것으로[2], 영역권원에 관한 사실과 사건은 시간에 의해 규율되고 법적평가가 이루어지기 때문이다. 그렇다면, 이러한 영역분쟁에서 '시간'이라는 관념이 어떻게 작용하는가, 구체적으로 이야기하자면, 영역분쟁에서 관련되는 '시간'적 요소를 포함한 법규칙이라는 것은 대체 어떠한 것인가, 그리고 그것이 분쟁당사자의 주장과 분쟁해결기관의 판단 및 이에 이르기 위한 명분찾기에 어떠한 영향을 미칠 수 있는가 하는 점은, 영역분쟁에서 당사자가 스스로의 입장을 주장할 때에도, 그

---

1) M. Bennouna, *Le droit international entre la lettre et l'esprit* (Brill, 2017), p. 264.
2) A. X. Fellmeth & M. Horwitz, *Guide to Latin in International Law* (Oxford University Press, 2009), p. 275.

리고 당해 분쟁에 대해 해결책을 제시하는 입장에서도 중요한 논점이 될 것으로 생각된다.

특히 영역주권의 취득에 관한 분야에서는, 결정적 기일과 시제법 원칙이 이러한 '시간'의 관점에서 사실과 행위를 규율하는 규칙으로서 거론되어 왔다[3]. 그러나 이 두 가지 규칙에 대해서는, 제2차 세계대전 후의 영역분쟁에 관련된 사법판결과 중재재판에서는 명확히 하는 작업에 성공하지 못했다는 평가도 있다[4]. 나아가, 영역분쟁에서 적용되고 함께 '시간'적 요소를 갖는다고 여겨지는 이 두 개의 규칙이 현실의 재판과정에서 어떠한 관계에 있는가 하는 점에 대해서는 아직 불명확한 점이 많다.

그래서 여기에서는 영역분쟁에서의 결정적 기일과 시제법 원칙의 각각의 역할을 간단히 정리한 다음, 이 두 가지 규칙이 재판실례에서 어떻게 기능하고 있는지를 고찰한다. 그리고 이렇게 해서 얻은 두 가지 규칙의 실천적 역할을 기초로 일본의 영토문제에 접근해서 그 구체적 적용을 검토하고자 한다.

2. 재판실례에서의 결정적 기일과 시제법 원칙의 작용

영역분쟁과 관련해서 '시간'적 요소를 포함하는 규칙으로서는 전술한 바와 같이 결정적 기일과 시제법 원칙을 드는 것이 일반적이다. 이 두 가지 규칙은 국제재판 실례 속에서 형성되고 명확해졌다는 점에서, 지금까지의 재판에 비추어 그 내용과 목적을 각각에 대해 아주 간단

---

[3] M. G. Kohen & M. Hebie, "Territory, Acquisition," in R. Wolfrum (ed.), *The Max Planck Encyclopedia of Public International Law*, Volume IX (Oxford University Press, 2012), pp. 896-897.

[4] Y. Onuma, *International Law in a Transcivilizational World* (Cambridge University Press, 2017), p. 310.

히 정리해두겠다[5].

결정적 기일이란, "그 후, 당사자의 작위 및 부작위가 법적 상황에 영향을 줄 수가 없는 날日"이며[6], 그 주된 기능은, 카리브해에서 제기된 니카라과와 온두라스 간의 영토 및 해양분쟁사건 국제사법재판소(ICJ) 판결에 의하면, "*effectivités*(실효지배)를 평가하고 유효로 하는 목적에 원칙적으로 관련되는 주권자로서(*á tire de souverain*) 실시되는 행위와, 결정적 기일 후에 행해지는 행위를 구별하는 데 있다"고 하고 있으며, "후자의 행위는, 이미 법률적 분쟁에서 주장해야 할 청구를 갖고 있으며, 당해 청구를 강화할 목적만으로 행동을 취한 국가가 행해왔던 것이라 하더라도, 상기 목적으로서는 일반적으로 의미가 없다. 따라서 결정적 기일은, 그 후, 당사자의 행위가 *effectivités*의 가치를 평가하는 목적으로는 관련성이 없어지는 분기점이 된다"고 하고 있다[7]. 즉, 인도네시아와 말레이시아 간의 리기탄섬 및 시파단섬에 대한 주권사건 판결에서 ICJ가 주장한 바와 같이, 결정적 기일 후의 행위는, 결정적 기일 전까지의 *effectivités*의 존부에 관련된 평가에 기여하는 증거적 가치를 갖지 않는 것이며, 재판소의 입장에서 보면, "당사자 간의 분쟁이 결정화結晶化된 날 후에 이루어진 행위에 대해 고려를 할 수 없다"고 하는 것이다[8].

이와 같이, 결정적 기일의 존재 의의는 분쟁이 결정화된 날 이전의

---

5) 이하 기술에서는, 졸고 「영역분쟁에 있어서의 '결정적 기일'의 의의―국제사법재판소의 판례를 중심으로」 岩沢雄司・岡野正敬 편집대표 『국제관계와 법의 지배 小和田恆 국제사법재판소 재판관 퇴관기념』(信山社, 2021년) 147-179쪽 및 졸고 「영역분쟁에 있어서의 시제법 원칙의 역할에 대해―국제판례의 동향을 중심으로」 『法學論叢』 제188권 4·5·6호 (2021년) 87-126쪽과 중복되는 부분이 있음을 미리 양해를 구해둔다.

6) D.H.N. Johnson, "The Minquiers and Ecrehos Case," *International and Comparative Law Quarterly*, Vol.3 (1954), p. 208: L. F.E. Goldie. "The Critical Date," *International and Comparative Law Quarterly*, Vol. 12 (1963). p. 1251.

7) *Territorial and Maritime Dispute between Nicaragua and Honduras in the Caribbean Sea (Nicaragua v. Honduras), Judgment, I.C.J. Reports 2007*, pp. 697-698, para. 117.

8) *Sovereignty over Pulau Ligitan and Pulau Sipadan (Indonesia/Malaysia), Judgment, I.C.J. Reports 2002*, p. 682, para. 135.

주권자로서의 행위와 그 후의 행위를 구별하고, 주권의 확립 또는 확인을 위해서는 전자만을 고려해야 한다는 지시를 재판소에도 가져다주는 효과를 갖는 데 있다[9]. 다만, 이러한 결정적 기일의 기능은 현실의 영역분쟁에서 꼭 엄격하게 적용되는 것은 아니다. 결정적 기일 후의 행위나 사실이라도 그것이 결정적 기일 시점에서의 법률관계를 변경하고 분쟁당사자가 주장하는 청구나 영역권원을 개선하는 것이 아니면, 재판에서 고려될 수 있게 되는 것이다. 즉, 결정적 기일은, 그 후의 사실이나 행위에 대해 결정적 기일 시점에서의 상황을 확인하기 위한 가치를 인정하는 한편으로, 그 시점에서 존재하는 사태를 변경시키지 않는 기능을 갖는 것이다[10].

다만, 이와 같이 결정적 기일 후의 행위에 대해서도 조건부로 권원의 확인을 위해 재판소가 이용할 수 있다고 하는 점에서, 결정적 기일의 시점의 인정과 그 효과는 상대화되고, 이에 수반되는 영역권원의 창설이나 소멸에 관한 실체적 측면의 내용에 대해, 재판소는 일정한 유연성을 갖고 판단을 내릴 수 있게 된다[11]. 역으로 말하면, 결정적 기일의 인정은 개개 사건에 특유한 사정에 의거하지 않을 수 없기 때문에, 그 방식의 일반화는 곤란하며, 사건별 특수성을 고려한 재판소의 재량적 판단에 의존하는 것이라고 말하지 않을 수 없다.

또 하나의 시간적 요소를 포함하는 규칙인 시제법 원칙은 팔마스섬 사건 중재재판에서 그 내용이 정립定式化되었다. 그 제1규칙에 의하면, "법률사실은, 그에 관련되는 분쟁이 생겼거나 또는 처리되기 시작한

---

9) *Territorial and maritime Dispute (Nicaragua v. Colombia), Judgment, I.C.J. Reports 2012*. p. 652, paras. 67-68.
10) *Kohen & Hebie, supra note 3, p. 897. See also, The Minquiers and Ecrehos case, Judgment of November 17th, 1953: I.C.J. Reports 1953*, pp. 59-60; *Case concerning the Location of Boundary Markers in Taba between Egypt and Israel. Award. 29 September 1988. Reports of International Arbitral Awards (R.I.A.A.)*, Vol. XX, p. 45, para. 175.
11) D. Bardonnet, *"Les faits posterieurs a la date critique dans les differends territoriaux et frontaliers," in Le droit international au service de la paix, de la justice et du developpement. Melanges Michel Virally* (Pedone, 1991), p. 78.

시점에서 유효한 법에 비추어서가 아니라, 그와 동시대의 법에 비추어 평가되지 않으면 안 된다", 즉, 어느 한 행위는 그 행위 시의 법에 의해 평가된다고 하는 내용이다. 또, 제2규칙은, "권리의 창설과 그 존속이 구별되지 않으면 안 된다"는 점을 전제로 해서, 특히 권리의 존속에 대해서는 법의 발전에 의해 요구되는 조건에 따라야 하며, 각각의 시점에서의 법에 의해 권리가 규율된다고 한다[12]. 이 시제법 원칙의 목적은 법규범 시스템의 안정성과 법의 동태성과의 양립을 추구하는 것이라고 할 수 있지만, 이상의 제1규칙과 제2규칙을 함께 내포하게 됨으로써, 영역권원의 법리가 획립된 근대 국제법 질서와 그에 선행하는 전근대 규범질서를, 상기 목적의 관점에서 하나의 규범 시스템에 포섭된 것으로 취급되게 되었다. 특히, 이 시스템 내에서의 법의 동태성에 대응해서 '영역주권의 계속적이고 평온한 표시'라는 실효적 점유의 한 형태를 인정하여, 권리의 창설과 권리의 존속이라는 각 단계에서의 영역권원을 법적으로 접속시키는 것을 시도하였다는 것이다.

이와 같이, 이들 '시간'적 요소를 포함하는 규칙을 이론적으로 정리整序하면, 한편으로는, 결정적 기일에 의해 불완전하면서도 적용될 법 규칙의 시간적 범위에 대해 일정한 구간이 정해지고, 한편으로, 시제법 원칙에 의해 결정적 기일까지의 시간적 범위 내에서 적용법규의 내용이 특정되게 된다[13].

다만, 같은 '시간'적 요소를 다룬다고는 해도 실천적으로는 이들 규칙의 적용관계가 일의적으로 연동한다고는 생각하기 어렵다. 결정적

---

12) *Island of Palmas Case, R.I.A.A.*, Vol. II, p. 845.
13) 따라서, "결정적 기일은 시제법 원칙을 적용하기 위한 전제적 역할을 하고" (G. Diste fano, "Time Factor and Territorial Disputes," in M. G. Kohen & M. Hebie (eds.), *Research Handbook on Territorial Disputes in International Law* (Edward Elgar, 2018), p. 398), "분쟁이 발생하는 시점을 시간 속에 설정함으로써, 재판소는, 시제법 원칙의 표현을 빌리면, 소송 해결을 위해 적용가능한 법원칙 및 법규범을 책정한다" (L. I. Sanchez Rodriguez, "*L'uti possidetis* et les effectivités dans les contentieux territoriaux et frontaliers," *Recueil des cours*, Tome 263 (1997), pp. 280-281) 고 되어 있다.

기일의 인정이 구체적 시점에 특정되는지 아닌지를 포함하여, 다음에 보는 것처럼, 재판소의 재량적 범위에 관련된 사항이라고 하는 재판 실례의 결과가 거기에는 반영되어 있다. 나아가, 결정적 기일의 기능이 완화되어 사후의 행위나 사실도 고려될 수 있는 점이 있는 데다, 시제법 원칙이 그 제2규칙에 의해 법의 발전을 고려하는 것을 명하고 있는 것도 또, 재판소에 의한 결정적 기일과 구체적인 적용규칙의 내용 특정에 있어서 재량적 판단이 끼어들 여지를 초래하게 될 것이다. 그것은 영역분쟁이 국가주권에 관련되는 것인 이상, 재판소에는 안정된 영역이나 국경선 획정에 대해 양 당사국이 받아들이기 쉬운 내용의 해결책이 요구되기 때문에, 이러한 실체판단의 형성에 있어서 '시간'적 요소가 중요한 고려요인이 되어 있는 것이 영향을 미치고 있는 것이다[14].

3. 영역분쟁 판례에서 보는 결정적 기일과 시제법 원칙의 적용과 그 특징

3.1. 결정적 기일의 엄격한 적용과 재판소의 시점

3.1.1. '현재' 시점視點에서의 시제법 원칙의 적용

먼저 설명한 결정적 기일의 기능이 엄격하게 작용하면, 그 기일에 이르는 국제법의 발전이나 법질서의 이행이 보이는 경우에 시제법 원칙의 적용이 구체적으로 문제가 된다. 즉, 결정적 기일 이전에 발생한 사실이나 행위에는 그 시대의 법이 적용되는 것이며, 영역분쟁에서는,

---

[14] 졸고 「국제재판에 의한 영역분쟁의 해결—최근 국제사법재판소의 판례 동향」 『국제문제』 No. 624(2013년) 15-17쪽.

영역권원의 취득에 대해서는 그 취득시기에서의 법이 적용되는 것으로 취득의 적법성이 평가되고, 그 후의 권원의 유지에 대해서는 법의 발전에 따라 법적 평가가 이루어지게 되는 것이다. 그때, 재판소는 각 시대에서의 사실이나 행위와 그것을 규율하는 법규칙을 적용하기 때문에, 여기에서는 특히 시제법 원칙의 제2규칙이 적용되어 법의 발전이 고려될 수 있게 되는 것이다. 그러나 한편, 시제법 원칙의 목적의 하나가 어느 법질서 내에서의 법적 안정성의 확보이기 때문에, 당해 법질서가 당사자에 의한 권리의 취득에서 그 유지까지 하나의 법 시스템으로서 통시적으로 일관해서 계속되는 것이 전제가 된다고 생각된다.

그 전형적 예는 동부 그린란드 법적지위 사건 상설국제사법재판소 (PCIJ) 판결에서 볼 수 있다. 이 판결에서 PCIJ는, 노르웨이가 선점을 시도한 1931년 7월 10일을 결정적 기일로 설정하고[15], 이에 이르는 시대에서의 사건에 대해, 특히 덴마크가 유효한 주권의 권한을 부여하는 데 충분한 정도까지 권능을 표시했는지 어쩐지를 순차 검토했다. PCIJ는, 1814년부터 1915년까지에 덴마크가 주권에 유효한 권원을 부여하기까지 충분한 권한을 문제의 영역에 대해 표시했다는 점을 지적한 다음[16], 1915년부터 1921년까지 덴마크 정부가 제 외국 정부를 대상으로 그린란드에 있어서의 덴마크의 지위의 승인을 요청한 실행에 언급했다[17]. 그리고 최종적으로, 1921년부터 1931년 7월 10일의 결정적 기일까지 사이에 있어서의 덴마크의 실행을 평가하고, "이 기간을 통해, 덴마크는 스스로 그린란드 전체에 대해 주권을 갖는다고 간주하고, 주권의 유효한 권원을 구성하는 데 족한 정도까지 그 주권

---

15) *Legal Status of Eastern Greenland, P.C.I.J. Series A/B, No. 53. April 5th, 1933*, p.45. 결정적 기일은 노르웨이의 점유에 대한 덴마크의 이의신청 시점이 아니면 안 되고, 그와 함께, 적용될 법 시스템은 근대법 시스템이라고 생각되어졌다고 한다. G. Cohn. "Statut juridique du Groenland oriental", *Revue de Droit international et de Legislation comparee, 1933*, pp. 566-567.
16) *P.C.I.J. Series A/B, No. 53*. p.54.
17) *Ibid.*, p.62.

적 권리를 발현시켜 행사했다"[18]고 결론을 지었던 것이다.

다만, 재판실례에 있어서 결정적 기일이나 시제법 원칙이 재판소에 의해 적용되는 것은, 통상, 재판소에 의해 청구 주제에 관계되는 법이나 사실이 다루어지는 '현재'라는 시점부터라고 하는 데에는 주의를 요한다. 실제 결정적 기일이 재판소에 의해 명시된 판례의 대부분은 판단을 내리는 '현재'로부터 법의 발전이나 규범질서의 이행을 보는 시점視點에 의거하고 있다. 특히 당사자가 역사적 권원에 의거하여 영유권을 주장하는 경우, 재판소는 당시의 법이나 규범에 입각한 권원에 그대로 의거하는 것이 아니라, 당해 권원을 그 후의 근대 국제법의 권원, 나아가서는 결정적 기일 시점에서 유효하다고 생각되는 권원으로 대체하여, 이에 '대체'시키는 형태로 영유권의 존부에 대해 판단을 내리게 되는 것이다.

예를 들어 망키에·에크르오 사건 판결에서 ICJ는, 프랑스가 에크르오와 망키에에 대한 주권의 주장을 한 1886년과 1888년이 각각 결정적 기일이라는 것을 명확히 하는 한편, 근대주권국가 체제가 성립하기 이전인 1066년부터 1202년까지의 정세를 둘러싼 영불 양국 간의 주장의 대립에 대해서는 역사적 분쟁의 해결은 불필요하다고 하면서, "채널 제도(Channel Islands)에 관한 프랑스왕의 원시적인 봉건적 권원은 대체 당시의 법에 따라 다른 유효한 권원으로 대체되지 않으면, 오늘날 어떠한 법적 효과도 발생할 수 없다"[19]고 하여, 근대적인 규범질서 하에서의 원시적 권원이 근대법 질서에서 요구되는 실효적 점유로 대체된 증거를 제시하는 것이 중요하다는 것을 시사했다. 그리고 ICJ는, 잉글랜드왕이 14세기 초반 이후 에크르오에 대해 관할권을 행사했다고 하고, 그 지배를 근대적인 시점視點에서 재구성하는 동시에, 이것을 19세기 이후의 영국 당국에 의한 국가기능의 수행으로 이어지는

---

18) *Ibid.*, p.63.
19) *I.C.J. Reports 1953*. p.56.

논리를 전개해서[20], 근대 국제법에서 실효적 지배를 중시하는 자세를 끌어내었던 것이다.

전근대와 근대의 권원을 접속하는 기능을 수행하는 이와 같은 조치는, 유럽 열강과 현지 지배자 간의 합의에 요구되기도 한다. 카메룬과 나이지리아 간의 영토 및 해양경계사건 판결에서 ICJ는, 바카시반도 영유권과 관련해서, 그 권원은 올드카라발 제왕諸王·족장에 유래한다면서, 이것이 1884년의 영국과 올드카라발 제왕·족장 간에 체결된 협정에서 바카시반도가 영국에서 독일로 이전하고, 그 후 카메룬의 일부가 되었다고 판단했다[21]. 또, 전술한 리기탄섬 시파단섬 판결에서는, 1969년에 분쟁이 결정화結晶化되었다고 지적한 ICJ가, 1879년의 불룬간 술탄과 네덜란드 간의 계약에 대해, 술탄 소유 도서에는 리기탄섬과 시파단섬이 포함되지 않는다고 해석하고, 양 섬에 대한 권원이 불룬간 술탄에서 네덜란드, 그리고 인도네시아로 승계되었다고 하는 인도네시아의 주장을 부정했다[22]. 이것도 역사적 권원이 새롭게 근대 국제법에 기반한 권원으로 접속될 필요성을 전제로 한 판단이라고 할 수 있을 것이다.

대부분의 사례에서는, 이와 같이 재판이 행해지는 시점에서, 즉 '현재' 시점視點에서, 근대 국제법 질서의 제도에서 적용되어야 할 법이 검토되고 있다. 그리고 전근대적 규범질서와의 단절이 있는 경우에는, 영역에 관련되는 전근대적 규범상의 개념에서 근대 국제법상

---

20) ICJ에 의하면, 에크르오는 13세기 초에는 잉글랜드왕이 보유하고 있던 채널 제도의 봉토의 구성부분으로 간주되어 그와 같이 취급되었으며, 그 시점에서는 전근대적 법제도 하에 놓여 있었지만, 14세기 초에 잉글랜드왕이 관할권(jurisdiction)을 행사하고, 나아가 19세부터 20세기에 있어서는 영국 당국이 이들 제도에 국가기능을 수행하고 있다고 하며 근대적 법 시스템 하에 에크르오가 놓여 있었다고 한다. *Ibid.*, p. 67. 이와 같은 논리는 망키에에 대해서도 적용되고 있다. *Ibid.*, p. 70.

21) *Land and Maritime Boundary between Cameroon and Nigeria (Cameroon v. Nigeria: Equatorial Guinea intervening), Judgment, I.C.J. Reports 2002*, pp. 404-405, para. 205.

22) *Sovereignty over Pulau Ligitan and Pulau Sipadan (Indonesia / Malaysia), Judgment, I.C.J. Reports 2002*, p. 669, para. 96.

의 개념으로의 '대체(replacement)'라는 수법 외에, 당사자 간의 '협정(agreement)'이라는 근대 국제법상의 개념을 사용함으로써, 그 이전에 존재한 규범논리와 재판소가 근거로 내세우는 법리와의 접합이 시도되어, 시제법 원칙의 적용 목적인 법적 안정성을 확보한 통시적 법질서의 존재가, 의제적擬制的이기는 하지만 조정措定되게 된다. 결정적 기일의 엄격한 적용은, 문제의 영역분쟁에 적용되는 법규칙에 대해 가장 현대에 가까운 그 존재시점을 설정하고, 시제법 원칙은 그 이전의 기간에 걸친 법의 변천을 시야에 두고 적용되어야 할 법을 특정하는 것이다.

3.1.2. 동시대적 권원의 존중과 근대적 개념에 의한 그 보완

다만, 재판소는 예외적인 경우에 있어서 발전 전의 법과 그에 의거한 권원, 특히 전근대적 규범질서 하에서의 권리주장을 중시하고, 이에 의거해서 판단을 내리는 일도 없지는 않다. 거기에서는 이른바 시제법 원칙의 제1규칙을 강조해서 이것을 적용하고, 각 시대의 '법'이나 각 규범질서를 존중하게 된다.

예를 들어 에리트리아와 예멘 간의 주권사건 재정裁定에 있어서 중재재판소는, 홍해에 있는 섬들이 몇 세기 간에 걸쳐서 이맘(Imam. 아랍어로 지도자란 뜻-역주)의 주권 하에서 예멘령의 일부였다고 하는 '고래의 권원(ancient title)'과 역사적 권원을 강조한 예멘의 주장에 대해, 이맘이 문제의 제도에 영향력을 가지고 있었는지는 의문이라는 것 외에, 고대의 예멘이 부족적 산악적 이슬람적 중세사회라는 점에서 주권의 권원이라는 근대 서구적 개념에 의해 문제의 섬들에 대한 영역주권을 주장할 수는 없고, 또 역사적 권원이 현실에 존재한다고 하는 주장도 증명되지 않는다고 하여 이것을 기각했다[23].

---

23) *Award of the Arbitral Tribunal in the First Stage of the Proceedings between Eritrea and Yemen*

이것을 시제법 원칙의 관점에서 보면, 권리창설 단계에서 전근대적 규범질서 하에서 역사적 권원을 갖고 있어도, 그 후에 동 지역에 나타난 근대 국제법 하에서, 권리 존속을 위해, 영역주권으로서 현실적으로 행사하지 않으면 문제의 영역에 대한 정당한 권원이라고는 인정할 수 없다고 하는 것을 나타내고 있다. 이러한 점은 또, 역사적 권원이 영유권의 근거로서 주장된 경우, 시제법 원칙 제1규칙에 입각하여 행위 시의 법을 적용하면서, 전근대적 규범질서에 입각한 역사적 권원을 근대의 주권국가에 의한 실효적 지배로 보완하고 있다고 볼 수도 있다[24].

원시권원(original title)의 내용에 새로운 전개가 인정되었다고 여겨지는 것이 말레이시아와 싱가포르 간에 있었던 페드라 브랑카 등에 대한 주권사건 판결이다[25]. 이 판결에서 ICJ는 결정적 기일을, 페드라 브랑카에 대해서는 말레이시아에 의한 지도 출판에 대해 싱가포르가 항의한 1980년 2월 14일[26], 미들 록스와 사우스 레지에 대해서는 싱가포르가 청구를 제기한 날인 1993년 2월 6일로 하는 한편[27], 17세기로 거슬러 올라가, 조호르 술탄이 각 도서에 대한 원시권원을 갖고 있

(Territorial Sovereignty and Scope of the Dispute), 9 October 1998, R.I.A.A., Vol. XXII, pp. 310-311, paras. 441-447. 중재재판소에 의하면, 전통적 이슬람법(classical Islamic law) 상의 개념은 19세기 유럽 국제법의 기본적 특징이 된 '영역주권'의 원칙을 거의 무시했다고 한다. *Ibid.*, p. 245, para. 130.

24) 카타르 대 바레인 사건에서는, 즈바라의 영유를 둘러싸고 바레인이 비유럽의 규범질서에 근거를 둔 역사적 권원에 입각한 청구를 했다. 다만 ICJ는 카타르와 바레인 쌍방을 보호국이었던 영국이 1913년에 오스만제국과 체결한 조약에서 즈바라를 포함하는 반도 전역에 대한 바레인의 주권을 인정하지 않았다는 것 등을 이유로 바레인의 주장을 일축하였다. *Maritime Delimitation and Territorial Questions between Qatar and Bahrain, Merits, Judgment, I.C.J. Reports 2001*, pp. 66-69, paras. 82-97.

25) M. Kohen, "Original Title in the Light of the ICJ Judgment on Sovereignty over Pedra Branca/Batu Puteh, Middle Rocks and South Ledge." *Journal of the History of International Law*, Vol. 15 (2013), pp. 151-171.

26) *Sovereignty over Pedra Branca/Pulau Batu Puteh, Middle Rocks and South Ledge (Malaysia/Singapore), Judgment, I.C.J. Reports 2008*, p. 28, para. 33.

27) *Ibid.* p. 28, para. 36.

다는 것을 인정했다[28]. 한편, 1844년 이후 페드라 브랑카에 대한 주권을 말레이시아가 유지하고 있는지, 그렇지 않으면 말레이시아로부터 싱가포르로 이전했는지 어떤지를 검토하고, 그동안에는 관련된 국제법 규칙에 의해 결정하기로 했다[29].

유의해야 할 것은 ICJ가 조호르 술탄에 의한 원시권원의 보유를 확인할 때, 그 지배영역 내에서 다른 세력으로부터 도전을 받는 일이 없다고 하여, 여기에서 '영역주권의 계속적이고 평온한 표시'의 조건을 꺼냈다는 점일 것이다. 말할 필요도 없이, 이 표현은 팔마스섬 사건 중재판단에서 사용된 개념이지만[30], ICJ는 1512년 이후 존재가 확인된 조호르 술탄을 주권국가라는 유럽 유래의 근대적 개념으로 설명하는 동시에[31], 그후에 말레이시아와 싱가포르에 이전한 권원이 원시권원이라고 하면서, 그에 기반한 섬의 영유가 '영역주권의 계속적이고 평온한 표시'의 조건을 만족하는 것으로 간주될 수 있다고 하였던 것이다[32]. 이것은 원시권원의 원용에 대해서는, 시제법 원칙 제1규칙을 적용함으로써 행위 시의 법을 적용한다고 하는 전근대적 시점視點에 선 평가를 하는 한편, 시제법 원칙 적용의 전제가 되는 규범질서의 계속적 전개를 의제하기 때문에, 전근대적 규범질서에 입각한 원시권원을, '주권국가'에 의한 '영역주권의 계속적이고 평온한 표시'를 만족하는 것으로서 전근대적 용어로 보완했다는 것을 의미한다.

확실히 이 사건에서 취한 ICJ의 판단에는, 실제로는 '영역주권의 계속적이고 평온한 표시'라고 하는 기준을 내세우면서도, 실효적 지배의 충족을 검토하는 것이 아니라, "원시권원의 인정과 종래의 취득권

---

[28] *Ibid*. p. 35, para. 59.
[29] *Ibid*. p. 50. para. 119.
[30] R.I.A.A.. Vol. II. pp. 839-840, 846, 855, 857, 867-870.
[31] 다만, 재판소는, 조호르 술탄에 관한 그러한 성격부여에 대해 양 당사국이 다투지 않았다고 하는 것을 강조했다. *I.C.J. Reports 2008*, p. 33, para. 52.
[32] *Ibid*. p. 37. paras. 68-69.

원의 인정이 기본적으로는 동일하다고 하는 외관"이 갖추어진 데 지나지 않는다고 하는 측면이 있어, 여기에서의 원시권원은 현실의 국가기능 행사에 영유권의 근거를 요구하는 '영역주권의 계속적이고 평온한 표시'와는 다르다고 하는 비판도 있을 수 있을 것이다[33]. 그 경우에는, 동시대적 시점視點으로 보면, 시제법 원칙 제1규칙의 적용에 의한 전근대적 규범질서에 의거한 원시권원에 입각한 영유권의 주장이며[34], 근대적 개념으로 대체하지 않고, 원시권원 그 자체를 주요한 근거로 해서 근대 국제법질서 하에서 주장할 수 있는 가능성은 부정할 수 없게 된다. 그러나 전근대적 규범질서에 의거한 원시권원을 취급하는 영역분쟁의 경우에 있어서도, 페드라 브랑카 사건 판결의 논리구조로서는, 근대 국제법 질서와는 다른 규범질서에 근거한 권리주장에 대해, '영역주권의 계속적이고 평온한 표시'가 얼마나 픽션으로 이용되고 있는 것처럼 보이더라도, 근대적 개념에 의한 보완이 요구되고 있다고 하는 견해는 여전히 성립할 수 있을 것이다[35].

---

[33] 深町朋子「領域に関する原始権原 －領域権原論は何をどこまで扱うのか」森肇志·岩月直樹編『サブテクスト国際法 教科書の一歩先へ』(日本評論社, 2020년) 118-119쪽, 許淑娟『領域権原論―領域支配の実効性と正当性』(東京大学出版会, 2012년) 329쪽.

[34] 그러나 탈식민지화 후의 영역귀속 문제에 있어서는, 가령 시제법 원칙을 적용한다고 해도, 식민지주의의 문맥에서 내려진 팔마스섬 사건 중재재정(仲裁裁定)의 논리를 오늘의 ICJ가 채용하는 것은 불가능하다고 하는 지적으로서, see, S. Huh, "Title to Territory in the Post-Colonial Era: Original Title and *Terra Nullius* in the ICJ Judgments on Cases Concerning *Ligitan/ Sipadan* (2002) and *Pedra Branca* (2008)," *European Journal of International Law*, Vol. 26 (2015), p. 724.

[35] 이것은, 전근대적 규범질서에 의거한 권원 고유의 특징에 대응하기 위한 궁리라고 보는 견해도 있다. K. Y. L. Tan, "The Role of History in International Territorial Dispute Settlement. *The Pedra Branca Case* (Singapore v Malaysia)," in J.-H. Paik, S.-W. Lee & K. Y. L. Tan (eds.), *Asian Approaches to International Law and the Legacy of Colonialism. The Law of the Sea, Territorial Disputes and International Dispute Settlement* (Routledge, 2013). p. 76.

3.2. 결정적 기일의 기능 완화와 시제법 원칙

3.2.1. 결정적 기일 후에 생긴 사실 및 행위의 고려와 시제법 원칙의 적용 가능성

 이상과 같은 결정적 기일의 기능은 그렇게 엄격하게 작용하는 사례만 있는 것은 아니다. 재판소는, 예외적이기는 하지만, 앞에서도 서술한 바와 같이 결정적 기일 후에 일어난 행위를 고려하는 경우도 있었다[36]. 망키에·에크르오 사건 ICJ 판결에 의하면, 문제의 행위가 관계 당사자의 법적 입장을 개선하기 위해 취해진 것이 아닌 경우에 한해서, 당해 행위도 분쟁지역의 귀속을 판단하는 재료가 된다고 하는 것이다[37].

 영역분쟁의 문맥에서 결정적 기일 후에 생긴 사실이나 행위라 하더라도 고려되는 조건은 다음과 같이 될 것이다. 첫째로, 결정적 기일 전후에 있어서 분쟁당사자와 분쟁영역 상태 간의 관계에 본질적인 상이가 없을 것[38], 둘째로, 결정적 기일 후의 활동이 같은 결정적 기일 전 활동의 계속적인 발전으로 나타나고, 과거에 있어서 그 권원이 어떤 형식으로든 존재할 것[39], 그리고 셋째로, 결정적 기일 후의 활동은 결정적 기일 이전과 비교해서, 당해 분쟁당사자의 법적 입장을 개선·강화하기 위해서만 실시된 것이어서는 안 되고, 특히 신의성실원칙의 관점에서, 페이퍼 클레임 등의 전략적 주장으로는 간주되지 않은 것이어

---

36) Kohen & Hebie, *supra* note 3, p. 897.
37) *I.C.J. Reports 1953*. pp. 59-60. 리기탄섬 및 시파단섬 사건 판결에서도, 결정적 기일을 분쟁이 결정화된 날로 해서 그 이후의 행위를 배제하는 경우라 하더라도, "이와 같은 행위가 그 이전의 행위의 통상의 계속이며, 거기에 의거하는 당사자의 법적 입장을 개선할 목적으로 행해진 것이 아니다"라면 배제되지 않는다고 하고 있다. *I.C.J. Reports 2002*, p. 682, para. 135.
38) *R.I.A.A.*, Vol. II, p. 866.
39) *I.C.J. Reports 1953*, pp. 59-60.

야 할 것[40]이다. 여기에서는 결정적 기일 후에 있어서의 스스로의 입장을 개선하기 위해 당사자가 행하는 정치적 책략 등 결정적 기일 후의 사실에 대한 근거依據가 명백하게 불합리한 경우에는 이것을 배제하는 것이, 이상의 요건을 설정하는 목적이 되어 있는 것이다[41].

또, 이와 같은 조건을 만족한다고 해도 결정적 기일 후의 사실이나 행위는 결정적 기일 시점의 법률관계를 확인하기 위해 고려될 뿐이다. 그리고 결정적 기일 후의 법규칙은 그것이 시간의 경과와 함께 발전했다고 해도, 어디까지나 결정적 기일 시점의 법률관계를 확인하기 위해 당시 시점에서의 법규칙 해석을 위해 원용되는 데 지나지 않는다.

그러나 실제로는, 결정적 기일 시점의 법률관계의 해석이라고 하여 그 후의 사실이나 행위에 의해 당해 법률관계를 확인한다고 하는 작업과, 시제법 원칙 제2규칙의 적용에 의해 결정적 기일 후의 법의 발전을 고려하여, 그와 같이 발전한 법 그 자체를 적용하고, 반대로 결정적 기일 시점의 법률관계를 평가한다고 하는 작업과의 차이는 종이 한 장 차이라고 말하지 않을 수 없다. 결정적 기일 시점에서의 법률관계의 평가를 확인하기 위한 그 후의 사실이나 행위의 고려와, 결정적 기일 후의 법의 발전에 의거한 결정적 기일 시점의 법률관계의 평가는 명확한 구별이 곤란한 경우가 있다. 결정적 기일의 기능을 생각하면, 후자와 같이 재판소가 결정적 기일 후에 발전한 법의 적용을 정면으로부터 인정할 수는 없다. 그러나 재판소가 그 재량적 판단으로, 분쟁의 결정적 해결에 있어서 가장 적합한 평가를 하기 위해 결정적 기일 시점의 법률관계의 확인이라고 하면서 실질적으로는 그 후의 법의 발전을 고려에 넣을 가능성은 부정할 수 없을 것이다.

---

40) *Ibid.*, p. 59.
41) R. Y. Jennings, *The Acquisition of Territory in International Law* (Manchester University Press, 1963), p. 34.

3.2.2. 결정적 기일 특정의 회피와 시제법 원칙의 적용

영역분쟁에서는, 분쟁당사국이 특정의 결정적 기일을 주장해도 재판소가 그에 응하지 않고 결정적 기일을 특정하지 않는 경우도 있다. 인도·파키스탄 간에 캇치지역 귀속이 쟁점이 된 캇치 사건 중재재정 仲裁裁定에서는, 재판소장은 당사자가 주장하는 어느 시기도 유일한 결정적 기일로 특정하지 않고, 양방의 시기를 관련된 것이라고 간주했다[42]. 또 두바이=샤르자 경계 사건 중재재정은, 결정적 기일이 있다고 하면 1976년 11월 30일의 중재합의 서명일 뿐이라고 하면서, 결정적 기일 개념은 국가실행으로 원용되는 경우도 있지만, 영역분쟁에서 중요한 역할을 해오지는 않았다고 했다[43].

재판소가 당사자가 주장하는 결정적 기일을 채용하는 것에 소극적인 경우가 있는 것은, 당사자가 주장하는 결정적 기일이 아니라 독자의 결정적 기일을 확정하는 경우를 포함하여, 재판소에는 영역 귀속에 관한 판단에 이르기까지 관계되는 모든 증거를 검토할 재량이 있으며, 그것을 저해할 만한 결정적 기일의 주장은 배제하는 경향이 있기 때문이다[44]. 또 결정적 기일이 중요성을 갖지 않는다고 판단되는

---

42) 양국 모두 인도가 독립한 1947년이 '관련되는 기일(relevant dates)'의 하나인 것에 동의했지만, (*Case concerning the Indo-Pakistan Western Boundary (Rann of Kutch). Award, 19 February 1968, R.I.A.A.*, Vol. XVII, pp. 18-19), 파키스탄은 동 지역이 영국령이 된 1819년이 결정적 기일이라는 것도 주장했다 (*Ibid.*, pp. 64-65). 재판소장의 의견(재판소의 최종판단)에 의하면, 양 당사자 모두 영국 정부 통치시대의 행동의 중요성을 인식하고 있어, 그 의미에서 인도 독립 시가 결정적으로 중요하다고 하는 것은 인정될 수 있지만, 정확한 결정적 기일에 대해서는 합의가 이루어지지 못했다고 한다(*Ibid.*, p. 528). *See also*, A. L. W. Munkman, "Adjudication and Adjustment - International Judicial Decision and the Settlement of Territorial and Boundary Disputes," *British Year Book of International Law*, Vol. XLVI (1972-1973). pp. 74-75.

43) 동 중재재정에 의하면, 현실로는, 팔마스섬 사건이나 동부 그린란드 법적지위 사건과 같이, 결정적 기일이 중요한 역할을 하는 것은, 과거에 있어서 어느 나라가 어느 영역에 대해 언제 주권을 행사했는지 정확한 날을 확정하기 위해 필요하다고 여겨지는 경우뿐이라고 하여, 이 건은 그 경우에 해당되지 않는다고 한다. *Dubai-Sharjah Border Arbitration, Court of Arbitration, 19 October 1981, International Law Reports*, Vol. 91, p. 594.

44) Sir Robert Jennings & Sir Arthur Watts (eds.), *Oppenheim's International Law. Ninth Edition. Vol. 1. Peace. Parts 2 to 4* (Longman, 1992), p. 711.

것은, 결정적 기일이 특정됨으로써 관계되는 증거의 검토가 불충분하게 되어, 재판소가 적당하다고 생각하는 판단에 이르지 않을 염려가 있기 때문일 것이라고 생각된다[45]. 결정적 기일의 인정이 재판소의 평가―특히 실체적 문제의 평가―에 위임되는 것이 명확하게 됨으로써, 그 특정보다도 적당한 해결에 이르기 위해 증거를 보다 많이 검토할 기회를 얻는 것이 우선시되고 있다고 볼 수 있을 것이다[46].

재판소는, 결정적 기일을 특정하지 않는 경우, 재판소에 대한 분쟁 제소까지 생긴 모든 사실이나 국가실행을 고려하는 것이 가능하게 된다. 실제로는 재판소에 의한 검토 대상은, 문제의 영역이 어느 하나의 분쟁 당사국에 귀속되는 것을 명확히 하는 특정한 사실이나 행위의 시점까지라고 하는 것이 되지만[47], 시제법 원칙의 적용은 이러한 재판소의 검토와 병행해서 이루어진다고 생각할 수 있다. 이 경우, 재판소에 의한 문제 검토의 시간적 범위의 한계점이 현재에 가까워지면 질수록 시제법 원칙 제2규칙의 효과가 중요시되고, 법의 발전을 고려한 판단이 내려질 가능성이 높아지게 되는 것이다.

---

[45] 아르헨티나=칠레 경계사건 중재재정에서는, 결정적 기일이 엄격한 개념이 아니라, 상당 정도 중재재판소의 평가에 위임되어 있는 것, 나아가서는 결정적 기일이 모든 목적에 있어 꼭 동일하지 않은 것에 대해 양 당사자에 의한 합의가 있었기 때문에, 중재재판소는 "결정적 기일의 개념은 이 소송에서 거의 가치를 갖지 않는다"고 생각하고, "증거에 관계되는 행위의 날짜에 관계없이 제소된 모든 증거를 검토한다"고 했다. *Argentine-Chile Frontier Case, Report of the Court of Arbitration, R.I.A.A.*, Vol. XVI, p. 167.

[46] 深町朋子「領土帰属判断における関連要素の考慮」『国際問題』No. 624 (2013년) 37-38쪽.

[47] 따라서, 그 시점이 재판소가 결정한 사실상의 결정적 기일이고, 그 후의 사실이나 행위를 검토하는 의의는 이 결정적 기일 시점의 법률관계를 확인하는 데 있다. 카메룬 대 나이지리아 사건에서는, 바카시 반도 영유권 문제에 대해, 카메룬이 탈식민지화 프로세스를 끝낸 날(1961년 10월 1일)을 결정적 기일로 하고 (*Memoire de la Republique du Cameroun*, par. 3,384), 실효적 점유를 하고 있던 나이지리아는, 카메룬이 항의를 한 1994년 1월의 분쟁발생을 갖고 결정적 기일로 한 데 대하여 (*Counter-Memorial of the Federal Republic of Nigeria*, para. 10.19), ICJ는 결정적 기일을 특정하지 않았다. 그러나 ICJ는, 1913년 영국과 독일 간의 협정으로 바카시 반도가 영국에서 독일로 넘어가고, 그 후 카메룬의 일부가 되었다고 판단하였던 것이며, 이 귀속에 결정적 영향을 준 1913년 협정에 의한 주권의 이전을 확인하기 위해, 그 후의 사실이나 국가실행을 검토하였던 것이다. *I.C.J. Reports 2002*, p. 407, para. 209. pp. 409-412, paras. 212-217.

4. 일본 영토문제에 대한 결정적 기일과 시제법 원칙의 적용

4.1. 영역분쟁에서 결정적 기일과 시제법 원칙이 갖는 의의

　이와 같이, 당사자가 갖는 영역권원은 결정적 기일 이전의 사실이나 행위에 기반을 둔 것이며, 결정적 기일 후의 사실이나 행위로부터 분쟁영역에 대한 권원이 창설되는 것은 있을 수 없지만, 일정한 조건 하에서 결정적 기일 후의 사실이나 행위도 법적 평가의 대상이 된다. 분쟁당사자의 행위가 결정적 기일 전후에 있어서 계속해서 이루어지고, 스스로의 법적 입장을 개선하는 것이 없을 듯한 상황에서, 당해 행위는 결정적 기일 이전부터의 입장을 일관해서 지지하는 것으로서 증거적 가치를 갖는 것이다[48].

　따라서, 분쟁당사자가 결정적 기일을 제시하는 데 있어서는, 현 시점에서의 스스로의 입장을 전제로 해서 그 주장에 유리한 증거를 획득할 수 있도록 결정적 기일의 시기를 주장하는 것이 간요肝要하게 된다. 결정적 기일은, 재판소가 실효적 분쟁 해결에 이르기 위해 재량적으로 이용할 수 있는 도구 개념인 동시에, 분쟁당사자에 있어서도 그 기준의 유연한 성격 때문에, 스스로의 입장이 유리하게 되도록 그 주장에 적합하게 해서 이용할 것이 요구되는 것이다. 그것은 구체적 사실과 당사자의 특수성에 따른 형태로 역할을 할 수 있는 것을 의미하며, 그것은 동아시아에서의 영역분쟁에서도 마찬가지다[49].

　한편, 결정적 기일에 의해 시간적 적용범위가 정해지는 시제법 원칙은, 어느 행위가 그 시점에서의 법에 비추어 평가된다고 하는 제1규칙과, 권리의 존속은 법의 전개에 의해 요구되는 조건에 따라야 한다는

---

48) Kohen & Hebie, *supra* note 3, p. 897.
49) S. Lee, "Intertemporal Law, Recent Judgments and Territorial Disputes in Asia." in S.-Y. Hong & J. M. Van Dyke (eds.), *Maritime Boundary Disputes, Settlement Processes, and the Law of the Sea* (Brill, 2009), pp. 124-126.

제2규칙으로 구성되지만, 이들 규칙을 내포하는 결과로서, 시제법 원칙은, 법의 동태성에 대응하여, '영역주권의 계속적이고 평온한 표시'라고 하는 실효적 점유의 한 형태를 통해, 권리의 창설과 존속의 각 단계에서의 영역권원을 법적으로 접속시키는 것이 가능하게 되었다. 또, 질서의 시계열적 관점으로는 영역권원의 법리가 확립된 근대 국제법 질서와 그에 선행하는 전근대적 규범질서를, 법적 안정성의 관점에서 하나의 규범 시스템에 포섭되는 것으로 다루어지게 된 것이다[50]. 이것은 근대 국제법질서에 있어서 확립된 영역권원의 법리를 보다 설득적으로 주장하는 측이 영역분쟁에 있어서도 우위에 선다는 것을 의미한다.

아래에서는 이러한 점을 염두에 두고, 일본이 관계되는 영토문제(분쟁의 존재 자체도 다루어지고 있기 때문에 영토 '문제'로 한다) 중, 특히 독도(다케시마) 문제와 센카쿠 제도(조어대) 문제를 검토한다[51].

4.2. 독도(다케시마) 문제

4.2.1. 결정적 기일에 대해

독도 문제에 있어서의 결정적 기일 후보로서는, 이승만 한국 대통령이 발표한 해양주권선언에 입각한 수역 설정('이승만 라인'에 의한 수역

---

50) 졸고「領域紛爭における時際法原則の役割について」(注5) 125쪽 참조.
51) 그 외에, 일본에는 러시아와의 사이에 이른바 북방영토 문제도 있다. 북방영토 문제에서는, 다른 많은 영역분쟁에서 볼 수 있는 것과 같은 일반 국제법 규칙의 적용에 의한 영유권 확정 외에, 얄타 협정의 일본에 대한 효력이나, 샌프란시스코 평화조약 제2조(c)에 따라 일본에 의해 그 청구권 등이 포기된 '지시마 열도(千島列島)'의 범위 해석 등을 포함해, 다수의 관련 문서의 효력이나 해석을 둘러싼 문제가 복잡하게 얽혀있는 것이 특징으로 (杉原高嶺 「國際法から 見た北方領土」木村汎編 『北方領土を考える』(北海道新聞社, 1981년) 87-88쪽 참조), 결정적 기일이나 시제법 원칙의 적용에 대해서도 문제가 될 수 있지만 (A. B. Quillen, "The "Kuril Islands" or the "Northern Territories": Who Owns Them Island Territorial Dispute Continues to Hinder Relations Between Russia and Japan." *North Carolina Journal of International & Comparative Regulation*. Vol. 18 (1993). pp. 645-646. 결정적 기일에 대해, *see*, S. Lee, "Towards

설정)에 대해 일본 정부의 항의가 이루어진 날(1952년 1월 28일)로 하는 견해가 있지만[52], 그밖에 일본 정부가 독도를 편입했다고 주장하는 1905년 2월 22일[53], 샌프란시스코 평화조약 체결일(1951년 9월 8일), 일본이 ICJ에 대해 문제의 제소를 제안한 날(1954년 9월 25일)[54], ICJ에 대한 제소합의가 성립하고 정식으로 그 절차가 개시된 날이 주장되어 왔다고 한다[55].

영역분쟁에 관한 결정적 기일에 관련해서 우선 문제가 되는 것은, 분쟁영역에 대한 일방당사자에 의한 주권청구행위의 발현 등 명확한 행위에 의해 당사자 간에 분쟁이 언제 발생했는지, 그리고 그 분쟁이 언제 '결정화結晶化'하였는지 하는 것이다.

독도에 대해서는 일본·한국 모두 옛날부터 자국영토로서 역사적 근거를 주장하는 동시에[56], 일본은 1905년의 영토편입조치 실행과 그

---

a Framework for the Resolution of the Territorial Dispute over the Kurile Islands," *Boundary & Territory Briefing*. Vol. 3, No.6(2001), p.11), 이들 문서의 해석 등에 대해서는 별도의 검토에 위임하고 싶다. 현시점에서의 *effectivités*를 중시하면, 결정적 기일의 불설정과 시제법 원칙에 의한 제2차 대전 후의 국제법의 적용이 점유국 측에 바람직한 결과를 가져올 수 있는 것은 북방영토 문제에도 타당한 점만 여기에서 지적해 둔다. E. V. Neverova, "The Southern Kuril Deadlock: Effectiveness v. Protest," *Moscow Journal of International Law*, Vol. 3 (2019). pp.50-51.

52) 皆川洸「竹島紛争と国際判例」『前原光雄教授還暦記念 国際法学の諸問題』(慶應通信, 1963년) 354쪽. 또, 일본 정부는, 한국 정부에 대해 최초로 항의한 날 (1952년 1월)과, 늦어도 일본 정부가 국제법에 입각하여 스스로의 주장을 구상서(口上書)로 한국 정부에 대해 전한 날 (1953년 7월) 사이의 날을 결정적 기일로 하고 있다고 하는 견해로서, *See*, E. Usuki, "Japan's Claim to Takeshima." in P. Huth, S. Kim & T. Roehrig (eds.), *The Dokdo/Takeshima Dispute. South Korea, Japan and the Search for a Peaceful Solution* (Brill, 2021), p. 69, n. 1.

53) K. Serita, "Some Legal Aspects of Territorial Disputes over Islands," in Hong & Van Dyke (eds.). *supra* note 49, p. 142.

54) 일본이 ICJ에 대한 제소를 한국에 제안한 것을 이유로, 그 제안시점이 결정적 기일이라고 일본 정부가 시사한 것이라고 하는 견해도 있다. H. K. Lee, "Korea's Territorial Rights to Tokdo in History and International Law," *Korea Observer*, Vol. 29 (1998), p. 89.

55) 河錬洙「『竹島紛争』再考―領域権原をめぐる国際法の観点から」『龍谷法学』第32巻2号 (1999년) 36쪽.

56) 한국 정부의 주장에 대해, *see*, Ministry of Foreign Affairs, Republic of Korea. "The Korean Government's Basic Position on Dokdo." https://dokdo.mofa.go.kr/m/eng/dokdo/government_position.jsp 이 장에서 인용하는 웹사이트는 모두 2021년 11월 9일에 확인을 마쳤다. 또, 17세기부터 18세기에 있어서의 독도의 취급에 관한 일본의 인식에 대해서는, 中野徹也『竹島問題と国際法』(ハーベスト出版, 2019년) 55-58쪽 참조.

후의 실효적 지배를, 한편 한국은 카이로선언을 시작으로 한 연합국의 일련의 조치와 그 후의 한국 자신에 의한 실효적 지배를 각각 근거로 주장하고 있다. 그리고 양국 간에서 독도의 귀속을 둘러싼 이러한 대립이 최초로 현재화顯在化한 것은, 1952년 1월 18일의 '이승만 라인'에 의한 수역 설정과 그에 대한 일본의 대응이다. 이 '이승만 라인'으로 한국은 조선반도 주변의 광대한 수역을 설정했는데, 그 중에 독도가 포함되어 있었기 때문에, 일본 정부가 같은 달 28일에, 독도에 대한 한국의 영유권을 인정하지 않는 취지로 항의를 하였던 것이며, 이에 대해 한국 측도 독도가 자국영토라고 반론하여, 양국의 주장은 정면으로 대립했다. 한국은 그 후, 1954년부터 독도에 대해 경찰 경비대 배치駐留, 등대 건설 등의 조치를 취하고 있으며, 같은 해에 일본은 이 문제를 ICJ에 제소해서 해결하자는 제안도 했지만, 한국은 이것을 거부해서 실력에 의한 지배를 계속하고 있는 것이 현상이다[57].

한국은, 1965년 일한기본관계조약 체결 이후, 양국 간에 독도를 둘러싼 분쟁은 없다고 하여 분쟁의 부존재를 일관되게 주장하고 있지만, 지금까지 국제재판에서 채용되어 온 '분쟁' 개념의 정의로 보면, 당사자의 주관적 인식을 중시해도, 일한 양국 간에 '분쟁'이 존재하는 것을 증명하는 것은 그렇게 곤란하지는 않을 것이다[58].

그러면, 이 분쟁에서 결정적 기일은 언제가 될 것인가. 독도를 둘러싸고는, 한국에 의한 '이승만 라인'의 설정과 그에 대한 일본의 항의로 양국 간에 분쟁이 발생했다고 하는 견해가 유력하다[59]. 또, 분쟁의 결

---

57) 太壽堂鼎『領土帰属の国際法』(東信堂, 1998년) 125-156쪽 참조.
58) 분쟁이 존재한다고 주장하는 것만으로 분쟁의 존재가 재판소에 의해 인정되는 것은 아니지만 (*South West Africa Cases (Ethiopia v. South Africa; Liberia v. South Africa), Preliminary Objections, Judgment, I.C.J. Reports 1962*, p. 328), 주장의 타당성이나 강도가 개연성 기준이나 기타 기준에 부합하지 않는다면 (*Dispute Concerning Coastal State Rights in the Black Sea, Sea of Azov, and Kerch Strait (Ukraine v. The Russian Federation)*. PCA Case No. 2017-06, para. 188. https://pcacases.com/web/sendAttach/9272), 독도 영유의 권원을 포함하는 일본 측의 법적 주장에 의해 분쟁이 존재하는 것을 증명하는 것은 그다지 곤란하지 않을 것이다.
59) 中野徹也「竹島の帰属に関する一考察」『関西大学法学論集』第60巻5号 (2011년) 120-121

정화라는 점에서 보면, 법적으로 분쟁이 해결될 가능성을 제시했다는 점에서, 일본이 ICJ에 최초로 제소를 호소한 1954년을 결정적 기일로 하는 것도 불가능한 것은 아니다. 어느 시점을 결정적 기일로 다룬다 하더라도, *effectivités*의 문제가 관계된다고 하면[60], 현재 상황에서 독도를 실효적으로 지배 하고 있는 한국의 행위에 어떠한 법적 의의가 견출見出될지 어떨지는, 이 '결정적 기일'을 시간적으로 전후해서 당해 행위가 계속적인 성격을 갖는지 어떤지가 중요한 포인트이다. 그렇다고 하면, 1952년 또는 1954년의 전에, '영역주권의 계속적이고 평온한 표시'를 한국과 일본 어느 나라가 행하고 있었는지, 그리고 어떠한 행위가, 결정적 기일에 걸친 계속적인 행위로 간주되는지를 확인하는 것이야말로 결정적으로 중요하게 될 것이다. 가령 '이승만 라인'의 설정이 그때까지의 일본의 주권에 대한 도전이라는 것이 증명되면, 결정적 기일의 기능을 엄격하게 행사함으로써, 그 이후의 어떠한 행위도 법적 평가의 대상이 되지 않는다고 주장하는 것은 가능하다[61]. 이 경우에 일본에 요구되는 것은, 결정적 기일 후의 행위가 상대국의 행위에 대한 묵인으로 취급되지 않도록 구체적인 행동을 취하는 것이다[62].

쪽. *See also*, N. J. Schrijver & V. Prislan, "Case Concerning Sovereignty over Islands before the International Court of Justice and the Dokdo/Takeshima Issue," *Ocean Development & International Law*, Vol. 46 (2015), p. 296.

[60] 한국 측 입장에서, 발견 후의 행위가 되는 *effectivités*가 그 미성숙한 권원을 치유할 뿐만 아니라, 원시권원의 유효성을 확인하는 것이 된다고 주장하는 견해도 있지만 (L. Mayali & J. Yoo. "Resolution of Territorial Disputes in East Asia: The Case of Dokdo," *Berkeley Journal of International Law*, Vol. 36 (2018), p. 537), 거기에는 결정적 기일의 시점(視點)을 볼 수 없다.

[61] 이 경우는, 동부 그린란드 법적지위 사건이나 망키에·에크르오 사건에 상당하는 사태라고 한다. 三好正弘「竹島問題とクリティカル·デート」『島嶼研究ジャーナル』第3巻2号 (2014년) 45-46쪽.

[62] 芹田健太郎『日本の領土』(中央公論新社, 2010년) 187-188쪽. 역으로 한국 측은, 결정적 기일 후의 자국에 의한 실효적 지배를 고려한 듯한 주장을 하고 있는 것으로 생각된다. 이러한 주장을 하기 위해서는, 리기탄섬 및 시파단섬 사건 ICJ 판결에서 지적된 것처럼, 결정적 기일 후의 행위가 고려에 들어갈 수 있는 것은, 그것이 "결정적 기일 이전의 행위의 통상의 계속이며, 그러한 행위에 입각한 당사국의 법적 입장을 개선할 목적으로 기획된 것이 아니다"라는 것이 조건이 된다. *I.C.J. Reports 2002*, p. 682, para. 135.

그러나 분쟁이 발생한 때나 결정화된 때가 결정적 기일이 된다고는 단정할 수 없다. 샌프란시스코 평화조약이나 일한기본관계조약의 체결 등, 그밖에도 독도의 영유권을 둘러싸고 중요한 사건은 존재한다. 이렇기 때문에, 결정적 기일의 상대적 성격에서, 명확한 시점을 정하지 않고 모든 증거가 인정되어야 한다고 하는 견해가 주장되는 것도 생각할 수 있다[63].

4.2.2. 시제법 원칙의 적용에 대해

독도의 영유권을 둘러싸고 일본과 한국은 각각 원시권원을 그 근거의 하나로 들고 있다[64]. 이 점은 유럽을 기원으로 하는 근대 국제법이 동아시아에 수용되기 이전부터, 이 지역의 규범적 질서 속에 문제가 되는 영역이 위치해왔다는 것을 전제로, 관계국이 근대 국제법 질서에 편입되는 과정에서 당해 영역을 자국의 영토로 주장해 온 것을 의미한다[65]. 동아시아에서의 이른바 전근대의 지역적 규범질서가 어떠한 특징을 갖는지에 대해서는 별도 검토가 요구되지 않으면 안 될 것이다[66]. 더 나아가 이야기하면, 그러한 동아시아에 특유한 규범질서가 여전히 부분적으로라도 잔존하고 있다고 하면, 그 내용이나 현대 국제법과의 관계를 명확히 하는 작업이 필요하게 된다[67].

---

63) 특히 현재의 실효적 지배를 강조하는 한국 측의 입장으로는, 결정적 기일을 설정하지 않고, 독도에 관한 역사적 사실을 모두 검토 대상으로 해야 한다고도 주장할 수 있다. J. M. van Dijk. "Legal Issues Related to Sovereignty over Dokdo and Its Maritime Boundary," *Ocean Development & International Law*, Vol. 38 (2007), p. 164.
64) 河「앞 논문」(주55) 228쪽.
65) 朴培根「日本による島嶼先占の諸先例―竹島/独島に対する領域権原を中心として」『国際法外交雑誌』第105巻2号 (2006년) 176-177쪽.
66) 동아시아에서의 전근대적 규범질서와 그곳에서의 근대 유럽 국제법의 수용을 검토한 연구의 일례로서, *see*, M. Yanagihara, "Significance of the History of the Law of Nations in Europe and East Asia," *Recueil des cours*. Vol. 371 (2015), pp. 317-349.
67) 페드라 브랑카 사건 ICJ 판결의 내용에서, 근대 국제법과는 다른 규범질서의 존재가능성을 엿보게 하는 견해가 있을 수 있는 것은 앞에서 지적했지만, 카타르 대 바레인 사건 ICJ 판결에 첨

그러나 전근대의 규범질서에서 근대 국제법 질서로 이행하는 중에 적용될 법규칙이 변화하여, 적어도 동아시아가 수용한 근대 국제법 하에서 영역주권의 취득을 주장한다고 하면, 시제법 원칙의 적용으로, 근대 국제법이 요구하는 요건을 갖추지 않으면 안 된다. 그것은, 지금까지의 판례가 보여주는 바에 의하면, 당사자가 주장하는 원시권원이 문제의 도서에 대한 실효적 점유로 치환되거나, 또는 실효적 점유에 의해 보완되는 것이다[68]. 그 이유는, 에리트리아와 예멘 간의 주권 사건 중재재정에 의하면, "영역의 취득(또는 귀속)에 관한 근대 국제법은 일반적으로, 관할권 및 국가기능을 계속적이고 평온하게 행사함으로써, 당해 영역에 대해 권한과 권위가 국제적으로 표시될 것을 요구한다"[69]라고 하는 점이 될 것이다[70].

따라서, 독도 문제에 대해서는 일본과 한국이 상기의 요건을 만족할 만한 주장을 설득적으로 행하고 있는지 어떤지는 시제법 원칙의 기능에 의존하게 된다. 독도에 대해 일본 정부는 1905년의 영토편입조치로 역사적 권원이 재확인되었다고 하는 입장을 취하고 있으며, 이러한 편입 조치와 그 후의 국가권능의 계속적 표시는, 17세기 당시의 국제법에 합치하여 유효하게 설정된 권원을 현대적 요청에 따라 대체하는 데 충분했다고 평가되고 있다[71]. 따라서 이것은 그 일례이지만, 일본 측은 시제법 원칙에 따라 항상 그 시대의 법에 의해 규율되는 요건을 충족해왔다는 것을 정성껏 논증함과 동시에, 스스로의 주장을

부된 Fortier 재판관 개별의견도, 서부사하라 사건 ICJ 권고적 의견을 인용하면서, 국제법에 있어서의 영역주권의 기초로서, 주권에 대한 다양한 지역적 개념이 있는 것을 시사한다. Separate Opinion of Judge Fortier. *I.C.J. Reports 2001*, pp. 456-457, para. 27.

68) *I.C.J. Reports 1953*, pp. 56-57.
69) *R.I.A.A.*, Vol. XXII, p. 268, para. 239.
70) 다만, "근대 국제법은 일반적으로, 일본과 같이 역사의 일정 시점에서, 유럽 기원의 근대 국제법에 의해 규율되는 '국제사회'의 일원이 된 국가에 대해, 그 영토의 영유의사를 재확인할 것을 요구하지 않았다"고 하는 주장으로서, 中野徹也「1905年日本による竹島領土編入措置の法的性質」『関西大学法学論集』第61巻5号 (2012년) 126쪽.
71) 太壽堂『앞의 책』(주57) 143쪽.

그러한 요건과 합치한 실행에 의거해 갈 필요가 있다.

4.3. 센카쿠 제도釣魚台列嶼 문제

4.3.1. 결정적 기일에 대해

일본 주장에 의하면 센카쿠 제도尖角諸島는 1895년 1월 14일의 각의 결정에 의해 일본 영역으로 편입되었다. 일본은 무주지 선점의 법리를 근거로 해서 센카쿠 제도의 영유권을 주장하고 있는 것이다[72]. 이에 대해 중국은 조어대열서釣魚台列嶼가 고대로부터의 고유한 영토라는 것을 주장한다[73]. 그것은 1895년 당시에 중국은 이들 제도에 역사적 권원을 갖고 있으며, 그러므로 조어대열서는, 일본이 이 섬들을 선점으로 자국영역에 편입한 시점에서는 무주지가 아니었다는 것을 의미한다[74]. 실제로 중화인민공화국 외교부가 조어도釣魚島(조어대열서, 조어도는 센카쿠 제도의 중국 명칭-역주)에 대한 자국의 주권을 정식으로 주장한 것은 1971년 12월 30일이다. 참고로 같은 해 2월 24일에는 타이완도 스스로의 입장을 일본 측에 전하고 있다고 한다[75].

일본 정부는, 센카쿠 제도에 대해 분쟁은 존재하지 않는다는 입장을 일관해서 취해 왔다. 이 점에 대해, 일방 당사자의 주장만으로 분쟁이 존재하게 되는 것이 아니고, 그 주장은 타방 당사자에 대해 확실하게 대항할 수 있을 것이 입증될 것을 요한다고 한 남서아프리카 사건

---

[72] Ministry of Foreign Affairs of Japan, "Senkaku Islands Q & A," https://www.mofa.go.jp/region/asia-paci/senkaku/qa_1010.html#q1

[73] State Council Information Office, The People's Republic of China, "Diaoyu Dao, an inherent Territory of China (26 September 2012)," https://www.fmprc.gov.cn/mfa_eng/topics_665678/diaodao_665718/1973774.shtml

[74] Ministry of Foreign Affairs of the People's Republic of China, "Statement of the Ministry of Foreign Affairs of the People's Republic of China (10 September 2012)," https://www.fmprc.gov.cn/mfa_eng/topics_665678/diaodao_665718/t968188.shtml

[75] 苦米地真理『尖閣問題 政府見解はどう変遷したのか』(柏書房, 2020년) 30쪽.

ICJ 선결적 항변판결에 입각하여[76], 일응의 근거조차 갖고 있지 않는 과대한 일방적 요구는 무효한 것으로 취급되어야 한다고 하며, 분쟁은 부존재라고 하는 일본 정부의 입장에 기여하는 견해도 있다[77]. 확실히 '단순한 근거 없는 주장'[78]과 같은 주장으로 분쟁 발생을 인정하는 것은 불합리하다고도 여겨지지만, 분쟁이 존재하는지 어떤지는 재판소에 의해 객관적으로 인정되는 사항이라는 점을 생각하면[79], 재판소가 분쟁의 존재를 인정할 가능성은 배제할 수 없다[80].

가령 센카쿠 문제로 일본과 중국 간 또는 일본과 타이완 간에 분쟁이 존재한다고 하면, 그 결정적 기일은 언제인가 하는 문제가 생긴다. 분쟁당사자의 일방이 선점을 주장하고, 그 때문에 분쟁지역이 무주지인지 어떤지가 문제가 된 경우, 쟁점은 당해 분쟁지역이 무주지인지 어떤지인지인 이상, 일반적으로는, 결정적 기일은 선점이 주장된 시점이라고 하는 것이 될 것이다[81].

단, 일본이 선점의 주장을 한 시점에서 '분쟁'이 존재한 것은 아니다. 그 시기에 중국이 일본에 대해 항의를 했다고 하는 사실이 없기 때문

---

76) *South West Africa Cases (Ethiopia v. South Africa; Liberia v. South Africa), Preliminary Objections, Judgment of 21 December 1962: I.C.J. Reports 1962*, p. 328.
77) 中谷和弘「日本の領土関連問題と国際裁判対応」『島嶼研究ジャーナル』第7巻1号 (2017년) 21쪽. 塚本孝「竹島と尖閣諸島」『島嶼研究ジャーナル』第5巻1号 (2015년) 29-33쪽.
78) 「座談会 棚上げによる解決は可能か」孫崎享編『検証 尖閣問題』(岩波書店, 2012년) 140쪽 (小寺彰発言).
79) *Interpretation of Peace Treaties, Advisory Opinion: I.C.J. Reports 1950*, p. 74.
80) 이 점은 최근 국제판례에서의 '분쟁'의 정의에 비추어 이 건에서의 분쟁의 부존재를 설득적으로 제시할 수 있을지 어떨지가 열쇠가 될 것이다. '분쟁'의 존재결정에 관한 ICJ의 판례에 대해서는, 江藤淳一「紛争の存在の決定をめぐる国際司法裁判所の判例の展開」岩沢·岡野編集代表『앞의 책』(注5) 97-120쪽 참조.
81) Sir Gerald Fitzmaurice, *The Law and Procedure of the International Court of Justice*, Vol. I (Cambridge University Press, 1993), p. 270. 따라서, 일본 정부가 센카쿠 제도를 자국영역에 편입하는 조치를 한 시점에서, 동 제도는 무주지였는지 어떤지가 중요하다고 하고, 무주지라면 중국은 그 주장의 법적 근거를 잃고, 역으로 그 시점까지 동 제도가 중국령이었다는 것이 증명되면, 일본은 실효적 점유에 입각한 영유를 주장할 수 없다고 하는 견해가 있지만 (T. Cheng, "The Sino-Japanese Dispute Over the Tio-yu-tai (Senkaku) Islands and the Law of Territorial Acquisition," *Virginia Journal of International Law*, Vol. 14 (1974), p. 262), 그 경우에는 1895년 1월 14일이 결정적 기일이 된다.

이다[82]. 혹시 중국의 주장과 같이, 그 당시 역사적 권원에 입각하여 센카쿠 제도가 중국령이었다고 해도, 중국으로부터의 항의가 그 이후에도 행해지지 않았다는 점에서, 일본은 센카쿠 제도를 시효에 의해 취득했거나[83], 또는 그 후의 중국에 의한 묵인으로 취득했다고 하는 주장도 성립할지도 모른다[84]. 어느 쪽이라 하더라도, 그렇다고 하면, 결정적 기일은 일본이 선점의 주장을 한 시점이 아니라, 오히려 일본의 주장에 대해 최초의 항의가 이루어진 1971년 2월 24일(타이완)과 같은 해 12월 30일(중국)이 된다고 하는 주장이 제기되고 있다[85].

4.3.2. 시제법 원칙의 적용에 대해

센카쿠 제도 문제를 결정적 기일의 관점에서 본 경우, 현재 실효적인 지배를 하고 있는 일본이, 중국이나 타이완과 비교해서 유리한 입장에 있는 것은 틀림이 없다. 상기와 같은 결정적 기일 이전에 중국이나 타이완이 행해 온 행위가[86], 결정적 기일 후의 행동과의 계속성·연

---

82) R. M. Scoville, "A Defense of Japanese Sovereignty over the Senkaku/Diaoyu Islands." *The George Washington International Law Review*, Vol. 46 (2014), p. 585.

83) G. Poissonnier et P. Osseland, "A qui appartiennent les iles Senkaku/Diaoyu ?". *Journal du Droit International*, Tome 135 (2008). p. 483.

84) 중국에 의한 '묵인'을 일본 주장의 법적 근거로 삼는 것으로서, C. Ramos-Mrosovsky. "International Law's Unhelpful Role in the Senkaku Islands," *University of Pennsylvania Journal of International Law*, Vol. 29 (2008). pp. 923-924.

85) 松井芳郞『国際法学者がよむ尖閣問題 紛争解決への展望を拓く』(日本評論社, 2014년) 12-13쪽. *See also*, Y. Matsui, "International Law of Territorial Acquisition and the Dispute over the Senkaku (Diaoyu) Islands," *Japanese Annual of International Law*, No. 40 (1997). pp. 7-8. 또, 일중 양국은 제2차 대전 후의 센카쿠 제도의 법적 지위를 청구의 대립을 해결하는 출발점으로 삼아왔다는 주장으로부터도, 결정적 기일보다 전의 중국이나 타이완의 침묵이 1945년부터 1952년까지의 센카쿠 제도의 현상유지를 확인하는 것으로서 다루어지고 있다. M. H. Loja, "*Status Quo Post Bellum* and the Legal Resolution of the Territorial Dispute between China and Japan over the Senkaku/Diaoyu Islands," *European Journal of International Law*, Vol. 27 (2016). p.1004. 또, 센카쿠 제도를 오키나와의 일부로서 지배하는 것이 법적으로 정당화된 1971년 6월 17일의 오키나와 반환협정 조인일을 결정적 기일로 해야 한다는 주장으로서, 芹田『앞의 책』(주62) 157쪽.

86) 정주자가 없는 등 센카쿠 제도의 성질에서 클립퍼튼섬 사건 중재판단을 참조하여, 1985년보

속성을 갖지 않는다고 하면, 현재 중국이나 타이완이 하고 있는 영유권 주장에는 설득력이 없고, 증거로서도 재판소에 인용되지 않을 가능성이 높기 때문이다. 특히 중국이 1960년대까지 일본에 의한 센카쿠 제도 영유에 대해 이의신청이나 항의를 해오지 않았다는 사실은 중요하다[87].

또, 가령 재판소가 결정적 기일을 인정하지 않고, 모든 사실이나 당사자의 행위를 증거로 삼는 입장을 취한 경우, 중국령으로 인정할 만한 관계자에 의한 조약 등 보다 명확한 권원이 존재하는 것이 인정되거나, 센카쿠 제도에 대한 현실의 점유가 국제법상의 위법행위의 귀결이라고 하면 모르겠지만, 그렇지 않다면 현재 실제로 점유하고 있는 일본 측의 주장이 무게를 갖게 될 것이다. 다만, 일본의 주장을 보다 확실히 재판소에 전달하는 데는, 결정적 기일을 인정해서 그 엄격한 효과를 요구하고, 결정적 기일 후의 행위의 증거적 가치를 실효시킬 만한 입론이 중요하다.

또, 중국 측이 주장하는 역사적 권원에 대해서는, 그것이 전근대의 동아시아 규범질서에 입각하는 것인 한[88], 결정적 기일 시점의 법률관

다 전에 중국이 동 제도를 항해를 위한 지점으로서 이용했다는 것 등을 상징적 행위로 취하여, 이들 사실이 1895년 당시의 센카쿠 제도가 무주지가 아니었다는 증거가 된다고 하는 견해로서, see, H. Schulte Nordholt, "Delimitation of the Continental Shelf in the East China Sea," *Netherlands International Law Review*, Vol. 32 (1985), pp. 147-148.

[87] 三好正弘「領土取得における抗議と黙認—尖閣諸島との関連において」『島嶼研究ジャーナル』第4巻2号 (2015년) 44쪽. 관계국이 분쟁지역에 대해 주권의 주장을 하지 않았다고 하는 사실을 국제재판 판례도 중시하고 있다고 한다. S. P. Sharma, *Territorial Acquisition, Disputes and International Law* (Kluwer Law International, 1997), p. 118. 다만, 이에 대해서는, 주권을 표시하는 과정에 있어서, 일본에 의한 편입조치에서 중국에 의한 항의까지 약 70년의 시간적 간극이 있다고 해도, 중국이 그 이전에 이미 권원을 확립하고 있었다고 하면, 70년간이라는 시간의 존재만으로 국제법은 권원을 부정하는 일은 없다는 반론도 있다. S. Wei Su. "The Territorial Dispute over the Tiaoyu/Senkaku Islands: An Update." *Ocean Development & International Law*, Vol. 36 (2005), pp. 52-53.
[88] 1885년 11월에 있은 센카쿠 제도 조사시점에서, 메이지 정부는, 이들 무인도가 중국의 주권과 연결되어 있고, 그것은 "아마도 조공 시스템이라고 하는 사라져가고 있는 관념의 영향 아래"에 놓여 있다는 것을 인식하고 있었다는 지적으로서, X. Zhang, "Diaoyu/Senkaku Dilemma: To Be or not to Be ?"『国際法外交雑誌』제113권2호 (2014년) 34쪽 참조.

계를 확정할 만한 근대 국제법 질서가 준비한 '장치'―'영역주권의 계속적이고 평온한 표시'에 보이는 실효적 점유, 관계자에 의한 합의와 근대적 의미에서의 '주권'의 이전이나 승계―에 의해 당해 권원이 대체되고, 또는 보완되어 있는지 어떤지를 묻는 것이 가능할 것이다[89]. 원시권원은 그 자체로는 근대 국제법 질서 하에서 영유권을 주장할 수 있는 근거로는 될 수 없다. 그리고 그것을 가능하게 하는 근대적 대체·보완 '장치'의 존재와 그에 의한 역사적 권원으로부터의 대체나 역사적 권원의 보완을 증명하는 것은 중국 측이다[90].

4.4. 탈식민지화 프로세스 문맥에 있어서의 시제법 원칙 적용 제외의 의미

이상의 검토에서, 독도(다케시마) 문제 및 센카쿠 제도(조어대열서) 문제에 있어서도 결정적 기일과 시제법 원칙이 중요한 역할을 하고 있는 것을 알 수 있을 것이다. 그렇기 때문에 더욱, 당사자의 주장 내용에 따라서는, 이들 두 개의 규칙 중, 특히 시제법 원칙의 기능을 배제하는 것에 이익을 견출하는 것도 또 생길 수 있다. 탈식민지화 프로세스 후에 현재화한 영역분쟁의 현저한 특징의 하나는 식민지로부터 독립을

---

[89] 그러나 중국을 중심으로 한 조공 시스템 하에서의 화이질서(華夷秩序)에 있어서는 인국과의 관계로 육지나 해역의 공간이 오랜 기간에 걸쳐 정당하게 획정되어 온 이상, 한 주권자가 보유하는 영역권원이라는 명확한 관념은 존재하지 않았기 때문에, 서양 중심의 국제법에 입각한 영역주장이 아니라, 동아시아 특유의 지역적 국제법의 존재와 그에 입각한 영역주장도 벌어질 가능성이 없는 것은 아니라는 견해도 있다. H. Nasu & D. R. Rothwell, "Re-Evaluating the Role of International Law in Territorial and Maritime Disputes in East Asia," *Asian Journal of International Law*, Vol. 4 (2014), pp. 64-65.

[90] Y. Matsui, "Between History and International Law: Senkaku/Diaoyu Dispute Revisited," 『国際法外交雑誌』第113巻2号 (2014년) 14-15쪽. 망키에·에크르오 사건 판결에서 ICJ는, "채널 제도에 관해 프랑스왕에 의해 주장된 봉건적 원시권원은, 대체 (replacement) 당시의 법에 따라, 다른 유효한 권원에 의해 대체되었던 것이 아니라면, 오늘날에는 어떠한 법률효과도 생기지 않을 것이다. 그처럼 대체되었다는 것을 증명할 책임은 프랑스 정부에 있다"고 말한다. *I.C.J. Reports 1953*, p. 56.

달성한 국가들 간의 영역분쟁이나 국경분쟁이 증가해왔다는 점이지만, 시제법 원칙에 대해 말하면, 탈식민지화 후의 독립국 간의 영역분쟁에 있어서는, 유럽 열강들 간의 영역분쟁의 경우일수록, 그 엄격한 적용은 이루어지지 않는 경향이다. 서부사하라 사건 ICJ 권고적 의견처럼, 특히 탈식민지화의 진전에 비추어 현대 국제법의 전개를 반영시킨 영역법의 적용은 그 예이다. 그것은 팔마스섬 사건 중재재정이 정립定式化한 시제법 원칙의 제2규칙에 따른 것으로서 재정립再定式化될 수 있을지도 모르지만, 한편으로 시제법 원칙의 보수적 성격에 통렬한 비판이 쏟아지는 상황도 또 볼 수 있다[91].

일본이 관계된 영토문제는 모두, 꼭 이러한 탈식민지화 후의, 특히 구 종주국을 같이 둔 독립국 간의 대립은 아니다. 그러나 영역문제를 식민지주의와 연결시키는 문맥에 있어서, 일본에 의한 식민지 지배가 정의롭지 않다든가, 일본에 의해 자국 영토의 침략이 일어났다고 하는 역사적 정치적 주장이 재판과정에 있어서도 일어날 가능성이 있는 점에는 유의해야 할 것이다. 그러한 주장이 법적 주장으로서 타당한지 어떤지 하는 문제는 있지만, 거기에는, 관계국 간의 역사인식의 차이를 통해, 법적 논점이 현대 국제법의 문맥에서, 식민지였다고 주장하는 측에 유리하게끔 재정립될 계기가 존재하는 것은 지적해 두어야 할 필요가 있다[92]. 다만, 시제법 원칙의 보수적 성격을 탈식민지주의의 관점에서 비판하는 입장은 ICJ에서는 소수의견으로 간주되고 있

---

91) *Separate Opinion of Vice-President Ammoun, Western Sahara, I.C.J. Reports 1975.* pp. 8587; *Separate Opinion of Judge Forster, Ibid.*, p. 103; *Separate Opinion of Judge Boni, Ibid.*, pp. 173-174. 이와 같은 같은 비판은 카메룬 대 나이지리아 사건 ICJ 판결에 첨부된 개별의견에도 보인다. *Separate Opinion of Judge Ranjeva, I.C.J. Reports 2002,* pp. 469-471, paras. 2-6, *Separate Opinion of Judge Al-Khasawneh, Ibid.*, pp. 495-496, para. 5.
92) 예를 들어 독도(다케시마)를 둘러싸고는, 1905년부터 1945년에 걸친 일본에 의한 조선반도 지배에 대해, "그 지배가 지금은, 위법이라는 점, 그리고 조선인에 대해 현저하게 손해를 주는 것이었다는 점이 인정되고 있기" 때문에, 이 시기의 일본의 행위는 현재의 일한분쟁에 관해 고려될 수 없다고 하는 견해가 있지만 (van Dyke, *supra* note 63, p. 181), 여기에서는 현 시점의 법에 비추어 과거의 행위를 평가하는 자세를 볼 수 있다. *See also,* H. E. Lee, "South Korea's Claim to Dokdo, in Huth. Kim & Roehrig (eds.), *supra* note 52, pp.122-123.

는 점에도 유의할 필요가 있다[93]).

그러나 이것은 영역분쟁 일반에 있어서의 역사적 검토를 부정하는 의미도 아니고, 그러한 것이 가능한 것도 아니다. 어디까지 역사를 상세하게 검토하면 보다 적절한 영역분쟁의 해결로 이끌어줄 수 있을지는 아직 미지수이다[94]).

5. 맺으며

결정적 기일이라는 개념 자체는 실천적 내용을 갖고 있으며, 재판소에 보다 적절하다고 생각되는 해결책을 가져올 수 있도록 유연하게 이용되고 있다. 특히, 결정적 기일 후에 발생한 사실이나 행위는 고려되지 않는다고 하는 규칙이 있으면서, 결정적 기일 시점에서의 법률관계에 영향을 미치지 않는 것을 전제로, 그 규칙으로부터의 일탈이 예외적으로 보이는 것에는 주의를 요한다. 이 규칙에서는, 재판소의 분쟁해결을 위한 논리사고에 의해서는, 결정적 기일 후의 사실이나 행위를 고려한 것을 감안한 다음, 분쟁해결에 적합한 법률관계를 갖는 시점

---

[93]) 또, 영역분쟁의 문맥은 아니지만, ICJ는, 1965년 차고스 제도가 모리셔스로부터 분리된 법적 귀결에 관한 사건의 권고적 의견에서, 1965년의 분리에서 1968년 모리셔스의 독립에 걸친 기간에 있어서의 탈식민지화 프로세스에 적용 가능한 국제법 규칙은 그 기간에 비추어서 특정될 필요가 있다고 하며 시제법 원칙 제1규칙에 의거하는 한편, 유엔헌장으로부터 1960년의 식민지독립부여선언 채택 이후에도 발전해온 자결권에 관한 법이 관습법으로서 성립하고 있는지를 확인하고 그 내용을 해석하기 위해, 문제의 기간 후에 작성된 각종 문서에도 의거한다고 하면서, 실질적으로, 그 후의 법의 발전을 고려하는 시제법 원칙 제2규칙의 내용도 포함시켰다. 종래의 시제법 원칙의 틀을 유지하면서, 탈식민지화 프로세스 이후의 국제법의 발전을 고려하는 점에서 주목할 가치가 있다고 할 것이다. *Legal Consequences of the Separation of the Chagos Archipelago from Mauritius in 1965, Advisory Opinion, I.C.J. Reports 2019*, p. 130, paras. 140-143.
[94]) Kooijmans 재판관은 카타르 대 바레인 사건 ICJ 본안 판결에 첨부한 개별의견에서, 당사자의 권리는 그 역사 전반을 빼놓지 않고 고려함으로써만 적절히 평가될 수 있다고 하며, 다수의견은 이 건의 역사적 문맥을 충분히 검토하지는 않고, 분쟁을 법적으로 설득력이 있도록 해결하기 위해 그 고찰범위를 불필요하게 제한했다고 비난한다. *Separate Opinion of Judge Kooijmans. I.C.J. Reports 2001*, p.226, para. 4.

을 결정적 기일로 한다고 하는 역산적 논리구조조차 인정될 수 있기— 그러나 외부에 공개되는 판단으로서는, 결정적 기일의 특정을 선행시키고, 거기에서의 법률관계를 확인할 수 있는 사실이나 행위를 결정적 기일 후에 견출하게 된다—때문이다.

이에 대해, 분쟁당사자 측으로부터 보면, 스스로의 청구의 정당화를 위해서는 어느 특정한 시점에서의 결정적 기일이 재판소에 의해 인정되는 것이 바람직하다고 판단한다고 하면, 그 결정적 기일의 특정에 의해, 그 후의 사실이나 행위를 고려해서는 안 된다는 입장에 설 것인가, 그렇지 않으면 당해 시점에서의 법률관계의 확인을 위해서만 그 후의 사실이나 행위도 고려 가능하다고 하는 입장에 설 것인지를 명확히 하는 것이 필요하다. 나아가, 전근대적 규범질서에 의거해서 역사적 권원을 주장한다고 하면, 근대법질서 하에서의 권원이나 그에 유사한 개념에 그것을 대체시키거나 보완시키는 것에도 유의하지 않으면 안 된다.

그러나 재판소는 당사자의 이러한 속셈과는 별도로, 결정적 기일을 특정하지 않고, 스스로가 적당하다고 생각하는 분쟁해결책을 위해 유익한 정보를 입수하려고 하는 경우도 있다. 이러한 경우에는, 이론적으로는 재판소에 대한 분쟁 제소시점까지 적용되는 법규칙의 시간적 범위가 확대되는 점에서, 특히 시제법 원칙 제2규칙에 따라 법의 발전이 고려되기 쉬운 점에도 유의할 필요가 있을 것이다.

영역분쟁이 국제재판에 제소되는 기회는 그렇게 많지는 않다고 하더라도, 분쟁당사자로서는 재판소의 지금까지의 재판이나 실행에 주목하고 이에 따르는 형태로, 스스로의 실행을 외교 교섭과정이나 국제무대에서 의식적으로 전개하는 것이 바람직하다. 여기에서 거론한 결정적 기일과 시제법 원칙이라고 하는 규칙은 판례를 통해 발전해 온 것이기는 하지만, 이러한 규칙이 의거하는 기반은 법적 안정성의 유지와 신의성실원칙에 있다고 여겨진다[95]. 일반적으로, 관계국 간에서 외교 교섭이 어떠한 성과를 거두기 위해서는 상호 신뢰관계의 존재와 관련 국제법 규칙의 존중이 불가결하기 때문에, 재판 외에서의 행위나 주장에 있어서도, 가능한 한 재판과정에 있어서의 그것과 일관된 것이 요구될 것이다. 이러한 점은 결정적 기일이나 시제법 원칙이 중요한 역할을 수행하는 영역분쟁의 경우에는 특히 들어맞는 것이다[96].

---

[95] 국제법 분야에 시제법 원칙이 도입된 것은 현상을 일정 정도 안정시킬 필요성에 유래하고 (V.Z. Blum, *Historic Titles in International Law* (Martinus Nijhoff, 1965), pp. 206-207), 거기에서 주장되는 안정성이란 법적 안정성이다 (M. G. Kohen, "L'influence du temps sur les reglements terri toriaux," in Societe Francaise pour le Droit International (ed.), *Colloque de Paris, Le Droit international et le Temps* (Pedone, 2001), p. 155). 또, 결정적 기일과 신의성실원칙 간의 관계에 대해서는, *see*, R. Kolb, *Good Faith in International Law* (Hart Publishing. 2017). pp. 156-157.

[96] 확실히, 국가로서는 스스로의 주장의 일관성이 항상 가장 중요한 것이 아니고, 이것을 희생으로 해서 정책의 일관성을 유지하는 것조차 있을 수 있다. 그 경우에는, 법적 일관성의 결여에 대해 비난을 받지 않기 위해서도 문제의 분쟁을 재판에 위임하는 것을 회피하게 된다. 이와 같은 정치적 편의주의는 법에 반하기는 하지만, 국제관계에서의 국제법의 한정적 역할에서 보면, 널리 인정되고 있는 것이기도 하다. R. Kolb, *Reflexions sur les politiques juridiques exterieures* (Pedone, 2015), p. 26. 그러나 국가의 언동이 공시적 또는 통시적으로 모순되는 경우가 있는 것은 사실이라고 하더라도, 법적 해결이 요구되는 문제의 사항적 성질에 의해서는 당사국에 의한 법적 입장의 일관성 유지는 더욱 중요한 것이며, 특히 시간이 지나도 변용되기 어려운 지리적 특징을 주제로 하는 문제에 대해서는, 거의 자동적으로 일관된 이론이 요구된다고 생각해야 할 것이다. G. de Lacharriere. *La politique juridique exterieure* (Economica, 1983), p. 189.

제IV부

국제재판에서의 영역분쟁

제8장

국제재판에서의 '전근대/비유럽 영역지배'의 원용과 평가

후카마치 도모코 深町朋子

1. 시작하며

일본이 관계되는 영토문제에 있어서, 독도에 대해서는 일한 쌍방이, 센카쿠 제도에 대해서는 중국이, 동아시아에서 근대 국제법이 수용되기 이전부터 섬에 대해 '영역지배'[1]를 미치고 있었다는 것을 자국에 대한 귀속을 나타내는 근거로 삼고 있다. 예를 들어 중국은, 2012년에 발표한 백서 속에서 자국이 14, 15세기까지는 섬을 발견 및 명명해서

---

1) 이 장 전체를 통해 '영역지배'란 말은 책이름으로 이용하는 경우를 제외하고, 주권국가 체계와 근대 국제법이 성립하기 이전의 유럽 및 근대 국제법이 수용 내지 도입되기 이전의 비유럽 지역에서의, 근대 국제법 하에서 주권국가가 영역(territory)에 대해 갖는 영역주권(territorial sovereignty)과는 다른, 정치 집합체 내지 통치자와 토지와의 관계성을 사실(事實)로서 나타내는 것으로 사용한다. 또, 주권국가체계와 근대 국제법이 성립하기 이전의 유럽 및 근대 국제법이 수용 내지 도입되기 이전의 비유럽 지역에서의 '영역지배'를 '전근대/비유럽 영역지배'로 호칭한다. 표기의 번잡성을 피하기 위해, 이후 '영역지배'에도 '전근대/비유럽 영역지배'에도 따옴표는 붙이지 않는다. 참고로 영역이란 말을 단독으로 근대 국제법 하에서의 영역과는 다른 것을 가리키며 사용하는 경우에는 직접·간접의 인용문 속을 제외하고 따옴표를 붙여서 '영역'으로 표기한다.

이용하는 동시에, 명조明朝의 해방海防 범위에 포함하는 등으로 해서 관할 하에 두어 왔던 것이며, 16세기부터 19세기에 제작된 자국 및 제 외국의 지도에서도 섬은 중국령으로 그려졌다고 논하고 있다[2]. 이에 대해 일본은, 중국의 역사적 주장은 국제법상 유효하게 여겨지는 영유근거를 제시하지 못하고 있으며, 중국 독자의 논리로 '중국의 영토' 라고 단정하고 있는 것에 지나지 않는다고 비판한다[3].

학설에서도, 마쓰이 요시로松井芳郎에 의하면 중국의 상술한 것과 같은 역사적 주장의 타당성은, 시제법 제1규칙에 따라 "관련 실행이 있었다고 하는 16세기부터 19세기의 국제법에 비추어 판단하게 된다"[4]고 하며, 검토 결과 근대 국제법 하에서 유효한 권원이라고는 인정하기 어렵다는 평가가 이루어진다[5]. 그런 한편으로 마쓰이는 이 문제를, "유럽 국제질서의 산물인 당시의 국제법이, 이와는 전혀 다른 질서원리를 가진 동아시아 세계질서 내지는 화이질서華夷秩序에 속해 있던 중국, 일본, 류큐 등의 제국에 과연 적용 가능했는가"[6] 하는 관점('법체계 간의 법')에서 생각할 필요성에도 언급한다[7].

실제로 상술한 중국의 백서에서는, 발견·명명이나 '관할 하에 둔다' 고 하는 행위가 어떠한 규범에 비추어 귀속의 근거로 판단되는가에 대해서는 언급이 없다. 그렇지만 근대 국제법의 규범을 이용하면 그것

---

2) Information Office of the State Council, PRC, "Diaoyu Dao, an Inherent Territory of China." September 2012, at http://www.diaoyudao.org.cn/en/2015-01/25/content_34649357.htm (as of 30 September 2021).
3) 領土·主権対策企画調整室 (内閣官房)「尖閣諸島: 中国の主張を見てみよう」at https:// www.cas.go.jp/jp/ryodo/taiou/senkaku/senkaku01-05.html (as of 30 September 2021).
4) 松井芳郎「国際法学者がよむ尖閣問題―紛争解決への展望を拓く」(日本評論社, 2014년) 19쪽.
5) 위와 같음, 78-89쪽.
6) 위와 같음, 113쪽.
7) 그렇긴 해도, 근대 국제법과는 다른 질서의 제도 내에서 획득했다고 하는 권원은, 유럽 국제질서에 대한 참여 과정으로, "당해지역에 대한 실효적 지배"로의 치환이 필요하게 되기 때문에, 치환 노력과 증명이야말로 중요하다고 하는 것이 마쓰이(松井)의 결론이다. 센카쿠 제도('釣魚台列嶼')에 관해서는 중국에 의한 치환의 노력이 행해지지 않았다고 평가되고 있다. 위와 같음, 123-127쪽.

들이 '명확하게 실효성을 결여한 주권의 표시'로 간주될 가능성을 배경으로, "주권의 표시에 대한 중국의 어프로치"[8] 나 "동아시아 세계질서에 있어서의, 한 영역에 대한 권원표시의 [근대 국제법과는] 다른 요건과 방법"[9]의 존재를 전면에 내세울 필요성을 말하는 논자들도 있다[10]. 이근관이 지적하는 것처럼, 이들 주장은, "현저하게 다른 규범질서 하에서 발생한 제 사실을 평가할 때에, 근대 국제법이라는 자를 적용하는 것은 매우 부적절"하다는 입장을 취하는 것이며[11], 마쓰이가 말하는 '법체계 간의 법'에 대한 하나의 견해를 보이고 있다고 할 수 있다.

근대 국제법 수용 이전에 있었던 역사적 귀속이라는 주장은, 서사제도西沙諸島와 남사제도南沙諸島에 관해서도 이루어지고 있으며, Fry & Loja가 중국과 베트남이 제기하는 그러한 주장의 타당성을 검토하고 있다[12]. 같은 논문에서는 시제법의 두 개의 규칙에 따라, (1) 권원의 창설에 대해, 식민지화 이전 비서양의 규범체계(non-Western pre-colonial nomative systems)의 존재는 국제재판에서 어느 정도까지 인정되고, 당해 체계의 영역취득규범은 어디까지 적용되어 왔는가, (2) 창설된 역사

---

8) Steven Wei Su. "The Territorial Dispute over the Tiaoyu/Senkaku Islands: An Update." *Ocean Development and International Law*, Vol. 36 (2005), p.52.
9) Han-yi Shaw, "Revisiting the Diaoyutai/Senkaku Islands Dispute: Examining Legal Claims and New Historical Evidence under International Law and the Traditional East Asian World Order," *Chinese (Taiwan) Yearbook of International Law and Affairs*. Vol. 26 (2008). p. 148. [ ] 안은 인용자가 부기.
10) 이른 단계에서 이러한 문제의식을 제시한 것으로서, Tao Cheng, "The Sino-Japanese Dispute over the Tiao-yu-tai (Senkaku) Islands and the Law of Territorial Acquisition," *Virginia Journal of International Law*, Vol. 14 (1974), p. 253.
11) Keun-Gwan Lee, "An Enquiry into the Palimpsestic Nature of Territorial Sovereignty in East Asia — with Particular Reference to the Senkaku/Diaoyudao Question," in Christine Chinkin and Freya Baetens (eds.), *Sovereignty, Statehood and State Responsibility: Essays in Honour of James Crawford* (Cambridge University Press, 2015), pp. 132-133.
12) James D. Fry and Melissa H. Loja, "The Roots of Historic Title: Non-Western Pre-Colonial Normative Systems and Legal Resolution of Territorial Disputes," *Leiden Journal of International Law*, Vol. 27 (2014), pp. 727-754.

적 권원의 유지에 대해, 현대 국제법의 영역취득규칙이 어떻게 적용되는가를 고찰한다. 주목하고 싶은 것은, (1)에 대해, 비서양 규범체계에 기원을 둔 권원의 존재가 인정된 판례는 두 건이 있다고 하면서[13], 어느 것이나 "국가 혹은 국가와 유사한 중앙권력이 계쟁지係爭地에 영역주권을 현실로 행사"하고 있던 케이스라고 결론짓고 있는 점이다[14]. 근대 국제법과는 다른 규범질서가 타당했던 세계의 영역지배를, 시제법 제1규칙에 의해, 동시대의 근대 국제법이 아닌 동시대의 현지 규범질서에 입각해서 판단하는 것이라고 한다면, 종래의 통설적 이해와는 다른 방향성이 제시되고 있다고 간주될 수 있다. 그러나 다른 한편으로, 현지의 정치체에 의한 영역주권의 현실적 행사를 필요로 하고, 더구나 그것을 글자 그대로 근대 국제법상의 개념으로서 관념 짓는다고 하면, 현지 정치체에 영역주권 개념을 적용했다고 하는 '신규성'은 있다고 해도, 현지의 규범질서에 따른 판단의 의의는 크게 줄어든다.

이와 같이, 근대 국제법의 수용 내지 도입 이전에 근대 국제법과는 다른 규범질서 하에서 이루어진 영역지배와 그 질서가, 현대 국제법에 입각한 영역귀속 판단에 관련성을 가질 수 있는가 아닌가, 학설은 지금도 복잡하게 뒤얽힌錯綜 상황이다. 동아시아의 영토문제에서 이루어지고 있는 역사적 주장을 법적으로 평가하기 위해서는 그런 논점을 명확히 하는 작업이 불가결하다. 이 장은, 이 작업의 일부로서 권원의 창설이라는 시제법 제1규칙과 관계되는 부분에 있어서의 전근대/비유럽非歐州의 영역지배의 위치설정을 판례연구 수법으로 고찰하는 것이다[15]. 근대 국제법과는 다른 규범질서가 타당한 세계에서 근대 국제법이 타당한 세계로의 전환은, 비유럽 지역에서 뿐만 아니라 유럽 내

---

13) 2건은 망키에·에크르오 사건과 페드라 브랑카 사건이다. 다만, 망키에·에크르오 사건을 포함하는 이상, '비서양의 규범체계'라고 하는 것은 오독이다. '식민지주의 및 근대 국제법에 선행하는 비서양의 규범체계'라는 표현도 하고 있는데, 그것을 살려서, '식민지주의 및 근대 국제법에 선행하는 규범체계'로 바꿔 읽는 것이 적당할 것이다.
14) *Ibid.*, pp. 753-754.
15) 권원의 유지라는 시제법 제2규칙에 관계되는 부분은 이 장에서 다루지 않는다.

에서도, 전근대 규범질서로부터의 전환이라는 형태로 일어나고 있으며, '법체계 간의 법'이라는 관점에서는 양자는 같은 유형의 문제상황을 나타내는 것으로 취급될 수 있다. 그래서 아래에서는, 전근대 유럽의 영역지배와 관계되는 두 건과 비유럽 영역지배와 관계되는 여덟 건의 판례를, 판결의 시계열순으로 개관하고 (2.1.-2.10.), 그들 영역지배가 재판에서 주장된 문맥을, 당사국의 의도 내지 목적(3.1.)과 사용된 권원개념(3.2.)이란 두 가지 점에 주목해서 정리한다. 그런 다음, 재판소는 당사국의 주장을 어떻게 취급해왔는가, 즉 전근대/비유럽 영역지배의 검토와 법적 평가는 이루어졌는가 아닌가를 확인하고, 그러한 취급을 이끈 요인을 앞에 정리한 문맥과의 관련성에 유의하면서 고찰한다(3.3.).

2. 전근대/비유럽 영역지배를 다룬 국제 판례

2.1. 동부 그린란드 사건

이 건에서 전근대/비유럽 영역지배에 관계되는 주장을 한 것은 덴마크이다. 덴마크는, (1) 그린란드 전토에 자국의 주권이 장기에 걸쳐 계속적이고 평온하게 표시되고, 어느 국가로부터도 다툼이 없었다는 점, (2) 노르웨이가 조약 기타의 방법으로 당해 주권을 승인한 점 등 두 가지에 근거해서, 노르웨이에 의한 동부 그린란드의 선점을 부정했다[16]. 이때, (1)에 관해 서안西岸에 10세기에 건설된 두 개의 입식지入植地가 독립국으로서 존재한 후, 13세기에 노르웨이왕의 속국(tributary)이 되었다고 하는 전근대의 경위가[17], 덴마크에 의한 주권의 행사를

---

16) *Legal Status of Eastern Greenland, Judgment, P.C.I.J. Series A/B, No. 53*. p. 44.
17) 양 입식지는 1500년까지 소멸했다. 참고로, 당시 노르웨이왕의 그린란드에 대한 제 권리는 덴마크에 승계되었다. *Ibid.*, p. 27, pp. 30-31.

나타내는 것으로서 원용되었다.

상설국제사법재판소(PCIJ)는, 덴마크의 주권 주장이 특정한 선점행위에 대한 것이 아니고, 팔마스섬 사건 중재판단에서 제시된 '국가권능(State authority)의 평온하고 계속적인 표시에 입각한 권원'에 근거를 두고 있다는 것을 이유로, 덴마크=노르웨이왕이 그린란드에 대해 가지고 있었다고 하는 제 권리의 존부와 범위를 검토해야 한다는 것을 인정했다[18]. 재판소가 언급한 구체적 행위는, 역사가이며 장편서사소설 작가인 Sturla Thordason이 남긴 살인 벌금에 관한 13세기 후반의 약속이다. 그에 의하면, 살인을 범한 그린란드인은, 피해자가 노르웨이인이든 그린란드인이든, 또 행위지가 입식지 내외의 어디인지에 따르지 않고 노르웨이왕에게 벌금을 지불하게 되어 있다. 재판소는, 입식지가 존재하던 시대에 '영역주권에 관한 근대적 제 개념'은 미생성되었다고 하면서도, "근대의 용어가 13세기나 14세기 그린란드에서의 노르웨이왕의 권리나 주장에 적용될 수 있는 한, 당시 이들 권리는 주권과 동등한 것이며, 더구나 양 입식지에 한정되지 않았다"고 결론지었다[19]. 즉 이 건에서는, 1931년 이전에 있어서의 덴마크의 '국가권능의 평온하고 계속적인 표시에 입각한 권원'의 성립을 구성하는 요소로서, 전근대의 영역지배가 고려되었다고 할 수 있다[20]. 다만, 전근대의 규범질서나 개념을 특정해서 내재적으로 영역지배의 의미를 확정하는 것 같은 취급은 하지 않았다.

---

[18] 다만 재판소는 동시에, 먼 과거에 있어서의 주권의 존재를 나타내는 증거가 불충분하다고 해도, 결정적 기일 직전 시기에 유효한 권원이 확립되어 있었던 것이 제시되면 족하다고도 서술하고, 시대를 거슬러 올라간 입증과 판단이 불가결한 것은 아니라는 뜻을 유보하고 있다. *Ibid.,* p. 45.

[19] *Ibid.,* p.27 and p. 46.

[20] Fry & Loja는 이 건을 재판소가 전근대의 영역지배를 고려하지 않은 사례로 본다. 그 근거는, 10세기의 입식지 건설에 관해, 당시는 영역주권이라고 하는 근대적 개념의 탄생 전으로, 입식지의 장도 입식민들도 자기에게 속하는 영역과 그렇지 않은 영역을 구별하고 있었다고는 생각하기 어렵다고 재판소가 말하고 있는 점에서 찾을 수 있고, 판결이 그 직후에, 13세기의 약속을 본문과 같이 취급하는 것에는 언급이 없다. Fry & Loja, *supra* note 12, p. 733.

2.2. 망키에·에크르오 사건

영국 저지(Jersey) 섬과 프랑스 본토 사이에 위치하는 망키에 제도와 에크르오 제도의 귀속이 국제사법재판소(ICJ)에서 다투어진 이 건에서는, 영국과 프랑스가 함께, 전근대 유럽의 사건에 유래하는 고래의 권원(ancient title) 혹은 원시권원(original title)을 주장하고, 그 권원에 입각한 주권을 실효적으로 행사해 온 근거로서[21], 근대적 국가기능(State functions)의 행사[22]와 나란히 전근대의 특허장이나 법령 등을 원용했다.

고래의 권원과 원시권원은 채널 제도 전체에 관계되는 것으로서 주장되었다. 재판소는 영국의 논의를 받아들여, 망키에·에크르오가 채널 제도의 일부로서 대륙부 노르만디로부터 항상 구별되고, 잉글랜드 왕에 귀속해 있었다고 하는 추정의 타당성을 인정하고 있다. 다만, 어디까지나 추정이기 때문에 망키에·에크르오를 특정한 고찰과 판단이 결정적 중요성을 갖는다고 했다[23]. 다른 한편으로, 프랑스왕의 채널 제도에 대한 봉건적 원시권원에 대해서는, 가령 존재했다고 해도, 1204년의 노르만디 회복 및 그 이후의 여러 가지 사건의 결과로서 "실효되었음에 다름없는" 것이며, "치환 시의 법에 따라 별도의 유효한 권원에 의해 치환된 것이 아닌 한, 오늘에 있어서 법적 효과를 발생시킬 수는 없다"고 했다. 프랑스는, 영국이 망키에·에크르오에 대한 주장

---

21) 영국은 고래의 권원과 나란히, 장기에 걸친 계속적 실효적 점유(effective possession) 만으로 확립된 권원에 입각한 귀속도 주장했다. 장기의 실효적 점유는, 전자에서는 권원의 증거로서의 역할, 후자에서는 권원의 원천 내지 부권적(附權的) 사실 그 자체로서의 역할이 주어지고 있다. *The Minquiers and Ecrehos Case (France/United Kingdom), Judgment, I.C.J. Reports 1953.* p. 50.
22) 영국이 국가권능행사로서 원용하고 재판소로부터 관련성을 인정받은 것은 에크르오에서 발생한 범죄를 저지 재판소에서 한 재판, 에크르오와 망키에에서 시행되는 사체검시와 부동산세 징수나 국세조사 등 저지 당국에 의한 지방행정, 에크르오를 명기한 국고지불명령 등 19세기와 20세기에 시행된 여러 행위이다.
23) *Ibid.*, pp. 53-55.

을 입증하지 못하면, 권원은 1204년부터 프랑스에 멈춘 채라고 간주해야 한다고도 주장했지만, 재판소는 1204년 이후에 채널 제도나 노르만디가 영역적 지위의 변천을 거치고 있는 사실을 들어 당해 주장의 타당성을 부정하고, "결정적으로 중요한 것은, 중세의 제반 사실로부터 인출되는 추정이 아니라, 망키에·에크르오의 점유에 직접 관계되는 증거다"라고 했다[24]. 이와 같이, 본 판결에서 특히 잘 알려져 있는 '치환'이나 "중세의 제반사실로부터 인출되는 추정이 아니"라고 한 부분은 프랑스 주장의 평가에서 제시된 것으로, 영국의 고래의 권원은 부정되지 않는다. 즉, 현대 국제재판에서의 영역귀속 판단에서 전근대의 영역지배를 검토하는 의의가 부정되고 있는 것이 아니다.

오히려 재판소는, 에크르오에 대해서는 13, 14세기, 망키에에 대해서는 17세기 봉건제도 하에서의 사실관계를 "망키에·에크르오의 점유에 직접 관계되는 증거"로서 고려하고 있고, 더구나 그때, 당시의 법에 따라 판단을 내리고 있는 점에 주목할 필요가 있다. 예를 들어 에크르오의 경우, 잉글랜드왕으로부터 채널 제도를 봉토로서 부여받은 Piers des Preaux가, 1203년에 에크르오를 자유기증보유(自由寄進保有, frankalmoin)의 형태로 노르만디의 대수도원에 기증寄進했다는 사실과, 14세기 초에 잉글랜드왕의 재산과 세수를 조사하는 절차(*Quo Warranto*)가 취해졌다고 하는 사실이 언급되고, 그들이 에크르오에 대한 잉글랜드왕의 지배를 나타내는지 아닌지에 대해, 『노르만디 대관습법집(*Grand Coutumier de Normandie*)』에 비춘 판단이 이루어졌다[25]. 망키에에 대해서도, 17세기 초에 저지에 있는 노와르몽 방토邦土 장원재판소가, 망키에에서 발견된 난파선 2건의 처리를 한 것의 법적 의의가 전술한 『대관습법집』을 참조해서 확정되었다[26]. 즉 이 건에서는, 전근대

---

24) *Ibid.*, pp. 56-57.
25) *Ibid.*, pp. 60-63.
26) *Ibid.*, pp. 67-69.

의 영역지배에 관계되는 행위나 사실이, 근대 국제법과는 다른 동시대의 규범질서에 비추어 그 의미내용을 평가되는 한편, 재판소에 의한 귀속판단의 구성요소로서 다루어졌다고 할 것이다.

남은 문제는, 전근대를 포함하는 장기에 걸친 영국의 점유가, 잉글랜드의 고래의 권원의 범위 내라고 하는 추정을 확인하기 위해 권원의 증거로서 참조되었는지, 그렇지 않으면, 그 자체가 권원의 원천 내지 부권적附權的 사실로 간주되었는가, 하는 점이다. 본 판결은 일반으로는, 근대 이후의 국가기능의 행사를 부권적 사실로 보아 귀속판단을 내린 사례로 평가되고 있다[27]. 거기에는 많은 경우, 잉글랜드의 고래의 권원이 장기의 실효적 점유에 입각한 권원으로 치환되었다는 이해도 수반되고 있는 것처럼 받아들여진다. 그러나 프랑스와 달리 잉글랜드의 권원에 관해서는, 권원의 '실효'나 '치환'에 대한 언급은 판결 속에서는 한 번도 없었고, 망키에·에크르오가 고래의 권원이 미치는 범위 내에 있는 것을, 전근대에서 근대 이후에 걸친 제반 사실에 의해 확인하고 있다고 하는 이해를, 정면으로부터 부정하는 기술을 판결에서 찾아내는 것은 용이하지 않다. 실제로 ICJ 자신이 1992년의 재판부 판결에서, 장기의 실효적 점유를 권원의 증거로서 참조했다고 하는 해석을 채용하고 있다[28].

2.3. 서부사하라 사건

이 건에서 ICJ는, 유엔총회의 요청에 응해, (1) 19세기말의 스페인에 의한 식민지화 시점에서 서부사하라는 무주지였는지, (2) 무주지가 아

---

27) 일례로서, Malcolm N. Shaw, *International Law*, 9th ed. (Cambridge University Press, 2021). p. 426.

28) *Case concerning the Land, Island and Maritime Frontier Dispute (El Salvador/Honduras: Nicaragua intervening)*, I.C.J. Reports 1992, pp. 564-565, paras. 343-344. 그에 대한 비판적 견해로서, 許淑娟『領域權原論 領域支配の実効性と正当性』(東京大学出版会, 2012년) 245-246쪽.

니었던 경우, 모로코 왕국과 모리타니아 집합체(ensemble mauritanien)가 19세기말에 서부사하라 사이에 갖고 있던 법적 연결이라고 하는 것은 어떠한 것이었는가, 에 대해 권고적 의견을 제시했다[29].

전근대/비유럽의 질서에 관계되는 논의는, (2)를 둘러싼 모로코의 주장에서 볼 수 있다. 첫째로, 서부사하라와 자국의 법적 연계를 주권의 연계라고 하고, 그 근거를, "몇 세기에 걸친 중단도 다툼도 없는 공연公然한 주권의 표시에 기초를 둔 초기억적 점유(possession immémoriale)"에 구하는 데 있어서, 7세기까지 거슬러 올라간 전근대/비유럽의 사실이, 주로 역사서의 기술에 입각하여 점유의 증거로서 원용되었다[30]. 모로코는 자신의 주장을 동부 그린란드 사건에서의 덴마크의 주장과 같은 것으로 간주하고 있었다. 그러나 재판소는, (2)의 검토 서두에서 제시한 식민지화 시의 서부사하라의 지리 및 정치기구상의 특징을 인용하면서[31], "명백하게 서부사하라에 관계되어 있는 실효적인 기능행사(exercise effectif d'autorite)의 증거가 희귀한 것에 비춰보면, 모로코의 주장과 동부 그린란드 사건에서의 덴마크의 주장에 완전한 대응을 찾아내기는 곤란"[32] 하다고 지적하고, 초기억적 점유를 뒷받침하는 권능행사가 모로코에 의해 제시되었다고는 인정하지 않았다.

두 번째는, 19세기말의 서부사하라에 대한 모로코의 권능행사에

---

29) *Sahara occidental, avis consuluatif, C.I.J. Recueil 1975*, pp. 13-14, par. 1. 참고로 재판소는 제1의 자문에 부정적으로 회답했다.
30) *Ibid.*, p. 42, para. 90.
31) 거론된 것은 다음 여러 가지 점이다. ① 대사막의 일부로 강우가 소량이고 불규칙하기 때문에 거의 유목민만이 활용했다. ② 유목민 제 부족은 방목권을 공유하면서, 경작지에 대한 권리를 부족별로 보유(保持)했다. ③ 항구적 우물(水場)은 그것을 개발한 부족의 재산이지만, 이용은 개방되었다. ④ 부족별 매장지가 존재했다. ⑤ 부족 간의 다툼은 진기하지 않았다. ⑥ 유목 루트는 서부사하라 밖에도 전개되었다. ⑦ 제 부족은 모두 무슬림으로, 서부사하라 전체가 '이슬람의 집'이었다. ⑧ 영향력 있는 인물의 모임인 djemaa의 동의 하에 샤이프가 부족을 지배했다. ⑨ 이슬람법과 독자적인 관습법이 부족을 규율했다. ⑩ 부족 간의 종속이나 동맹관계는 충성이나 신종(臣從, vassalite)의 연결로, 영역적이지 않았다. *Ibid.*, pp. 41-42, pars. 87-88.
32) *Ibid.*, p. 43, para. 92.

관한 것이다. 모로코가 주권 표시의 증거라고 한 권능행사의 중심은, 부족장들의 술탄에 대한 충성이라는 전근대/비유럽의 질서에 입각한 제반 행위로 채워져 있었다[33]. 그렇기 때문에 모로코는, 당시의 증거의 평가는, 모로코의 샤리프 국가(Etat cherifien)로서의 특별한 구조를 고려해서 이루어져야 한다고 주장했다. 그에 대해 재판소는 우선, 국가에 일정한 구조를 취하도록 요구하는 국제법 원칙은 없다고 하면서, 영역에 대한 주권이 주장되고 있는 경우에는, 국가의 구조가 주권의 증거로서 원용되는 국가활동(activite etatique)의 표시의 현실성을 판단하기 위한 고려요소가 될 수 있다고 인정했다[34]. 이어서, 19세기말의 샤리프 국가가, 영역의 관념보다도 이슬람이라고 하는 종교적 결속과 제 부족의 술탄에 대한 충성 등에 기반을 둔 특별한 성질의 국가였다는 것을 확인했다. 그런 다음, 전자에 대해서는, 세계 각지에서 종교적 결속이 법적 결속과는 무관계로 존재하고 있는 사실을 지적하고, 주권 주장 판단과의 관련성을 부정했다. 다른 한편으로, 후자에 대해서는, 충성이라는 정치적 결속이 국가의 구성요소가 될 수 있다는 것을 인정하면서도, "이 충성이 주권의 표시로 간주되기에는, 충성이 의심 없이 실효적일 것, 즉, 통치자의 정치적 권능(autorité politique du souverain)을 수락하는 것을 나타내는 행위의 형태를 취할 필요가 있다"고 서술하고[35], 그 관점에서 모로코가 원용한 증거를 정밀하게 조사했다. 결론으로서, 모로코에 의한 과제 증거의 부재나, 샤이프의 활동을 술탄의 권능행사로 간주하는 데 족한 관계성이 입증되지 않았다는 것을 이유로, 모로코의 서부사하라에서의 실효적이고 배타적인 국가활동의 존재가 부정되고, 영역주권의 주장은 부인되었다[36].

결국 이 건에서는, 전근대/비유럽 영역지배 형태가 근대 국제법에

---

33) *Ibid.*, p. 45, para. 99.
34) *Ibid.*, pp. 43-44, para. 94.
35) *Ibid.*, p. 44, para. 95.
36) *Ibid.*, pp. 47-49, paras. 103-107.

입각한 그것과는 다른 것은 인정을 받으면서도, 영역주권의 판단 구조로서는, "중단도 다툼도 없는 주권을 공연하게 행사해온 것에 입각한 초기억적 점유"나, 영역주권의 행사를 나타내는 "실효적이고 배타적인 국가활동"이란, 근대 국제법상의 개념이나 규범을 적용한다고 하는 점에 흔들림이 없었다. 그렇기 때문에, 모로코가 의거한 영역지배의 이질성이라고 하는 논점은 실질적 의의를 갖지 못했다. 다만, 이와 같은 판단이 된 요인으로서, 원래 모로코 자신이 근대 국제법의 적용 속에서의 특수성이나 독자성의 고려를 요구하고 있어, 전근대/비유럽의 규범질서나 개념에 입각한 판단을 주장한 것이 아니라는 점에 유의할 필요가 있다.

2.4. 리비아=차드 사건

리비아와 차드의 국경이 ICJ에서 다투어진 이 건에서는, 패소한 리비아 측이, 이슬람 세계 독자적 '주권' 개념이나 '국가' 개념의 존재라는 전근대/비유럽의 질서에 입각한 주장을 했다. 리비아에 의하면, 분쟁지역에 대한 권원은, 이슬람의 사누시 교단(l'Ordre senoussi)과 충성관계를 갖는 리비아 인민인 현지 주민이 일관되게 보유하고 있던 것이며, 국제적 측면에서는, 현지 주민의 권원과 오스만제국의 권원 간에서 권원의 공유(communauté de titre)가 존재한 후, 당해 권원이 이탈리아를 거쳐 리비아에 계승되었다[37]. 이 주장의 기초에는, 이슬람의 국가 구성 원리의 특질에서, 이슬람 세계가 본래적으로 국경이나 영역주권의 개념과 관계가 있는 것이 아니었다고 간주하는 개념이 있었다[38].

이에 대해 차드는, 리비아와 프랑스가 1955년에 체결한 조약에서 경계는 획정되었다는 입장을 취하는 동시에, 대체적 논의로서, 동 조

---

37) *Differend territorial (Jamahiriya arabe libyenne/Tchad), arret, C.I.J. Recueil 1994*, p. 13, para. 17.
38) Memorial of Libyan Arab Jamahiriya, *Libya/Chad*, Vol. I, 26 August 1991, p. 31, para. 3.14.

약 이전의 제 조약에서 획정된 세력권의 경계가 프랑스의 에펙티비테 (*effectivités. effectivites*, 실효지배)를 통해 국경이 되었다, 혹은, 조약과 무관하게 당해 에펙티비테에 입각한 청구가 가능하다고도 주장했다. 또, 리비아의 주장에 대해서는, (1) 오스만제국은 실효적 지배에 입각해서도, 그 이외의 근거에 입각해서도, 분쟁지에 대한 권원을 보유하고 있었던 것은 아니고, (2) 사누시 교단은 종교적 영향을 주고 있었던 것에 지나지 않고, (3) 오스만제국과 사누시 교단이 각각 권원 원천의 확립에 실패한 것을 공동주권이라는 주장으로 보충할 수는 없는 것이며, 현지주민은 영역에 대한 제반 권리의 보유자였지만, 그러나 국제법상의 영역주권을 보유하는 데 충분할 정도로 조직화되지 않았다고 반론했다[39].

전근대/비유럽의 규범질서 및 영역지배의 관련성을 전면에 내세우는 리비아와 대조적으로, 사누시 교단이나 오스만제국의 지배를 종교적인 것에 지나지 않는다고 해서 거부하고, 식민지 본국이 체결한 조약이야말로 결정적이라고 하는 차드는, 근대 국제법에 충실한 자세를 견지했다고 해도 좋다. 그리고 재판소가 받아들인 것은 이 차드의 논리였다[40]. 즉, 판결에서는 1955년 조약에 전면적으로 의거한 판단이 내려지고, 그 이외의 논의는 각 주장의 구체적 소개를 포함해서 일절 언급되지 않았다[41].

---

39) Oral Proceedings, *Libya/Chad*, CR 1993/23, 29 June 1993, Chad, Professor Shaw, p. 63, para. 4.
40) Burgis는, 식민지 독립으로 성립한 신국가가, 탈식민지화를 가능하게 한 것과 동시에 식민지를 지탱해온 것이기도 한 국제법을 인용해서, 자국의 주장을 전개하지 않을 수 없다고 하는 '탈식민지화의 파라독스'에 주목하고, 이 건은 바로 그에 직면한 차드가, 재판소에 친밀감이 있는 식민자 측의 논법을 이용한 선택을 한 것이며, 그 논의에 재판소가 납득한 것도 놀랄 일은 아니라고 말했다. Michelle L. Burgis, *Boundaries of Discourse in the International Court of Justice: Mapping Arguments in Arab Territorial Disputes* (Martinus Nijhoff Publishers, 2009), p. 139.
41) Libye/Tchad, *supra* note 37, pp. 38-39, paras. 75-76.

2.5. 에리트리아=예멘 사건

이 건은, 홍해에 있는 복수의 섬의 귀속 및 해양경계 획정에 관한 에리트리아와 예멘 간의 중재재판으로, 섬의 귀속은 제1단계 판결에서 다뤄졌다. 홍해의 섬들이 오스만제국에 속해 있었다는 것에 대해 양 당사국에 다툼은 없고, 문제가 된 것은 로잔조약 16조에 의한 오스만의 권원 포기가 가져온 귀결이었다. 그에 관해 예멘이, 6세기에는 존재했다고 하는 Bilad el-Yemen까지 거슬러 올라갈 수 있는, 이맘(Imam)의 '역사적 또는 "고래의 권원"(historic or "ancient title")'의 복귀(reversion)를 주장했기 때문에[42], 아라비아반도의 전근대/비유럽 질서 하에서의 영역지배가, 적어도 두 개의 문맥으로 중재재판정仲裁廷의 검토 대상이 되었다.

첫째는, 복귀의 주장이 성립하는 데 필요한 이맘의 권원의 '연속성'이, 섬들에 대한 오스만의 주권 존재에 의해 상실된 것을 중재재판정이 확인한 후에, 홍해남부에서 장기간 행해져 온 어업자원과 섬들의 양안 공동이용에 어떠한 법적 의의가 있을까를 논한 부분이다[43]. 중재재판정은 우선, 거기에서 볼 수 있는 사회경제적 및 문화적 양식은 "고전적인 이슬람법의 제 관념과 완전히 조화를 이루는" 것이었다고 하고, "유럽 열강 간에서 발전하여 19세기 서양 국제법의 기본요소가 된 '영역주권'의 원칙"과는 관계도 없는 것이었다고 평가했다. 그렇지만 오스만이 19세기 후반에 "이슬람 국제법체계(Islamic system of international law)의 공유적 측면을 버리고" 근대 국제법을 도입하여, 영역주권개념이 대부분의 국가의 기본이 된 이상은, "홍해남부의 상황

---

42) *Territorial Sovereignty and Scope of the Dispute, Award of the Arbitral Tribunal in the First Stage of the Proceedings between Eritrea and Yemen*, 9 October 1998, *R.I.A.A.* Vol. XXII. p. 222, pars. 31-32 and p. 241. para. 116.
43) *Ibid.*, pp. 244-245, paras. 127-131.

도 그 법적 귀결에서 도피할 수는 없었다"고 결론을 내렸다[44].

둘째는, 복귀한다고 주장된 고래의 역사적 권원 자체의 문제점에 언급한 부분이다[45]. 즉 중재재판정은, 이맘의 전통적 지배지가 산악지대로 해안이나 섬을 포함하지 않았다고 하는 지리적 사실에 추가하여, 전근대의 예멘에 영역주권의 개념이 알려지지 않았다는 것을 들어, 이맘의 고래의 역사적 권원의 존재 그 자체를 부정한 것이다. 중재재판정에 따르면, "그와 같은 산간부의 부족적 무슬림 중세사회에, 주권의 권원이라는 근대 서양의 개념을 적용하려고 하는 것은 완전한 시대착오"[46]라는 것이다.

2.6. 카시킬리·세두두섬 사건

이 건은 보츠와나와 나미비아의 국경하천을 둘러싸고 국경선의 위치와 섬의 귀속에 대한 분쟁이 ICJ에 제소된 것이다. 재판소는, 1890년에 영국과 독일이 세력권의 경계를 정한 조약의 해석 적용에 입각하여 판단을 내리면서, 나미비아의 대체적 주장이었던 취득시효(acquisitive prescription)에 대해서도 일정한 논의를 했다. 그때, (1) 1890년 조약 적용에 있어서의 사후의 실행에 해당하는가, (2) 시효의 요건으로서의 점유에 해당하는가, 하는 두 가지 점에서 카프리비의 마스비아족에 의한 장기에 걸친 다툼이 없는 섬의 이용이 재판소의 검토대

---

44) 중재재판정은 이와 같이, 귀속판단에 있어서의 전통적 제도의 관련성을 명확히 부정한 한편으로, 이슬람의 전통 하에 있는 사람들에게 있어 영역주권의 개념은 친숙하지 않은 것 및 판결을 통한 당사국의 협력관계의 재구축과 발전에는 "지역의 법적 전통에 대한 이해"가 불가결하다는 것을 지적하고, 판결에서 인정받은 섬들에 대한 주권에는 전통적 어업제도의 존속이 필연적으로 수반된다고 판시하고, 주문 (vi)에서 예멘에 그 실현을 요구하고 있다. *Ibid*, pp. 329-330, paras. 525-526. Antunes는 이것을, 지역의 법적 전통과 현행 국제법의 골을 메울 가능성을 시사하는 것으로 평가하고 있다. Nuno S. M. Antunes, "The Eritrea-Yemen Arbitration: First Stage — The Law of Title to Territory Reaverred," *International and Comparative Law Quarterly*, Vol. 48 (1999), pp. 385-386.

45) Eritrea/Yemen, *supra* note 42, pp. 247-248, para. 143.

46) *Ibid.*, p.311. para. 446.

상이 되었다.

재판소에 의하면, (1)이 인정되는 데는, 당해 사용이 조약상의 경계에 대한 카프리비(Caprivi) 당국의 신념에 관련되고, 또, 대안의 베추아나란드 당국의 침묵이 조약상의 경계에 대한 이해에 입각한 것일 것이 필요하게 된다. 그러나 이들 요건은 미충족으로 판단되었다. 그 근거의 하나가, 아프리카에서는 경계지역의 주민이 농업이나 방목을 위해 월경하고, 그것이 어느 당국으로부터도 문제시되지 않는 것이 희귀하지 않다고 하는 점이었다[47]. (2)에 관해서는 나미비아가, '간접통치'의 개념에 의거해서, 마스비아족의 사용을 시효의 요건을 충족시키는 "국가기능의 계속적이고 평화적 표시"로 인식하는 주장을 했다[48]. 이에 대해 재판소는, 가령 마스비아족과 카프리비 당국 간에 충성의 관계가 존재하고 있었다 하더라도, 마스비아 구성원이 카프리비 당국을 대신해서 국가의 제반 기능을 행사한 점, 즉 주권자로서(à titre de souverain) 섬을 점유하고 있었던 것은 제시되지 않은 데다, 나미비아에 의한 농업목적 또 계속적인 섬의 이용이, 카프리비에 있어서의 식민지 세력의 확립 전후에 변화 없이 계속했다는 것을 들어, 요건 해당성을 부정했다[49]. 나미비아는 마스비아족의 장 및 조직의 형태나 역할을 상세히 설명했지만, 재판소는 그것에는 언급하지 않았다.

2.7. 카타르=바레인 사건

카타르와 바레인이 카타르반도 서안의 즈바라 및 동 반도와 바레인 섬 사이에 떠있는 몇 개 섬들의 귀속을 ICJ에서 다툰 이 건에서는, 양

---

[47] *Kasikili/Sedudu Island (Botswana/Namibia), Judgment, I.C.J. Reports 1999.* pp. 1094-1095, paras. 73-75.

[48] Memorial of the Republic of Namibia, *Botswana/ Namibia*, Vol. I. 28 February 1997, paras. 218-232.

[49] *Botswana Namibia, supra* note 47, pp. 1105-1106, paras. 98-99.

당사국이 모두 전근대화/비유럽의 질서나 개념을 사용한 주장을 전개했다.

바레인은 우선, 즈바라의 귀속을 둘러싸고 그러한 논의를 펼쳤다. 즉, 1783년부터 1937년까지, 자국이 이 지역에 국제적으로 승인된 완전한 권원을 가지고 있었던 근거가 되는 규범으로서, 「문맥이 허용하는 범위에서의 실효적인 점유를 구하는 규제규범」과 나란히, 「바레인 통치자에 대한 즈바라 주민의 충성행위를 구하는 지역적 규범(la norme régionale qui voulait que les habitants de Zubarah fassent acte d'allégeance au souverain bahréinite)」을 들었던 것이다. 그런 다음, 바레인을 통치하는 샤이프가 즈바라로부터 바레인섬으로 이동한 전후를 통해, 샤이프를 따르는 Naim족에 인솔된 부족연합을 매개로 해서, 바레인의 지배가 즈바라에 미치고 있었다고 주장했다[50]. 하왈 제도의 귀속에 관해서는, 1939년의 영국 결정에 의거한 입론이 인정되지 않을 경우의 대체적 주장으로서, "섬에 있어서의 주권의 권능(sovereign authority)의 행사"나 "섬 주민에 의한 바레인 권원의 승인"을 든 때에, 주민인 Dowasir족과 바레인 통치자 간에 1800년 전후부터 존재했던 충성관계를 중시했다[51]. 이에 대해 카타르는, 서부사하라 사건 권고적 의견을 인용해서, "충성이 주권의 표현으로 간주되기 위해서는, 충성이 실효적일 것, 즉, 통치자의 정치적 권능(political authority)의 수탁을 나타내는 행위의 형태를 취할 필요가 있다"고 반론했다[52].

그런 한편으로, 하왈 제도의 토지의 제 권리와 어업활동을 둘러싼 사건이 바레인의 재판관(Qadi)에 의해 다루어진 것을 권능표시의 증거로 하는, 일견하면 근대 국제법에 충실한 바레인의 주장에는[53], 카

---

50) *Délimitation maritime et questions territoriales entre Qatar et Bahrein, fond, arrêt*, C.IJ. Recueil 2001. pp. 64-65. paras. 73-74.
51) *Ibid.*, p. 71, par. 101; Memorial submitted by the State of Bahrain, *Qatar/Bahrain (Merits)*, Vol. I. 30 September 1996, pp. 156-158. pars. 344-351.
52) Reply of the State of Qatar, *Qatar/Bahrain (Merits)*. 30 May 1999, para. 4.160.
53) Memorial of Bahrain, *supra* note 51. p. 193, pars. 433-434; *Qatar et Bahrein, supra* note 50. p.

타르 측으로부터 전근대/비유럽의 질서나 개념을 사용해서 반론이 이루어졌다. 즉 카타르에 의하면, Qadi는 2명의 무슬림으로부터 제소된 분쟁을 재정裁定하는 것으로, 한 나라의 Qadi가 타국 무슬림끼리의 분쟁을 해결한다든지, 타국에 소재하는 재물을 둘러싼 분쟁을 해결한다든지 하는 것이 보통이기 때문에, 바레인의 주권을 지지하는 증거로는 되지 않는다[54].

이상의 제 논점에 대해, 이 건에서도 재판소는 거의 검토를 하지 않았다. 하왈 제도에 관해서는, 1939년의 영국 결정에 입각한 판단을 내리고, 다른 논점에는 언급하지 않았고, 바레인의 지배자가 즈바라에 직접 권능표시를 하는 입장은 아니었다고 결론지은 것도, 주로 바레인이 영국과 체결한 협정에 비춘 판단이었다. Naim족을 매개로 한 즈바라의 지배라고 하는 주장은, Naim 구성원이 바레인의 장을 대신해서 즈바라에서 주권의 권능을 행사했던 증거가 없는 데다, 그들은 "현지의 영역적 통치자의 관할 하에 있었다(soumis a la jurisdiction du souverain territorial local)"고 하여, 단적으로 부정되었다[55]. 다만 그 평가기준은 제시되지 않았다.

2.8. 카메룬=나이지리아 사건

이 건에서 전근대/비유럽의 질서에 관계되는 주장이 나온 것은 바카시반도의 귀속을 둘러싸고 이다. 즉, 카메룬이 1913년에 체결한 영독 간 조약에 의거한 데 대해, 나이지리아는 古 카라바르의 왕이나 제후(이하, 古 카라바르)가 갖고 있던 원시권원의 승계를 주장했다[56]. 이

---

71. para. 101.
54) Reply of Qatar, *supra* note 52, par. 4.159 and par. 4.186.
55) Qatar et Bahrein, *supra* note 50, p. 67, pars. 83-86. 즈바라의 카타르 귀속이라고 하는 판단에 대해서도, 영국과 오스만제국이 카타르의 지배를 인정했다는 것에 역점이 주어져, 카타르에 의한 구체적 지배의 특정은 중시되지 않았다.
56) *Frontiere terrestre et maritime entre le Cameroun et le Nigeria (Cameroun c. Nigeria; Guinee*

승계가 성립하기 위해서는, 古 카라바르가 1884년에 영국과 「보호조약」을 체결한 후에도, 권원을 계속해서 보유하는 주체가 아니면 안 된다. 즉, 동 조약에서의 '보호'가, 주권국가 간에 설정되는 보호관계(protectrat international)이며, 보호를 주는 측이 주권을 취득하는 '식민지 보호관계(protectrat colonial)'는 아니었다는 것을, 나이지리아가 입증할 필요가 있었다. 그래서 나이지리아는, 조약 체결 시의 古 카라바르가, 고정적 경계에 둘러싸인 유럽형의 국가와는 통치의 형태가 달랐지만, 영역주권과 동등한 실효적 영역지배(effective territorial control)를 갖고 있어, 그와 같은 것으로서 유럽 제국으로부터 인정받고 있었다고 주장했다. 덧붙여서, 19세기 서아프리카의 현지 지배자(local rulers)의 지위를 생각하는 데 있어서는, 현재의 용어나 개념을 무비판적으로 적용하지 않는 것이 중요하며, 당시의 현지 상황은 당시의 법에 따라 판단되지 않으면 안 된다고 했다[57].

이에 대해 ICJ는, 사하라 이남의 아프리카에서 체결된 「보호조약」은, 국가가 아닌 현지 지배자와 체결되고, 보호를 주는 측이 주권을 취득하는 종류의 것이었다고 지적한 다음, 1884년 조약도 그 하나라는 것을 나타내는 많은 요인을 들었다. 즉, 古 카라바르의 중앙권력의 존재를 나타내는 증거가 없는 점, 단순한 보호가 아니라 통치를 하고 있다고 하는 영국의 인식을 나타내는 증거가 있는 점, 보호관계의 경우에 특징적인 회합 등이 행해진 흔적이 없는 점, 영국의 보호국이나 보호령을 열거한 여러 가지 공문서에 古 카라바르가 등장하지 않는 점, 등이다[58]. 주목받는 것은, 이것들이 중앙권력의 증거 부재를 제외하

---

equatoriale (intervenant)), arret, C.I.J. Recueil 2002. p. 400. para. 194.

57) Counter-Memorial of the Federal Republic of Nigeria, Cameroon/Nigeria, Vol. I. 21 May 1999, pp. 87-90, paras 6.16-6.26. 이에 대해 카메룬은, 大카라바르의 국제인격이나 '그 권한 하의 지역'의 범위를 상세히 논하고, 나이지리아의 주장을 잘못이라고 단정지었다. Replique de la Republique du Cameroun, Cameroun/Nigeria, Livre I, 4 avril 2000, pp. 245-275, paras. 5.19-5.111.

58) Cameroun et Nigeria, supra note 56, pp. 404-407, paras. 203-209.

고, 모두 조약 체결 후의 상황에 관계된다고 하는 점이다. 즉 재판소는, 조약 체결 시에 古 카라바르가 어떠한 주체로 간주되고 있었는지를 검토하는 것이 아니라, 체결된 조약이 보호관계를 설정하는 보호조약에 해당되지 않는다는 것을 입증해서, 나이지리아의 원시권원의 주장을 부정했다. 그렇게 함으로써, 식민지화 이전의 아프리카의 영역지배나 규범질서의 형태나, 근대 국제법 하에서의 아프리카 정치 집합체의 평가에 재판소가 관여할 필요는 없게 되었다.

2.9. 리기탄 시파단 사건

세레베스해에 떠있는 리기탄섬과 시파단섬의 귀속을 인도네시아와 말레이시아가 다툰 이 건에서는, 망키에·에크르오 사건과 같이, 양 당사국이 전근대/비유럽의 규범질서에 기원을 둔 원시권원을 주장했다. 즉 인도네시아는 불룬간 왕국, 말레이시아는 스루 왕국에 분쟁 도서가 귀속되어 있었다는 입장을 취했다[59]. 인도네시아는, 술탄이 통치하는 왕국에서의 정치권력이나 영역의 형태 및 정치권력과 영역의 관계성이, 유럽 및 근대 국제법의 것과는 다른 것을 상세히 설명하고[60], 북보르네오를 지배했던 불룬간 술탄은, 그러한 독자의 영역관념에 입각하여 앞바다에 있는 무인 소도를 스스로의 것(property)으로 간주하고 있었다고 주장했다[61]. 다른 한편으로 말레이시아는, 18세기부터 1878년까지 보르네오 연안부와 인접 섬들은 스루 왕국의 속령(dependencies) 내지 영지(dominions)의 일부이며, 그 지배는 바쟈우 라우트 등 현지 주민의 술탄에 대한 충성과, 술탄에 의한 수장의 임명에

---

[59] *Sovereignty over Pulau Ligitan and Pulau Sipadan (Indonesia/Malaysia), Judgment, I.C.J. Reports 2002*, p. 643. paras. 32-33.
[60] Memorial Submitted by the Government of the Republic of Indonesia, *Indonesia Malaysia*, Vol. I, 2 November 1999, pp. 38-44, paras. 4.3-4.19.
[61] Oral Proceedings, *Indonesia/Malaysia*, CR 2002/27, 3 June 2002, Indonesia, M. Pellet, pp. 48-49.

입각한 것이었다는 점, 및 바쟈우족이 분쟁 도서를 이용해왔다는 점을 원시권원의 근거로 들었다[62].

그러나 ICJ에 의한 취급은 망키에·에크르오 사건과는 달랐다. 인도네시아의 경우, 원시권원의 존부의 검토는 전혀 불필요하다고 여겨졌고, 판결문 중에 인도네시아의 입론 내용이 기재되지도 않았다. 그도 그럴 것이 재판소는 불룬간 술탄과 네덜란드가 체결한 복수의 부용계약附庸契約을 검토하고, 분쟁 도서가 그들이 정한 술탄에 속하는 섬들에 포함되지 않았다는 것을 확인함으로써, 네덜란드로부터 인도네시아에 권원이 '승계되었을 가능성' 쪽을 부정했기 때문이다[63]. 또, 말레이시아의 주장은, "바쟈우 라우트와 스루 술탄 간에 존재했다고 하는 충성관계에 말레이시아는 의거하고 있다. 바쟈우 라우트는 북보르네오 연안의 섬들에 거주하고, 두 개의 무인도를 때때로 사용했을 가능성이 있다"고 소개하기는 했지만, "그와 같은 충성관계는 존재했을지도 모르지만, 그러나 그 자체는, 스루 술탄이 이들 두 소도에 영역권원을 주장하였던 것이나, 그 섬들을 스스로의 영지(possessions)에 포함되는 것으로 간주하였다는 것을 증명하기에는 불충분하다. 술탄이 실제로 리기탄과 시파단에 권능을 행사했다고 하는 증거도 없다"고 단적으로 부정되었다[64].

2.10. 페드라 브랑카 사건

싱가포르해협의 동측 입구 부근에 위치하는 페드라 브랑카/풀라우 바투 푸테(이하, 페드라 브랑카), 미들 록스, 사우스 레지의 귀속을 다툰

---

[62] Memorial of Malaysia, *Indonesia/Malaysia*, Vol. I, 2 November 1999, pp. 29-34, paras. 5.1-5.7, pp. 61-65, paras. 6.5-6.8; *Reply of Malaysia, Indonesia/Malaysia*, 2 March 2001, pp. 9-10. paras. 2.5-2.8; *Pulau Ligitan and Pulau Sipadan, supra* note 59, pp. 669-670, paras. 97-98.

[63] *Ibid.*, p. 669, para. 96.

[64] *Ibid.*, p. 675, para. 110.

이 건에서는, 싱가포르가 19세기 중반의 영국에 의한 무주지 선점과 그 권원의 승계를 귀속 근거로 한 것에 대해, 말레이시아가 앞의 리기탄 시파단 사건 때에 이어서 다시 원시권원의 승계를 주장했다[65].

이 건에서 말레이시아가 의거한 것은, 16세기에 성립한 조호르 왕국의 원시권원이었다. 다만, 리기탄 시파단 사건 때와는 달리 이 건에서는, 조호르라는 전근대/비유럽 정치체의 영역지배를, 전근대/비유럽 질서 자체에 입각해서 입증하려고는 하지 않았다. 대신에 사용된 것은, 유럽의 근대주권국가와의 관계나 지리적 특성에 의거한 입증이다[66]. 즉 첫째, 조호르가 16세기에는 유럽으로부터 독립국으로 인정받았다는 점을, "주권을 가진 공국(a sovereign principality)"이라는 그로티우스의 기술이나, 네덜란드 동인도회사와의 계약체결에 의해 제시한다. 다음으로, 1824년의 크로퍼드조약 등의 법문서나 공적행위에서, 조호르를 독립국으로 간주하는 영국의 인식을 명확히 한다. 셋째로, 17세기 중반의 네덜란드에 의한 정크선 나포에 대한 조호르의 항의, 19세기 초반의 영국의 내부 문서, 해역에서 생계를 꾸려온 오란 라우트에 대한 과세 등의 지배에 의해, 조호르가 해협 양측에 펼쳐진 왕국으로서, 해협 내 모든 섬을 그 영역범위(territorial extent)에 두고 있었다는 점 및 해협 내에 무주지는 존재하지 않았다는 점을 확인한다. 마지막으로 페드라 브랑카에 대해 개별적으로 구체적으로 검토하고, 그것이 널리 알려진 섬이며, 조호르에 의해 상황에 따른 주권의 표시가 행해져 있었다는 이유로 무주지의 가능성을 부정한다고 하는 논리다.

이에 대해 싱가포르는, "전통적인 말레이의 '주권' 개념"과 유럽의 영역주권개념과의 상이라고 하는, 전근대/비유럽의 규범질서와 근대 국제법의 대비를 논점으로 한 주장으로 반론했다[67]. 즉, (1) 전통적인 말

---

65) *Sovereignty over Pedra Branca/Pulau Batu Puteh, Middle Rocks and South Ledge (Malaysia/Singapore), Judgment, I.C.J. Reports 2008*, pp. 29-30, paras. 37-42.
66) Memorial of Malaysia, *Malaysia/Singapore*, Vol. I, 25 March 2004, pp. 15-51. paras. 36-103.
67) Counter-Memorial of Singapore, *Malaysia/Singapore*, Vol. I, 25 January 2005, pp. 18-24.

레이의 '주권' 개념은, 영역의 지배가 아닌 주민의 충성에 입각하고 있었다. (2) 말레이시아 자신이 리기탄 시파단 사건에서 같은 주장을 하고 있었다. (3) 말레이시아가 이 건에서 (1)에 언급하지 않는 것은, 무인도인 페드라 브랑카에는 지배자와 충성관계를 맺은 자가 없다고 하는 결론이 도출되기 때문이다. (4) 페드라 브랑카가 조호르의 주권 하에 있었다는 것을 근대 국제법에 따라 제시한다고 하면, 주권자로서 행동할 의도와 국가권능의 행사가 필요하게 되는데, 그것도 행해지지 않고 있다. 따라서 "충성이라고 하는 현지의 문맥 내에서 검토해도, 고전적인 국제법원칙 하에서 검토해도, 말레이시아의 원시권원의 주장은 전혀 성립하지 않는다."[68]

재판소의 판단은 대개 말레이시아의 주장을 따른 것이었다. 우선, 조호르의 '주권국가(sovereign State)'로서의 지위를 인정하고, 19세기 초까지의 그 육해陸海 영지(territorial and maritime domains)가 싱가포르해협 및 해협부의 모든 섬을 포함한다고 하는 일반적 이해의 존재를 확인하고, 이미 알려진 섬인 페드라 브랑카가 조호르의 영지 내에 있었다는 추론의 합리성을 지적한 다음, 조호르가 해협의 섬들에 대해 전체로서 "영역주권의 계속적이고 (타국과의 관계에 있어서) 평온한 표시"의 요건을 갖추고 있다고 하며, 조호르의 페드라 브랑카에 대한 원시권원의 보유保持를 인정했다[69]. '주권국가'였던 증거로서 언급된 것은, 말레이시아가 원용한 그로티우스의 기술뿐이다. 영지의 범위의 일반적 이해에 대해서는, 정크선의 나포, 1824년의 세 건의 서간에 표시된 영국 고관의 인식, 보강증거로 제출된 1834년의 신문기사에서 도출되었다. 주권 표시의 요건을 갖추고 있다고 하는 평가는, 섬이 '미지의 지地'가 아니었다는 것과, 타국의 주장이 존재하지 않았다는 것 등 두

---

paras. 3.4-3.12.
68) *Ibid*, p. 23, para. 3.11.
69) *Pedra Branca/Pulau Batu Puteh, supra* note 65, pp. 33-37, paras. 52-68.

가지 점에 의거해서, 구체적인 국가권능행사를 특정하지 않은 채로 이루어지고 있다. 오란 라우트족에 대한 술탄의 지배는, 원시권원에 입각한 주권행사의 증거로 인정되고, 전통적 말레이의 '주권' 개념이라고 하는 논의 자체의 검토는 다루어지지 않았다. 즉 이 건에서는, 조호르라고 하는 전근대/비유럽 정치체의 영역지배가, 그 존재 및 귀속판단에 대한 관련성을 인정받은 한편으로, 그 영역지배가 기반을 두었을 전근대/비유럽 규범질서의 참조는 없었다.

3. 영역귀속 판단과 전근대/비유럽 영역지배

3.1. 당사국이 전근대/비유럽 영역지배를 원용하는 목적·의도

앞 절의 제 판례는, 영역의 귀속을 둘러싼 재판에서 당사국이 전근대/비유럽 영역지배의 사실이나 규범질서의 독자성을 제기하는 목적 내지 의도라고 하는 것이, 근대 국제법과의 관계에서 적어도 세 개의 유형을 가지는 것을 보여주고 있다. 첫째는, 자국이 의거하는 영역지배의 법적 의의나 법적 효과를, 근대 국제법의 원칙으로 판단되는 것을 배제한다고 하는 목적이다. 예를 들어 리기탄 시파단 사건에서의 인도네시아는, 불룬간 술탄의 원시권원에 대해 이러한 의도를 가진 주장을 펼쳤다. 둘째는, 근대 국제법이 평가의 기준인 것을 전제로, 그 구체적 적용에 있어서 특별한 고려를 행하도록 요청하기 위해, 전근대/비유럽의 질서나 영역지배의 특이성을 주장한다고 하는 것이다. 서부사하라 사건에서 모로코가 한 주장이 이 예에 해당한다.

이상의 두 가지에 대해, 이른바 역의 방향으로 전근대/비유럽의 질서를 논의의 장에 올려놓는 것이 제3의 유형이다. 즉, 상대국이 근대 국제법에 따른 영역주권의 주장을 하고 있는 경우에, 당해 주장에 사용되고 있는 사실이나 요소가 실제로는 전근대/비유럽의 질서에 따른 것이라는 것을 지적하고, 근대 국제법에 입각한 논의를 불성립시키는 것을 의도한다. 카타르=바레인 사건에서 바레인이 하왈섬에 대한 주권행사의 증거로 든 '재판'에 대해, 카타르가 행한 반론이나, 페드라 브랑카 사건에서 싱가포르가 주장한 전통적인 말레이의 '주권' 개념은, 이러한 목적으로 행해졌다고 생각된다.

카메룬=나이지리아 사건에서 나이지리아가 주장한 大 카라바르 원시권원이나, 카타르=바레인 사건에서 즈바라에 관한 바레인의 원시권원의 주장은, 첫째와 둘째 중 어느 것에 해당하는지 판단이 어렵다. 또, 리비아=차드 사건에서 리비아의 주장은, 이슬람 세계에 독자의 주권과 국가개념의 존재를 논하면서도, "현지 주민과 사누시 교단과 오스만 제국의 주권의 공유"를 콘도미니엄 등 근대 국제법에서의 주권의 분할·공유와 동렬에 세우고 있는 부분도 있어[70], 첫째와 둘째의 양방을 의도하고 있다고 말할 수 있을지도 모른다.

3.2. 역사적 권원과 원시권원

다음으로, 앞 절의 제 판례에서 당사국이 전근대/비유럽의 영역지배의 사실이나 규범질서의 독자성이라고 하는 논의를 어떠한 권원과의 관계에서 제시하였는지를 확인해보겠다.

영역권원은 일반적으로, 한 국가가 한 지역에 대해 영역주권을 갖는 근거가 되는 사실(附權的 사실)로 정의된다. 이 정의에서는 각 국가의 영역 모두에 대해, 영역권원이 무엇인가 하는 것이 문제시되는 것처럼도 보인다. 그러나 전통적으로 영역권원개념이 사용해온 것은, 기존 국가에 의해 새로이 취득 혹은 상실되는 영역에 대해서 뿐이다[71]. 전

---

70) Reply submitted by the Great Socialist People's Libyan Arab Jamahiriya. *Libya/Chad* Vol. I. 14 September 1992, pp. 224-225, paras. 7.66-7.68.
71) 근대 국제법의 성립에 있어서 소정의 전제였던 근대'유럽'제국의 영역이나, 신국가의 성립에 필

통적 학설에서 부권적 사실은 할양이나 선점이나 첨부 등 '영역주권의 취득방식'으로 정형화되어 왔다. 그러한 '취득방식' 속에서 장기의 점유를 부권적 사실의 한 요소로 하는 것이 취득시효이다. 취득시효에는, 선행하는 권원에 반하는 대항적 점유에 의한 타국 영역의 취득과, 선행하는 권원의 존부를 확인할 수 없을 정도로 장기에 걸친 점유에 의한 영역주권의 확립이라고 하는 두 개의 유형이 있다고 하며, 후자는 초기억적 점유라는 명칭으로 불리어 왔다[72].

다른 한편으로, 전통적 취득방식을 분쟁해결에 있어서 적용하는 것의 곤란함을 배경으로, 팔마스섬 사건 판결에서 사용된 규칙을 기초로 해서 제 판례에서 인정되게 된 것이, '국가권능의 계속적이고 평온한 표시' 내지 '주권의 표시'에 입각한 영역주권의 취득이다[73]. 여기에서 영역권원은 전통적 개념과는 달라 동태성·상대성·비정형성의 요소를 띠는 것으로 관념되게 된다[74]. 나아가, 어업 사건 판결을 계기로, 국가권능의 계속적 행사와 제 외국의 태도를 고려해서 판단되는 역사적 권원(historic title)[75], 혹은 '제 이익과 제 관계의 복합체'로서의 역사적 응축에 의한 권원[76]이라고 하는 개념도 제시되었다. 주권의 표시에 입각한 권원을 역사적 응축과 연결시키는 견해의 존재나[77], 역사적

요한 국가의 자격요건으로서의 영역은, 영역권원론의 사정 외로 여겨진다. 柳原正治「疆域, 版図, 邦土, そして領域」『国際問題』 624号 (2013년) 1쪽.

72) ee, e.g., D. H. N. Johnson, "Acquisitive Prescription in International Law," *British Year Book of International Law*, Vol. 27 (1950), pp. 334-340; Randall Lesaffer, "Argument from Roman Law in Current International Law: Occupation and Acquisitive Prescription." *European Journal of International Law*, Vol. 16 (2005), pp. 46-49.

73) 許淑娟「領土帰属法理の構造―権原と*effectivités*をめぐる誤解も含めて」『国際問題』 624号 (2013년) 22-26쪽.

74) 許『앞의 책』(주28) 138-141쪽.

75) *See, e.g.*, Judicial Regime of Historic Waters, Including Historic Bays: Study Prepared by the Secretariat, UN Doc. A/CN.4/143. (9 March 1962), p. 13. par. 80, Yefuda Z. Blum. *Historic Titles in International Law* (Martinus Nijhoff, 1965), pp. 99-192.

76) Charles de Visscher, *Theorites et realites en droit international public* (Pedone. 1953), pp. 244-245.

77) 그러한 견해의 개설로서, 許『앞의 책』(주28) 181-185쪽.

권원과 취득시효와의 관계에 대한 복수의 이해[78]가 제시하는 것처럼, 용어에서 개념을 특정하는 때에는 신중함이 요구된다. 어쨌든 이상의 제 개념은, 취득시효를 포함해서 장기의 계속적인 국가권능행사를 부권적 사실 혹은 그 한 요소로 하는 영역취득권원으로 평가할 수 있다. 이 장에서는 이들을 편의적으로 (광의의) 역사적 권원이라고 부른다.

앞 절에서 검토한 판례에서는, 취득시효는 카시킬리·세두두섬 사건에서 나미비아가, 초기억적 점유는 서부사하라 사건에서 모로코가, 주권의 표시에 입각한 권원은 동부 그린란드 사건에서 덴마크, 망키에·에크르오 사건에서 영국[79], 서부사하라 사건에서 모로코가 각각 주장하고, 그러한 제도 안에서 전근대/비유럽 영역지배가 원용되었다.

그런데, 영역권원이 영역취득권원으로서 관념된다고 하는 것은, 국가의 성립시점부터 존재한다고 간주되는 영역이 영역권원론의 사정 외가 되는 것을 의미한다. 그런데 최근 학설에서는[80], 이러한 영역에 대한 원시권원을 논하는 형태로 권원의 개념이 사용되기 시작한 것이 주목된다[81]. 다만 영역취득 장면에서, 취득을 정당화하는 부권적 사

---

[78] 예를 들어, 역사적 권원과 초기억적 점유의 유사성을 긍정하면서, 역사적 권원의 대항적 성질을 부정하는 견해도 있는가 하면, 역사적 권원을 일종의 대항적 권원으로 하는 논자도 있다. 전자와 후자 각각의 예로서, Judicial Regime, *supra* note 75, pp. 11-12, pars. 62-68; Marcelo G. Kohen, "Original Title in the Light of the ICJ Judgment on Sovereignty over Pedra Branca/Pulau Batu Puteh, Middle Rocks and South Ledge," *Journal of the History of International Law*, Vol. 15 (2013). pp. 154-155.

[79] 주21을 참조.

[80] Kohen, *supra* note 78. pp. 151-171: Huh Sookyeon, "Title to Territory in the Post-Colonial Era: Original Title and Terra Nullius in the ICJ Judgments on Cases Concerning Ligitan/Sipadan (2002) and Pedra Branca (2008)." *European Journal of International Law*, Vol. 26 (2015), pp.709-725. 앞 절에서 살펴본 대로, 원시권원의 개념은 이미 망키에·에크르오 사건에서 나타났을 뿐, 학설에서의 본격적 검토는 리기탄 시파단 사건과 페드라 브랑카 사건을 계기로 해서 이루어지게 되었다.

[81] 여기에서의 '원시권원'은 권원의 원시취득과 승계취득의 구별에 있어서 전자와는 다르다. 자세한 내용은, 深町朋子「領域に関する原始権原―領域権原論は何をどこまで扱うのか」『法学セミナー』765号 (2018년) 24-30쪽.

실을 특정하는 것이 종래의 영역권원이었던 것에 대해, 국가의 성립 시점부터 존재한다고 간주되는 영역의 경우, 영역주권의 부권적 사실은 국가의 성립 그 자체로 생각하지 않을 수 없다. 따라서 종래의 영역권원과 유사한 부권적 사실이 원시권원에도 해당하고, 원시권원 성립여하의 판단은 그러한 부권적 사실의 특정에 의거한다고 하는 이해는 [82] 적절하다고는 할 수 없다. 국가성이 인정되면 원시권원도 당연히 존재하는 것이다. 따라서 원시권원을 둘러싼 제1의 문제는 국가성의 존부이며, 그것이 긍정된 경우에는 존재하고 있는 원시권원 확인의 국면이 제2의 문제로서 나타난다고 간주된다. 즉 전근대/비유럽 질서에 있어서의 '"영역"의 귀속을 규율하는 규범'을 특정하고, 그것을 적용해서 귀속을 판단할 필요는 없다고 하는 것이 된다. 또, 주의해야 할 점으로서, 제2의 문제에서 국가권능 행사가 증거가 되는 경우는, 주권의 표시에 입각한 권원을 위시한 (광의의) 역사적 권원의 입증과 비슷하지만, 그러나 역사적 권원에서는 국가권능행사가 영역주권의 원천인 부권적 사실에 해당하는 데 대해, 원시권원의 입증에서 원용되는 국가권능행사에 그와 같은 기능은 없다고 생각된다.

앞 절에서 검토한 판례에서는, 망키에·에크르오 사건에서 프랑스와 영국이, 리비아=차드 사건에서 리비아가[83], 리기탄 시파단 사건에서 말레이시아와 인도네시아 양 당사국이, 페드라 브랑카 사건에서 말레이시아가, 각각 원시권원의 개념을 사용해서 주장을 했다. 망키에·에크르오 사건의 영국은 고래古來의 권원이라고 하는 명칭을 사용하고 있을 뿐, 개념으로서는 원시권원과 동일하다고 간주된다. 에리트리아=예멘 사건의 예멘도, '고래의 권원'이나 '고래의 역사적 권원'을 주

---

82) 예를 들어, 카타르=바레인 사건의 반대의견으로 원시권원 개념을 논한 Torres Bernardez 판사는, 기존 국가에 의한 영역 득상(得喪)의 경우와는 다른, 신국가가 영역에 대한 원시권원을 확립하는 방식이 존재한다고 간주하고 있는 것 같다. Dissenting Opinion of Judge Torres Bernardez, *supra* note 50, pp. 281-282, paras. 59-63.

83) 리비아의 서면에서는, 항변서 중에 "사누시 교단과 오스만제국 간에 공유된 원시권원"이란 표현이 한 곳밖에 보이지 않는다. Reply of Libya, *supra* note 70, p. 244, para. 9.18.

장하고 있다. Fry & Loja는 이것을 초기억적 점유와 동일시하고 있지만[84], 그러나 이 '고래의 권원'에서는 공통인식으로서의 세평(common repute)의 입증이 있으면 좋다고 여겨지고 있으며[85], 세평이라고 하는 것은 부권적 사실에서가 아닌 권원의 존재를 확인하는 증거로 생각되기 때문에, 초기억적 점유가 아닌 원시권원과 비슷하다고 하는 것이 적절할 것이다. 카메룬=나이지리아 사건의 나이지리아는, 전근대/비유럽 정치체의 원시권원을 주장했다고 간주될 뿐, 용어나 개념은 기본적으로 사용되고 있지 않다.

3.3. 재판소의 대응―전근대/비유럽 영역지배의 검토·평가는 이루어질까?

그러면, 이상과 같은 의도·목적과 권원 개념 하에서 행해진 전근대/비유럽 영역지배에 관한 당사국의 주장을 재판소는 어떻게 다루었다고 정리할 수 있을 것인가.

전술한 것처럼 망키에·에크르오 사건 판결의 몇 개의 문장이 널리 알려져 있기도 해서, "재판소는 근대 국제법과 다른 질서나 개념의 원용에 대해 냉담하다"고 하는 인상이 정착되어 있는 것처럼 여겨지기도 한다. 확실히 재판소는, 리기탄 시파단 사건에서 인도네시아가 한 주장에 대해 그랬던 것처럼, 전근대/비유럽 영역지배에 관한 당사국 주장의 존재조차 판결에서 언급하지 않는다고 하는, 비상히 '냉담한' 태도를 취하는 경우가 있다. 또 리비아=차드 사건의 리비아의 주장, 카타르=바레인 사건의 하왈섬에 관한 부분, 페드라 브랑카 사건의 싱가포르의 예처럼, 주장의 존재와 내용을 판결 내에서 간단히 소개하면서도, 앞에서 검토한 다른 증거에 의해 이미 판단이 가능해졌기 때

---

84) Fry & Loja, *supra* note 12, p. 728.
85) *Eritrea/Yemen*, *supra* note 42, p. 239, para. 106.

문에, 전근대/비유럽 영역지배에 관한 논의에 들어갈 필요는 없다고 하는 경우도 있다. 이 경우는, 역사적 논의 자체에 부정적인 평가도 긍정적인 평가도 내리지 않는다고는 해도, 다른 논거 쪽에 집중한다고 하는 논의 방법의 배후에, 근대 국제법과는 이질의 전근대/비유럽 영역지배에 대한 관여를 회피할 의도가 있을 가능성을 부정할 수 없다. 나아가 전근대/비유럽 영역지배에 관계되는 개념이나 사실을 언급한 다음, 그것을 전근대/비유럽의 규범질서에 비추어 검토하지 않고, 근대 국제법의 관점에서 평가를 한 결과, 주요 내용이 부정된 예도 있다. 서부사하라 사건의 모로코 케이스이다[86].

그러나 다른 한편으로, 전근대/비유럽 영역지배가 재판소에 의해 검토되고, 더구나 근대 국제법상의 영역주권으로 이어지는 것으로 평가된 사례가 있는 것도 놓칠 수 없다. 그 사례들은 전근대/비유럽 영역지배를 무엇에 비추어 판단하는가에 따라 두 가지로 구별할 수 있다. 첫째는, 전근대/비유럽의 규정질서를 참조하는 것으로, 망키에·에크르오 사건이 이에 해당한다. 둘째는, 그러한 참조를 특히 하지 않고, 더구나 근대 국제법의 원칙이나 기준을 직접 적용하지는 않고, 전근대/비유럽 영역지배의 존재를 인정하고, 또 근대 국제법상의 영역주권에 접속시킨 것으로, 동부 그린란드 사건과 페드라 브랑카 사건이 해당한다. 거기에서 문제는, 어떠한 요인이 있으면 재판소가 전근대/비유럽 영역지배를 검토하고, 또 그 결과를 근대 국제법상의 영역주권 판단에 포함시켜 나가는가이다.

10건의 판례 중 전근대 유럽을 주제로 한 2건이 모두, 전근대/비유럽 영역지배를 평가하고 영역주권에 접속한 예에 들어간 것은, 유럽인가 비유럽인가 하는 요소가 판단에 영향을 미치고 있을 가능성을 시사한다. 유럽의 전근대 질서와 비유럽의 전근대 질서는 근대 국제법과

---

[86] 다만, 이미 지적한 대로 이 건에서는 원래 모로코 자신이 근대 국제법의 개념이나 룰에 의거해서 논의를 했다.

의 이질성의 정도가 전혀 다른 것은 새롭게 지적할 필요도 없다. "근대의 용어가 13세기나 14세기의 그린란드에서의 노르웨이왕의 권리나 주장에 적용될 수 있는 한 당시, 이들 권리는 주권과 대등한 것"이었다고 하는 판단은, 기본적인 연속성, 즉 "주장에 적용될 수 있는" 것을 전제로 해서 이루어졌다고 파악해야 할 것이다.

또, 망키에·에크르오 사건과 페드라 브랑카 사건을 살펴보면, 전근대/비유럽 영역지배가 영역주권의 판단으로 이어지는 열쇠가 원시권원 개념의 채용에 있을 가능성도 고려할 수 있다. 서부사하라 사건이 보여주는 것처럼, (광의의) 역사적 권원에 의거하는 경우에는, 부권적 사실로서의 근대적인 국가권능 행사의 존재가 구체적으로 요구된다. 이에 대해, 페드라 브랑카 사건에서의 원시권원의 검토에서는, '영역주권의 계속적이고 (타국과의 관계에 있어서) 평온한 표시'를 요건으로 들면서도, 구체적인 국가권능 행사를 특정하지 않고 그 충족이 인정된 것은 이미 지적한 대로다. 나아가, 존재하는 권원 확인의 국면이라고 하는 평가의 귀결로서, 존재의 존부에 대해, 전근대/비유럽 질서에서의 '영역'의 '귀속' 규범을 확정同定 및 적용해서 판단할 필요성이 없어진다고 생각된다.

다만, 페드라 브랑카 사건 판결은, '영역주권의 계속적이고 (타국과의 관계에 있어서) 평온한 표시'의 요건에 대해, 주권 표시에 입각한 권원의 성립을 인정한 팔마스섬 사건이나 동부 그린란드 사건을 참조하면서 논하고 있기 때문에[87], 원시권원에 있어서 주권의 표시가 부권적 사실의 역할을 하고 있는 것처럼도 보인다. 페드라 브랑카 사건 판결을, "19세기 동아시아에 있어서의 영역적 상황의 명확화에 확실한 공헌을 하고, 이 지역에서 영역에 대한 원시권원을 갖고 있던 옛날부터의 국가의 존재를 확인한" 것으로 평가하는 논고가, 무주지 선점과 원시권원을 대비시켜, 후자에서는 전자보다도 "요구되는 에펙티비테

---

[87] *Pedra Branca/Pulau Batu Puteh, supra* note 65. pp. 35-37, paras. 62-67.

(effectivités)의 증거 정도가 낮은" 것이 본 판결에서 제시되었다고 논하고 있는 것도[88], 같은 이해에 바탕을 둔 것이라고 생각된다. 그러나 구체적 국가권능 행사를 전혀 특정하지 않아도 '정도의 문제'로 말할 수 있는지는 의문이다. 한편으로, 판결이 '주권의 표시'를 검토하지 않은 채 원시권원을 인정했다고 적절하게 이해하고 있는 논자로부터는, 그러한 귀속판단이 갖는 '취약성'에 대한 염려도 나타나고 있다[89]. 이와 같이, 원시권원은 개념 자체의 내용에 대해서도, 그 유용성이나 적절성에 대해서도, 아직 논의가 갈리고 있는 상황에 있는 것을 유보해두지 않으면 안 된다.

4. 맺으며

국제재판에 제소된 많은 영역분쟁에서는, 판결문에 나타나 있는 이상으로, 당사국이 전근대/비유럽 영역지배를 자기 주장의 중요한 논점으로 해서 원용하고, 근대 국제법과의 일정한 관계를 조정措定하면서 상세한 논의를 전개해 왔다. 그러한 것들 중, 전근대/비유럽의 질서에 직접 의거해서 전근대/비유럽 영역지배를 논한 것은 대부분의 경우, 재판소에서 관련성을 부정당하거나 혹은 전혀 취급되지 않았다. 그러나 (1) 문제가 된 것이 전근대의 유럽의 영역지배였던 경우와, (2) 비유럽 영역지배에 대해 원시권원의 개념을 사용하고, 또 비유럽의 질서에 입각해서 그 영역지배를 입증하려고 하지 않은 경우에 대해서는, 전근대/비유럽 영역지배의 존재가 인정되고 영역귀속 판단의 근거가 될 수 있는 것이, 판례에 의해 제시되어 있다. (2)에서 원시권원을 입증하는 데 사용된 방법은, 비유럽의 정치체가 '국가'로서 지배하는 '영

---

[88] Kohen, *supra* note 78, pp. 170-171.
[89] Huh, *supra* note 80, pp. 724-725.

지'의 범위에 분쟁지가 들어가 있는 것을, 동시대의 영역인식을 이해할 수 있는 문서 등의 증거에 의해 확인한다는 방법이었다. '영역주권의 계속적이고 (타국과의 관계에 있어서) 평온한 표시'는 그 요건으로서 언급되기는 해도, 구체적 국가권능 행사에 의한 입증을 수반하지는 않았다.

전근대/비유럽 정치체의 원시권원이 인정된 페드라 브랑카 사건과, 인정되지 않은 에리트리아=예멘 사건이나 카메룬=나이지리아 사건을 나눈 것은, 결국 전근대/비유럽 정치체에 '국가성'이 인정되었는가 아닌가에 있었다고 해도 좋다. 이 점에 대해, 재판소가 어떠한 '국가' 개념을 조정措定하고, 어떠한 판단기준과 방법으로 해당성의 판단을 내리고 있다고 간주시킬 것인가를 명확히 하는 것이, 현대의 영역귀속 판단에 있어서의 전근대/비유럽 영역지배의 의의를 확정하는 데 이르기 위한 다음 과제라고 생각한다.

제9장

국제재판에서의 영토주권분쟁의 존재인정

―유엔해양법협약 제7부속서 중재재판소에서의
연안국소송 이용―

다마다 다이 玉田 大

1. 시작하며

이 장에서는 국제재판에서 영토주권분쟁(영유권분쟁[1])의 존재를 인정받는 방법을 명확히 한다. 독도(다케시마)를 예로 들면, 일한 간 영토주권분쟁의 존재에 대해 객관적인(=국제재판소에 의한) 인정을 강제적으로(한국이 반대해도) 얻는 방법이 있다고 하는 것이다. 원래, 독도를 둘러싼 영토주권분쟁이 존재하고 있음(처럼 보임)에도 불구하고 그 인정을 얻을 필요가 있는 것은 무엇 때문일까? 영토주권분쟁을 해결하기 위한 최초이자 최대의 장벽은 영토주권분쟁의 존부를 둘러싸고 의견 대립이 생기는 것이다. 독도의 경우, 일본 정부는 영토주권분쟁의 존재가 '객관적 사실'[2]이라고 주장하고 있다(다만 이것은 일본의 주관적

---

1) 이 장에서는 영토권의 소재를 둘러싼 분쟁을 '영토주권분쟁'(territorial sovereignty dispute) 또는 '주권분쟁'(sovereignty dispute)이라고 부른다.
2) 아사노 다카히로(浅野貴博) 의원의 질문("일한 양국 정부에 의해, 정식으로 다케시마를 둘러 싼 영토문제가 존재한다는 합의는 이루어져 있는가")에 대해, 일본 정부는 다음과 같이 답변

판단이다). 한편, 한국은 "독도에 관해서는 어떠한 분쟁도 존재하지 않기 때문에, 국제재판소에서 독도에 대한 주권을 증명할 어떠한 이유도 없다"(방점은 집필자 다마다가 찍음)고 주장하고 있다[3](이것도 주관적 판단이다). 여기에서 주의해야 할 점은, 한국 정부가 ①영토주권'분쟁'이 존재하지 않는 이상 ②'분쟁'해결절차(외교 교섭이나 ICJ 제소를 포함한다)를 이용할 이유가 없다고 하는 2단계의 주장을 전개하고 있는 것이다. 실제로 일본 정부는 국제사법재판소(ICJ)에 대한 공동제소를 3회 제안해왔지만[4], 한국 정부는 영토주권 분쟁의 부존재를 이유로 해서 이것을 거부하고 있다[5]. 이와 같이 '분쟁'해결절차(교섭 등을 포함한다)의 이용을 모색할 때 최초에 극복하지 않으면 안 되는 것이 영토주권분쟁의 존재를 부정하는 주장(상기 ①)이다. 즉, 상대국이 '분쟁'의 존재를 인정하지 않는 한 '분쟁'해결절차를 이용할 기회가 없는 것

하고 있다. "정부로서는, 다케시마에 관해 대한민국과의 사이에 해결해야 할 영유권 문제가 존재하는 것은 객관적 사실이라고 생각한다"(방점은 다마다). 「중의원 의원 아사노 다카히로 제출 우리 국민이 한국의 법적 절차에 따라 다케시마를 방문하는 것에 대한 외무성의 견해에 관한 재질문에 대한 답변서」(2011년 8월 23일, 내각 총리대신 간 나오토 菅直人) at http://www.shugiin.go.jp/internet/itdb_shitsumon_pdf_t.nsf/html/shitsumon/pdfT/b177395.pdf/$File/b177395.pdf

3) 「독도에 관한 한국 정부의 입장」 at http://overseas.mofa.go.kr/jp-sendai-ja/brd/m_623/view.do?seq=683039&srchFr=&srchTo=&srchWord=&srchTp=&multi_jtm_seq=0&itm_seq_1=0&itm_seq_2=0&company_cd=&company_nm=&page=24 마찬가지로 한국 정부는 다음과 같이 주장한다. "독도는 역사적, 지리적, 국제법적으로 명백한 우리 고유의 영토입니다. 독도에 대한 영유권 분쟁은 존재하지 않으며, 독도는 외교 교섭이나 사법적 해결의 대상이 될 수 없습니다."(방점은 다마다) 「독도에 대한 (대한민국) 정부의 기본 입장」 at http://dokdo.mofa.go.kr/jp/dokdo/government_position.jsp

4) 외무성 「국제사법재판소에 대한 부탁(付託) 제안」. at https://www.mofa.go.jp/mofaj/area/takeshima/g_teiso.html 지금까지의 제소 제안은 모두 특별 합의의 체결에 의한 공동 제소 제안이다.

5) 1954년 9월 12일자 구상서에 의해 일본이 ICJ에 제소를 제안했을 때, 한국은 10월 28일자 각서에서 이것을 거부하고 다음과 같이 말하고 있다. "분쟁을 국제사법재판소에 부탁하려고 하는 일본 정부의 제안은 사법적인 가장으로서 허위의 주장을 하고 있는 하나의 기도에 불과하다. 한국은 독도에 대해 처음부터 영토권을 갖고 있으며, 그 권리에 대한 확인을 국제사법재판소에 구하려고 하는 것의 이유를 인정할 수 없다. 어떠한 분쟁도 있을 수 없음에도 불구하고, 유사적 영토분쟁을 조작하고 있는 것은 일본이다."(방점은 다마다) 아시다 겐타로(芦田健太郎) 『섬의 영유와 경제수역의 경계 획정』(有信堂高文社, 1999년) 237-238쪽.

이다[6]. 역으로 말하면, 가령 독도에 관한 영토주권분쟁의 존재가 객관적이고 또 강제적으로 인정되면, 한국은 "독도(다케시마)에 관한 영토주권분쟁이 존재하지 않는다"고 주장할 근거가 없어지기 때문에(상기 ①), '분쟁'해결절차(교섭이나 ICJ 제소)의 이용을 거부할 근거가 없어진다(상기 ②). 이 장의 공헌은 이 점에 있다. 결론을 먼저 내려보면, 유엔해양법협약(the United Nations Convention on the Law of the Sea. 이하 UNCLOS) 제7부속서 중재재판소에서 규정한 '연안국소송'(coastal State litigation)을 이용함으로써 영토주권분쟁의 존재를 인정받는 것이 가능하다.

2. 국제법상의 분쟁 발생기준

2.1. '분쟁'의 정의

한국은 독도에 관한 "분쟁이 존재하지 않는다"고 주장하고 있지만, 원래 이와 같은 주장은 인정될 수 있을까? 국제법상의 '분쟁' 개념에 관해서는 상설국제사법재판소(PCIJ) 이래 많은 국제판례가 축적되어 있으며, 오늘날 '판례법'(case law)이 확립되어 있다[7]. 그 근간 부분은 마브로마티스 특허 사건(1924년)에서 PCIJ가 제시한 다음 규칙定式이다.

---

[6] 사카모토 시게키(坂本茂樹)는 다음과 같이 말한다. "다케시마분쟁은 존재하지 않는다는 입장인 한국이 분쟁을 [ICJ에] 제소하기 위한 특별합의를 체결할 가능성은 거의 없다고 말하지 않을 수 없다". 坂本茂樹「해양경계 획정과 영토분쟁—다케시마와 센카쿠 제도(尖閣諸島)의 그늘」『국제문제』565호(2007년) 25쪽. 더구나, 응소관할을 기대한 일방적 제소라는 선택지는 있지만, 한국이 응소할 가능성은 거의 없다. 玉田大「다케시마분쟁은 국제사법재판소에 가져갈 수 없나?」 모리카와 고이치(森川幸一) 외 편『국제법으로 세계를 알 수 있다』(岩波書店, 2016년) 245-253쪽 참조.

[7] 핵군축교섭의무 사건 판결(2016년)에서 ICJ는 '재판소가 확립한 판례법'(the established case law of the Court)으로 표현하고 있다. *Obligations concerning Negotiations Relating to Cessation of the Nuclear Disarmament (Mashall Islands v. United Kingdom)*, Preliminary Objections, Judgement of 5 October 2016, *I.C.J. Reports 2016*, p. 849, para. 37.

"분쟁은 법 또는 사실의 문제에 대한 불일치, 법적 견해 또는 이익의 대립이다"(a dispute is a disagreement on a point of law or fact, a conflict of legal views or of interests)[8]. 이 규칙定式은 '분쟁' 개념에 관해 매우 넓은 정의를 사용하고 있어 많은 비판을 받아왔지만, 오늘날에도 ICJ 판례에서 답습되고 있다[9]. 이와 같이, '분쟁' 발생기준은 매우 낮게 설정되어 있어 영토주권의 소재를 둘러싼 양국 간의 견해 대립이 존재하면 영토주권'분쟁'이 존재하게 된다.

2.2. 분쟁 부정기준

다만, 상기와 같이 광범한 '분쟁' 정의를 사용한 경우, A국이 B국에 대해 전혀 근거 없는 주장을 제기하고, B국이 이것을 부정한 경우에도 '분쟁'이 생길 우려가 있다. 예를 들어, (가공의 예로서) 일본 정부가 미국 전토에 대해 영토주권을 주장하고, 미국이 이것을 부정한 경우, 양국 간에 영토주권 '분쟁'이 발생하게 된다. 이런 극단적 주장을 배제하기 위해 '근거 없는 주장'(mere assertion)이기 때문에 분쟁은 발생하지 않는다고 생각해왔다[10]. 한국 정부의 상세한 입장은 확실하지 않을 뿐, 일본 정부의 견해(다케시마에 대한 영토주권 주장)가 '근거 없는 주장'에 지나지 않아, 그 때문에 양국 간에 '분쟁'이 존재하지 않는다는 주장을 전개하고 있는 것이라고 해석된다. 그래서 이하, 국제판례상의 '근거 없는 주장' 개념에 대해 검토해보자.

---

[8] *Mavrommatis Palestine Concession (Greece v. the United Kingdom)*, Judgement of 30 August 1924, *P.C.I.J. Series A, No.2*, p. 11.

[9] 재판법상의 '분쟁'의 정의에 대해서는 이하를 참조. 다마다 다이(玉田大) 「'분쟁'의 존재―핵군축교섭의무 사건(마샬제도 대 영국)」 모리카와 고이치(森川幸一) 외 편 『국제법 판례100선[제3판]』(有斐閣, 2021년) 188-189쪽.

[10] 고테라 아키라(小寺彰) 「영토문제 처리 서둘지 마」 일본경제신문 (RIETI 웹사이드에 전재) at https://www.rieti.go.jp/jp/papers/contribution/kotera/09.html

2.2.1. 남서아프리카 사건(1962년)

　남서아프리카 사건(선결적 항변판결 1962년)에서 ICJ는 다음과 같이 말하고 있다. "[분쟁이 존재하기 위해서는] 소송 사건의 일방 당사국이 타방 국가와의 사이에 분쟁이 있다고 주장하는(assert) 것만으로는 충분하지 않다. 분쟁의 존재를 단순히 부정해도(a mere denial) 분쟁의 부존재를 증명하는 것이 되지 않는 것과 마찬가지로, 분쟁의 존재를 증명하기 위해서는, 근거 없는 주장(a mere assertion)으로는 충분하지 않다."(방점은 다마다)[11] 이와 같이 '분쟁'이 존재하기 위해서는, 일방 당사국의 주장이 '근거 없는 주장'(mere assertion)이 아닌, 일정 정도의 설득력이나 주장 근거를 갖고 있을 것이 요구된다. 그래서 다음에 문제가 되는 것이 '근거 없는 주장'인지 아닌지를 결정하기 위한 기준이다.

2.2.2. 연안국권리 사건(2020년)

　연안국권리 사건(UNCLOS 제7부속서 중재재판소, 2020년[12])은 크리미아반도의 영토주권 다툼을 배경으로 하는 것이지만, 유념해야 할 점은 소송당사국의 주장 내용이다. 한편으로, 원고국 우크라이나 측은, 크리미아가 자국 영토인 것은 명확하며, 이 점에서 양국 간에 주권 '분쟁'은 존재하지 않는다고 주장했다[13]. 그 골자는, 러시아는 전혀 근거 없는 주장(assertion)을 하고 있어 '분쟁'이 발생하지 않는다고 하

---

[11] *South West Africa Cases (Ethiopia v. South Africa; Liberia v. South Africa)*, Preliminary Objections, Judgment, *I.C.J. Reports* 1962, p. 319, p. 328.

[12] *Dispute concerning Coastal State Rights in the Black Sea, Sea of Azov, and Kerch Strait(Ukraine v. The Russian Federation)*, PCA Case No. 2017-06, in the matter of an Arbitration before an Arbitral Tribunal Constituted under Annex VII to the 1982 United Nations Convention on the Law of the Sea, Award concerning the Preliminary Objections of the Russian Federation, 21 February 2020, at https://pca-cpa.org/en/cases/149/

[13] 이 건에서 우크라이나는 "[크리미아에 대한] 러시아의 주권 주장은 개연성을 갖지 않는다(implausible)"고 주장하고 있다. *Ibid.*, para. 183.

는 것이다. 이에 대해 피고국 러시아는, 크리미아에 관한 주권 '분쟁'이 존재하고 있다는 점에서, 중재재판소는 관할권을 갖지 않는다고 주장했다. 중재재판소는, 러시아의 주권 주장에 개연성이 없다(implausible)고 하는 우크라이나의 주장을 받아들이지 않으면서[14], 주권분쟁의 인정기준에 대해 다음과 같이 말한다. "국제판례가 판시한 바로는, 분쟁존재의 입증을 위한 문턱은 매우 낮다. 확실히 근거 없는 주장(a mere assertion)으로는 분쟁존재를 증명하기에는 불충분할 것이다. 그렇다고 하더라도 분쟁존재를 인정하기 위해, 주장(assertion)의 타당성이나 강도(validity or strength)가 개연성 기타 기준에 따르는 것은 아니다."[15] 이상과 같이 중재재판소는, 일방 당사국의 '근거 없는 주장'으로부터 '분쟁'이 발생하지 않는다는 것을 확인하면서, 분쟁을 발생시키는 기준으로서 개연성까지는 요구되지 않는다고 판단하고 있다. 그런 후에, 아래와 같이 크리미아에 관한 주권'분쟁'이 양국 간에 존재한다고 결론짓고 있다. "러시아의 청구가 근거 없는 주장(a mere assertion) 혹은 본 재판소의 관할권을 부정하기 위해서만 창조된 (fabricated) 주장이라고는 생각하지 않는다. 2014년 3월 이래, 양 당사국은 크리미아의 지위에 대해 대립하는 견해(opposite views)를 갖고 있으며, 이 상황은 오늘도 이어지고 있다. 이 건 소송절차에 있어서, 또 절차 외에 있어서도, 유엔총회에서의 토의와 같은 다양한 국제포럼을 포함하여 양 당사국은 주권에 관한 논쟁(controversy)에 가담해 왔다. 중재재판소가 추가적인 요소[피고 측의 인식요건[16]]를 가미했다고 해도 크리미아에 대한 주권분쟁의 존재에 관한 중재재판소의 인정(finding)은 바뀌지 않을

---

14) *Ibid.*, para. 187.
15) *Ibid.*, para. 188.
16) 핵군축교섭의무 사건에서 ICJ는, 분쟁 발생요건으로서 피고 측에 분쟁존재의 '인식'을 구하고 있다. 국제사법재판소판례연구회 「핵 군비경쟁의 정지와 핵 군비의 축소에 관한 교섭의무 사건 (마샬제도 대 영국) (선결적 항변판결·2016년 10월 5일)」, 『국제법외교잡지』 제116권 2호(2017년) 97-114쪽.

것이다."[17] 이와 같이, 크리미아의 영토귀속에 관해서는 유엔총회 결의에 의해 크리미아의 주권이 우크라이나에 있는 것이 확인되어 있었음에도 불구하고, 중재재판소는 여전히 크리미아의 영토주권에 관해 양국 간에 대립하는 견해(opposite view)가 있는 것을 이유로 해서 '분쟁'의 존재를 인정하고 있다.

2.2.3. 인도양 해양경계획정 사건(2021년)

인도양 해양경계획정 사건(ITLOS 특별법정, 2021년[18])에서는 상기 연안국권리 사건과는 역으로 영토주권'분쟁'의 존재가 부정되었다. 이 건은 모리셔스와 몰디브 간의 해양경계획정 사건인데, 선결적 항변단계의 숨은 쟁점은 경계획정의 전제가 되는 기선基線이 어디에 있는가 (즉, 차고스 제도의 영토주권이 모리셔스와 영국의 어디에 귀속하는지) 하는 문제였다. 이 건과의 관계에서는 다음 두 개의 판단이 중요하다. 첫째, 차고스 제도의 해양보호구역(Marine Protected Area; MPA) 사건 (UNCLOS 제7부속서 중재재판소, 2015년 판결[19])에서 중재재판소는, 모리셔스와 영국 간에 영토주권분쟁이 존재한다는 것을 인정한 뒤에, 어느 나라가 '연안국'인가를 결정하는 관할권을 갖지 않는다고 판단했다(후술). 둘째, 차고스 제도 분리의 법적 귀결 사건(권고적 의견, 2019년)에서 ICJ는, 차고스 제도가 모리셔스로부터 분리되는 것이 모리셔스의 자결권을 침해한다고 판단하고, 영국은 차고스 제도에 대한 통

---

17) Award of 21 February 2020, *supra* note 12, para. 189.

18) *Delimitation of the Maritime Boundary between Mauritius and Maldives in the Indian Ocean (Mauritius/Maldives)*, Preliminary Objections, Judgment of 28 January 2021, at https://www.itlos.org/en/main/cases/list-of-cases/dispute-concerning-delimitation-of-the-maritime.boundary-between-mauritius-and-maldives-in-the-indian-ocean-mauritius/maldives-2/

19) PCA Case No. 2011-03, in the Matter of the Chagos Marine Protected Area Arbitration before an Arbitral Tribunal Constituted under Annex VII of the United Nations Convention on the Law of the Sea between the Republic of Mauritius and the United Kingdom of Great Britain and Northern Ireland, Award of 18 March 2015, at https://pca-cpa.org/en/cases/11/

치施政를 가급적 빨리 종료시킬 의무를 갖는다고 결론지었다.[20]

이 건(인도양 해양경계획정 사건)에서 몰디브는 선결적 항변을 제기하고, 영국과 모리셔스 간에 차고스 제도에 관한 영토주권분쟁이 존재하고 있기 때문에, ITLOS 특별법정은 관할권을 갖지 않는다고 주장했다(貨幣用金규칙의 적용). 한편, 모리셔스는, ICJ의 권고적 의견(2019년)에 의해 영국과 동국 간의 '분쟁'은 이제 존재하지 않는다고 반론했다. 이 점에 관해 특별법정은, ICJ의 권고적 의견이 법적 구속력을 갖지 않는 것을 확인하면서, 동 의견이 모리셔스의 주권 주장에 대해 '중대한 함의'(considerable implications)를 갖고 있어, 차고스 제도에 대한 모리셔스의 주권을 "시사하는 것으로 해석할 수 있다"고 한다.[21] 그런 후에 영국과 모리셔스 간의 '분쟁'에 대해 다음과 같이 말한다. "모리셔스가 주장하는 것처럼, 차고스 제도가 모리셔스 영토의 일부라고 하는 것을 ICJ가 일단 결정한 경우, 더구나 영국이 차고스 제도에 대한 주권을 주장해도, '근거 없는 주장'(a mere assertion)을 넘는 것이라고는 해석할 수 없다. 그런데, 그와 같은 주장(such assertion)은 분쟁의 존재를 증명하는 것은 아니다."(방점은 다마다)[22] 이상과 같이, 차고스 제도의 주권 소재를 시사하는 ICJ의 판단(권고적 의견)이 제시되어 있는 이상, 차고스 제도에 대한 영국의 영토주권 주장은 '근거 없는 주장'(a mere assertion)에 지나지 않아, 양국 간에 영토주권'분쟁'이 발생하고 있지 않기 때문에, "모리셔스를 차고스 제도에 관한 연안국(the coastal State)이라고 간주할 수 있다"고 결론짓고 있다.[23]

이상의 판례로부터 아래와 같은 점을 지적할 수 있다. 첫째, 판례상의 '분쟁'의 정의에 의하면 양국의 견해가 대립하고 있으면 바로 '분

---

[20] *Legal Consequences of the Separation of the Chagos Archipelago from Mauritius in 1965.* Advisory Opinion of 25 February 2019, *I.C.J. Reports 2019*, p. 140, para. 183.
[21] Judgment of 28 January 2021, *supra* note 18, para. 174.
[22] *Ibid.*, para. 243.
[23] *Ibid.*, para. 249.

쟁'이 발생한다고 해석된다. 다만, '분쟁' 발생에는 각각의 주장에 일정한 타당성이나 강도(validity or strength)가 요구된다(주장 내용의 개연성(plausibility)까지는 요구되지 않는다). 둘째, 일방 당사국의 주장이 '근거 없는 주장'(mere assertion)인 경우 '분쟁'은 발생하지 않는다. '근거 없는 주장'인지 아닌지의 판별기준에는 아래 두 가지가 있다. ①유엔총회 결의에 의해 일방의 영토주권 주장이 부정되는 경우라 하더라도, 재판절차 내외의 국제포럼에서 '논쟁'(controversy)이 있고, 여기에 당사국이 참가하고 있는 경우에는, 일방의 주장은 '근거 없는 주장'이 되지 않고 '분쟁'이 발생한다(연안국권리 사건)[24]. 역으로, ②ICJ의 판단(판결이 아닌 권고적 의견이라도 좋다)에 의해 일방 국가의 영토주권 주장이 부정되고 있는 경우, 당해 주장은 '근거 없는 주장'으로 간주되어 '분쟁' 발생은 인정되지 않는다(인도양 해양경계획정 사건). 이와 같이 '근거 없는 주장' 개념은 매우 제한적으로 받아들여지고 있어 '분쟁' 발생이 부정되는 것은 예외적 상황에 한정되어 있다. 독도의 예로 말하면, 일본 정부에 의한 다케시마 영토주권의 주장은 '사법기관'의 '유권적 결정'에 의해 부정되지 않고, '근거 없는 주장'으로 간주될 가능성은 없다. 따라서 "분쟁이 존재하지 않는다"고 하는 한국 정부의 주장은 인정될 수 없다. 그래서 다음에 제기해야 할 문제는 (일방의 국가가 분쟁의 존재를 부정하고 있는 경우에) 어떻게 해서 분쟁의 존재를 인정시킬 것인가 하는 점이다.

---

[24] 유엔총회 결의로 부정되어 있는 주장이라 하더라도 '근거 없는 주장'으로 간주되지 않는 점에 대해, ITLOS 특별법정은 다음과 같이 설명한다. 즉, "크리미아에 대한 주권 주장에 관한 주요 문제에 대해, 제7부속서 중재재판소는 사법기관(a judical body)에 의한 사전의 유권적 결정(prior authoritative determination)을 향유하고 있지 않았다." *Ibid.*, para. 244. 바꾸어 말하면, 총회 결의는 '사법기관'에 의한 '유권적 결정'이 아니기 때문에, 당해 결의로 부정된 주장이라도 '단순한 주장'으로 간주되지는 않게 되는 것이다.

3. UNCLOS 연안국소송

3.1. 제7부속서 중재재판소의 특징

국제재판에서 영토주권분쟁의 존재를 인정받는 방법이란, 구체적으로는 UNCLOS 제7부속서 중재재판소에서 연안국소송(coastal State litigation)을 제기하는 것이다. 우선은 동 재판소의 절차적 특징을 확인해두자[25].

첫째, 제7부속서 중재재판소의 관할권은 (UNCLOS 체약국 간이면) 강제적으로 설정하는 것이 가능하다. UNCLOS에서는, 체약국이 지정된 분쟁해결절차를 사전에 선택해 두고(287조), 분쟁 당사국 간에서 선택 내용이 합치되면, 당해 재판소에 대한 분쟁 제소가 가능하다(287조4항). 한편, 선택이 합치하지 않는 경우에는 제7부속서 중재재판소에 대한 제소가 인정된다(287조5항). 그 결과, 제7부속서 중재재판소가 사실상의 강제관할권을 갖는다. 일한 양국은 어느 국가도 절차선택(287조)을 행하고 있지 않기 때문에[26], 제7부속서 중재재판소의 관할권이 자동적으로 설정된다. 둘째, ICJ 판결과 같이 UNCLOS 제7부속서 중재재판소의 판결도 법적 구속력을 갖는다[27]. 더구나 최근 판결 불이행 사안이 발생하고 있지만, (예를 들어, 아크틱 선라이즈호 사건의 러시아, 남중국해 사건의 중국), 법적으로는 판결불이행(權限踰越의

---

[25] 졸고 참조. Dai Tamada, "UNCLOS Dispute Settlement Mechanism: Contribution to the Integrity of UNCLOS." *Japanese Yearbook of International Law*, vol.61 (2018), pp. 132-166.
[26] 개별 체약국에 의한 절차 선택(287조)에 대해서는 ITLOS 웹사이트를 참조. at https://www.itlos.org/en/main/jurisdiction/declarations-of-states-parties/declarations-made-by-states-parties-under-article-287/
[27] UNCLOS 296조1항은 다음과 같이 규정한다. "이 절의 규정에 입각하여 관할권을 갖는 재판소가 행하는 재판은 최종적인 것으로 하고, 모든 분쟁 당사자는 이에 따른다." 동 2항은 다음과 같은 규정이다. "1항의 재판은, 분쟁당사자 간에 있어서, 또, 당해 분쟁에 관해서만 구속력을 갖는다." 참고로, ICJ 판결의 경우에는 판결 불이행에 대한 강제집행절차(유엔헌장 94조2항)가 존재하지만 UNCLOS에는 여기에 상당하는 절차가 존재하지 않는다.

주장. 권한유월 ultra vires. excess of authority or competence)은 인정되지 않는다[28].

3.2. 연안국소송의 구조

제7부속서 중재재판소의 물적관할권(사항관할권, jurisdiction *ratione materiae*)은 "이 조약[UNCLOS]의 해석 또는 적용에 관한 분쟁"에 한정되어 있다(UNCLOS 288조1항). 또, UNCLOS는 영토주권 그 자체에 대해 규정을 두고 있지 않고[29], 용어의 정의도 규정하고 있지 않다[30]. 따라서, 제7부속서 중재재판소는 영토주권분쟁 그 자체에 대한 물적관할권을 갖지 않는다. 그럼에도 불구하고, UNCLOS 분쟁해결절차(ITLOS 및 제7부속서 중재재판소)가 영토주권분쟁에 관한 물적관할권을 갖는다고 하는 설은 강하게 볼 수 있다. 그 근거로서 UNCLOS 298조1항 (a)(ⅰ)의 반대해석이나 UNCLOS 재판소의 묵시적 권한(implied power)을 들 수 있다[31]. 다만, 이들 설은 영토주권분쟁 그 자

---

[28] 남중국해 사건에서의 중국의 판결이행 거부에 대해서는 이하를 참조. Tamada, *supra* note 25, pp. 163-164.

[29] Robert W. Smith and Bradford I. Thomas, "Island Disputes and the Law of the Sex: An Examination of Sovereignty and Delimitation Dispute," Maritime Briefing. vol. 2, no. 4 (1998), p. 16; Geraldine Giraudeau, "A Slight Revenge and a Growing Hope for Mauritius and the Chagossians The UNCLOS Arbitral Tribunal's Award of 18 March 2015 on Chagos Marine Protected Area (Mauritius v. United Kingdom)" Brazilian Journal of International Law, vol. 12. no.2 (2015), p.717. 참고로, UNCLOS에서는 영토·내수·영해에서의 '연안국 주권'(the sovereignty of a coastal State)이 인정되고 있지만(2조), 모두 정의는 규정되어 있지 않다.

[30] UNCLOS 298조1항 (a)(ⅰ)은 '대륙 또는 섬의 영토에 대한 주권 그 밖의 권리'(sovereignty or other rights over continental or insular land territory)에 관한 미해결 분쟁을 제5부속서의 강제조정 대상에서 제외하고 있으며, 간접적으로 영토주권에 언급하고 있다. 다만, 영토주권의 정의나 결정방법에 대해서는 정해져있지 않다.

[31] Irina Buga. "Territorial Sovereignty Issues in Maritime Disputes: A Jurisdictional Dilemma for Law of the Sea Tribunal," *The International Journal of Marine and Coastal Law*, vol. 27 (2012) pp. 77-79. 그 밖의 근거를 포함하여, 널리 非 UNCLOS 분쟁에 대한 '보충적관할권'(supplemental jurisdiction)을 논하는 것으로서 이하를 참조. Peter Tzeng. "Supplemental Jurisdiction under UNCLOS," *Houston Journal of International Law*, vol. 38, no. 2 (2016), pp. 499-576.

체에 관한 물적관할권을 인정하는 것이 아니고, 어디까지나 '혼합분쟁'(mixed dispute)[32]에 관한 물적관할권을 인정하는 데 그친다[33]. 혼합분쟁에 관한 소송의 하나가 연안국소송이다.

'영토주권'(territorial sovereignty)에 유사한 개념으로서 UNCLOS는 '연안국'(coastal State)이라는 용어를 사용하고 있으며, 연안기선에서 생기는 해역(영해, 접속수역, EEZ, 대륙붕)에서의 권리는 모두 '연안국'의 권리로 설정되어 있다. 그래서 '연안국'을 둘러싼 분쟁을 UNCLOS 분쟁으로서 제기하는 '연안국'소송이 시도되고 있다. 구체적으로는, ①'연안국' 자체의 결정을 구하는 것, ②'연안국'으로서의 권리의 확인을 구하는 것, 혹은, ③상대국에 의한 '연안국'권리의 침해를 신청하는 것이다. 연안국소송은 UNCLOS 상의 '연안국'을 결정하는 측면(=UNCLOS 분쟁)을 가짐과 동시에, 특정의 해양지형이나 토지에 대한 영토주권의 소재를 결정하는 측면(=非 UNCLOS 분쟁)을 갖는 혼합분쟁소송이다.

---

32) 이 '혼합분쟁'은 영토주권분쟁(非 UNCLOS 분쟁)과 UNCLOS 분쟁의 양 측면을 동시에 갖는 분쟁을 가리키고 있으며, 특히 전자가 후자에 부수하는 장면이 상정(想定)되고 있다. 혼합분쟁에 있어서, 분쟁의 실질에서 괴리된 쟁점구성이 이루어지고 있는 점을 비판하는 견해로서, 가네하라 아쓰코(兼原敦子)「재판관할권과 적용법의 관계―유엔해양법협약에 있어서의 사법재판과 중재재판」아시다 겐타로(芦田健太郎) 외 편『실증 국제법학의 계승』(信山社, 2019년) 544, 578쪽 참조.

33) 볼프럼(Wolfrum) 소장(당시)은 다음과 같이 말하고 있다. 'Issues of sovereignty or other rights over continental or insular land territory, which are *closely linked or ancillary to maritime delimitation*, concern the interpretation or application of the Convention and therefore fall within its scope' (emphasis added). ITLOS, Statement by H. E. Judge Rudiger Wolfrum, President of the International Tribunal for the Law of the Sea, to the Informal Meeting of Legal Advisers of Ministries of Foreign Affairs, New York, 23 October 2006, p. 6, at https://www.jtlos.org/en/main/press-media/statements-of-the-president/statements-of-president-wolfrum/

3.3. 연안국소송의 예

3.3.1. 차고스 제도 MPA 사건(2015년)

인도양의 차고스 제도(Chagos Archipelago)에 대한 영토주권을 둘러싸고 모리셔스와 영국이 오랫동안 대립해오던 중, 차고스 제도 주변에 영국이 해양보호구역(MPA)을 설정한 것에 대해, UNCLOS 상의 의무에 위반한다고 주장하는 모리셔스가 UNCLOS 제7부속서 중재재판소에 제소했다. 모리셔스의 주장에 의하면, 영국은 차고스 제도의 '연안국'이 아니기 때문에 MPA(해양보호구역)를 선언할 권리를 갖지 않는다고 한다[34]. 한편, 영국은 모리셔스의 주장을 '주권청구'(sovereignty claim)로 파악한 다음, 주권문제가 '이 건의 진짜 쟁점'(the real issue in the case)이며, 이 분쟁은 UNCLOS의 분쟁해결조항에 포함되지 않는다고 주장하였다.[35] 나아가, 영국에 의하면, "모리셔스는, 장기에 걸친 주권분쟁을, '어느 나라가 연안국인가'(who is the coastal State) 하는 분쟁으로 인위적으로 변질시키는 것(an artificial re-characterization)을 재판소에 청구하고 있다"고 한다[36]. 제7부속서 중재재판소는, 양국 간에 주권분쟁이 존재하는 것을 인정한 다음, 모리셔스의 청구취지 1과 청구취지 2에 관한 관할권을 부정했다. 그 근거는 아래와 같다.

첫째, 중재재판소에 의하면, 모리셔스의 청구취지 1은 '연안국'이라

---

34) 모리셔스의 주장에 의하면, "영국은 UNCLOS 2, 55, 56, 76조의 의미에 있어서의 '연안국'(coastal State)이 아니기 때문에 MPA 또는 그 밖의 해양구역을 선언할 권리를 갖지 않는다"고 한다(청구취지 1). 나아가, "모리셔스가 UNCLOS 56조1항(b)(iii) 및 76조8항의 의미에 있어서의 '연안국'으로서의 권리를 갖기 때문에, 영국은 차고스 제도에 관해 모리셔스에 대해 행해진 약속(commitments)에 비추어, 일방적으로 MPA 또는 그 밖의 해양구역을 선언할 권리를 갖지 않는다"고 주장하고 있다(청구취지 2). Award of 18 March 2015, *supra* note 19, para. 158.
35) *Ibid.*, paras. 164 and 170.
36) *Ibid.*, para. 172.

는 용어의 해석 및 적용을 구하고 있는데, 이 용어는 UNCLOS 상에 정의가 없고, 영토주권(sovereignty over the land territory)이 다투어지고 있는 경우에 '연안국'을 특정하기 위한 지침은 UNCLOS에는 없다[37]. 둘째, 재판소에 의하면, 이 건의 "기록(paras. 101-107[38])은 차고스 제도에 대한 주권에 관해 분쟁이 양 당사국 간에 존재하는 것을 명확히 나타내고 있다"(방점은 다마다)[39]. 셋째, 영토주권분쟁과는 별도로 MPA의 선언방법 및 랭캐스터 하우스 언더테이킹스(Lancaster House Undertakings, 1965년 영국과 모리셔스 간에 작성된 차고스 제도 분리에 관한 '약속'-역주)에 미치는 영향에 관한 분쟁도 존재한다[40]. 넷째, '연안국'의 특정에 관해서도 양국의 견해는 다르기 때문에 어디에 분쟁의 비중(relative weight)이 있는지를 검토하지 않으면 안 된다[41]. 이어서 재판소는 아래와 같이 판시한다. "모리셔스의 청구취지 1에 관한 분쟁은, 차고스 제도의 영토주권(land sovereignty)에 관한 것이라고 적절하게 성질결정된다. '연안국'에 관한 양국의 다른 견해는 이보다 큰 분쟁[=주권분쟁]의 단순한 일측면 (simply one aspect) 에 지나지 않는다"(방점은 다마다).[42] 다섯째, 중재재판소는, 모리셔스의 청구취지 2에 대해서도 같이 분쟁의 '비중'을 검토하고, 그 결과, 주권분쟁이 '우월적'(predominant)이며, '연안국' 문제는 보다 큰 분쟁[주권분쟁]의 단순한 일측면에 불과하다고 결론짓고 있다[43].

이상과 같이, 중재재판소는 최종적으로는 모리셔스의 청구('연안국'의 특정)를 거부하는 판단을 제시했다. 이 판단에 대해 아래 사항

---

37) *Ibid.*, para. 203.
38) 판결의 당해 부분(paras. 101-107)에서는 차고스 제도의 주권을 둘러싼 양국 견해의 차이 및 항의의 경과가 정리되어 있다.
39) Award of 18 March 2015, *supra* note 19, para. 209.
40) *Ibid.*, para. 210.
41) *Ibid.*, para. 211.
42) *Ibid.*, para. 212.
43) *Ibid.*, para. 229.

을 지적할 수 있다. 첫째, 중재재판소는 매우 용이하게 양국 간의 주권분쟁의 존재를 인정하고 있다. 이것은 차고스 제도를 둘러싼 영토주권'분쟁'이 존재하는 것에 대해 양국 간에 다툼이 없었기 때문이라고 해석된다. 둘째, 모리셔스의 주장(청구취지 1)에 대해서는, 주권분쟁과 UNCLOS 분쟁이 함께 존재하고 있을 뿐, 전자가 '우월적'(predominant)이며, 후자는 그 '일측면'에 불과하다고 판단되고 있다(이하 '차고스방식 A'). 이 취지에 의하면, 양국 간의 분쟁은 단일單一·단체單體의 것이며, 그 속에서 주권분쟁과 UNCLOS 분쟁의 어느 측면에 중점이 있는지가 검토되게 된다[44]. 셋째, 중재재판소에 의하면, 상기 차고스방식 A와 역으로, 주권분쟁이 UNCLOS 분쟁에 부수적으로 관련되는(touches in some ancillary manner) 경우, 관할권 범위가 문제가 된다고 한다[45]. 이 점에 대해, 중재재판소는 아래와 같이 설명하고 있다. "UNCLOS 288조1항에 입각한 [중재재판소의] 관할권은, UNCLOS 분쟁의 해결에 필요하게 되는 사실의 인정 또는 부수적 법 결정(ancillary determinations of law)에 미친다. ……영역주권에 대한 경미한 문제(a minor issue of territorial sovereignty)가 UNCLOS 분쟁에 부수할 수 있다는 것을 유형적으로 배제하는 것은 아니지만, 이 건은 이 경우에 해당하지 않는다."[46] 이와 같이 영토주권에 관한 경미한 문제(=非 UNCLOS 분쟁)가 UNCLOS 분쟁에 부수하는 경우 관할권 행사가 가능하게 되는 경우가 있을 수 있다(이하 '차고스방식 B').

이 차고스방식 B에 대해서는 선례가 인용되어 있지 않기 때문에 적용 장면을 상정想定하기 어렵다[47]. 다만, 이 건에서 한 영국의 주장에

---

44) *Ibid.*, para. 229.
45) *Ibid.*, para. 213.
46) *Ibid.*, para. 220-221.
47) 통상 해양지형의 주권이 확정된 후에 연안국의 권리가 발생하기 때문에('육지가 바다를 지배한다') 해역 청구를 근거로 해서 주권을 정하는 규칙('바다가 육지를 지배한다')은 없다고 여겨지고 있다. Smith and Thomas, *supra* note 29, p. 16.

비춰보면[48], ICJ가 페드라 브랑카 사건[49]에서 한 사우스 레지(South Ledge) 판단이 상정되고 있는 것처럼 생각된다. 이 사건에서는 사우스 레지에 대해 말레이시아와 싱가포르 간에 주권분쟁이 생겼다. ICJ는 사우스 레지를 간조노출지低潮高地로 보았을 뿐[50] 간조노출지(고조 시에 물속에 잠기는 지역-역주)가 '영토'(territory)인지 아닌지, 국제법상은 명확하지 않기 때문에[51] 단독으로 영토주권을 인정하는 것이 곤란하였다(영해 내에 소재하는 경우에는 영해 연안국에 귀속한다). 특히, 영해경계선 미획정 수역에 있어서는, 간조노출지는 잠재적으로 양국의 영해 내에 소재할 수 있기 때문에[52] 귀속처가 문제가 된다. 그런데, 이 사건에서는 영해 경계획정 권한이 재판소에 부여되어 있지 않았기 때문에[53] ICJ는 "간조노출지인 사우스 레지는 그것이 소재하는 영수領水를 갖는 국가에 귀속한다"[54]고 결론짓고 있다. 이와 같이, 우선은 간조노출지를 제외한 영해경계선 획정이 이루어지고, 그 귀결에 따라 사우스 레지가 어느 국가의 영해에 포함될 것인지가 정해지고, 그 귀속처(영토주권을 갖는 국가)가 결정되게 된다. 이와 같이, 예외적인 경우, 해양경계획정분쟁(UNCLOS 분쟁)에 '부수하는' 주권분쟁(간조노출지에 관한 영토주권분쟁)이 존재할 수 있게 된다(차고스방식 B).

3.3.2. 연안국권리 사건(2020년)

2014년에 우크라이나령 크리미아가 러시아에 병합된 후, 우크라이

---

48) Award of 18 March 2015, *supra* note 19, paras. 194-196.
49) *Sovereignty over Pedra Branca/Pulau Batu Puteh, Middle Rocks and South Ledge (Malaysia/Singapore)*, Judgement of 23 May 2008, *I.C.J. Reports 2008*, p. 12.
50) *Ibid.*, para. 291.
51) *Ibid.*, para. 296.
52) *Ibid.*, para. 297.
53) *Ibid.*, para. 298.
54) *Ibid.*, para. 299.

나는 UNCLOS 제7부속서 중재재판소에 제소하고(2016년), 러시아에 의한 UNCLOS 위반을 신청했다. 주목해야 할 점으로서, 우크라이나는 "크리미아의 '연안국'은 우크라이나이다"라고 주장한 것이 아니라, 양국 간에 주권분쟁은 존재하지 않고, 크리미아에 대한 우크라이나의 주권은 사건의 '배경사실'에 불과하다고 주장했다.[55] 이에 대해 피고국 러시아는 선결적 항변을 제기하고, "크리미아의 주권분쟁이 존재하기 때문에 중재재판소는 관할권을 갖지 않는다"고 주장했다[56]. 즉, 양국 간에 영토주권분쟁이 존재하고[57], (UNCLOS 분쟁이 아닌) 이 영토주권분쟁이 이 건 분쟁의 '핵심'(the front and centre)이라고 주장하였던 것이다[58]. 이하, 중재재판소의 판단을 논점별로 나누어 살펴보자.

첫째, 크리미아에 관한 영토주권분쟁이 존재하는지 아닌지가 문제가 된다. 이 점에 대해, 중재재판소는 아래와 같이 말하며, 당해 분쟁의 존재를 인정하고 있다. ①"양국은 명확하게 대립되는 견해(opposite views)를 갖고 있다. ……어느 국가가 크리미아의 주권자인가 하는 문제에 관한 사실과 법의 제 쟁점에 대해 양국의 견해가 일치하지 않는(are in disagreement) 것은 명확하다."[59] 이와 같이 영토주권분쟁이 양국 간에 존재하는 것을 인정하고 있다. ②다음에 우크라이나의 주장이 문제가 된다. 즉, 우크라이나는 양국 간에 영토주권분쟁이 존재하지 않는다고 주장한 다음, 러시아의 영토주권 청구가 수리 불가능하며 개연성을 갖지 않는다고 주장했다. 이 점에 대해 중재재판소는 우크라이나의 주장을 모두 부정했다[60]. 이상의 ①② 판단의 결과, 중재

---

55) Award of 21 February 2020, *supra* note 12, paras. 85 and 161.
56) *Ibid.*, paras. 78-79.
57) *Ibid.*, para. 132 and 161.
58) *Ibid.*, para. 192.
59) *Ibid.*, para. 165.
60) 중재재판소 판단의 골자는 다음과 같다. (1) 러시아 청구의 수리 가능성에 관해서는, 총회 결의는 권고적 문언(hortatory language)으로 형성되어 있고(Award, para. 175), 또 이 건에서는 금반언은 작용하지 않기 때문에(Award, para. 181), 우크라이나의 주장은 인정할 수 없다. (2) 러시아 청구의 개연성에 관해서는, 일방적 주장(assertion) 만으로는 분쟁존재의 증명에는 불충분하지

재판소는 양국 간에 크리미아의 영토주권에 관한 분쟁이 존재한다고 하는 결론에 이르고 있다. 더구나, 이 판단을 할 때, (상술한 바와 같이) 중재재판소는 러시아의 주권청구를 '근거 없는 주장'(a mere assertion) 이라고 간주되지는 않는다고 판단하고 있다.[61]

두 번째로 문제가 되는 것은 영토주권분쟁과 UNCLOS 분쟁의 '비중'(relative weight)이다. 이 점에 대해 중재재판소는, 차고스 제도 MPA 사건 판결을 언급하며, "[동 판결은] 영토주권이라는 부수적 문제(an ancillary issue)에 대한 재정裁定에까지 관할권을 확장할 수 있는 가능성을 시사하고 있다"고 한다[62]. 즉, 차고스방식 B가 타당할 수 있다는 것을 인정하고 있다. 한편, 중재재판소는 이 건에 있어 주권분쟁이 '부수'적이라는 것을 부정하고 아래와 같이 말한다. "이 건에서 검토해야 할 문제는, 크리미아에 관한 주권분쟁이 UNCLOS의 해석 적용 분쟁에 부수하는 문제인지 아닌지이다. [전자의] 분쟁은, [후자의] 분쟁에 부수하는 경미한 문제(a minor issue)가 아니라, 주권문제는 우크라이나의 많은 청구에 관한 중재재판소 결정의 전제조건(a prerequisite)이다. 이들 [UNCLOS] 청구는, 어느 나라가 크리미아의 주권자이든 UNCLOS 조문의 의미에서의 '연안국'인가를 결정하는 것 없이는 취급할 수 없다."(방점은 다마다)[63]

이상과 같이, 제7부속서 중재재판소는 크리미아를 둘러싼 양국 간의 영토주권분쟁이 존재하는 것을 인정한 다음, 동 분쟁의 해결이 UNCLOS 분쟁의 해결에 있어서 '전제조건'이라고 판단하고 있다. 즉, 우크라이나가 크리미아의 주권자라고 하는 전제조건에 입각한 청구에 대해 중재재판소는 재정을 할 수 없다고 결론짓고 있다.[64]

만, 당해 주장의 "타당성이나 강도가 개연성 그 밖의 테스트에 부수(付)되지는 않는다"(Award, para. 188).
61) *Ibid*., para. 189.
62) *Ibid*., para. 193.
63) *Ibid*., para. 194-195.

3.4. 판단방식의 유형

상기와 같이, 혼합분쟁에서의 UNCLOS 분쟁과 非 UNCLOS 분쟁의 관계에 관한 판단방식에 관해서는 차고스방식 A('우월적' predominant), 차고스방식 B('부수적' ancillary), 크리미아방식('전제조건' prerequisite)이란 세 가지 판단방식이 제시되어 있다. 그래서 다음에 이들 방식의 내용을 정리한 다음 그 관계를 명확히 하자.

첫째, 상기와 같이 차고스방식 B는 예외적인 상황을 상정한 방식이며, 그 일반적 적용 가능성에 대해서는 의문疑義이 남는다. 연안국권리 사건에 있어서 중재재판소는 차고스방식 B를 최초로 검토하고 있지만, 이것은 어디까지나 양 당사국의 주장이 이 점에서 합치하고 있었기 때문이라고 해석된다. 둘째, 차고스방식 A가 영토주권분쟁과 UNCLOS 분쟁 간의 양적인 비교검토('우월적' predominant, 혹은 '일측면' an aspect)인 데 대해, 크리미아방식은 질적인 관계('전제조건' prerequisite)를 문제로 삼고 있는 것처럼 보인다. 후자의 경우, 가령 주권분쟁이 비교적 소규모이고, UNCLOS 분쟁이 비교적 대규모였다고 하더라도, 전자가 후자의 '전제조건'인 한 관할권이 부정된다. 그 결과, 크리미아방식에 의거하는 한 많은 연안국분쟁(UNCLOS 분쟁)에 대해 관할권 설정이 곤란하게 된다. 셋째, 차고스방식 A와 크리미아방식은, 검토 대상이 되고 있는 분쟁 (신청)의 사정射程이 다르다. 차고스방식 A에서는 대상 분쟁의 사정이 매우 좁고, 실제로는 '영국이 연안국인가 아닌가'라고 하는 한정적 신청에 관해, "영토주권분쟁이 우월적(predominant)이기" 때문에 영토주권분쟁이라고 성질결정되고 있다. 이에 대해, 크리미아방식에서는, 우크라이나가 제기한 많은 신청 (UNCLOS 분쟁)에 대해, 이들을 일괄해서 "주권분쟁인가 UNCLOS 분쟁인가"라고 하는 성질결정을 하는 것이 곤란하다는 점에서, 영토

---

64) *Ibid.*, para. 197-198.

주권분쟁이 UNCLOS 분쟁의 '전제조건'이라고 평가되었다.

이상에서, 다음 두 개의 패턴이 구별된다. ①가령 원고국이 "UNCLOS 상의 '연안국'이 자국이라고 하는 것의 확인을 재판소에 구하는" 신청을 단독으로 제기한 경우, 차고스방식 A에 따라 당해 신청에 관한 분쟁에 대해서는 영토주권분쟁이 '우월적'(predominant)이라고 간주되어 관할권이 부정된다. 한편, ②원고국이 상기①과 같은 특정적 청구를 피해 UNCLOS 위반청구를 다수 제기한 경우, 크리미아방식에 따라 주권분쟁의 결정을 '전제조건'(prerequisite)으로 하는 신청에 관해서는 관할권이 부정된다.

3.5. 영토주권분쟁이 인정되는 논리구조

상기와 같이, 사안에 의해 관할권의 판단방식에 차이가 있을 뿐, 어느 사건에서도, 중재재판소는 주권분쟁의 존재를 인정하고 있다. 그 이론 구조로서 아래 사항을 지적할 수 있다. 첫째, 영토주권분쟁을 포함하여 '분쟁' 발생기준 자체가 매우 낮은 것이다. 상기(이 장 2. 참조)와 같이, 일방 당사국의 주장이 '근거 없는 주장'(a mere assertion)인 것 같은 예외적 경우를 제외하고, 양국 간의 견해 대립만 존재하고 있으면 영토주권분쟁의 존재는 용이하게 인정된다. 둘째, 차고스 제도 MPA 사건에서는 영토주권분쟁이 존재하는 것에 대해 양국 간에 상이한 견해가 없었던 점을 들 수 있다. 한편, 연안국권리 사건에서는 사정이 다르다. 우크라이나(영토주권분쟁 없음)와 러시아(영토주권분쟁 있음) 간에 상이한 견해가 있었기 때문이다. 동 사건에서 중재재판소가 영토주권분쟁의 존재를 인정하게 된 이유로서 러시아에 의한 선결적 항변의 제기를 지적할 수 있다. 즉, 피고국 러시아는 선결적 항변으로서 "크리미아의 주권분쟁이 존재하기 때문에 중재재판소는 관할권을 갖지 않는다"고 주장하였다.[65] 이 항변의 심리에 있어서는, 상기와 같이 영토주권분쟁과 UNCLOS 분쟁의 '비중'(relative weight)이 검토 대상이 되기 때문에 불가피하게 영토주권분쟁의 존재인정이 요구되게 된다[66]. 셋째, 어느 사건에 있어서도 피고국(영국과 러시아)이 영토주권분쟁의 존재를 인정하고 있으며, 이 점을 근거로 한 관할권 항변을 제기하고 있다. 다만, 연안국권리 사건에서는, 원고국 우크라이나가 영토주권분쟁의 존재를 부정했기 때문에, 중재재판소는 비교적 신중하게 당해 분쟁의 존부를 검토하여 그 존재를 인정하고 있다. 그렇기는 해도, 우크라이나와 러시아 간에 영토주권분쟁의 존부에 대해 상이한 견해가 있었음에도 불구하고 당해 분쟁의 존재가 인정되고 있는 점은 주목할 만하다.

이상의 점에 비추어보면, 독도에 관한 영토주권분쟁의 존재인정에 대해서는 다음과 같은 특수한 고려가 요구된다. 즉, 원고국(일본)이 영토주권분쟁의 존재를 주장하고 있는 데 대해, 피고국(한국)은 영토주권분쟁의 존재를 부정하고 있기 때문에, "영토주권분쟁이 존재하기 때문에 제7부속서 중재재판소는 관할권을 갖지 않는다"고 하는 관할권 항변이 제기되는 일은 없을 것으로 상정된다. 다만, 이와 같이 피고국으로부터 선결적 항변이 나오지 않는 경우에도, 중재재판소가 영토주권분쟁의 존재를 무시하고 UNCLOS 분쟁에 대해 관할권을 긍정할 수는 없기 때문에, 직권으로 영토주권분쟁의 존부를 심사할 것으로 해석된다.[67]

---

65) *Ibid.*, para. 78-79.
66) 더구나, UNCLOS 재판소가 재판관할권을 부정하는 데 있어서, 영토주권분쟁과는 다른 별도의 이유를 근거로 할 가능성은 당연히 있을 수 있다(예를 들어, UNCLOS 283조 의견교환 의무 등). 이 장에서의 검토는 이러한 다른 관할권 요건을 갖춘 다음의 논의라고 하는 점에 주의할 필요가 있다.
67) 혼합분쟁에서의 '비중'(relative weight)의 판단은 중재재판소에 의한 분쟁의 성질결정(characterisation)이란 문맥으로 이루어지고 있다. 즉, 분쟁의 성질결정권한을 행사함으로써 혼합분쟁에서의 중요한 요소가 결정되고 있다. 더구나, 분쟁의 성질결정권한의 근거로서 재판소의 관할권결정권을 들 수 있다. Buga, *supra* note 31, pp. 89-90. 연안국권리 사건에 있어서 중재재판소는 '분쟁의 성질 또는 성질결정'(Nature or Characterisation of the Dispute)이라고 하는 항목을 설정한 다음, ICJ의 핵실험 사건 판결(*Nuclear Tests (Australia v. France). Judgement, I.C.J.*

4. 독도에 관한 영토주권분쟁의 존재인정

4.1. 예상되는 UNCLOS 분쟁

제7부속서 중재재판소에 연안국소송을 제기할 때, 우선은 UNCLOS 분쟁이 발생하고 있는 것이 전제이다. 독도 주변 해역에 대해 개개 해역별로 검토해 두자.

첫째, EEZ에 관해서는 일한어업협정(1998년)으로 잠정수역 이외의 부분에 대해서는 경계획정이 이루어져 있다(7조1항, 7조2항). 다만, 독도를 포함하는 잠정수역 내에서는 경계획정은 이루어져 있지 않다[68]. 또, 잠정수역 내에서는 일한 함께 "타방 체약국의 국민 및 어선에 대해 어업에 관한 자국의 관계법령을 적용하지 않는다"고 되어 있다(부속서 12조1항). 따라서 독도 주변 EEZ의 경계획정이 이루어지지 않고 있고, 일본이 EEZ를 설정하고 있지 않는 이상, "한국이 일본 EEZ에서의 주권적 권리를 침해했다"고 주장했다고 해도 UNCLOS 분쟁으로는 간주되지 않는다.

둘째, 대륙붕에 관해서, 일한북부대륙붕협정(1974년)에서는 경계선의 최북점이 상기 잠정수역으로 이어지는 부분이기 때문에, 독도 주변의 대륙붕 경계획정은 이루어지지 않고 있다. UNCLOS 발효 이전, 일본 정부는 다케시마 주변에 대륙붕은 존재하지 않는다고 판단했지만[69], UNCLOS 발효 후에 이런 입장을 변경하여, 대륙붕이 존

Reports 1974, p. 253, p. 262, para. 29)을 인용하면서, "분쟁의 성질을 결정하는 것은 최종적으로는 중재재판소 자신이다"고 말하고 있다. Award of 21 February 2020, supra note 12, para. 151.

[68] 잠정수역 내에 있어서는, "배타적경제수역의 조속한 경계획정을 위해 성의를 갖고 교섭을 계속한다"(부속서 Ⅰ 1조)고 규정되어 있다.

[69] 하토야마 이이치로(鳩山威一郎) 외무대신(당시)이 이하의 답변을 하고 있다(제80회 국회 중의원 외무위원회 제18호, 1977년 5월 18일). "하토야마 국무대신······다케시마에 대해서는, 동국(同局. 同島의 오류로 추정-집필자) 주위의 해저는 급경사로 깊게 되어 있어서, 현행 국제법상의 대륙붕은 갖고 있지 않은 것이라고 생각하고 있습니다", at https://kokkai.ndl.go.jp/#/detail?minId=108003968X01819770518&spkNum=102&single

재한다고 판단하고 있다.⁷⁰⁾ 이 때문에, "한국 측의 행위에 의해 다케시마 주변 대륙붕의 주권적 권리가 침해되었다"고 주장함으로써, UNCLOS 분쟁이 발생할 수 있다.

셋째, 독도 주변 영해·접속수역에서의 일본의 주권 및 주권적 권리의 침해를 주장할 수 있다. 예를 들어, ①독도 영해 내에서의 군사연습 실시로 한국은 일본의 영해주권을 침해하고 있다. ②독도 영해 내에 일본 어선의 접근을 방해·배제⁷¹⁾함으로써, 일본의 영해주권을 침해하고 있다. ③독도 영해 내에서 일본의 사전 동의를 얻지 않고 해양조사를 실시함으로써(2017년⁷²⁾, 2019년⁷³⁾), 일본의 영해주권을 침해하고 있다. ④한편으로, 일본이 독자적으로 해양조사를 실시하여⁷⁴⁾, 한국 측으로부터 방해를 받은 경우에도 똑같이 영해주권의 침해를 주장하는 것이 가능하다. 이상과 같이, 일본이 독도의 영토주권을 갖고 있다고 하는 전제를 계속하면서, UNCLOS 상의 제 권리의 침해(즉 '연안국'인 일본의 주권 및 주권적 권리의 침해)를 UNCLOS 분쟁으로서 제7부속서 중재재판소에 제소하는 것을 생각할 수 있다.

---

70) 국회에서, "다케시마라고 하는 것은 해양법협약상의 섬인가 암초인가" 하는 질문에 대해, 야치 쇼타로(谷内正太郎) 외무성 심의관(당시)이 "우리들로서는 대륙붕, 경제수역을 갖는 섬이라고 하는 생각을 갖고 있습니다"라고 답변하고 있다. at https://kokkai.ndl.go.jp/#/detail?minId=113613938X00319960604&spkNum=232&single

71) 제190회 국회 중의원 예산위원회 제3분과회 제1호, 2016년 2월 25일(야마다 겐지山田賢司) "현재, [어업인이] 다케시마 주변 12해리에 다가가면, 한국 당국이 경고를 해온다고 하는 것입니다", at https://kokkai.ndl.go.jp/#/detail?minId=119005268X00120160225&spkNum=313&single

72) 제193회 국회 중의원 외무위원회 제16호, 2017년 5월 31일(신도 요시타카新藤義孝) "한국의 예입니다만, [2017년] 5월 17일에 한국 해양조사선이 우리나라의 사전 동의를 얻지 않고, 다케시마 주변 배타적경제수역 내에서 해중에 와이어를 투입했다. 우̇리̇나̇라̇ 영̇해̇에̇ 침̇입̇, 표̇박̇하̇고̇, 이̇것̇은̇ 이̇ 2년̇간̇에̇ 4회̇ 발̇생̇하̇고̇ 있̇다̇"(방점은 다मा), at https://kokkai.ndl.go.jp/#/detail?minId=119303968X01620170531&spkNum=10&single

73) 제198회 국회 중의원 환경위원회 제4호, 2019년 4월 2일(나가오 히데키長尾秀樹) "같은 해[2019년] 2월에는, 한̇국̇이̇ 다̇케̇시̇마̇의̇ 영̇해̇나̇ 접̇속̇수̇역̇에̇서̇, 우̇리̇나̇라̇에̇ 무̇단̇으̇로̇ 채̇니̇(採泥) 등̇ 해̇저̇에̇서̇의̇ 조̇사̇활̇동̇을̇ 실̇시̇한̇ 것̇이̇ 명̇확̇해̇지̇는̇ 등̇의̇ 사̇안̇이̇ 발̇생̇을̇ 하̇고̇ 있̇습̇니̇다̇"(방점은 다마다), at https://kokkai.ndl.go.jp/#/detail?minId=119804006X00420190402&spkNum=56&single

74) 제193회 국회 중의원 외무위원회 제16호, 2017년 5월 31일(신도 요시타카新藤義孝), at https://kokkai.ndl.go.jp/#/detail?minId=119303968X01620170531&spkNum=14&single

4.2. 예상되는 신청과 판결

  일본이 한국을 상대로 해서 연안국소송을 제기하는 경우, 그 신청 및 중재재판소 판결은 아래와 같이 될 것으로 생각된다.

  신청 A : "다케시마의 연안국은 일본이며, 아래 신청 B~W에서 언급하는 해역은 모두 일본에 귀속한다." 이 신청에 대해, 제7부속서 중재재판소는, 독도의 영토주권분쟁의 존재를 인정한 다음, 차고스방식 A에 따라, 영토주권분쟁이 UNCLOS 분쟁에 대해 '우월적'(predominant)이기 때문에, 당해 분쟁을 非 UNCLOS 분쟁으로 간주한 다음, 관할권을 부정할 것이다.

  신청 B~W : "일본 해역 ○○(예 : 영해, 대륙붕)에서의 한국의 ○○ 행위는, UNCLOS 상에서 일본에게 인정되어 있는 연안국의 권리를 침해한다." 제7부속서 중재재판소는, 독도 영토주권분쟁의 존재를 인정한 다음, 크리미아방식에 따라, 영토주권분쟁이 UNCLOS 분쟁 해결의 '전제조건'(prerequisite)이기 때문에, UNCLOS 분쟁에 대한 재판관할권을 부정할 것이다.

  신청 X (사실인정을 요하는 신청). 신청 Y : "일본 해역인지 한국 해역인지를 불문하고, 한국은 UNCLOS 상의 해양환경보호의무에 위반한다." 신청 Z : "이상의 UNCLOS 위반에 대해, 한국에는 구제救濟(reparation, remedy)의 의무가 있다." 상기 신청 A와 신청 B~W만을 제기한 경우, 재판관할권이 모두 부정되기 때문에, 본안 판단으로 진전되지 않고 일본의 패소가 확정된다. 이 귀결을 회피하기 위해, 다수의 UNCLOS 분쟁을 신청에 포함시키는 동시에, 본안 심리로 진전될 가능성이 높은 신청(신청 X, 신청 Y, 신청 Z)을 포함시켜 둘 것이 요망된다.

  이상과 같이, 일본이 독도에 관한 연안국소송을 제기한 경우, 소송의 본체부분(신청 A와 신청 B~W)에 대해서는 관할권이 부정된다. 지금까지의 연안국소송의 예에서 '연안국' 특정에 이른 예는 존재하지

않고 앞으로도 그 가능성은 거의 존재하지 않는다.[75]

한편으로, 가장 중요한 점은, 중재재판소에 의해 관할권이 부정될 때에 반드시 영토주권분쟁의 존재인정이 이루어진다는 점이다. 즉, 제7부속서 중재재판소는, ①영토주권분쟁의 존재를 인정한 다음에, ② 이 영토주권분쟁과 UNCLOS 분쟁의 비중(relative weight)을 검토하고, ③그 귀결로서, 제소된 분쟁에 대해 재판관할권을 부정한다. 여기에서 중재재판소는 ②③의 판단의 전제로서 불가피하게 ①의 판단을 하지 않을 수 없다.

일본의 연안국소송

| 일본의 신청 | 중재재판소 판결 |

- 신청 A "다케시마의 연안국은 일본이며 (한국이 아니다), 신청 B~X에서 언급하는 해역은 모두 일본에 속한다."
- 신청 B~W "일본 해역 ○○에서 하는 한국의 ○○ 행위는, UNCLOS 상에서 일본에게 인정되어 있는 연안국의 권리를 침해한다."
- 신청 X "사실인정을 요하는 형태의 신청"
- 신청 Y "일본 해역인지 한국 해역인지를 불문하고, 한국은 UNCLOS 상의 해양환경보호의무에 위반한다."
- 신청 Z "이상의 UNCLOS 위반에 대해, 한국에는 구제(reparation, remedy) 의무가 있다."

독도 주권 논쟁 / 연안국 결정

중재재판소 판결:
- 주권분쟁의 존재인정
- 주권분쟁이 우월적 predominant : 주권분쟁과 성질결정 (차고스방식 A) → 관할권 없음
- 주권분쟁의 해결이 전제조건 prerequisite (크리미아방식) → 관할권 없음
- 선결성 부인 선언
- 관할권 있음 → 본안 판단

이상과 같이, 연안국소송의 메리트는, 가령 본안판단까지 진전이 가능하게 된 경우에는, '연안국'(즉 영토주권의 소재)에 관한 인정을 얻

---

[75] 독도의 '연안국'을 제7부속서 중재재판소가 결정할 가능성이 있다고 하면, 일본이 제기하는 연안국소송에 대해, "독도에 대한 한국 측의 영토주권 주장은 '근거 없는 주장'(mere assertion)에 불과하기 때문에, 원래 일한 간에 영토주권'분쟁'은 존재하지 않고, 당해 해양지형은 당연히 일본의 영토주권에 속한다"고 하는 판단이 제시되는 경우이다.

을 수가 있고, 가령 실패했다고 해도(=재판관할권이 부정된 경우라 하더라도), 최소한, ①의 판단(=영토주권분쟁의 존재인정)을 얻을 수 있는 점에 있다.

4.3. 그 밖의 고려사항

연안국소송에 대해서는 아래와 같은 점에도 주의할 필요가 있다.

첫째, 영토주권분쟁의 존재가 인정되면, 바로 ICJ 제소가 가능하게 되어, 독도의 영토주권이 결정되는 것이 아니다. 한국으로서는, 영토주권분쟁의 존재 자체를 부정할 수 없다고는 해도, ICJ에 공동제소 의무가 바로 발생하는 것은 아니다. 한국이 별도의 근거를 꺼내어 ICJ 공동 제소를 거부할 것은 충분히 생각된다. 또, 북방영토교섭에서도 명확한 것처럼, 영토주권분쟁의 존재에 대해 양국 간에 합의가 있었다 해도, 그것만으로 영토교섭이 순조롭게 진전되는 것은 아니다. 영토주권분쟁의 존재인정은 양국 간의 영토교섭을 개시하기 위한 전제이자 제1보에 지나지 않는다. 그 후의 분쟁해결의 길(교섭이나 ICJ 제소를 포함한다)에 대해서는 별도로 상세하게 검토해둘 필요가 있다.

둘째, UNCLOS 연안국소송은 모든 UNCLOS 가맹국이 이용 가능하다. 예를 들어, 센카쿠 제도에 관해, 중국이 영토주권분쟁의 존재 인정을 얻기 위해 이용하는 것도 충분히 가능하다. 일본의 입장을 유지하기 위해서는, 이 장 「2. 국제법상의 분쟁 발생기준」에서 본 것처럼, "중국 측의 주장은 '근거 없는 주장'(mere assertion)에 불과하여, 분쟁은 발생하지 않았다"고 하는 일본 측의 주장을 구축해 둘 필요가 있다.

셋째, 북방영토에 관해, 대 러시아 연안국소송을 제기할 가능성도 검토의 여지가 있다. 더구나, 냉전 이전, 일소 간에는 영토주권분쟁의 존부에 대해 입장의 차이가 있었지만[76], 냉전 후 러시아는 영토주권

---

76) "1960년 신 일미안보조약 체결 시에, 소련은 하보마이 군도(歯舞群島) 및 시코탄섬(色丹島) 반

분쟁의 존재 자체를 인정하고 있다[77]. 즉, 일소공동성명(1991년)에서, "귀속에 대한 쌍방의 입장을 고려하면서"라고 명기되고[78], 나아가 도쿄선언(1993년) 제2항에서는, "귀속에 관한 문제"를 "법과 정의의 원칙을 기초로 해서 해결"하는 것에 대해 합의에 이르고 있다.[79] 이와 같이 일러 간에서는, 북방영토에 관한 영토주권분쟁이 존재하는 것 자체에 대한 다툼은 없기 때문에, 일부러 UNCLOS 연안국소송을 이용할 필요는 없다. 다만, 최근 러시아가 양국 간의 분쟁의 존재를 부정하는 태도를 보이는 것이 있는 점에 비추어[80], 이 장에서 얻은 결론이 북방영토에도 해당한다는 것을 부언해 둔다.

넷째, 최근 UNCLOS 연안국소송에 관한 판례가 급속히 형성되고 있지만, 한편으로, UNCLOS 제7부속서 중재절차의 남용이라는 비판

환의 전제로서, 일본 영토로부터의 전 외국 군대의 철수라고 하는 조건을 새로 부과했다. 이에 대해 일본 정부는 양국 의회에 의해 비준된 조약인 일소공동선언의 내용을 일방적으로 변경할 수 없다는 뜻으로 반론했다. 그 후, 소련측에서는 일본과 소련 간의 영토문제는 제2차 세계대전의 결과 이미 해결되었으며, 영토문제는 원래 존재하지 않는다는 입장이 천명되게 되었다." 일본국 외무성·러시아연방 외무성 「일러 간 영토문제의 역사에 관한 공동작성자료집(1992년판)」, https://www.mofa.go.jp/mofaj/area/hoppo/1992.pdf

77) "냉전의 종언에 따라 러시아측은 영토문제의 존재를 인정하는 동시에 새롭게 일소공동선언이 일러 양국 간에서 유효하다는 것을 확인하게 되었다"(방점은 다마다). 외무성 「북방영토문제에 관한 Q&A」, at https://www.mofa.go.jp/mofaj/area/hoppo/mondai_qa.html

78) "······하보마이 군도(歯舞群島), 시코탄섬(色丹島), 구나시리섬(国後島) 및 에토로후섬(択捉島)의 귀속에 대한 쌍방의 입장을 고려하면서 영토획정 문제를 포함한 일본국과 소비에트사회주의공화국연방 간의 평화조약의 작성과 체결에 관한 여러 문제 전체에 대해 상세하고 철저한 대화를 나누었다. 지금까지 이루어진 공동작업, 특히 최고 레벨에서의 교섭으로, 일련의 개념적인 생각, 즉, 평화조약이 영토문제의 해결을 포함한 최종적인 전후처리의 문서가 되어야 한다는 것······을 확인하는 데 이르렀다"(방점은 다마다). 일소공동성명, at https://www8.cao.go.jp/hoppo/shiryou/pdf/gaikou35.pdf

79) "에토로후섬, 구나시리섬, 시코탄섬 및 하보마이 군도의 귀속에 관한 문제에 대해 진지한 교섭을 하였다. 쌍방은, 이 문제를 역사적·법적 사실로 입각하고, 양국 간에 합의 끝에 작성된 제 문서 및 법과 정의의 원칙을 기초로 해서 해결함으로써 평화조약을 조기에 체결하도록 교섭을 계속하고, 이로써 양국 간의 관계를 완전히 정상화해야 한다는 것에 합의한다." 일러 관계에 관한 동경선언, at https://www8.cao.go.jp/hoppo/shiryou/pdf/gaikou46.pdf

80) 예를 들어 러시아의 라브로프 외상은 "제2차 세계대전의 결과를 모두 인정할 것"을 일본 측에 요구하고 있다(2019년 11월 14일 회견), at https://www.huffingtonpost.jp/2019/01/14/meeting-taro-kono-sergey-lavrov_a_23642564/

도 있다.[81] 금후, 연안국소송 이용 확대에 의해 절차 남용이라는 비판이 확산되는 경우, 판례가 변경될 가능성도 없지는 않다. 가령 제소를 검토하는 경우에는 판례가 크게 변경되기 전에 제소하는 것이 바람직하다.

5. 마치며

이 장에서 살펴본 것처럼, UNCLOS 제7부속서 중재재판소에서 연안국소송을 이용함으로써, (예를 들어 독도에 관해) 영토주권분쟁의 존재를 인정받을 수 있다. 중요한 점은 영토주권분쟁의 존재에 대해 국제재판소(=UNCLOS 제7부속서 중재재판소)에서의 객관적인 인정을 강제적으로(=피고국이 반대한다고 하더라도) 얻을 수 있는 점이다. 영토주권'분쟁'의 존재를 인정받는 것의 의의와 중요성에 대해서는 새롭게 강조할 필요가 없을 것이다(이 장 '1. 시작하며' 참조). 지금까지 일본 정부는, 항상 ICJ에서의 소송을 예상하고 제소를 검토하고, 실제로 공동제소를 제안해 왔다. 그러나 ICJ 제소에 관해서는, (공동 제소이든 일방적 제소이든) 한국 측은 "분쟁이 존재하지 않기 때문에 응할 이유가 없다"고 회답할 뿐으로 이것을 문전 거부할 수 있다. 즉, 일본이 아무리 ICJ 제소를 획책했다고 해도, 분쟁해결을 향한 진전은 일절 바랄 수 없는 것이다. 일본 정부는 이 상황을 이해한 다음, 이 장에서 명확히 밝힌 UNCLOS 제7부속서 중재재판소에서 규정한 연안국소송의 이용을 진지하게 검토해야 한다.

---

81) Award of 18 March 2015, *supra* note 19, para. 198.

후 기

　이 책은 2017년에 공익재단법인 일본국제문제연구소가 기획한 「영토·주권·역사조사연구」 프로젝트 중 '영토·주권분과회'의 연구성과를 공간公刊하는 것이다. 「머리말」에서 제시한 바와 같이 두 가지 관점을 기본으로 두고 논문을 수록하였다. 두 가지 관점이란 '영역' 개념의 역사적 변천과 영역분쟁 해결방식이다. 말할 필요도 없이 각각의 논문은 그 자체로서 완결되고 독립된 저작이다. 그렇기 때문에 「머리말」에서는 개개 논문별로 그 핵심 요지를 소개했다.

　「머리말」에서 제시한 이 책의 구성은, 각 논문 상호의 관계를 느슨하기는 하지만 나타내주고 있다. 그렇지만 각 논문 상호의 관계는 거기에 멈추지는 않는다. 이 책의 마지막인 「후기」에서 9개의 논문이 더욱 유기적으로 관련되어 있는 것을 명확히 밝혀두겠다. 그것은 이 논문집을 간행하기 위한 준비작업이 된 연구체제에 크게 기인하고 있다. 이 책은 이 연구체제에 의한 모든 집필자의 공동작업의 성과이다.

　상기 프로젝트의 일환으로서 두 가지 관점에서 연구를 하는 두 개의 검토회를 조직하여, 각각에 대해 편집자 2명이 간사를 맡았다. 이 책 제I부와 제II부에 수록된 논문의 집필자가 "영역" 개념의 역사적 변천 검토회' 멤버이며, 제III부와 제IV부에 수록된 논문의 집필자가 '영역분쟁 해결방식 검토회' 멤버이다. 모든 멤버가 한 자리에 만나는 연 1회의 라운드테이블을 제외하면, 2018년부터 두 검토회는 각각 회의를 열고 2021년까지 집필자가 4회씩 보고 기회를 가졌다. 어느 한 검토회에 속하는 멤버라도 다른 검토회에 자유롭게 출석하도록 멤버의 '상호참여'가 물론 장려되었다. 그렇지만 먼 곳에서 출석하는 멤버도 있기 때문에 그것이 꼭 용이하지는 않았다.

그런데 코로나 팬데믹이 이 상황을 '호전'시켰다. 코로나 팬데믹으로 마지막 1년간은 두 검토회의 모든 회의가 온라인으로 개최되었다. 확실히 대면회의처럼 미세한 부분까지 언급하는 논의는 어려웠을지 모른다. 그렇지만 온라인으로 개최함에 따라 먼 곳에 있는 멤버도 일정을 잡기 쉽게 되어, 이 멤버의 '상호참여'는 코로나 팬데믹으로 촉진되었다고 해도 좋다.

　이러한 연구체제와 그 실시 상태는 다양한 레벨에서 각 논문 상호간의 유기적 관계의 성립을 촉진했다.

　말할 필요도 없이 각 검토회 '내부'에서 상호관련에 대한 논의가 있었다.

　「머리말」에서 밝힌 것처럼 영역개념의 역사 검토회는, "근대 유럽 국제법에서 영역개념이 어떻게 해서 성립하고 변천해왔는가 하는 점을 살펴본 다음에, 근대 유럽 국제법 관계 성립 이전의 동아시아의 공간질서관과 그 실태를 검토하고, 현대 일본의 영토문제와 관련지어서 논점을 정리한다"는 공통의 문제의식을 가졌다. 그래서 주로 근대 일본을 검토 대상으로 한다는 기조를 공유하면서, 영역개념 그 자체와 관련된 고찰과, 영역의 외연에 관련된 검토가 서로 조화를 이뤄, 양자가 상승효과를 가질 때 비로소 근대 일본의 영역에 관한 적절한 개념을 제시하게 된다.

　같은 방법으로, 「머리말」에서 설명한 것처럼 영역분쟁 해결방식 검토회는, "국제판례나 기타 영역분쟁 해결사례의 최신 동향, 나아가서는 영토에 관한 국제법 개념의 적용례나 의의의 변화 등에 대해 기존 논문이나 판례평석 등을 언급하면서, 특히 일본의 영토문제를 염두에 두고 논점을 정리한다"고 하는 공통의 검토 목적을 가졌다. 이 공통의 목적 아래, 영토에 관한 국제법 개념이나 법리가 전체적으로 총체를 이룰만한 몇 개의 구체적 검토 과제로서 고찰되었다. 그 검토회에서는 영역분쟁에 관련되는 국제법뿐만 아니라, 국제법의 타당성, 주권국가의 의사의 평가, 재판관할권과 영토분쟁 개념과의 상호작용이라고 하는 것처럼, 거의 국제법 일반에 관련된 고찰에 대한 전개도 현저했다.

두 검토회의 유기적 관련성에 눈을 돌리면, 「머리말」에서 말한 것처럼, 이 책에 수록된 모든 논문은 일본의 영토문제를 염두에 두면서 검토한다고 하는 일관되고 또 공통된 문제의식에 입각하고 있다. 그 점이 두 검토회가 맡은 연구를 명확하게 하고 공통된 체제를 갖게 한다. 또, '영역' 개념의 통일同定을 전제하지 않으면 영역분쟁의 해결을 위해 적용되는 다양한 법리를 검토하는 것은 의미를 갖지 못한다.

이와 같이 두 검토회에서 이루어진 연구가 상호 유기적 관련을 갖는 것은 자명하다고 할 수 있다. 그리고 그것을 더욱 풀어서 설명하면, 두 검토회가 한 연구에는 아래와 같이 몇 개의 상호관련이 드러나고 있다.

첫 번째로, 두 검토회를 통해, 예를 들어 국가의 행위, 일본이라는 국가의 행위를 어떻게 다룰 것인지는 각 집필자의 관점이나 다루는 논제에 따라서 일관되게 요구되는 문제이다.

'영역' 개념의 역사적 검토회에서는, 근대 일본에서, 국가의 행위나 그것을 나타내는 근거를 주로 정권 담당자나 널리 정부 관계자가 국회 기타 공식적인 자리에서 피력한 견해에서 구할 것인가, 그뿐만 아니라, 당시의 영향력을 가진 학자와 같은 사인의 학설이나 견해에도 구할 것인가 하는 것처럼, 집필자에 따라 초점이나 중점이 상이했다. 그로 인해, 근대 일본의 국가 행위를 오히려 폭넓게 취한다는 성과를 낳았다. 이것은 일본이라는 국가의 행위를 직접적으로 탐구하기 위한 검토이다.

그것을 보완하도록, 이른바 간접적으로, 정권 담당자나 널리 정부 관계자가, 그리고 당시의 영향력을 가진 학자와 같은 사인이, 어떠한 사실 상황 즉 '문맥'으로 각각의 견해를 피력醸成했는지에 대해서도 고찰이 이루어졌다. 구체적으로는 외국의 외교담당자, 예를 들어, 어니스트 사토우의 견해나 당시의 의회대책과 정부 내 파벌싸움이라고 하는 정치적 측면에 대해 관심을 기울였다.

이러한 '영역' 개념의 역사적 변천 검토회가 '국가의 행위'에 대해 공유하는 문제의식을 받아들이는 형태로, 영역분쟁 해결방식 검토회에서도 '영역주권의 계속적이고 평온한 표시'라는 영역 취득을 위한 요건에 따라 국가의 행위가 검토되었다. 영역주권의 표시는 국가 행위에 의하지 않으면 안 된다. 실제로 센카쿠 제도나 독도를 둘러싸고, 일본이나 중국 및 한국이 각각 주장하는 행위가, 국가의 행위라고 할 수 있는가, 영유의 의사는 국가에 의해 표시되고 있는가가 중요한 문제가 되었다. 덧붙여, 국가의 행위를 무엇에 구할 것인가 하는 관점은, 영역 취득에 관계되는 의사의 요인, 예를 들어, 관계 제국의 묵인·승인·항의 행위發出 주체의 고찰을 이끌어냈다.

두 번째로, 근대 유럽 국제법과 동아시아 공간 질서와의 상호비교라고 하는 시점도 두 검토회의 연구를 유기적으로 연결하는 요소이다. 이 상호비교에서는, 첫 번째에서 말한 '국가의 행위를 무엇에 구할 것인가'는 하나의 구체적 고찰 대상이 되었다. 즉, 근대 유럽과 동아시아라는 두 지역에서는 국가의 관념이 동일하지 않았다는 점에까지 소급해서 국가의 행위를 이해한다고 하는 작업이다.

말할 것도 없이, 근대 유럽 국제법과 동아시아 공간 질서와의 상호비교라고 하는 과제 그 자체도 두 검토회에서 해야 할 불가결한 검토 대상이었다. '영역' 개념의 역사적 변천 검토회에서 한 연구에서는, 당연히 근대 유럽 국제법과 동아시아 공간 질서와의 상호비교가 하나의 가장 중요한 연구기반을 이루었다. 이 점은 영역분쟁 해결방식 검토회에 대해서도 다음과 같이 해당된다. 일본을 둘러싼 영역문제가 수 세기의 장기간에 걸친 문제라는 점에서, 일본이 동아시아의 공간 질서에 속해 있던 시기, 근대 유럽 국제법을 수용한 시기와 그 이후의 두 시기 간에, 일본의 영역주권 주장은 어느 법질서에 근거를 구해 구성될 수 있는가, 재판소는 시제법 중심으로 해서 이 문제에 어떻게 접근하고 있는가, 재판의 장과는 다른 양국 간 교섭의 장에서 아시아 국가인 중국이나 한국과의 사이에서는, 어느 법질서에 입각한 주장이 적당할까라는 다양한 문제는, 근대 유럽 국제법과 동아시아 공간 질서와의 상호비교라고 하는 제도에서 비로소 의의 있게 검토될 수 있었던 것이다.

나아가, 영역분쟁을 해결하기 위한 적용법에 눈을 돌리면, 시간에 관한 절차적인 이론인 시제법이나 결정적 기일의 문제는, 일본의 영토문제라고 하는 고유의 문맥에 놓이면 절차적 법리에 그치지 않고, 근대 유럽 질서와 동아시아 공간 질서와의 관계라고 하는 국제사회의 법질서에 관계되는 근본적 문제로 귀착된다.

세 번째로, 영역개념과 관련해서 두 검토회는 그 연구대상을 다음과 같이 확장했다. '영역' 개념의 역사적 변천 검토회는 영역을 둘러싼 개념(번국, 번방, 속국, 판도, 방토, 강역 등)과 영역의 외연을 제시하는 개념(외지, 조차 등)을 다루었다. 나아가, 영역분쟁 해결방식 검토회에서는 영역에 대한 권원은 역사적 권원이라고 할 수 있는가, 영역지배에 관계되는 권원은 전근대/비유럽에서 어떠한 것이었는가, '영역=영토주권을 둘러싼' 분쟁과 작금의 해양법상의 '연안국소송'과의 관계는 어떠한 성질의 것인가 등의 검토로 연구대상을 확대했다.

여기에서 거론한 세 가지 점은 이 책 집필자가 공유한 문제의식이나 연구과제의 일부를 제시하는 데 불과하다. 그렇지만 두 개의 검토회라는 연구체제를 통해 각 검토회 상호 간에는 말할 것도 없이 개개 논문 상호 간에서도 유의미한 유기적 관련이 있었던 점에 의심이 없다. 한편으로, 그러한 의미에서 이 책은 모든 집필자의 공동작업의 성과이다. 이런 이해를 바탕으로, 이 책의 2명의 편집자는 각 검토회의 간사를 맡아 모든 논문의 초고를 읽고 적당하다고 생각되는 코멘트를 집필자에게 전달했다. 그렇지만 다른 한편으로 코멘트에 어떻게 대처할지는 개개 집필자의 완전히 자유로운 판단에 위임했다. 왜냐하면 수록된 모든 논문은 개개 집필자의 완결되고 독립된 연구의 성과이기도 하다고 생각했기 때문이다.

참고로 이 책은 판례 색인을 게재했는데, 검토 대상의 차이로 인해 판례 색인 항목은 주로 제Ⅲ부와 제Ⅳ부에 상당히 집중되어 있다.

이렇게 이 책이 세상에 묻고자 시도하는 성과를 남김없이 이해하고 혼신을 다해 편집작업을 해주신 도쿄대학출판회 야마다 히데키山田秀樹 씨에게는 경탄과 함께 끝없는 감사를 드린다. 야마다 씨와 우리들 집필자 간에도 확실히 공동작업이 이루어졌다. 출판 사정이 어려운 때임에도 불구하고, 이 책 발간을 맡아주신 도쿄대학출판회에도 감사를 드리지 않을 수 없다. 또 이 책이 개개의 독립된 논문으로서뿐만 아니라 상호 유기적인 관련을 갖고 총체적 성과를 발신할 수 있게 된 것은, 한마디로 두 검토회의 원활한 진행을 지원해 준 일본국제문제연구소 담당자의 진력 덕분이다. 나아가 이 책 간행에도 일본국제문제연구소로부터 다양한 지원을 받았다. 여기에 적어 감사를 드린다.

2021년 12월
가네하라 아쓰코

판례 색인

■ 국제사법재판소

1965년 차고스 제도의 모리셔스로부터의 분리의 법적 귀결 (권고적 의견, 2019년 2월 25일) … 305

핵군축교섭의무 사건 (마샬제도=영국 [관할권] 2016년 10월 5일…301, 304

카시킬리·세두두섬 사건(1999년 12월 13일)…279, 291

카타르=바레인 해양경계·영토문제 사건 ([본안] 2001년 3월 16일)…158, 163, 239, 251, 259, 280-282, 289, 292

카메룬=나이지리아 육지·해양경계 사건 ([본안] 2002년 10월 10일)…172, 173, 237, 245, 258, 282, 283, 289, 293, 297

어업 사건 (1951년 12월 18일)…152, 155-157, 161, 163-165, 167, 172, 180, 189, 208, 214, 217, 221, 290

그루지아=러시아 인종차별철폐조약 적용 사건 ([관할권] 2011년 4월 1일)…177

튀니지=리비아 대륙붕 사건 ([본안] 1982년 2월 24일)…167

남서아프리카 사건 ([선결적 항변] 1962년 12월 21일, [제2단계] 1966년 7월 18일)… 253, 303

니카라과=온두라스 영토 및 해양분쟁 사건 (2007년 10월 8일)…231

서부사하라 사건 (권고적 의견, 1975년 10월 16일…252, 258, 273-275, 281, 288, 291, 295

프레아 비이허 사원 사건 ([관할권] 1961년 5월 26일, [본안] 1962년 6월 15일)…189, 217, 220, 223

페드라 브랑카 사건 (2008년 5월 23일)…172, 228, 239, 240, 251, 268, 285-287, 289, 291-295, 297, 313

망키에·에크르오 사건 (1953년 11월 17일)…236, 237, 242, 250, 257, 268, 271-273, 284, 285, 291-295

메인만 해양경계획정 사건 (특별재판부, 1984년 10월 12일)…162, 166, 228

리기탄섬 및 시파단섬 사건 ([본안] 2002년 12월 17일)…162, 231, 237, 242, 250, 284-288, 291-293

육지·섬 및 해양경계분쟁 사건 (특별재판부 [본안] 1992년 9월 11일)…228, 273

리비아=차드 영토분쟁 사건 (1994년 2월 3일)…276, 277, 289, 292, 293

리비아=몰타 대륙붕 사건 ([본안] 1985년 6월 3일)…176

■ 상설국제사법재판소

세르비아 공채 사건 (1929년 7월 12일)…202-204

동부 그린란드 사건 ([본안] 1933년 4월 5일)…204, 205, 235, 244, 250, 269, 270, 274, 291, 294, 295

마브로마티스 특허 사건 ([관할권] 1924년 8월 30일)…301

■ 국제해양법재판소

인도양 해양경계획정 사건 (특별법정 [선결적 항변] 2021년 1월 28일)…305-307

■ 유엔해양법협약 제7부속서 중재재판소

우크라이나=러시아 연안국권리 사건 ([선결적 항변] 2020년 2월 21일)…177, 303-305, 314-319

차고스 제도의 해양보호구역 (MPA) 사건 ([본안] 2015년 3월 18일)…305, 311

남중국해분쟁 사건 ([본안] 2016년 7월 12일)…152, 154, 155, 308

■ 중재재판소 기타

아르헨티나=칠레 경계 사건 (중재재판소, 1966년 12월 9일)…249

인도=파키스탄 서부국경(캇치) 사건 (중재재판소, 1968년 2월 19일)…162, 244

에리트리아=예멘 중재재판 (상설중재재판소 [제1단계] 1998년 10월 9일, [제2단계] 1999년 12월 17일)…158, 172, 173, 238, 252, 278, 279, 293, 297

그리스바다르나 사건 (상설중재재판소, 1909년 10월 23일)…196

클립퍼튼섬 사건 (멕시코=프랑스 중재재판소, 1931년 1월 28일)…33, 176, 255

코스타리카=니카라과 국경 사건 (중재재판소, 1888년 3월 22일)…203, 205

차미잘 사건 (국제국경위원회 중재재판, 1911년 6월 15일)…197

두바이=샤르자 경계 사건 (중재재판소, 1981년 10월 19일)…244

팔마스섬 사건 (상설중재재판소, 1928년 4월 4일)…176, 198-200, 213, 217, 232, 240, 241, 244, 258, 270, 290, 295

집필자 일람 (집필순)

柳原正治 (야나기하라 마사하루) 1952년생. 1981년 東京大学大学院 法学政治学研究科 박사과정 수료. 법학박사. 현재, 放送大学 특임명예교수·九州大学 명예교수. [주요저작]『ヴォルフの国際法理論』(有斐閣, 1998년), 『世界万国の平和を期して―安達峰一郎著作選』(編著, 東京大学出版会, 2019년).

森 肇志 (모리 다다시) 1970년생. 東京大学大学院 法学政治学研究科 박사과정 중도 퇴학. 법학박사. 현재, 東京大学大学院 法学政治学研究科 교수. [주요저작]『自衛権の基層―国連憲章に至る歴史的展開』(東京大学出版会, 2009년)『分野別国際条約ハンドブック』(共著, 有斐閣, 2020년).

山田哲也 (야마다 데쓰야) 1965년생. 1995년 国際基督教大学大学院 行政学研究科 박사후기과정 중도퇴학. 박사(법학). 현재, 南山大学 総合政策学部 교수. [주요저작]『国連が創る秩序―領域管理と国際組織法』(東京大学出版会, 2010년), 『国際機構論入門』(東京大学出版会, 2018년).

佐々木雄一 (사사키 유이치) 1987년생. 2016년 東京大学大学院 法学政治学研究科 박사과정 수료. 박사(법학). 현재, 明治学院大学 法学部 전임강사. [주요저작]『帝国日本の外交 1894-1922―なぜ版図は拡大したのか』(東京大学出版会, 2017년), 『陸奥宗光』(中公新書, 2018년).

兼原敦子 (가네하라 아쓰코) 東京大学 法学部 졸업. 현재, 上智大学 法学部 교수. [주요저작] "Reassessment of the Acts of the State in the Law of State Responsibility—A Proposal of an Integrative Theoretical Flamework of the Law of State Responsibility to Effectively Cope with the Internationally Harmful Acts of Non-State Actors," Académie de Droit International de la Haye / Hague Academy of International Law, *Collected Courses of The Hague Academy of International Law - Recueil des cours*, Volume 399 (2019); "Refining Japan's Integrative Position on the Territorial Sovereignty of the Senkaku Islands," *International Law Studies* (2021), Vol.97.

北村朋史 (기타무라 도모후미) 1979년생. 2011년 東京大学大学院 박사과정 단위취득 만기 퇴학. 박사(학술). 현재, 東京大学大学院 総合文化研究科 준교수. [주요저작]「国際法における事情変更原則の法的根拠」(『国際関係論研究』 27호, 2008년),「国際法上の緊急避難に関する一考察 (上)―(下·二)」(『法学会雑誌』 55권2호―56권2호, 2015-2016년).

酒井啓亘 (사카이 히로노부) 1963년생. 1992년 京都大学大学院 法学研究科 박사후기과정 연구지도인정 퇴학. 법학석사. 현재, 京都大学大学院 法学研究科 교수. 〔주요저작〕『国際法』(共著, 有斐閣, 2011년), 「国際裁判における非拘束的文書の役割と裁判所の機能」(『国際法外交雑誌』 118권2호, 2019년).

深町朋子 (후카마치 도모코) 1969년생. 1998년 九州大学大学院 法学研究科 박사후기과정 단위취득 만기 퇴학. 현재, 福岡女子大学 国際文理学部 교수. 〔주요저작〕「北極における領有・境界問題の展開―陸地と大陸棚を中心に」(『国際法外交雑誌』 110권3호, 2011년), 「領域に関する原始権原―領域権原論は何をどこまで扱うのか」(『法学セミナー』 765호, 2018년/森肇志・岩月直樹編『サブテクスト国際法―教科書の一歩先へ』日本評論社, 2020년 所収)

玉田 大 (다마다 다이) 1974년생. 2003년 京都大学大学院 法学研究科 박사후기과정 연구지도인정 퇴학. 박사(법학). 현재, 京都大学大学院 法学研究科 교수. 〔주요저작〕『国際裁判の判決効論』(有斐閣, 2012년), *Whaling in the Antarctic: Significance and Implications of the ICJ Judgment* (共編著, Brill / Nijhoff, 2016).

역자 소개

■ 김연빈(1958)

도서출판 귀거래사 대표
대한수영연맹 등록 수영클럽 마스토스 코리아(Mastows Korea) 대표
(사)KPO명강사협회 전문강사(강의 분야 : 국가전략, 지방소멸, 해양인문학 등)
국토해양부, 해양수산부, 외교부에서 41년간 봉직 후 2019년 6월 정년퇴직
전 주일 한국대사관 1등서기관(해양수산관, 국토교통관)
순천고등학교, 한국방송통신대학교를 거쳐 일본 요코하마국립대학 대학원 졸업(국제경제법학 석사)

  2006년 9월 서울에서 처음 열린 한중일 물류장관회의를 기획·실행하고 정례화의 기반을 마련했으며, 2014년 8월 요코하마에서 열린 제5차 회의를 현지에서 지원했다.
  부산신항 민자유치사업 초기(1996~1997)에 사업자 선정과 협상 업무를 담당하고, 부산항과 광양항 등에 외국 물류기업을 유치하는 포트세일즈 활동을 전개했다(2004~2007).
  2005년 5월 고 조오련 선수와 함께 사단법인 한국바다수영협회(AKOWS, 회장 지봉규)를 설립하여 국내에 바다수영(OWS, 오픈워터스위밍)을 보급해 왔다.
  2019년 8월 'FINA 광주 세계 마스터즈 수영선수권' 바다수영(3㎞)에서 완영하고, 2023년 8월 'World Aquatics 규슈 세계 마스터즈 수영선수권' 바다수영에 출전했으며, 2025년 8월 싱가포르대회에 참가할 예정이다.
  바다수영을 통한 해양사상 홍보와 국토사랑 운동의 일환으로 '올림픽 정식종목 바다수영을 전국체전 정식종목으로!' 지정하는 운동을 펼치고 있다. 청소년 해양교육과 함께 '독도, 영토의 시작' 운동, '여자만~순천만 종단 수영(고흥-여수-보성-순천 30㎞)', '국토사랑 독도 일주 수영', '백령도~장산곶 국제평화 수영'을 구상 중이다.
  1980년 1월 강원도 거진 앞바다에서 침몰한 '해경 72정' 인양에도 관심을 갖고 있다.
  2020년 9월부터 매주 토요일(현재는 격주) 저녁에 개최하고 있는 해양수산계 온라인공부모임 '바다저자와의대화(Ocean Society)' 임원으로서 발표자료 출간 편집지원 등 재능기부를 하고 있으며, 이 활동을 통해 '바다로 열린 나라, 헌법 제3조 개정안'을 창출했다.

■ 저서, 편저

『바다, 저자와의 대화 II』(23인 공저, 법문사, 2022)
『2021 항만편람』(해양수산부, 2022)(편집, 5년 주기 발간)
『재난안전강의』(9인 공저, KPO명강사협회, 2020)
『부유식 접안시설 시공사례 – 히로시마항 대형부잔교 건설기록』(일본 운수성 히로시마 항공사사무소 편, 김연빈 옮김, 홍근 감수, 부유식 구조물의 활성화를 추구하는 해양수산부 사이버 공무원 연구모임 부활, 2001)

■ 역서

『국가전략이 없다』(요미우리신문 정치부 저, 도서출판 귀거래사, 2023)
『바다로 열린 나라 국토상생론』(요미우리신문 '열도재생' 취재반, 도서출판 귀거래사, 2022)
『손기정 평전』(데라시마 젠이치 저, 김슬찬 공역, 도서출판 귀거래사, 2020)과 동 e-Book(2021)
『해양문제 입문』(일본 해양정책연구재단 편, 청어, 2010)
『검증 국가전략 없는 일본』(요미우리신문 정치부 저, 한국해양전략연구소, 2007)
『바다가 일본의 미래다』(무라타 료헤이 저, 이주하 역, 청어, 2008) 출간기획

■ 재능기부·사회공헌 활동

(사)바다저자와의대화(Ocean Society) 부대표(이사)
(사)한국ESG학회 이사, (사)한국스마트해양학회 이사
(사)KPO명강사협회 회원, (사)한국바다수영협회 창립회원(발기인) 및 전 전무이사
한국디지털문인협회 회원 및 디지털책쓰기코칭협회 감사
(사)한국해양정책학회 회원, 한국항만협회 회원
한국태평양학회 창립회원

도움을 주신 분들

■ 추천사·고문
양희철 한국해양과학기술원(KIOST) 해양법·정책연구소 소장
서현섭 전 주교황청 대사, 전 주후쿠오카 총영사, 전 나가사키대학 교수
신각수 전 주일 대사, 전 외교부 차관

■ 기획·자문
강여울 주유네스코 대한민국대표부 참사관, 전 외교부 양자경제외교국 동아시아경제외교과장
곽정렬 외교부 아세안국 동남아1과장
궁인창 생활문화아카데미 대표
권문상 한국해양정책학회 회장, 한국태평양학회 회장
길윤형 한겨레신문 논설위원, 전 국제부장, 전 도쿄특파원
김낙현 한국해양대학교 교수, 『브로튼 함장의 조선탐사 36일』(다솜출판사, 2022) 번역자
박석룡 전라남도 무안소방서, '2024 충무공 49해전 항로 탐사' 대원
손치근 전 주알마티 총영사, 현 공익사단법인 한국치매협회 사무총장
오문수 오마이뉴스 시민기자, 전 여수넷통뉴스 대표, '2024 충무공 49해전 항로 탐사' 대원
이동기 외교부 아세안국 심의관
이석우 인하대학교 법학전문대학원 교수
이성철 법무법인 평산 대표변호사, 전 수석부장판사
이효웅 해양동굴탐험가, 전 초등학교 교사, '2024 충무공 49해전 항로 탐사' 대장
전춘호 전 국회사무처 감사관, 전 주일 한국대사관 입법관
정필수 한국종합물류연구원(GLORI) 원장, 전 한국해양수산개발원(KMI) 부원장
조원옥 대양횡단 요트 항해가, The Juliana 스키퍼, 2024 충무공 49해전 항로 탐사' 기획

■ 교정

공현동 전 한밭대학교 겸임교수, 전 해양수산부 국립등대박물관장, 국립해양측위정보원장
김윤배 한국해양과학기술원(KIOST) 울릉도독도해양연구기지 대장
김주형 국립목포해양대학교 교수, 법학박사
김혁식 인천항도선사회 총무이사
류덕기 수원대학교 경영학부 교수
류민석 (사)한국수산발전연구원장, 전 주후쿠오카총영사관 영사, 전 해양수산부
박범진 경희대 경영대학원 겸임교수, 한국해양전략연구소 객원연구위원, 해군대령(예)
박수진 한국해양수산개발원(KMI) 독도센터장
박순덕 한국환경산업기술원, 교육학석사(요코하마국립대학)
박영롱 율마리타임컨설팅 이사, 전 쉬퍼스저널 기자
서한순 서민금융진흥원 금융지원본부장, 전 인사혁신처 인재채용국장
안동립 동아지도 대표, 『독도 KOREA-안동립의 독도 이야기 2005~2022』(2023) 저자
오미영 동국대학교 법과대학 교수, 법학박사
윤명철 동국대학교 명예교수, 우즈베키스탄 사마르칸트국립대학 교수
이계연 전문경영인, 전 SM그룹 부회장, 경제학박사
이진한 고려대 한국사학과 교수, 아세아문제연구원장
정혜경 전 금융기관 전문지 『새행원』 기자, 오픈워터스위밍클럽 마스토스 코리아 회원
정희순 (재)이랜드재단 이사, 전 이랜드그룹 비서실장
최수범 국립인천대학교 북방물류 교육협력 및 인력양성 사업단 부단장
하문근 부산대학교 공과대학 조선해양공학과 초빙교수, 한국해양공학회 재정부회장
기무라 히데토木村英人 한국연구가, 전 고교 영어교사, 일본 나가사키 거주

(가나다순)

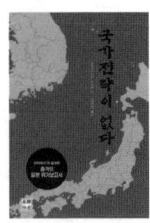

■ 국가전략이 없다

원전 『検証国家戦略なき日本』(新潮社, 2006년)
요미우리신문 정치부 저. 김연빈 역
도서출판 귀거래사(2023년)

요미우리가 공개한 충격의 『일본 위기보고서』. 일본이 안고 있는 다양한 문제점을 날카롭게 파헤친 본서를 관통하는 것은 정책 결정권자에 대한 기자들의 초조함과 현재 상황을 어떻게든 변혁해 보려고 하는 보도의 양심이다. 일본에 만연한 두 문화, 즉 섬나라 근성과 방관자주의에서 생기는 병리, 특히 기다릴 수 없는 긴급한 해결이 요망되는 과학기술과 해양, 자원, 그리고 정보 시큐리티와 바이오테러 대책, 안전 등의 문제를 천착한 것으로, 문제의 본질을 광범위하고 상세하게, 그리고 예리하게 지적하고 있다. 『검증 국가전략 없는 일본』(김연빈·박형구 역, 한국해양전략연구소, 2007년)의 개정증보판.

■ 바다로 열린 나라 국토상생론

원전 『日本列島再生論』(中央公論社, 2013년)
요미우리신문 「列島再生」 취재반 저. 김연빈 역
도서출판 귀거래사(2022년)

요미우리신문의 국내외 취재망을 최대한으로 활용하여 빈발하는 극단기상, 인구감소, 저출산 고령화 사회, 수도권 일극 집중 시대의 새로운 국토 형성과 지방소멸 억제, 지자체의 생존과 상생 전략 사례를 찾아 집대성하였다. 이와 함께 역자는 '입체도로제도'의 정수라 할 수 있는 도쿄 '토라노몬 힐즈'와 '복합건축물'의 상징 도쿄 도시마구 신청사 '도시마 에코뮤제타운'을 소개한다. 또 '바다로 열린 나라, 대한민국 헌법 제3조 개정안'을 제시하고, 수도권매립지 대책에 대한 구상도 공유한다.

■ 해양의 고리

원전 The Oceanic Circle(유엔대학출판부, 1998년)
Elisabeth Mann Borgese 저, 김현종 역
도서출판 귀거래사(2024년 6월 출간)

지구 표면의 70퍼센트를 차지하는 '바다'의 존재와 인간사회와의 관계, 바다와 육지를 일체의 세계로 보는 글로벌한 관점을 공유하는 것의 중요성을 역설한다. 해양을 인류의 공동유산으로 다루기 위해서는 어떻게 해야 할까? 높은 이념과 풍부한 지식을 살려 자연과학적, 문화적, 경제적, 법적 그리고 제도적 시점에 서서 구체적으로 고찰하고, 그 방향성을 제시하는 장대한 '해양 거버넌스'의 지침서.

■ 손기정 평전

원전 『評伝孫基禎』(社会評論社, 2019년)
데라시마 젠이치(寺島善一) 저, 김연빈·김솔찬 공역
도서출판 귀거래사(2020년)

"스포츠는 세계의 공통언어이며, 국경을 넘어 사람의 마음을 이어준다. 스포츠는 국제연대를 심화하고, 평화로운 세계를 만든다." 올림픽 정신을 몸소 실천한 손기정의 스포츠철학은 2024 파리올림픽을 앞둔 우리들에게 많은 것을 가르쳐준다.

■ 조선징용공 2600 (가제)

원전 『記憶を拓く-信州半島世界』(信濃毎日新聞社, 2021년)

信濃毎日新聞社 저, 김연빈·김솔찬 공역

도서출판 귀거래사(2024년 10월 출간 예정)

나가노현 나가노시(長野市) 마츠시로 대본영지하호 유적(松代大本営地下壕跡)은 '전쟁의 본질'을 우리들에게 말해주는 생생한 존재이다. 태평양전쟁 말기, 천황피난처를 포함한 국가 중추기능을 나가노로 옮기려고 했던 비밀공사는 패전과 동시에 종료되었다. 여기에 일제강점기 조선반도에서 온 수많은 노동자가 동원되었다. 그 수 2,600명. 명부가 말해주는 조선징용공의 실상을 추적한다. 이밖에 「금메달리스트 손기정」등 한일 민간 교류와 협력을 위한 과제가 담겨 있다.

■ 해양문제입문

원전 『海洋問題入門』(丸善株式會社, 2007년)

일본 해양정책연구재단 편, 김연빈 역

청어(2010년)

지금 왜 해양관리의 필요성이 요구되는가…. 이 책을 읽으면 해양의 종합적 관리에 관해 생각하는 법, 접근방법에 대해 그 단서를 잡을 수 있을 것이다. 해양문제를 종합적으로 이해하고 교육하려는 새로운 해양교육이 퍼지기 시작함에 따라 그러한 커리큘럼에 대응하여 해양에 관한 자연과학, 산업활동, 정책과 법제도 등 해양의 종합적 관리를 위해 필요한 폭 넓은 기초지식을 한 권의 책으로 집약한 대학원생용 교과서. '해양의 종합적 관리'와 '지속가능한 발전'에 관심을 갖는 모든 학생 및 실무자 필독.

■ 검증 국가전략 없는 일본

원전 『検証国家戦略なき日本』

요미우리신문 정치부 저(新潮社, 2006년), 김연빈·박형구 공역

한국해양전략연구소(2007년)

국가정책도 없이 침체에 빠진 과학기술력, 인재와 기술 유출로 열세에 놓인 지적재산권 전쟁, 중국과 한국에 빼앗긴 해양자원…. 국가의 부침을 좌우하는 수많은 문제들이 정치 무대에 오르지도 못하고 그냥 방치되고 있다. 이 나라는 쇠퇴하여 이제 선진국에서 몰락할 수밖에 없는 것일까? 전에 없던 기로에 직면한 일본의 현실을 검증한다. 국가전략을 수립하는 공무원과 국회의원들이 꼭 읽어야 할 필독서. 2009년 2월 문고판으로 다시 발간(新潮文庫). 수상에게도 필독을 권장. 2023년 『국가전략이 없다』로 복간.

QR Code

QR Code	내용
	『국가전략이 없다』 (2023)
	『검증 국가전략 없는 일본』 역자 인터뷰 (국정방송 KTV, 2007.7.)
	『바다로 열린 나라 국토상생론』 (2022)
	『해양의 고리』(The Oceanic Circle) (2024)
	『조선징용공 2600』 -살아 있는 언론, 살아 있는 기금- (2024.10. 출간 예정)

QR Code	내용
	여인협 변호사가 소개하는 『손기정 평전』 (SK브로드밴드 TV 대구, 2021.1.19.)
	'2019 FINA 세계 마스터즈수영' OWS 완영 KBS순천 저녁 7시 뉴스(2019.8.9.)
	'세계 마스터즈 수영선수권 2023 규슈대회' 바다수영(3㎞, 2023.8.2.-3, 후쿠오카) 참가기
	'올림픽 정식종목 바다수영을 전국체전 정식종목으로!' 언론 기고 모음
	해경 72정을 기억해주십시오. 순직 해경 17명을 애도해주십시오.

지속가능한 출판을 위한
도서출판 귀거래사 출판문화·독서진흥 운동

—

한 알의 밀이 땅에 떨어져 죽지 않으면 한 알 그대로 있고,
죽으면 많은 열매를 맺는다.
한 권의 책이 그냥 서가에 꽂히면 한 권 그대로 있고,
두루 읽히면 많은 과실을 얻는다.